Die Zivilprozeßordnung

mit Gerichtsverfassungsgesetz

und den wichtigsten Nebengesetzen

Textausgabe mit Verweisungen
und ausführlichem Stichwörterverzeichnis

Herausgegeben von

Dr. Hanswerner Müller

Oberlandesgerichtsrat

3. neubearbeitete Auflage

1951

J. SCHWEITZER VERLAG, BERLIN UND MÜNCHEN

Satz, Druck und Bindearbeiten:
Dr. F. P. Datterer & Cie. (Inh. Sellier), Freising

Vorwort zur 3. Auflage

Die 1. Auflage (1945) und die 2. Auflage (1949) dieses Buches entsprangen dem Wunsche, ein oft geändertes Gesetz in seinem derzeitigen Wortlaut klargestellt zu sehen und das ohne Wortlautänderung daneben geltende, inhaltlich abweichende Recht alsbald zur Hand zu haben. Diesen unübersichtlichen Rechtszustand hat zugleich mit der bedauerlichen Rechtszersplitterung das Gesetz zur Wiederherstellung der Rechtseinheit usw. (kurz: Wiedervereinheitlichungsgesetz) vom 12. 9. 1950 wenigstens für das Gebiet der westdeutschen Bundesrepublik erfreulicherweise beendet. Aber auch jetzt noch gelten, insbesondere im Vollstreckungsrecht, neben dem Hauptgesetz so viele einzelne Rechtsvorschriften, daß eine Neuauflage des Buches gerechtfertigt erscheint. Die 3. Auflage konnte durch Wegfall der vielen aufgehobenen und ferner der zeitlich überholten Nebengesetze stark entlastet werden. Um die Ausgabe recht handlich zu gestalten, sind außerdem solche Nebengesetze nicht wieder abgedruckt, deren Anwendung für das ordentliche Gericht nur selten in Betracht kommt. Weggelassen ist auch die Übersicht über die AVen des RJM. zum Zivilprozeß, da die Zahl der fortgeltenden immer mehr zusammenschrumpft und ihre Bedeutung immer mehr abnimmt. Neu aufgenommen sind dagegen die einschlägigen Vorschriften des Grundgesetzes, des Gesetzes über das Bundesverfassungsgericht, die Übergangsvorschriften des Wiedervereinheitlichungsgesetzes und das für die Abgrenzung der deutschen Gerichtsbarkeit wichtige Gesetz Nr. 13 der Hochkommission. In ältere Gesetze sind die nach der staatsrechtlichen Neuordnung jetzt zuständigen Dienststellen kraft Art. 129 des Grundgesetzes eingefügt, die DM-Währung kraft § 2 des Währungsgesetzes (Gesetz Nr. 61 der amerikan. und der brit. = Gesetz Nr. 158 der franz. Militärregierung)

Möge das Buch auch in seiner jetzigen Gestalt dem Lernenden und dem die Rechtspflege Ausübenden ein willkommener Helfer sein!

Hamm, den 1. Mai 1951

Dr. Hanswerner Müller

Inhaltsverzeichnis

Vorwort zur 3. Auflage III

Abkürzungsverzeichnis VII

Gesetzeswortlaut

I. Zivilprozeßordnung 1

II. Gesetz, betreffend die Einführung der Zivilprozeßordnung 200

III. Gerichtsverfassungsgesetz 204

IV. Ergänzende Vorschriften zur Gerichtsverfassung . . . 229

A. Einführungsgesetz zum Gerichtsverfassungsgesetz . . . 229

B. Gesetz über die Zuständigkeit der Gerichte bei Änderungen der Gerichtseinteilung vom 6. 12. 33 231

V. Wiedervereinheitlichung 234

Gesetz zur Wiederherstellung der Rechtseinheit auf dem Gebiete der Gerichtsverfassung, der bürgerlichen Rechtspflege, des Strafverfahrens und des Kostenrechts vom 12. 9. 50 . . 234

VI. Verfassungsrechtliches 242

A. Grundgesetz für die Bundesrepublik Deutschland (Auszug) 242

B. Gesetz über das Bundesverfassungsgericht (Auszug) . . . 249

VII. Entlastung 254

Reichs-Entlastungsverfügung vom 3. 7. 43 254

VIII. Binnenschiffahrtssachen 259

A. Rhein 259

a) Gesetz über die Rheinschiffahrtsgerichte vom 5. 9. 35 259

b) Durchführungsverordnung dazu vom 25. 9. 35 . . . 260

B. Sonstige Binnengewässer 261

a) Gesetz über das Verfahren in Binnenschiffahrtssachen 261

b) Vierte Durchführungsverordnung dazu vom 26. 6. 41 262

IX. Patentstreitsachen 264

A. Patentgesetz vom 5. 5. 36 (Auszug) 264

B. Patentanwaltsgesetz vom 28. 9. 33 (Auszug) 266

C. Gesetz über die Beiordnung von Patentanwälten in Armensachen vom 5. 2. 38 266

X. Urkunden- und Aktenwesen 268
A. Verordnung zur Vereinfachung des Verfahrens auf dem Gebiet des Beurkundungsrechts vom 21. 10. 42 268
B. Verordnung über die Ersetzung zerstörter oder abhanden gekommener gerichtlicher oder notarischer Urkunden vom 18. 6. 42 270

XI. Verhältnis des Rechtsstreits zur Vertragshilfe und ähnlichem 273
A. Vertragshilfeverordnung vom 30. 11. 39 (Auszug) . . . 273
B. Verordnung über die Behandlung der Ehewohnung und des Hausrats nach der Scheidung (Sechste Durchführungsverordnung zum Ehegesetz) vom 21. 10. 44 (Auszug) . . 275

XII. Vollstreckungsrecht 277
A. a) Bekanntmachung über das Mindestgebot bei der Versteigerung gepfändeter Sachen vom 8. 10. 14 277
b) Verordnung des Reichspräsidenten zur Ergänzung der Vorschriften über die Zwangsvollstreckung bei landwirtschaftlichen Betrieben und über das Sicherungsverfahren vom 19. 2. 32 278
c) Verordnung über Maßnahmen auf dem Gebiete der Zwangsvollstreckung vom 26. 5. 33 278
d) Zweites Gesetz über den landwirtschaftlichen Vollstreckungsschutz vom 27. 12. 33 283
e) Verordnung zur Ergänzung der Vorschriften über das Offenbarungseidverfahren vom 11. 5. 38 284
f) Verordnung zur Ergänzung der Vorschriften über den Pfändungsschutz bei der Fahrnisvollstreckung vom 17. 7. 39 285
B. a) Verordnung zur einheitlichen Regelung des Pfändungsschutzes für Arbeitseinkommen (LohnpfändungsV. 1940) vom 30. 10. 40 285
b) Bekanntmachung zu § 7 Nr. 1 der Lohnpfändungsverordnung 1940 vom 2. 5. 41 292

XIII. Besatzungsrecht 293
A. Gesetz Nr. 13: Gerichtsbarkeit auf den vorbehaltenen Gebieten vom 25. 11. 49 293
B. Durchführungsverordnung Nr. 1 dazu vom 9. 2. 50 . . . 297

Stichwörterverzeichnis 300

Abkürzungsverzeichnis

ABl.HK.	= Amtsblatt der Hochkommission
AG.	= Amtsgericht
AV.	= Allgemeine Verfügung
AVO.	= Ausführungsverordnung
BAnz.	= Bundesanzeiger
BayObLG.	= Bayerisches Oberstes Landesgericht
BGBl.	= Bundesgesetzblatt
BGH.	= Bundesgerichtshof
DJ.	= Deutsche Justiz
DVO.	= Durchführungsverordnung
Eheges. 1946	= Kontrollratsgesetz Nr. 16 vom 20. 2. 1946
FamRAnglVO.	= Verordnung über die Angleichung familienrechtlicher Vorschriften vom 6. 2. 1943 (RGBl. I S. 80)
GrdGes.	= Grundgesetz für die Bundesrepublik Deutschland vom 28. 5. 1949
GVBl.	= Gesetz- und Verordnungsblatt
GVG.	= Gerichtsverfassungsgesetz
i.d.F.	= in der Fassung
iVbdg m.	= in Verbindung mit
JWG.	= Jugendwohlfahrtsgesetz
MilRegVO.	= Militärregierungsverordnung
MRABl.	= Amtsblatt der Militärregierung
MSchG.	= Mieterschutzgesetz
ObGH.	= Oberster Gerichtshof für die britische Zone
OLG.	= Oberlandesgericht
prJMBl.	= preußisches Justizministerialblatt
RAnwO.	= Rechtsanwaltsordnung
RG.	= Reichsgericht
REntV.	= Reichsentlastungsverfügung
RGBl.	= Reichsgesetzblatt
RJM.	= Reichsjustizminister
VOBlBZ.	= Verordnungsblatt für die britische Zone
WiGBl.	= Gesetzblatt der Verwaltung des Vereinigten Wirtschaftsgebietes
ZJA.	= Zentraljustizamt für die britische Zone
ZJBl.	= Zentraljustizblatt (für die britische Zone)
ZRHO.	= Rechtshilfeordnung in Zivilsachen

I.

Zivilprozeßordnung

vom 30. Januar 1877 (RGBl. S. 83) in der Fassung des Bundesgesetzes vom 12. September 1950 (BGBl. S. 455, 533)

Inhaltsübersicht zur Zivilprozeßordnung

	§§
I. Buch: Allgemeine Bestimmungen	1— 17
1. Abschnitt: Gerichte	
1. Titel: Sachliche Zuständigkeit der Gerichte	1— 11
2. „ : Gerichtsstand	12— 37
3. „ : Vereinbarung über die Zuständigkeit der Gerichte	38— 40
4. „ : Ausschließung und Ablehnung der Gerichtspersonen	41— 49
2. Abschnitt: Parteien	
1. Titel: Parteifähigkeit. Prozeßfähigkeit	50— 58
2. „ : Streitgenossenschaft	59— 63
3. „ : Beteiligung Dritter am Rechtsstreit	64— 77
4. „ : Prozeßbevollmächtigte und Beistände	78— 90
5. „ : Prozeßkosten	91—107
6. „ : Sicherheitsleistung	108—113
7. „ : Armenrecht	114—127
3. Abschnitt: Verfahren	
1. Titel: Mündliche Verhandlung	128—165
2. „ : Verfahren bei Zustellungen	
I. Zustellungen auf Betreiben der Parteien	166—207
II. Zustellungen von Amts wegen	208—213
3. „ : Ladungen, Termine und Fristen	214—229
4. „ : Folgen der Versäumung. Wiedereinsetzung in den vorigen Stand	230—238
5. „ : Unterbrechung und Aussetzung des Verfahrens	239—252
II. Buch: Verfahren im ersten Rechtszuge	
1. Abschnitt: Verfahren vor den Landgerichten	
1. Titel: Verfahren bis zum Urteil	253—299
2. „ : Urteil	300—329
3. „ : Versäumnisurteil	330—347

§§

4. Titel : Verfahren vor dem Einzelrichter . . . 348—350
5. „ : Allgemeine Bestimmungen über die Beweisaufnahme . . . . 355—370
6. „ : Beweis durch Augenschein . . . . . . 371—372a
7. „ : Zeugenbeweis . . . . 373—401
8. „ : Beweis durch Sachverständige . . . . 402—414
9. „ : Beweis durch Urkunden . . . . 415—444
10. „ : Beweis durch Parteivernehmung . . . 445—455
11. „ : Verfahren bei der Abnahme von Eiden . . 478—484
12. „ : Sicherung des Beweises . . . . 485—494

2. Abschnitt: Verfahren vor den Amtsgerichten . . 495—510c

III. Buch: Rechtsmittel

1. Abschnitt: Berufung . . . . 511—544
2. Abschnitt: Revision . . . . 545—566a
3. Abschnitt: Beschwerde . . . . 567—577

IV. Buch: Wiederaufnahme des Verfahrens . . . . . . 578—591

V. Buch: Urkunden- und Wechselprozeß . . . . 592—605a

VI. Buch: Ehesachen. Feststellung des Rechtsverhältnisses zwischen Eltern und Kindern. Entmündigungssachen

1. Abschnitt: Verfahren in Ehesachen . . . . 606—638
2. Abschnitt: Verfahren in Rechtsstreitigkeiten, welche die Feststellung des Rechtsverhältnisses zwischen Eltern und Kindern zum Gegenstande haben . . . . . 640—644
3. Abschnitt: Verfahren in Entmündigungssachen . . 645—687

VII. Buch: Mahnverfahren . . . . 688—703a

VIII. Buch: Zwangsvollstreckung

1. Abschnitt: Allgemeine Bestimmungen . . . . . . 704—802
2. Abschnitt: Zwangsvollstreckung wegen Geldforderungen
1. Titel: Zwangsvollstreckung in das bewegliche Vermögen
I. Allgemeine Bestimmungen . . . . 803—807
II. Zwangsvollstreckung in körperliche Sachen 808—827
III. Zwangsvollstreckung in Forderungen und andere Vermögensrechte . . . . 828—863
2. Titel: Zwangsvollstreckung in das unbewegliche Vermögen . . . . 864—871
3. Titel: Verteilungsverfahren . . . . 872—882

3. Abschnitt: Zwangsvollstreckung zur Erwirkung der Herausgabe von Sachen und zur Erwirkung von Handlungen oder Unterlassungen . . . . 883—898
4. Abschnitt: Offenbarungseid und Haft . . . . . . 899—915
5. Abschnitt: Arrest und einstweilige Verfügung . . 916—945

IX. Buch: Aufgebotsverfahren . . . . 946—1024

X. Buch: Schiedsrichterliches Verfahren . . . . 1025—1048

Erstes Buch

Allgemeine Vorschriften

Erster Abschnitt

Gerichte

Erster Titel

Sachliche Zuständigkeit der Gerichte

§ 1. Die sachliche Zuständigkeit der Gerichte wird durch das Gesetz über die Gerichtsverfassung bestimmt.

§ 2. Insoweit nach dem Gesetz über die Gerichtsverfassung die Zuständigkeit der Gerichte von dem Wert des Streitgegenstandes abhängt, gelten die nachfolgenden Vorschriften.

§ 3. Der Wert des Streitgegenstandes wird von dem Gericht nach freiem Ermessen festgesetzt; es kann eine beantragte Beweisaufnahme sowie von Amts wegen die Einnahme des Augenscheins und die Begutachtung durch Sachverständige anordnen.

§ 4. (1) Für die Wertberechnung ist der Zeitpunkt der Erhebung der Klage, in der Berufungs- und Revisionsinstanz der Zeitpunkt der Einlegung des Rechtsmittels entscheidend; Früchte, Nutzungen, Zinsen und Kosten bleiben unberücksichtigt, wenn sie als Nebenforderungen geltend gemacht werden.

(2) Bei Ansprüchen aus Wechseln im Sinne des Wechselgesetzes sind Zinsen, Kosten und Provision, die außer der Wechselsumme gefordert werden, als Nebenforderungen anzusehen.

§ 5. Mehrere in einer Klage geltend gemachte Ansprüche werden zusammengerechnet; dies gilt nicht für den Gegenstand der Klage und der Widerklage.

§ 6. Der Wert des Streitgegenstandes wird bestimmt: durch den Wert einer Sache, wenn deren Besitz, und durch den Betrag einer Forderung, wenn deren Sicherstellung oder ein Pfandrecht Gegenstand des Streites ist. Hat der Gegenstand des Pfandrechts einen geringeren Wert, so ist dieser maßgebend.

§ 7. Der Wert einer Grunddienstbarkeit wird durch den Wert, den sie für das herrschende Grundstück hat, und wenn der Betrag, um den sich der Wert des dienenden Grundstücks durch die Dienstbarkeit mindert, größer ist, durch diesen Betrag bestimmt.

§ 8. Ist das Bestehen oder die Dauer eines Pacht- oder Mietverhältnisses streitig, so ist der Betrag des auf die gesamte streitige Zeit fallenden Zinses und, wenn der fünfundzwanzigfache Betrag des einjährigen Zinses geringer ist, dieser Betrag für die Wertberechnung entscheidend.

§ 9. Der Wert des Rechts auf wiederkehrende Nutzungen oder Leistungen wird nach dem Wert des einjährigen Bezugs berechnet, und zwar:

auf den zwölfundeinhalbfachen Betrag, wenn der künftige Wegfall des Bezugsrechts gewiß, die Zeit des Wegfalls aber ungewiß ist;

auf den fünfundzwanzigfachen Betrag, bei unbeschränkter oder bestimmter Dauer des Bezugsrechts. Bei bestimmter Dauer des Bezugsrechts ist der Gesamtbetrag der künftigen Bezüge maßgebend, wenn er der geringere ist.

§ 10. Das Urteil eines Landgerichts kann nicht aus dem Grunde angefochten werden, weil die Zuständigkeit des Amtsgerichts begründet gewesen sei.

§ 11. Ist die Unzuständigkeit eines Gerichts auf Grund der Vorschriften über die sachliche Zuständigkeit der Gerichte rechtskräftig ausgesprochen, so ist diese Entscheidung für das Gericht bindend, bei dem die Sache später anhängig wird.

Zweiter Titel

Gerichtsstand[1] [2]

§ 12. Das Gericht, bei dem eine Person ihren allgemeinen Gerichtsstand hat, ist für alle gegen sie zu erhebenden Klagen zuständig, sofern nicht für eine Klage ein ausschließlicher Gerichtsstand begründet ist.

[1]) Gesetz über die Zuständigkeit der Gerichte bei Änderung der Gerichtseinteilung vom 6. 12. 1933 (RGBl. I S. 1067) abgedruckt unter V B.

[2]) Gerichtsstand in Binnenschiffahrtssachen: § 3 des Gesetzes über das Verfahren in Binnenschiffahrtssachen vom 30. 1. 1937 (RGBl. I S. 97) nebst 4. DurchfVO. vom 26. 6. 1941 (RGBl. I S. 351) abgedruckt unter VIII B; Gerichtsstand in Wild- und Jagdschadensachen: Art. 3 der Verordnung *über die Rechtshilfe in Ehrengerichtsverfahren der deutschen Jägerschaft* und über den Gerichtsstand in Wild- und Jagdschadensachen vom 10. 7. 1935 (RGBl. I S. 912).

§ 13. Der allgemeine Gerichtsstand einer Person wird durch den Wohnsitz bestimmt.

§ 14. (Weggefallen.)

§ 15. (1) Deutsche, die das Recht der Exterritorialität genießen, sowie die im Ausland angestellten Beamten des Bundes oder eines deutschen Landes behalten hinsichtlich des Gerichtsstandes den Wohnsitz, den sie im Inland hatten. Wenn sie einen solchen Wohnsitz nicht hatten, so gilt der Sitz der Bundesregierung als ihr Wohnsitz.

(2) Auf Wahlkonsuln sind diese Vorschriften nicht anzuwenden.

§ 16. Der allgemeine Gerichtsstand einer Person, die keinen Wohnsitz hat, wird durch den Aufenthaltsort im Inland und, wenn ein solcher nicht bekannt ist, durch den letzten Wohnsitz bestimmt.

§ 17. (1) Der allgemeine Gerichtsstand der Gemeinden, der Korporationen sowie derjenigen Gesellschaften, Genossenschaften oder anderen Vereine und derjenigen Stiftungen, Anstalten und Vermögensmassen, die als solche verklagt werden können, wird durch ihren Sitz bestimmt. Als Sitz gilt, wenn sich nichts anderes ergibt, der Ort, wo die Verwaltung geführt wird.

(2) Gewerkschaften haben den allgemeinen Gerichtsstand bei dem Gericht, in dessen Bezirk das Bergwerk liegt, Behörden, wenn sie als solche verklagt werden können, bei dem Gericht ihres Amtssitzes.

(3) Neben dem durch die Vorschriften dieses Paragraphen bestimmten Gerichtsstand ist ein durch Statut oder in anderer Weise besonders geregelter Gerichtsstand zulässig.

§ 18. Der allgemeine Gerichtsstand des Fiskus wird durch den Sitz der Behörde bestimmt, die berufen ist, den Fiskus in dem Rechtsstreit zu vertreten.

§ 19. Ist der Ort, an dem eine Behörde ihren Sitz hat, in mehrere Gerichtsbezirke geteilt, so wird der Bezirk, der im Sinne der §§ 17, 18 als Sitz der Behörde gilt, für die Bundesbehörden von dem Bundesminister der Justiz, im übrigen von der Landesjustizverwaltung durch allgemeine Anordnung bestimmt.

§ 20. Wenn Personen an einem Ort unter Verhältnissen, die ihrer Natur nach auf einen Aufenthalt von längerer Dauer hinweisen, insbesondere als Hausgehilfen, Arbeiter, Gewerbegehilfen, Studierende, Schüler oder Lehrlinge sich aufhalten, so ist das Gericht des Aufenthaltsortes für alle Klagen zuständig, die gegen diese Personen wegen vermögensrechtlicher Ansprüche erhoben werden.

§ 21. (1) Hat jemand zum Betriebe einer Fabrik, einer Handlung oder eines anderen Gewerbes eine Niederlassung, von der aus unmittelbar Geschäfte geschlossen werden, so können gegen ihn alle Klagen, die auf den Geschäftsbetrieb der Niederlassung Bezug haben, bei dem Gericht des Ortes erhoben werden, wo die Niederlassung sich befindet.

(2) Der Gerichtsstand der Niederlassung ist auch für Klagen gegen Personen begründet, die ein mit Wohn- und Wirtschaftsgebäuden versehenes Gut als Eigentümer, Nutznießer oder Pächter bewirtschaften, soweit diese Klagen die auf die Bewirtschaftung des Gutes sich beziehenden Rechtsverhältnisse betreffen.

§ 22. Das Gericht, bei dem Gemeinden, Korporationen, Gesellschaften, Genossenschaften oder andere Vereine den allgemeinen Gerichtsstand haben, ist für die Klagen zuständig, die von ihnen gegen ihre Mitglieder als solche oder von den Mitgliedern in dieser Eigenschaft gegeneinander erhoben werden.

§ 23. Für Klagen wegen vermögensrechtlicher Ansprüche gegen eine Person, die im Inland keinen Wohnsitz hat, ist das Gericht zuständig, in dessen Bezirk sich Vermögen derselben oder der mit der Klage in Anspruch genommene Gegenstand befindet. Bei Forderungen gilt als der Ort, wo das Vermögen sich befindet, der Wohnsitz des Schuldners und, wenn für die Forderungen eine Sache zur Sicherheit haftet, auch der Ort, wo die Sache sich befindet.

§ 24. (1) Für Klagen, durch die das Eigentum, eine dingliche Belastung oder die Freiheit von einer solchen geltend gemacht wird, für Grenzscheidungs-, Teilungs- und Besitzklagen ist, sofern es sich um unbewegliche Sachen handelt, das Gericht ausschließlich zuständig, in dessen Bezirk die Sache belegen ist.

(2) Bei den eine Grunddienstbarkeit, eine Reallast oder ein Vorkaufsrecht betreffenden Klagen ist die Lage des dienenden oder belasteten Grundstücks entscheidend.

§ 25. In dem dinglichen Gerichtsstand kann mit der Klage aus einer Hypothek, Grundschuld oder Rentenschuld die Schuldklage, mit der Klage auf Umschreibung oder Löschung einer Hypothek, Grundschuld oder Rentenschuld die Klage auf Befreiung von der persönlichen Verbindlichkeit, mit der Klage auf Anerkennung einer Reallast die Klage auf rückständige Leistungen erhoben werden, wenn die verbundenen Klagen gegen denselben Beklagten gerichtet sind.

§ 26. In dem dinglichen Gerichtsstand können persönliche Klagen, die gegen den Eigentümer oder Besitzer einer unbeweglichen Sache als solche gerichtet werden, sowie Klagen wegen Beschädigung eines Grundstücks oder hinsichtlich der Entschädigung wegen Enteignung eines Grundstücks erhoben werden.

§ 27. (1) Klagen, welche die Feststellung des Erbrechts, Ansprüche des Erben gegen einen Erbschaftsbesitzer, Ansprüche aus Vermächtnissen oder sonstigen Verfügungen von Todes wegen, Pflichtteilsansprüche oder die Teilung der Erbschaft zum Gegenstand haben, können vor dem Gericht erhoben werden, bei dem der Erblasser zur Zeit seines Todes den allgemeinen Gerichtsstand gehabt hat.

(2) Ist der Erblasser ein Deutscher und hatte er zur Zeit seines Todes im Inland keinen allgemeinen Gerichtsstand, so können die im Abs. 1 bezeichneten Klagen vor dem Gericht erhoben werden, in dessen Bezirk der Erblasser seinen letzten inländischen Wohnsitz hatte; wenn er einen solchen Wohnsitz nicht hatte, so gilt die Vorschrift des § 15 Abs. 1 Satz 2 entsprechend.

§ 28. In dem Gerichtsstand der Erbschaft können auch Klagen wegen anderer Nachlaßverbindlichkeiten erhoben werden, solange sich der Nachlaß noch ganz oder teilweise im Bezirk des Gerichts befindet oder die vorhandenen mehreren Erben noch als Gesamtschuldner haften.

§ 29. Für Klagen auf Feststellung des Bestehens oder Nichtbestehens eines Vertrages, auf Erfüllung oder Aufhebung eines solchen sowie auf Entschädigung wegen Nichterfüllung oder nicht gehöriger Erfüllung ist das Gericht zuständig, wo die streitige Verpflichtung zu erfüllen ist.

§ 30. Für Klagen aus den auf Messen und Märkten, mit Ausnahme der Jahr- und der Wochenmärkte, geschlossenen Handelsgeschäften (Meß- und Marktsachen) ist das Gericht des Meß- oder Marktortes zuständig, wenn die Klage erhoben wird, während der Beklagte oder sein zur Prozeßführung berechtigter Vertreter sich am Ort oder im Bezirk des Gerichts aufhält.

§ 31. Für Klagen, die aus einer Vermögensverwaltung von dem Geschäftsherrn gegen den Verwalter oder von dem Verwalter gegen den Geschäftsherrn erhoben werden, ist das Gericht des Ortes zuständig, wo die Verwaltung geführt ist.

§ 32. Für Klagen aus unerlaubten Handlungen ist das Gericht zuständig, in dessen Bezirk die Handlung begangen ist.

§ 33. (1) Bei dem Gericht der Klage kann eine Widerklage erhoben werden, wenn der Gegenanspruch mit dem in der Klage geltend gemachten Anspruch oder mit den gegen ihn vorgebrachten Verteidigungsmitteln in Zusammenhang steht.

(2) Dies gilt nicht, wenn die Zuständigkeit des Gerichts für eine Klage wegen des Gegenanspruchs auch durch Vereinbarung nicht würde begründet werden können.

§ 34. Für Klagen der Prozeßbevollmächtigten, der Beistände, der Zustellungsbevollmächtigten und der Gerichtsvollzieher wegen Gebühren und Auslagen ist das Gericht des Hauptprozesses zuständig.

§ 35. Unter mehreren zuständigen Gerichten hat der Kläger die Wahl.

§ 36. Das zuständige Gericht wird durch das im Rechtszuge zunächst höhere Gericht[1]) bestimmt:
1. wenn das an sich zuständige Gericht in einem einzelnen Falle an der Ausübung des Richteramtes rechtlich oder tatsächlich verhindert ist;
2. wenn es mit Rücksicht auf die Grenzen verschiedener Gerichtsbezirke ungewiß ist, welches Gericht für den Rechtsstreit zuständig sei;
3. wenn mehrere Personen, die bei verschiedenen Gerichten ihren allgemeinen Gerichtsstand haben, als Streitgenossen im allgemeinen Gerichtsstand verklagt werden sollen und für den Rechtsstreit ein gemeinschaftlicher besonderer Gerichtsstand nicht begründet ist;
4. wenn die Klage in dem dinglichen Gerichtsstand erhoben werden soll und die Sache in den Bezirken verschiedener Gerichte belegen ist;
5. wenn in einem Rechtsstreit verschiedene Gerichte sich rechtskräftig für zuständig erklärt haben;
6. wenn verschiedene Gerichte, von denen eines für den Rechtsstreit zuständig ist, sich rechtskräftig für unzuständig erklärt haben.

§ 37. (1) Die Entscheidung über das Gesuch um Bestimmung des zuständigen Gerichts kann ohne mündliche Verhandlung ergehen.

(2) Der Beschluß, der das zuständige Gericht bestimmt, ist nicht anfechtbar.

Dritter Titel

Vereinbarung über die Zuständigkeit der Gerichte

§ 38. Ein an sich unzuständiges Gericht des ersten Rechtszuges wird durch ausdrückliche oder stillschweigende Vereinbarung der Parteien zuständig.

§ 39. Stillschweigende Vereinbarung ist anzunehmen, wenn der Beklagte, ohne die Unzuständigkeit geltend zu machen, zur Hauptsache mündlich verhandelt hat.

§ 40. (1) Die Vereinbarung hat keine rechtliche Wirkung, wenn sie nicht auf ein bestimmtes Rechtsverhältnis und die aus ihm entspringenden Rechtsstreitigkeiten sich bezieht.

(2) Die Vereinbarung ist unzulässig, wenn der Rechtsstreit andere als vermögensrechtliche Ansprüche betrifft, oder wenn für die Klage ein ausschließlicher Gerichtsstand begründet ist.

[1]) Hierzu: § 9 EGZPO.

Vierter Titel

Ausschließung und Ablehnung der Gerichtspersonen

§ 41. Ein Richter ist von der Ausübung des Richteramtes kraft Gesetzes ausgeschlossen:

1. in Sachen, in denen er selbst Partei ist oder bei denen er zu einer Partei in dem Verhältnis eines Mitberechtigten, Mitverpflichteten oder Regreßpflichtigen steht;
2. in Sacheu seines Ehegatten, auch wenn die Ehe nicht mehr besteht;
3. in Sachen einer Person, mit der er in gerader Linie verwandt, verschwägert oder durch Adoption verbunden, in der Seitenlinie bis zum dritten Grade verwandt oder bis zum zweiten Grade verschwägert ist, auch wenn die Ehe, durch welche die Schwägerschaft begründet ist, nicht mehr besteht;
4. in Sachen, in denen er als Prozeßbevollmächtigter oder Beistand einer Partei bestellt oder als gesetzlicher Vertreter einer Partei aufzutreten berechtigt ist oder gewesen ist;
5. in Sachen, in denen er als Zeuge oder Sachverständiger vernommen ist;
6. in Sachen, in denen er in einem früheren Rechtszuge oder im schiedsrichterlichen Verfahren bei dem Erlaß der angefochtenen Entscheidung mitgewirkt hat, sofern es sich nicht um die Tätigkeit eines beauftragten oder ersuchten Richters handelt.

§ 42. (1) Ein Richter kann sowohl in den Fällen, in denen er von der Ausübung des Richteramts kraft Gesetzes ausgeschlossen ist, als auch wegen Besorgnis der Befangenheit abgelehnt werden.

(2) Wegen Besorgnis der Befangenheit findet die Ablehnung statt, wenn ein Grund vorliegt, der geeignet ist, Mißtrauen gegen die Unparteilichkeit eines Richters zu rechtfertigen.

(3) Das Ablehnungsrecht steht in jedem Falle beiden Parteien zu.

§ 43. Eine Partei kann einen Richter wegen Besorgnis der Befangenheit nicht mehr ablehnen, wenn sie sich bei ihm, ohne den ihr bekannten Ablehnungsgrund geltend zu machen, in eine Verhandlung eingelassen oder Anträge gestellt hat.

§ 44. (1) Das Ablehnungsgesuch ist bei dem Gericht, dem der Richter angehört, anzubringen; es kann vor der Geschäftsstelle zu Protokoll erklärt werden.

(2) Der Ablehnungsgrund ist glaubhaft zu machen; zur Versicherung an Eides Statt darf die Partei nicht zugelassen werden. Zur Glaubhaftmachung kann auf das Zeugnis des abgelehnten Richters Bezug genommen werden.

(3) Der abgelehnte Richter hat sich über den Ablehnungsgrund dienstlich zu äußern.

(4) Wird ein Richter, bei dem die Partei sich in eine Verhandlung eingelassen oder Anträge gestellt hat, wegen Besorgnis der Befangenheit abgelehnt, so ist glaubhaft zu machen, daß der Ablehnungsgrund erst später entstanden oder der Partei bekanntgeworden sei.

§ 45. (1) Über das Ablehnungsgesuch entscheidet das Gericht, dem der Abgelehnte angehört; wenn dieses Gericht durch Ausscheiden des abgelehnten Mitglieds beschlußunfähig wird, das im Rechtszuge zunächst höhere Gericht.

(2) Wird ein Amtsrichter abgelehnt, so entscheidet das Landgericht. Einer Entscheidung bedarf es nicht, wenn der Amtsrichter das Ablehnungsgesuch für begründet hält.

§ 46. (1) Die Entscheidung über das Ablehnungsgesuch kann ohne mündliche Verhandlung ergehen.

(2) Gegen den Beschluß, durch den das Gesuch für begründet erklärt wird, findet kein Rechtsmittel, gegen den Beschluß, durch den das Gesuch für unbegründet erklärt wird, findet sofortige Beschwerde statt.

§ 47. Ein abgelehnter Richter hat vor Erledigung des Ablehnungsgesuchs nur solche Handlungen vorzunehmen, die keinen Aufschub gestatten.

§ 48. (1) Das für die Erledigung eines Ablehnungsgesuchs zuständige Gericht hat auch dann zu entscheiden, wenn ein solches Gesuch nicht angebracht ist, ein Richter aber von einem Verhältnis Anzeige macht, das seine Ablehnung rechtfertigen könnte, oder wenn aus anderer Veranlassung Zweifel darüber entstehen, ob ein Richter kraft Gesetzes ausgeschlossen sei.

(2) Die Entscheidung ergeht ohne Gehör der Parteien.

§ 49. Die Vorschriften dieses Titels sind auf den Urkundsbeamten der Geschäftsstelle entsprechend anzuwenden; die Entscheidung ergeht durch das Gericht, bei dem er angestellt ist.

Zweiter Abschnitt
Parteien

Erster Titel
Parteifähigkeit. Prozeßfähigkeit

§ 50. (1) Parteifähig ist, wer rechtsfähig ist.

(2) Ein Verein, der nicht rechtsfähig ist, kann verklagt werden; in dem Rechtsstreit hat der Verein die Stellung eines rechtsfähigen Vereins.

§ 51. Die Fähigkeit einer Partei, vor Gericht zu stehen, die Vertretung nicht prozeßfähiger Parteien durch andere Personen (gesetzliche Vertreter) und die Notwendigkeit einer besonderen Ermächtigung zur Prozeßführung bestimmt sich nach den Vorschriften des bürgerlichen Rechts, soweit nicht die nachfolgenden Paragraphen abweichende Vorschriften enthalten.

§ 52. (1) Eine Person ist insoweit prozeßfähig, als sie sich durch Verträge verpflichten kann.

(2) Die Prozeßfähigkeit einer Frau wird dadurch, daß sie Ehefrau ist, nicht beschränkt.

§ 53. Wird in einem Rechtsstreit eine prozeßfähige Person durch einen Pfleger vertreten, so steht sie für den Rechtsstreit einer nicht prozeßfähigen Person gleich.

§ 54. Einzelne Prozeßhandlungen, zu denen nach den Vorschriften des bürgerlichen Rechts eine besondere Ermächtigung erforderlich ist, sind ohne sie gültig, wenn die Ermächtigung zur Prozeßführung im allgemeinen erteilt oder die Prozeßführung auch ohne eine solche Ermächtigung im allgemeinen statthaft ist.

§ 55. Ein Ausländer, dem nach dem Recht seines Landes die Prozeßfähigkeit mangelt, gilt als prozeßfähig, wenn ihm nach dem Recht des Prozeßgerichts die Prozeßfähigkeit zusteht.

§ 56. (1) Das Gericht hat den Mangel der Parteifähigkeit, der Prozeßfähigkeit, der Legitimation eines gesetzlichen Vertreters und der erforderlichen Ermächtigung zur Prozeßführung von Amts wegen zu berücksichtigen.

(2) Die Partei oder deren gesetzlicher Vertreter kann zur Prozeßführung mit Vorbehalt der Beseitigung des Mangels zugelassen werden, wenn mit dem Verzuge Gefahr für die Partei verbunden ist. Das Endurteil darf erst erlassen werden, nachdem die für die Beseitigung des Mangels zu bestimmende Frist abgelaufen ist.

§ 57. (1) Soll eine nicht prozeßfähige Partei verklagt werden, die ohne gesetzlichen Vertreter ist, so hat ihr der Vorsitzende des Prozeßgerichts, falls mit dem Verzuge Gefahr verbunden ist, auf Antrag bis zu dem Eintritt des gesetzlichen Vertreters einen besonderen Vertreter zu bestellen.

(2) Der Vorsitzende kann einen solchen Vertreter auch bestellen, wenn in den Fällen des § 20 eine nicht prozeßfähige Person bei dem Gericht ihres Aufenthaltsortes verklagt werden soll.

§ 58[1]**.** (1) Soll ein Recht an einem Grundstück, das von dem bisherigen Eigentümer nach § 928 des Bürgerlichen Gesetzbuchs aufgegeben und von dem Aneignungsberechtigten noch nicht erworben worden ist, im Wege

[1]) ähnlich: Gesetz zur Ergänzung und Änderung der Vorschriften über Miet- und Pachtstreitigkeiten vom 20. 7. 1933 (RGBl. I S. 521).

der Klage geltend gemacht werden, so hat der Vorsitzende des Prozeßgerichts auf Antrag einen Vertreter zu bestellen, dem bis zur Eintragung eines neuen Eigentümers die Wahrnehmung der sich aus dem Eigentum ergebenden Rechte und Verpflichtungen im Rechtsstreit obliegt.

(2) Abs. 1 gilt entsprechend, wenn im Wege der Klage ein Recht an einem eingetragenen Schiff oder Schiffsbauwerk geltend gemacht werden soll, das von dem bisherigen Eigentümer nach § 7 des Gesetzes über Rechte an eingetragenen Schiffen und Schiffsbauwerken vom 15. November 1940 (Reichsgesetzbl. I S. 1499) aufgegeben und von dem Aneignungsberechtigten noch nicht erworben worden ist.

Zweiter Titel
Streitgenossenschaft

§ 59. Mehrere Personen können als Streitgenossen gemeinschaftlich klagen oder verklagt werden, wenn sie hinsichtlich des Streitgegenstandes in Rechtsgemeinschaft stehen oder wenn sie aus demselben tatsächlichen und rechtlichen Grunde berechtigt oder verpflichtet sind.

§ 60. Mehrere Personen können auch dann als Streitgenossen gemeinschaftlich klagen oder verklagt werden, wenn gleichartige und auf einem im wesentlichen gleichartigen tatsächlichen und rechtlichen Grunde beruhende Ansprüche oder Verpflichtungen den Gegenstand des Rechtsstreits bilden.

§ 61. Streitgenossen stehen, soweit nicht aus den Vorschriften des bürgerlichen Rechts oder dieses Gesetzes sich ein anderes ergibt, dem Gegner dergestalt als einzelne gegenüber, daß die Handlungen des einen Streitgenossen dem andern weder zum Vorteil noch zum Nachteil gereichen.

§ 62. (1) Kann das streitige Rechtsverhältnis allen Streitgenossen gegenüber nur einheitlich festgestellt werden oder ist die Streitgenossenschaft aus einem sonstigen Grunde eine notwendige, so werden, wenn ein Termin oder eine Frist nur von einzelnen Streitgenossen versäumt wird, die säumigen Streitgenossen als durch die nicht säumigen vertreten angesehen.

(2) Die säumigen Streitgenossen sind auch in dem späteren Verfahren zuzuziehen.

§ 63. Das Recht zur Betreibung des Prozesses steht jedem Streitgenossen zu; zu allen Terminen sind sämtliche Streitgenossen zu laden.

Dritter Titel
Beteiligung Dritter am Rechtsstreit

§ 64. Wer die Sache oder das Recht, worüber zwischen anderen Personen ein Rechtsstreit anhängig geworden ist, ganz oder teilweise für sich in Anspruch nimmt, ist bis zur rechtskräftigen Entscheidung dieses Rechtsstreits berechtigt, seinen Anspruch durch eine gegen beide Parteien gerichtete Klage bei dem Gericht geltend zu machen, vor dem der Rechtsstreit im ersten Rechtszuge anhängig wurde.

§ 65. Der Hauptprozeß kann auf Antrag einer Partei bis zur rechtskräftigen Entscheidung über die Hauptintervention ausgesetzt werden.

§ 66. (1) Wer ein rechtliches Interesse daran hat, daß in einem zwischen anderen Personen anhängigen Rechtsstreit die eine Partei obsiege, kann dieser Partei zum Zwecke ihrer Unterstützung beitreten.

(2) Die Nebenintervention kann in jeder Lage des Rechtsstreits bis zur rechtskräftigen Entscheidung, auch in Verbindung mit der Einlegung eines Rechtsmittels, erfolgen.

§ 67. Der Nebenintervenient muß den Rechtsstreit in der Lage annehmen, in der er sich zur Zeit seines Beitritts befindet; er ist berechtigt, Angriffs- und Verteidigungsmittel geltend zu machen und alle Prozeßhandlungen wirksam vorzunehmen, insoweit nicht seine Erklärungen und Handlungen mit Erklärungen und Handlungen der Hauptpartei in Widerspruch stehen.

§ 68. Der Nebenintervenient wird im Verhältnis zu der Hauptpartei mit der Behauptung nicht gehört, daß der Rechtsstreit, wie er dem Richter vorgelegen habe, unrichtig entschieden sei; er wird mit der Behauptung, daß die Hauptpartei den Rechtsstreit mangelhaft geführt habe, nur insoweit gehört, als er durch die Lage des Rechtsstreits zur Zeit seines Beitritts oder durch Erklärungen und Handlungen der Hauptpartei verhindert worden ist, Angriffs- oder Verteidigungsmittel geltend zu machen, oder als Angriffs- oder Verteidigungsmittel, die ihm unbekannt waren, von der Hauptpartei absichtlich oder durch grobes Verschulden nicht geltend gemacht sind.

§ 69. Insofern nach den Vorschriften des bürgerlichen Rechts die Rechtskraft der in dem Hauptprozeß erlassenen Entscheidung auf das Rechtsverhältnis des Nebenintervenienten zu dem Gegner von Wirksamkeit ist, gilt der Nebenintervenient im Sinne des § 61 als Streitgenosse der Hauptpartei.

§ 70. (1) Der Beitritt des Nebenintervenienten erfolgt durch Einreichung eines Schriftsatzes bei dem Prozeßgericht und, wenn er mit der Einlegung eines Rechtsmittels verbunden wird, durch Einreichung eines Schriftsatzes bei dem Rechtsmittelgericht. Der Schriftsatz ist beiden Parteien zuzustellen und muß enthalten:

1. die Bezeichnung der Parteien und des Rechtsstreits;
2. die bestimmte Angabe des Interesses, das der Nebenintervenient hat;
3. die Erklärung des Beitritts.

(2) Außerdem gelten die allgemeinen Vorschriften über die vorbereitenden Schriftsätze.

§ 71. (1) Über den Antrag auf Zurückweisung einer Nebenintervention wird nach mündlicher Verhandlung unter den Parteien und dem Nebenintervenienten entschieden. Der Nebenintervenient ist zuzulassen, wenn er sein Interesse glaubhaft macht.

(2) Gegen das Zwischenurteil findet sofortige Beschwerde statt.

(3) Solange nicht die Unzulässigkeit der Intervention rechtskräftig ausgesprochen ist, wird der Intervenient im Hauptverfahren zugezogen.

§ 72. (1) Eine Partei, die für den Fall des ihr ungünstigen Ausganges des Rechtsstreits einen Anspruch auf Gewährleistung oder Schadloshaltung gegen einen Dritten erheben zu können glaubt oder den Anspruch eines Dritten besorgt, kann bis zur rechtskräftigen Entscheidung des Rechtsstreits dem Dritten gerichtlich den Streit verkünden.

(2) Der Dritte ist zu einer weiteren Streitverkündung berechtigt.

§ 73. Zum Zwecke der Streitverkündung hat die Partei einen Schriftsatz einzureichen, in dem der Grund der Streitverkündung und die Lage des Rechtsstreits anzugeben ist. Der Schriftsatz ist dem Dritten zuzustellen und dem Gegner des Streitverkünders in Abschrift mitzuteilen. Die Streitverkündung wird erst mit der Zustellung an den Dritten wirksam.

§ 74. (1) Wenn der Dritte dem Streitverkünder beitritt, so bestimmt sich sein Verhältnis zu den Parteien nach den Grundsätzen über die Nebenintervention.

(2) Lehnt der Dritte den Beitritt ab oder erklärt er sich nicht, so wird der Rechtsstreit ohne Rücksicht auf ihn fortgesetzt.

(3) In allen Fällen dieses Paragraphen sind gegen den Dritten die Vorschriften des § 68 mit der Abweichung anzuwenden, daß statt der Zeit des Beitritts die Zeit entscheidet, zu welcher der Beitritt infolge der Streitverkündung möglich war.

§ 75. Wird von dem verklagten Schuldner einem Dritten, der die geltend gemachte Forderung für sich in Anspruch nimmt, der Streit verkündet und tritt der Dritte in den Streit ein, so ist der Beklagte, wenn er den Betrag der Forderung zugunsten der streitenden Gläubiger unter Verzicht auf das Recht zur Rücknahme hinterlegt, auf seinen Antrag aus dem Rechtsstreit unter Verurteilung in die durch seinen unbegründeten Widerspruch veranlaßten Kosten zu entlassen und der Rechtsstreit über die Berechtigung an der Forderung zwischen den streitenden Gläubigern allein fortzusetzen. Dem Obsiegenden ist der hinterlegte Betrag zuzusprechen und der Unterliegende auch zur Erstattung der dem Beklagten entstandenen, nicht durch dessen unbegründeten Widerspruch veranlaßten Kosten, einschließlich der Kosten der Hinterlegung, zu verurteilen.

§ 76. (1) Wer als Besitzer einer Sache verklagt ist, die er auf Grund eines Rechtsverhältnisses der im § 868 des Bürgerlichen Gesetzbuchs bezeichneten Art zu besitzen behauptet, kann vor der Verhandlung zur Hauptsache unter Einreichung eines Schriftsatzes, in dem er den mittelbaren Besitzer benennt, und einer Streitverkündungsschrift die Ladung des mittelbaren Besitzers zur Erklärung beantragen. Bis zu dieser Erklärung oder bis zum Schluß des Termins, in dem sich der Benannte zu erklären hat, kann der Beklagte die Verhandlung zur Hauptsache verweigern.

(2) Bestreitet der Benannte die Behauptung des Beklagten oder erklärt er sich nicht, so ist der Beklagte berechtigt, dem Klageantrage zu genügen.

(3) Wird die Behauptung des Beklagten von dem Benannten als richtig anerkannt, so ist dieser berechtigt, mit Zustimmung des Beklagten an dessen Stelle den Prozeß zu übernehmen. Die Zustimmung des Klägers ist nur insoweit erforderlich, als er Ansprüche geltend macht, die unabhängig davon sind, daß der Beklagte auf Grund eines Rechtsverhältnisses der im Abs. 1 bezeichneten Art besitzt.

(4) Hat der Benannte den Prozeß übernommen, so ist der Beklagte auf seinen Antrag von der Klage zu entbinden. Die Entscheidung ist in Ansehung der Sache selbst auch gegen den Beklagten wirksam und vollstreckbar.

§ 77. Ist von dem Eigentümer einer Sache oder von demjenigen, dem ein Recht an einer Sache zusteht, wegen einer Beeinträchtigung des Eigentums oder seines Rechtes Klage auf Beseitigung der Beeinträchtigung oder auf Unterlassung weiterer Beeinträchtigungen erhoben, so sind die Vorschriften des § 76 entsprechend anzuwenden, sofern der Beklagte die Beeinträchtigung in Ausübung des Rechtes eines Dritten vorgenommen zu haben behauptet.

Vierter Titel

Prozeßbevollmächtigte und Beistände

§ 78. (1) Vor den Landgerichten und vor allen Gerichten des höheren Rechtszuges müssen die Parteien sich durch einen bei dem Prozeßgericht zugelassenen Rechtsanwalt als Bevollmächtigten vertreten lassen (Anwaltsprozeß).

(2) Diese Vorschrift ist auf das Verfahren vor einem beauftragten oder ersuchten Richter sowie auf Prozeßhandlungen, die vor dem Urkundsbeamten der Geschäftsstelle vorgenommen werden können, nicht anzuwenden.

(3) Ein bei dem Prozeßgericht zugelassener Rechtsanwalt kann sich selbst vertreten.

§ 79. Insoweit eine Vertretung durch Anwälte nicht geboten ist, können die Parteien den Rechtsstreit selbst oder durch jede prozeßfähige Person als Bevollmächtigten führen.

§ 80. (1) Der Bevollmächtigte hat die Bevollmächtigung durch eine schriftliche Vollmacht nachzuweisen und diese zu den Gerichtsakten abzugeben.

(2) Das Gericht kann auf Antrag des Gegners die öffentliche Beglaubigung einer Privaturkunde anordnen. Wird der Antrag zurückgewiesen, so ist dagegen kein Rechtsmittel zulässig. Bei der Beglaubigung bedarf es weder der Zuziehung von Zeugen noch der Aufnahme eines Protokolls.

§ 81. Die Prozeßvollmacht ermächtigt zu allen den Rechtsstreit betreffenden Prozeßhandlungen, einschließlich derjenigen, die durch eine Widerklage, eine Wiederaufnahme des Verfahrens und die Zwangsvollstreckung veranlaßt werden; zur Bestellung eines Vertreters sowie eines Bevollmächtigten für die höheren Instanzen; zur Beseitigung des Rechtsstreits durch Vergleich, Verzichtleistung auf den Streitgegenstand oder Anerkennung des von dem Gegner geltend gemachten Anspruchs; zur Empfangnahme der von dem Gegner zu erstattenden Kosten.

§ 82. Die Vollmacht für den Hauptprozeß umfaßt die Vollmacht für das eine Hauptintervention, einen Arrest oder eine einstweilige Verfügung betreffende Verfahren.

§ 83. (1) Eine Beschränkung des gesetzlichen Umfanges der Vollmacht hat dem Gegner gegenüber nur insoweit rechtliche Wirkung, als diese Beschränkung die Beseitigung des Rechtsstreits durch Vergleich, Verzichtleistung auf den Streitgegenstand oder Anerkennung des von dem Gegner geltend gemachten Anspruchs betrifft.

(2) Insoweit eine Vertretung durch Anwälte nicht geboten ist, kann eine Vollmacht für einzelne Prozeßhandlungen erteilt werden.

§ 84. Mehrere Bevollmächtigte sind berechtigt, sowohl gemeinschaftlich als einzeln die Partei zu vertreten. Eine abweichende Bestimmung der Vollmacht hat dem Gegner gegenüber keine rechtliche Wirkung.

§ 85. Die von dem Bevollmächtigten vorgenommenen Prozeßhandlungen sind für die Partei in gleicher Art verpflichtend, als wenn sie von der Partei selbst vorgenommen wären. Dies gilt von Geständnissen und anderen tatsächlichen Erklärungen, insoweit sie nicht von der miterschienenen Partei sofort widerrufen oder berichtigt werden.

§ 86. Die Vollmacht wird weder durch den Tod des Vollmachtgebers noch durch eine Veränderung in seiner Prozeßfähigkeit oder seiner gesetzlichen Vertretung aufgehoben; der Bevollmächtigte hat jedoch, wenn er nach Aussetzung des Rechtsstreits für den Nachfolger im Rechtsstreit auftritt, dessen Vollmacht beizubringen.

§ 87. (1) Dem Gegner gegenüber erlangt die Kündigung des Vollmachtvertrags erst durch die Anzeige des Erlöschens der Vollmacht, in

Anwaltsprozessen erst durch die Anzeige der Bestellung eines anderen Anwalts rechtliche Wirksamkeit.

(2) Der Bevollmächtigte wird durch die von seiner Seite erfolgte Kündigung nicht gehindert, für den Vollmachtgeber so lange zu handeln, bis dieser für Wahrnehmung seiner Rechte in anderer Weise gesorgt hat.

§ 88. (1) Der Mangel der Vollmacht kann von dem Gegner in jeder Lage des Rechtsstreits gerügt werden.

(2) Das Gericht hat den Mangel der Vollmacht von Amts wegen zu berücksichtigen, insoweit eine Vertretung durch Anwälte nicht geboten ist.

§ 89. (1) Handelt jemand für eine Partei als Geschäftsführer ohne Auftrag oder als Bevollmächtigter ohne Beibringung einer Vollmacht, so kann er gegen oder ohne Sicherheitsleistung für Kosten und Schäden zur Prozeßführung einstweilen zugelassen werden. Das Endurteil darf erst erlassen werden, nachdem die für die Beibringung der Genehmigung zu bestimmende Frist abgelaufen ist. Ist zu der Zeit, zu der das Endurteil erlassen wird, die Genehmigung nicht beigebracht, so ist der einstweilen zur Prozeßführung Zugelassene zum Ersatz der dem Gegner infolge der Zulassung erwachsenen Kosten zu verurteilen; auch hat er dem Gegner die infolge der Zulassung entstandenen Schäden zu ersetzen.

(2) Die Partei muß die Prozeßführung gegen sich gelten lassen, wenn sie auch nur mündlich Vollmacht erteilt oder wenn sie die Prozeßführung ausdrücklich oder stillschweigend genehmigt hat.

§ 90. (1) Insoweit eine Vertretung durch Anwälte nicht geboten ist, kann eine Partei mit jeder prozeßfähigen Person als Beistand erscheinen.

(2) Das von dem Beistand Vorgetragene gilt als von der Partei vorgebracht, insoweit es nicht von dieser sofort widerrufen oder berichtigt wird.

Fünfter Titel

Prozeßkosten

§ 91. (1) Die unterliegende Partei hat die Kosten des Rechtsstreits zu tragen, insbesondere die dem Gegner erwachsenen Kosten zu erstatten, soweit sie zur zweckentsprechenden Rechtsverfolgung oder Rechtsverteidigung notwendig waren. Die Kostenerstattung umfaßt auch die Entschädigung des Gegners für die durch notwendige Reisen oder durch die notwendige Wahrnehmung von Terminen entstandene Zeitversäumnis; die für die Entschädigung von Zeugen geltenden Vorschriften sind entsprechend anzuwenden.

(2) Die Gebühren und Auslagen des Rechtsanwalts der obsiegenden Partei sind in allen Prozessen zu erstatten, Reisekosten eines auswärtigen Rechtsanwalts jedoch nur insoweit, als die Zuziehung zur zweckentspre-

chenden Rechtsverfolgung oder Rechtsverteidigung notwendig war. Die Kosten mehrerer Rechtsanwälte sind nur insoweit zu erstatten, als sie die Kosten eines Rechtsanwalts nicht übersteigen oder als in der Person des Rechtsanwalts ein Wechsel eintreten mußte.

(3) Zu den Kosten des Rechtsstreits im Sinne der Abs. 1, 2 gehören auch die Gebühren, die durch ein Güteverfahren vor einer durch die Landesjustizverwaltung eingerichteten oder anerkannten Gütestelle entstanden sind; dies gilt nicht, wenn zwischen der Beendigung des Güteverfahrens und der Klageerhebung mehr als ein Jahr verstrichen ist.

§ 91a. (1) Haben die Parteien den Rechtsstreit in der Hauptsache für erledigt erklärt, so entscheidet das Gericht über die Kosten unter Berücksichtigung des bisherigen Sach- und Streitstandes nach billigem Ermessen. Die Entscheidung ergeht durch Beschluß.

(2) Gegen die Entscheidung findet sofortige Beschwerde statt. Vor der Entscheidung über die Beschwerde ist der Gegner zu hören.

§ 92. (1) Wenn jede Partei teils obsiegt, teils unterliegt, so sind die Kosten gegeneinander aufzuheben oder verhältnismäßig zu teilen. Sind die Kosten gegeneinander aufgehoben, so fallen die Gerichtskosten jeder Partei zur Hälfte zur Last.

(2) Das Gericht kann der einen Partei die gesamten Prozeßkosten auferlegen, wenn die Zuvielforderung der anderen Partei verhältnismäßig geringfügig war und keine besonderen Kosten veranlaßt hat oder wenn der Betrag der Forderung der anderen Partei von der Festsetzung durch richterliches Ermessen, von der Ausmittlung durch Sachverständige oder von einer gegenseitigen Berechnung abhängig war.

§ 93. Hat der Beklagte nicht durch sein Verhalten zur Erhebung der Klage Veranlassung gegeben, so fallen dem Kläger die Prozeßkosten zur Last, wenn der Beklagte den Anspruch sofort anerkennt.

§ 93a. Wird auf Scheidung oder Aufhebung der Ehe erkannt oder die Ehe für nichtig erklärt, ohne daß der unterlegene Teil hieran schuldig ist, so sind die Kosten gegeneinander aufzuheben.

§ 94. Macht der Kläger einen auf ihn übergegangenen Anspruch geltend, ohne daß er vor der Erhebung der Klage dem Beklagten den Übergang mitgeteilt und auf Verlangen nachgewiesen hat, so fallen ihm die Prozeßkosten insoweit zur Last, als sie dadurch entstanden sind, daß der Beklagte durch die Unterlassung der Mitteilung oder des Nachweises veranlaßt worden ist, den Anspruch zu bestreiten.

§ 95. Die Partei, die einen Termin oder eine Frist versäumt, oder die Verlegung eines Termins, die Vertagung einer Verhandlung, die Anberaumung eines Termins zur Fortsetzung der Verhandlung oder die Verlängerung einer Frist durch ihr Verschulden veranlaßt, hat die dadurch verursachten Kosten zu tragen.

§ 96. Die Kosten eines ohne Erfolg gebliebenen Angriffs- oder Verteidigungsmittels können der Partei auferlegt werden, die es geltend gemacht hat, auch wenn sie in der Hauptsache obsiegt.

§ 97. (1) Die Kosten eines ohne Erfolg eingelegten Rechtsmittels fallen der Partei zur Last, die es eingelegt hat.

(2) Die Kosten der Berufungsinstanz sind der obsiegenden Partei ganz oder teilweise aufzuerlegen, wenn sie auf Grund eines neuen Vorbringens obsiegt, das sie nach freiem Ermessen des Gerichts im ersten Rechtszuge geltend zu machen imstande war oder mit dem sie im ersten Rechtszuge nach den §§ 279, 279a, 283 Abs. 2 zurückgewiesen worden ist.

(3) Die Kosten der Revisionsinstanz in Rechtsstreitigkeiten über Ansprüche, für welche die Landgerichte ohne Rücksicht auf den Wert des Streitgegenstandes ausschließlich zuständig sind, hat auch im Falle des Obsiegens die Bundes- oder die Staatskasse zu tragen, wenn der Wert des Streitgegenstandes die Summe von fünfhundert Deutsche Mark nicht übersteigt und der Vertreter des Bundes oder des Landes die Revision eingelegt hat.

§ 98. Die Kosten eines abgeschlossenen Vergleichs sind als gegeneinander aufgehoben anzusehen, wenn nicht die Parteien ein anderes vereinbart haben. Das gleiche gilt von den Kosten des durch Vergleich erledigten Rechtsstreits, soweit nicht über sie bereits rechtskräftig erkannt ist.

§ 99. (1) Die Anfechtung der Entscheidung über den Kostenpunkt ist unzulässig, wenn nicht gegen die Entscheidung in der Hauptsache ein Rechtsmittel eingelegt wird.

(2) Ist die Hauptsache durch eine auf Grund eines Anerkenntnisses ausgesprochene Verurteilung erledigt, so findet gegen die Entscheidung über den Kostenpunkt sofortige Beschwerde statt. Vor der Entscheidung über die Beschwerde ist der Gegner zu hören.

§ 100. (1) Besteht der unterliegende Teil aus mehreren Personen, so haften sie für die Kostenerstattung nach Kopfteilen.

(2) Bei einer erheblichen Verschiedenheit der Beteiligung am Rechtsstreit kann nach dem Ermessen des Gerichts die Beteiligung zum Maßstab genommen werden.

(3) Hat ein Streitgenosse ein besonderes Angriffs- oder Verteidigungsmittel geltend gemacht, so haften die übrigen Streitgenossen nicht für die dadurch veranlaßten Kosten.

(4) Werden mehrere Beklagte als Gesamtschuldner verurteilt, so haften sie auch für die Kostenerstattung, unbeschadet der Vorschrift des Abs. 3,

als Gesamtschuldner. Die Vorschriften des bürgerlichen Rechts, nach denen sich diese Haftung auf die im Abs. 3 bezeichneten Kosten erstreckt, bleiben unberührt.

§ 101. (1) Die durch eine Nebenintervention verursachten Kosten sind dem Gegner der Hauptpartei aufzuerlegen, soweit er nach den Vorschriften der §§ 91 bis 98 die Kosten des Rechtsstreits zu tragen hat; soweit dies nicht der Fall ist, sind sie dem Nebenintervenienten aufzuerlegen.

(2) Gilt der Nebenintervenient als Streitgenosse der Hauptpartei (§ 69), so sind die Vorschriften des § 100 maßgebend.

§ 102. (1) Urkundsbeamte der Geschäftsstelle, gesetzliche Vertreter, Rechtsanwälte und andere Bevollmächtigte sowie Gerichtsvollzieher können durch das Prozeßgericht auch von Amts wegen zur Tragung der Kosten verurteilt werden, die sie durch grobes Verschulden veranlaßt haben.

(2) Die Entscheidung kann ohne mündliche Verhandlung ergehen. Vor der Entscheidung ist der Beteiligte zu hören.

(3) Gegen die Entscheidung findet sofortige Beschwerde statt.

§ 103. (1) Der Anspruch auf Erstattung der Prozeßkosten kann nur auf Grund eines zur Zwangsvollstreckung geeigneten Titels geltend gemacht werden.

(2) Das Gesuch um Festsetzung des zu erstattenden Betrages ist bei der Geschäftsstelle des Gerichts des ersten Rechtszuges anzubringen. Die Kostenberechnung, ihre zur Mitteilung an den Gegner bestimmte Abschrift und die zur Rechtfertigung der einzelnen Ansätze dienenden Belege sind beizufügen.

§ 104. (1) Die Entscheidung über das Festsetzungsgesuch ergeht durch den Urkundsbeamten der Geschäftsstelle. Die Entscheidung ist, sofern dem Gesuch ganz oder teilweise entsprochen wird, dem Gegner des Antragstellers unter Beifügung einer Abschrift der Kostenrechnung von Amts wegen zuzustellen. Dem Antragsteller ist die Entscheidung nur dann von Amts wegen zuzustellen, wenn der Antrag ganz oder teilweise zurückgewiesen wird; im übrigen ergeht die Mitteilung formlos.

(2) Zur Berücksichtigung eines Ansatzes genügt, daß er glaubhaft gemacht ist. Hinsichtlich der einem Rechtsanwalt erwachsenen Auslagen an Post-, Telegraphen- und Fernsprechgebühren genügt die Versicherung des Rechtsanwalts, daß diese Auslagen entstanden sind.

(3) Über Erinnerungen gegen den Festsetzungsbeschluß entscheidet das Gericht, dessen Geschäftsstelle den Beschluß erlassen hat. Die Erinnerungen sind binnen einer Notfrist von zwei Wochen, die mit der Zustellung des Beschlusses beginnt, zu erheben. Die Entscheidung kann ohne mündliche Verhandlung ergehen. Das Gericht kann vor der Entscheidung anordnen, daß die Vollstreckung des Festsetzungsbeschlusses auszusetzen sei. Gegen die Entscheidung des Gerichts findet sofortige Beschwerde statt.

§ 105. (1) Der Festsetzungsbeschluß kann auf das Urteil und die Ausfertigungen gesetzt werden, sofern bei der Anbringung des Gesuchs eine Ausfertigung des Urteils noch nicht erteilt ist und eine Verzögerung der Ausfertigung nicht eintritt. Eine besondere Ausfertigung und Zustellung des Festsetzungsbeschlusses findet in diesem Falle nicht statt. Den Parteien ist der festgesetzte Betrag mitzuteilen, dem Gegner des Antragstellers unter Beifügung der Abschrift der Kostenberechnung. Die Verbindung des Festsetzungsbeschlusses mit dem Urteil soll unterbleiben, sofern dem Festsetzungsgesuch auch nur teilweise nicht entsprochen wird.

(2) Der Anbringung eines Festsetzungsgesuchs bedarf es nicht, wenn die Partei vor der Verkündung des Urteils die Berechnung ihrer Kosten eingereicht hat; in diesem Falle ist die dem Gegner mitzuteilende Abschrift der Kostenberechnung von Amts wegen anzufertigen.

§ 106. (1) Sind die Prozeßkosten ganz oder teilweise nach Quoten verteilt, so hat nach Anbringung des Festsetzungsgesuchs die Geschäftsstelle den Gegner aufzufordern, die Berechnung seiner Kosten binnen einer Woche bei der Geschäftsstelle einzureichen. Die Vorschriften des § 105 sind nicht anzuwenden.

(2) Nach fruchtlosem Ablauf der einwöchigen Frist ergeht die Entscheidung ohne Rücksicht auf die Kosten des Gegners, unbeschadet des Rechts des letzteren, den Anspruch auf Erstattung nachträglich geltend zu machen. Der Gegner haftet für die Mehrkosten, die durch das nachträgliche Verfahren entstehen.

§ 107. (1) Ergeht nach der Kostenfestsetzung eine Entscheidung, durch die der Wert des Streitgegenstandes festgesetzt wird, so ist, falls diese Entscheidung von der Wertberechnung abweicht, die der Kostenfestsetzung zugrunde liegt, auf Antrag die Kostenfestsetzung entsprechend abzuändern. Über den Antrag entscheidet der Urkundsbeamte der Geschäftsstelle des Gerichts des ersten Rechtszuges.

(2) Der Antrag ist binnen der Frist von einem Monat bei der Geschäftsstelle anzubringen. Die Frist beginnt mit der Zustellung und, wenn es einer solchen nicht bedarf, mit der Verkündung des den Wert des Streitgegenstandes festsetzenden Beschlusses.

(3) Die Vorschriften des § 104 Abs. 3 sind anzuwenden.

Sechster Titel
Sicherheitsleistung

§ 108. (1) In den Fällen der Bestellung einer prozessualen Sicherheit kann das Gericht nach freiem Ermessen bestimmen, in welcher Art und Höhe die Sicherheit zu leisten ist. Soweit das Gericht eine Bestimmung nicht getroffen hat und die Parteien ein anderes nicht vereinbart haben, ist die Sicherheitsleistung durch Hinterlegung von Geld oder solchen

Wertpapieren zu bewirken, die nach § 234 Abs. 1, 3 des Bürgerlichen Gesetzbuchs zur Sicherheitsleistung geeignet sind.

(2) Die Vorschriften des § 234 Abs. 2 und des § 235 des Bürgerlichen Gesetzbuchs sind entsprechend anzuwenden.

§ 109. (1) Ist die Veranlassung für eine Sicherheitsleistung weggefallen, so hat auf Antrag das Gericht[1]), das die Bestellung der Sicherheit angeordnet oder zugelassen hat, eine Frist zu bestimmen, binnen der ihm die Partei, zu deren Gunsten die Sicherheit geleistet ist, die Einwilligung in die Rückgabe der Sicherheit zu erklären oder die Erhebung der Klage wegen ihrer Ansprüche nachzuweisen hat.

(2) Nach Ablauf der Frist hat das Gericht auf Antrag die Rückgabe der Sicherheit anzuordnen, wenn nicht inzwischen die Erhebung der Klage nachgewiesen ist.

(3) Die Anträge und die Einwilligung in die Rückgabe der Sicherheit können vor der Geschäftsstelle zu Protokoll erklärt werden. Die Entscheidungen können ohne mündliche Verhandlung ergehen.

(4) Gegen den Beschluß, durch den der im Abs. 1 vorgesehene Antrag abgelehnt wird, steht dem Antragsteller, gegen die im Abs. 2 bezeichnete Entscheidung steht beiden Teilen die sofortige Beschwerde zu.

§ 110[2]). (1) Angehörige fremder Staaten, die als Kläger auftreten, haben dem Beklagten auf sein Verlangen wegen der Prozeßkosten Sicherheit zu leisten. Das gleiche gilt für Staatenlose, die ihren Wohnsitz nicht im Inland haben.

(2) Diese Verpflichtung tritt nicht ein:
1. wenn nach den Gesetzen des Staates, dem der Kläger angehört, ein Deutscher in gleichem Falle zur Sicherheitsleistung nicht verpflichtet ist;
2. im Urkunden- oder Wechselprozeß;
3. bei Widerklagen;
4. bei Klagen, die infolge einer öffentlichen Aufforderung angestellt werden;
5. bei Klagen aus Rechten, die im Grundbuch eingetragen sind.

§ 111. Der Beklagte kann auch dann Sicherheit verlangen, wenn die Voraussetzungen für die Verpflichtung zur Sicherheitsleistung erst im Laufe des Rechtsstreits eintreten und nicht ein zur Deckung ausreichender Teil des erhobenen Anspruchs unbestritten ist.

§ 112. (1) Die Höhe der zu leistenden Sicherheit wird von dem Gericht nach freiem Ermessen festgesetzt.

(2) Bei der Festsetzung ist derjenige Betrag der Prozeßkosten zugrunde zu legen, den der Beklagte wahrscheinlich aufzuwenden haben wird. Die

[1]) Die REntV. — abgedruckt unter VII — bezeichnet diese Angelegenheit in § 11 als zur selbständigen Wahrnehmung durch Rechtspfleger geeignet.

[2]) Siehe aber § 10 Gesetz über die Rechtsstellung heimatloser Ausländer im Bundesgebiet vom 25. 4. 1951 (BGBl. S. 269).

dem Beklagten durch eine Widerklage erwachsenden Kosten sind hierbei nicht zu berücksichtigen.

(3) Ergibt sich im Laufe des Rechtsstreits, daß die geleistete Sicherheit nicht hinreicht, so kann der Beklagte die Leistung einer weiteren Sicherheit verlangen, sofern nicht ein zur Deckung ausreichender Teil des erhobenen Anspruchs unbestritten ist.

§ 113. Das Gericht hat dem Kläger bei Anordnung der Sicherheitsleistung eine Frist zu bestimmen, binnen der die Sicherheit zu leisten ist. Nach Ablauf der Frist ist auf Antrag des Beklagten, wenn die Sicherheit bis zur Entscheidung nicht geleistet ist, die Klage für zurückgenommen zu erklären oder, wenn über ein Rechtsmittel des Klägers zu verhandeln ist, dieses zu verwerfen.

Siebenter Titel

Armenrecht

§ 114. (1) Einer Partei, die außerstande ist, ohne Beeinträchtigung des für sie und ihre Familie notwendigen Unterhalts die Kosten des Prozesses zu bestreiten, ist auf Antrag das Armenrecht zu bewilligen, wenn die beabsichtigte Rechtsverfolgung oder Rechtsverteidigung eine hinreichende Aussicht auf Erfolg bietet und nicht mutwillig erscheint. Die Rechtsverfolgung ist auch dann als mutwillig anzusehen, wenn mit Rücksicht auf die für die Beitreibung des Anspruchs bestehenden Aussichten eine nicht das Armenrecht beanspruchende Partei von einer Prozeßführung absehen oder nur einen Teil des Anspruchs geltend machen würde.

(2) Angehörige fremder Staaten[1]) haben auf das Armenrecht nur insoweit Anspruch, als die Gegenseitigkeit verbürgt ist. Einem Staatenlosen kann das Armenrecht gewährt werden, wenn es ihm als Inländer zu gewähren wäre.

(3) Einer Partei kraft Amtes kann bei Vorliegen der im Abs. 1 bezeichneten Voraussetzungen das Armenrecht bewilligt werden, wenn die zur Führung des Prozesses erforderlichen Mittel weder aus der verwalteten Vermögensmasse noch von den an der Führung des Prozesses wirtschaftlich Beteiligten aufgebracht werden können.

(4) Einer inländischen juristischen Person kann bei Vorliegen der im Abs. 1 bezeichneten Voraussetzungen das Armenrecht bewilligt werden, wenn die zur Führung des Prozesses erforderlichen Mittel weder von ihr noch von den an der Führung des Prozesses wirtschaftlich Beteiligten aufgebracht werden können und die Unterlassung der Rechtsverfolgung oder Rechtsverteidigung allgemeinen Interessen zuwiderlaufen würde.

§ 115. (1) Durch die Bewilligung des Armenrechts erlangt die Partei:

1. die einstweilige Befreiung von der Berichtigung der rückständigen und künftig erwachsenden Gerichtskosten, einschließlich der Ge-

[1]) Siehe Fußnote zu § 110.

bühren der Beamten, der den Zeugen und den Sachverständigen zu gewährenden Vergütung und der sonstigen baren Auslagen;

2. die Befreiung von der Sicherheitsleistung für die Prozeßkosten;
3. das Recht, daß ihr zur vorläufig unentgeltlichen Bewirkung von Zustellungen und von Vollstreckungshandlungen ein Gerichtsvollzieher und, insoweit eine Vertretung durch Anwälte geboten ist, zur vorläufig unentgeltlichen Wahrnehmung ihrer Rechte ein Rechtsanwalt beigeordnet werde.

(2) Ist die arme Partei imstande, die Kosten des Prozesses ohne Beeinträchtigung des für sie und ihre Familie notwendigen Unterhalts zu einem Teil zu bestreiten, so ist zu bestimmen, daß wegen dieses Teiles die einstweilige Befreiung von der Berichtigung der Gerichtskosten sowie der Gebühren und Auslagen des Anwalts nicht eintritt; das Gericht kann statt dessen auch bestimmte Gebühren ganz oder teilweise von der Befreiung ausnehmen. In den Fällen des § 114 Abs. 2 Satz 2, Abs. 3 und 4 gelten diese Vorschriften entsprechend.

§ 116. Insoweit nicht eine Vertretung durch Anwälte geboten oder ein Anwalt gemäß der Rechtsanwaltsordnung[1]) beigeordnet ist, kann einer armen Partei zur unentgeltlichen Wahrnehmung ihrer Rechte ein Justizbeamter, der nicht als Richter angestellt ist, oder ein Rechtskundiger, der die vorgeschriebene erste Prüfung für den Justizdienst bestanden hat, auf Antrag beigeordnet werden. Die hierdurch entstehenden baren Auslagen werden von der Staatskasse bestritten und als Gerichtskosten in Ansatz gebracht.

§ 117. Die Bewilligung des Armenrechts hat auf die Verpflichtung zur Erstattung der dem Gegner erwachsenden Kosten keinen Einfluß.

§ 118. (1) Das Gesuch um Bewilligung des Armenrechts ist bei dem Prozeßgericht anzubringen; es kann vor der Geschäftsstelle zu Protokoll erklärt werden.

(2) Dem Gesuch ist ein von der zuständigen Behörde der Partei ausgestelltes Zeugnis beizufügen, in dem unter Angabe des Standes oder Gewerbes, der Vermögens- und Familienverhältnisse der Partei sowie des Betrages der von dieser zu entrichtenden direkten Steuern das Unvermögen zur Bestreitung der Prozeßkosten ausdrücklich bezeugt wird. Für Personen, die unter Vormundschaft oder Pflegschaft stehen, kann das Zeugnis auch von der vormundschaftlichen Behörde ausgestellt werden; soll von einem unehelichen Kinde ein Anspruch auf Unterhalt gegen seinen Vater geltend gemacht werden, so bedarf es des Zeugnisses nicht.

(3) In dem Gesuch ist das Streitverhältnis unter Angabe der Beweismittel darzulegen.

---

[1]) In der brit. Zone: § 44 RAnwO. vom 10. 3. 1949 (VOBl. BZ. S. 80).

§ 118a. (1) Das Gericht kann verlangen, daß der Antragsteller seine tatsächlichen Angaben glaubhaft macht. Es soll, wenn dies nicht aus besonderen Gründen unzweckmäßig erscheint, vor der Bewilligung des Armenrechts den Gegner hören. Es kann auch, soweit dies ohne erhebliche Verzögerung möglich ist, Erhebungen anstellen, insbesondere die Vorlegung von Urkunden anordnen und von Behörden Auskünfte einholen. Die Vernehmung von Zeugen oder Sachverständigen ist nur zulässig, wenn der Sachverhalt, soweit dies zur Entscheidung über das Armenrechtsgesuch erforderlich ist, auf andere Weise nicht hinreichend geklärt werden kann; eine Beeidigung findet nicht statt.

(2) Die im Abs. 1 bezeichneten Maßnahmen sind von dem Vorsitzenden oder einem von ihm beauftragten Mitglied des Gerichts oder einem von ihm ersuchten Richter durchzuführen. Die Anhörung des Gegners kann auch zu Protokoll der Geschäftsstelle des Prozeßgerichts oder des ersuchten Gerichts erfolgen.

(3) Einigen sich die Parteien bei der Anhörung des Gegners über den streitigen Anspruch, so ist der Vergleich zu richterlichem Protokoll zu nehmen.

(4) Eine Erstattung der dem Gegner durch die Anhörung gemäß Abs. 1 Satz 2 erwachsenen Kosten findet nicht statt. Die durch die Vernehmung von Zeugen und Sachverständigen gemäß Abs. 1 Satz 3 entstandenen Auslagen sind als Gerichtskosten von der Partei zu tragen, der die Kosten des Rechtsstreits auferlegt sind.

§ 119. (1) Die Bewilligung des Armenrechts erfolgt für jeden Rechtszug besonders, für den ersten Rechtszug einschließlich der Zwangsvollstreckung.

(2) In dem höheren Rechtszuge bedarf es des Nachweises des Unvermögens nicht, wenn das Armenrecht in dem vorherigen Rechtszuge bewilligt war. Hat der Gegner das Rechtsmittel eingelegt, so ist in dem höheren Rechtszuge nicht zu prüfen, ob die Rechtsverfolgung oder Rechtsverteidigung der Partei hinreichende Aussicht auf Erfolg bietet oder mutwillig erscheint.

§ 120. Die Bewilligung des Armenrechts für den Kläger, den Berufungskläger und den Revisionskläger hat zugleich für den Gegner die einstweilige Befreiung von dem in § 115 Abs. 1 Nr. 1 bezeichneten Kosten zur Folge.

§ 121. Das Armenrecht kann zu jeder Zeit entzogen werden, wenn sich ergibt, daß eine Voraussetzung der Bewilligung nicht vorhanden war oder nicht mehr vorhanden ist.

§ 122. Das Armenrecht erlischt mit dem Tode der Person, der es bewilligt ist.

§ 123. (1) Die Gerichtskosten, von deren Berichtigung die arme Partei einstweilen befreit ist, können von dem in die Prozeßkosten verurteilten Gegner nach Maßgabe der für die Beitreibung rückständiger Gerichtskosten geltenden Vorschriften eingezogen werden.

(2) Die Gerichtskosten, von deren Berichtigung der Gegner der armen Partei einstweilen befreit ist, sind von ihm einzuziehen, soweit er in die Prozeßkosten verurteilt oder der Rechtsstreit ohne Urteil über die Kosten beendigt ist.

§ 124. (1) Die für die arme Partei bestellten Gerichtsvollzieher und Rechtsanwälte[1]) sind berechtigt, ihre Gebühren und Auslagen von dem in die Prozeßkosten verurteilten Gegner beizutreiben.

(2) Eine Einrede aus der Person der armen Partei ist nur insoweit zulässig, als die Aufrechnung von Kosten verlangt wird, die nach der in demselben Rechtsstreit über die Kosten erlassenen Entscheidung von der armen Partei zu erstatten sind.

§ 125. (1) Die zum Armenrecht zugelassene Partei ist zur Nachzahlung der Beträge, von deren Berichtigung sie einstweilen befreit war, verpflichtet, sobald sie ohne Beeinträchtigung des für sie und ihre Familie notwendigen Unterhalts dazu imstande ist.

(2) Das gleiche gilt für die Beträge, von deren Berichtigung der Gegner einstweilen befreit war, soweit die arme Partei in die Prozeßkosten verurteilt ist.

§ 126. (1) Über das Gesuch um Bewilligung des Armenrechts, über seine Entziehung und über die Verpflichtung zur Nachzahlung der Beträge, von deren Berichtigung die zum Armenrecht zugelassene Partei oder der Gegner einstweilen befreit ist, kann ohne mündliche Verhandlung entschieden werden.

(2) Dem Beschluß, durch den das Armenrecht verweigert oder entzogen wird, soll, sofern dies nicht nach der Lage des Falles entbehrlich oder unzweckmäßig erscheint, eine kurze Begründung beigefügt werden, aus der die für die Entscheidung maßgebenden rechtlichen oder tatsächlichen Gründe ersichtlich sind.

§ 127. Der Beschluß, durch den das Armenrecht bewilligt wird, ist unanfechtbar. Gegen den Beschluß, durch den das Armenrecht verweigert oder entzogen oder die Nachzahlung von Kosten angeordnet wird, findet die Beschwerde statt; dies gilt nicht, wenn das Berufungsgericht den Beschluß erlassen hat. Eine weitere Beschwerde ist ausgeschlossen.

---

[1]) Gesetz, betreffend die Erstattung von Rechtsanwaltsgebühren in Armensachen und Änderung des Gerichtskostengesetzes vom 20. 12. 1928 (RGBl. I S. 411).

Dritter Abschnitt
Verfahren[1])

Erster Titel
Mündliche Verhandlung

§ 128. (1) Die Verhandlung der Parteien über den Rechtsstreit vor dem erkennenden Gericht ist eine mündliche.

(2) Mit Einverständnis der Parteien kann das Gericht eine Entscheidung ohne mündliche Verhandlung treffen[2]).

§ 129. (1) In Anwaltsprozessen wird die mündliche Verhandlung durch Schriftsätze vorbereitet.

(2) In anderen Prozessen können vorbereitende Schriftsätze gewechselt werden.

§ 130. Die vorbereitenden Schriftsätze sollen enthalten:

1. die Bezeichnung der Parteien und ihrer gesetzlichen Vertreter nach Namen, Stand oder Gewerbe, Wohnort und Parteistellung; die Bezeichnung des Gerichts und des Streitgegenstandes; die Zahl der Anlagen;
2. die Anträge, welche die Partei in der Gerichtssitzung zu stellen beabsichtigt;
3. die Angabe der zur Begründung der Anträge dienenden tatsächlichen Verhältnisse;
4. die Erklärung über die tatsächlichen Behauptungen des Gegners;
5. die Bezeichnung der Beweismittel, deren sich die Partei zum Nachweis oder zur Widerlegung tatsächlicher Behauptungen bedienen will, sowie die Erklärung über die von dem Gegner bezeichneten Beweismittel;
6. in Anwaltsprozessen die Unterschrift des Anwalts, in anderen Prozessen die Unterschrift der Partei selbst oder desjenigen, der für sie als Bevollmächtigter oder als Geschäftsführer ohne Auftrag handelt.

§ 131. (1) Dem vorbereitenden Schriftsatz sind die in den Händen der Partei befindlichen Urkunden, auf die in dem Schriftsatz Bezug genommen wird, in Urschrift oder in Abschrift beizufügen.

(2) Kommen nur einzelne Teile einer Urkunde in Betracht, so genügt die Beifügung eines Auszugs, der den Eingang, die zur Sache gehörende Stelle, den Schluß, das Datum und die Unterschrift enthält.

---

[1]) Handhabung erläutert in AV. RJM. vom 11. 11. 1935 (DJ. S. 1654).
[2]) Unanwendbar im ersten Rechtszug vor dem ArbGer. (Art. 8 Nr. 103 des Wiedervereinheitlichungsgesetzes — abgedruckt unter V).

(3) Sind die Urkunden dem Gegner bereits bekannt oder von bedeutendem Umfang, so genügt ihre genaue Bezeichnung mit dem Erbieten, Einsicht zu gewähren.

§ 132. (1) Der vorbereitende Schriftsatz, der neue Tatsachen oder ein anderes neues Vorbringen enthält, ist so rechtzeitig einzureichen, daß er mindestens eine Woche vor der mündlichen Verhandlung zugestellt werden kann. Das gleiche gilt für einen Schriftsatz, der einen Zwischenstreit betrifft.

(2) Der vorbereitende Schriftsatz, der eine Gegenerklärung auf neues Vorbringen enthält, ist so rechtzeitig einzureichen, daß er mindestens drei Tage vor der mündlichen Verhandlung zugestellt werden kann. Dies gilt nicht, wenn es sich um eine schriftliche Gegenerklärung in einem Zwischenstreit handelt.

§ 133. (1) Die Parteien sollen den Schriftsätzen, die sie bei dem Gericht einreichen, die für die Zustellung erforderliche Zahl von Abschriften beifügen.

(2) Im Falle der Zustellung von Anwalt zu Anwalt (§ 198) haben die Parteien sofort nach der Zustellung eine für das Prozeßgericht bestimmte Abschrift ihrer vorbereitenden Schriftsätze und der Anlagen auf der Geschäftsstelle niederzulegen.

§ 134. (1) Die Partei ist, wenn sie rechtzeitig aufgefordert wird, verpflichtet, die in ihren Händen befindlichen Urkunden, auf die sie in einem vorbereitenden Schriftsatz Bezug genommen hat, vor der mündlichen Verhandlung auf der Geschäftsstelle niederzulegen und den Gegner von der Niederlegung zu benachrichtigen.

(2) Der Gegner hat zur Einsicht der Urkunden eine Frist von drei Tagen. Die Frist kann auf Antrag von dem Vorsitzenden verlängert oder abgekürzt werden.

§ 135. (1) Den Rechtsanwälten steht es frei, die Mitteilung von Urkunden von Hand zu Hand gegen Empfangsbescheinigung zu bewirken.

(2) Gibt ein Rechtsanwalt die ihm eingehändigte Urkunde nicht binnen der bestimmten Frist zurück, so ist er auf Antrag nach mündlicher Verhandlung zur unverzüglichen Rückgabe zu verurteilen.

(3) Gegen das Zwischenurteil findet sofortige Beschwerde statt.

§ 136. (1) Der Vorsitzende eröffnet und leitet die mündliche Verhandlung.

(2) Er erteilt das Wort und kann es demjenigen, der seinen Anordnungen nicht Folge leistet, entziehen.

(3) Er hat Sorge zu tragen, daß die Sache erschöpfend erörtert und die Verhandlung ohne Unterbrechung zu Ende geführt wird; erforderlichenfalls hat er die Sitzung zur Fortsetzung der Verhandlung sofort zu bestimmen.

(4) Er schließt die Verhandlung, wenn nach Ansicht des Gerichts die Sache vollständig erörtert ist, und verkündet die Urteile und Beschlüsse des Gerichts.

§ 137. (1) Die mündliche Verhandlung wird dadurch eingeleitet, daß die Parteien ihre Anträge stellen.

(2) Die Vorträge der Parteien sind in freier Rede zu halten; sie haben das Streitverhältnis in tatsächlicher und rechtlicher Beziehung zu umfassen.

(3) Eine Bezugnahme auf Schriftstücke ist zulässig, soweit keine der Parteien widerspricht und das Gericht sie für angemessen hält. Die Vorlesung von Schriftstücken findet nur insoweit statt, als es auf ihren wörtlichen Inhalt ankommt.

(4) In Anwaltsprozessen ist neben dem Anwalt auch der Partei selbst auf Antrag das Wort zu gestatten.

§ 138. (1) Die Parteien haben ihre Erklärungen über tatsächliche Umstände vollständig und der Wahrheit gemäß abzugeben.

(2) Jede Partei hat sich über die von dem Gegner behaupteten Tatsachen zu erklären.

(3) Tatsachen, die nicht ausdrücklich bestritten werden, sind als zugestanden anzusehen, wenn nicht die Absicht, sie bestreiten zu wollen, aus den übrigen Erklärungen der Partei hervorgeht.

(4) Eine Erklärung mit Nichtwissen ist nur über Tatsachen zulässig, die weder eigene Handlungen der Partei noch Gegenstand ihrer eigenen Wahrnehmung gewesen sind.

§ 139. (1) Der Vorsitzende hat dahin zu wirken, daß die Parteien über alle erheblichen Tatsachen sich vollständig erklären und die sachdienlichen Anträge stellen, insbesondere auch ungenügende Angaben der geltend gemachten Tatsachen ergänzen und die Beweismittel bezeichnen. Er hat zu diesem Zwecke, soweit erforderlich, das Sach- und Streitverhältnis mit den Parteien nach der tatsächlichen und der rechtlichen Seite zu erörtern und Fragen zu stellen.

(2) Der Vorsitzende hat auf die Bedenken aufmerksam zu machen, die in Ansehung der von Amts wegen zu berücksichtigenden Punkte obwalten.

(3) Er hat jedem Mitglied des Gerichts auf Verlangen zu gestatten, Fragen zu stellen.

§ 140. Wird eine auf die Sachleitung bezügliche Anordnung des Vorsitzenden oder eine von dem Vorsitzenden oder einem Gerichtsmitgliede gestellte Frage von einer bei der Verhandlung beteiligten Person als unzulässig beanstandet, so entscheidet das Gericht.

§ 141. (1) Das Gericht kann das persönliche Erscheinen einer Partei zur Aufklärung des Sachverhalts anordnen; von der Anordnung soll abgesehen werden, wenn der Partei wegen weiter Entfernung ihres Aufenthaltsortes vom Gerichtssitz oder aus sonstigen wichtigen Gründen die persönliche Wahrnehmung des Termins nicht zugemutet werden kann.

(2) Wird das Erscheinen angeordnet, so ist die Partei von Amts wegen zu laden. Die Ladung ist der Partei selbst mitzuteilen, auch wenn sie einen Prozeßbevollmächtigten bestellt hat; der Zustellung bedarf die Ladung nicht.

(3) Bleibt die Partei im Termin aus, so können gegen sie die gleichen Strafen wie gegen einen im Vernehmungstermin nicht erschienenen Zeugen, jedoch mit Ausnahme der Haftstrafe, verhängt werden. Dies gilt nicht, wenn die Partei zur Verhandlung einen Vertreter entsendet, der zur Aufklärung des Tatbestandes in der Lage und zur Abgabe der gebotenen Erklärungen, insbesondere zu einem Vergleichsabschluß, ermächtigt ist. Die Partei ist auf die Folgen ihres Ausbleibens in der Ladung hinzuweisen.

§ 142. (1) Das Gericht kann anordnen, daß eine Partei die in ihren Händen befindlichen Urkunden, auf die sie sich bezogen hat, sowie Stammbäume, Pläne, Risse und sonstige Zeichnungen vorlege.

(2) Das Gericht kann anordnen, daß die vorgelegten Schriftstücke während einer von ihm zu bestimmenden Zeit auf der Geschäftsstelle verbleiben.

(3) Das Gericht kann anordnen, daß von den in fremder Sprache abgefaßten Urkunden eine Übersetzung beigebracht werde, die ein nach den Richtlinien der Landesjustizverwaltung hierzu ermächtigter Übersetzer angefertigt hat[1]).

§ 143. Das Gericht kann anordnen, daß die Parteien die in ihrem Besitz befindlichen Akten vorlegen, soweit diese aus Schriftstücken bestehen, welche die Verhandlung und Entscheidung der Sache betreffen.

§ 144. (1) Das Gericht kann die Einnahme des Augenscheins sowie die Begutachtung durch Sachverständige anordnen.

(2) Das Verfahren richtet sich nach den Vorschriften, die eine auf Antrag angeordnete Einnahme des Augenscheins oder Begutachtung durch Sachverständige zum Gegenstand haben.

§ 145. (1) Das Gericht kann anordnen, daß mehrere in einer Klage erhobene Ansprüche in getrennten Prozessen verhandelt werden.

(2) Das gleiche gilt, wenn der Beklagte eine Widerklage erhoben hat und der Gegenanspruch mit dem in der Klage geltend gemachten Anspruch nicht in rechtlichem Zusammenhang steht.

(3) Macht der Beklagte die Aufrechnung einer Gegenforderung geltend, die mit der in der Klage geltend gemachten Forderung nicht in rechtlichem

---

[1]) Verordnung zur Vereinfachung des Verfahrens auf dem Gebiet des Beurkundungsrechts vom 21. 10. 1942 (RGBl. I S. 609) abgedruckt unter X A.

Zusammenhang steht, so kann das Gericht anordnen, daß über die Klage und über die Aufrechnung getrennt verhandelt werde; die Vorschriften des § 302 sind anzuwenden.

§ 146. Das Gericht kann anordnen, daß bei mehreren auf denselben Anspruch sich beziehenden selbständigen Angriffs- oder Verteidigungsmitteln (Klagegründen, Einreden, Repliken usw.) die Verhandlung zunächst auf eines oder einige dieser Angriffs- oder Verteidigungsmittel zu beschränken sei.

§ 147. Das Gericht kann die Verbindung mehrerer bei ihm anhängiger Prozesse derselben oder verschiedener Parteien zum Zwecke der gleichzeitigen Verhandlung und Entscheidung anordnen, wenn die Ansprüche, die den Gegenstand dieser Prozesse bilden, in rechtlichem Zusammenhang stehen oder in einer Klage hätten geltend gemacht werden können.

§ 148. Das Gericht kann, wenn die Entscheidung des Rechtsstreits ganz oder zum Teil von dem Bestehen oder Nichtbestehen eines Rechtsverhältnisses abhängt, das den Gegenstand eines anderen anhängigen Rechtsstreits bildet oder von einer Verwaltungsbehörde festzustellen ist, anordnen, daß die Verhandlung bis zur Erledigung des anderen Rechtsstreits oder bis zur Entscheidung der Verwaltungsbehörde auszusetzen sei.

§ 149. Das Gericht kann, wenn sich im Laufe eines Rechtsstreits der Verdacht einer strafbaren Handlung ergibt, deren Ermittlung auf die Entscheidung von Einfluß ist, die Aussetzung der Verhandlung bis zur Erledigung des Strafverfahrens anordnen.

§ 150. Das Gericht kann die von ihm erlassenen, eine Trennung, Verbindung oder Aussetzung betreffenden Anordnungen wieder aufheben.

§ 151. Hängt die Entscheidung eines Rechtsstreits davon ab, ob eine Ehe nichtig ist, so hat das Gericht, wenn die Nichtigkeit nur im Wege der Nichtigkeitsklage geltend gemacht werden kann, auf Antrag das Verfahren auszusetzen und, falls die Nichtigkeitsklage noch nicht erhoben ist, eine Frist zur Erhebung der Klage zu bestimmen. Ist die Nichtigkeitsklage erledigt oder wird sie nicht vor dem Ablauf der bestimmten Frist erhoben, so ist die Aufnahme des ausgesetzten Verfahrens zulässig.

§ 152. Hängt die Entscheidung eines Rechtsstreits davon ab, ob eine im Wege der Aufhebungsklage angefochtene Ehe aufhebbar ist, so hat das Gericht auf Antrag das Verfahren auszusetzen. Ist der Rechtsstreit über die Aufhebungsklage erledigt, so findet die Aufnahme des ausgesetzten Verfahrens statt.

§ 153. Hängt die Entscheidung eines Rechtsstreits davon ab, ob ein Kind, dessen Ehelichkeit im Wege der Anfechtungsklage angefochten worden ist, unehelich ist, so gelten die Vorschriften des § 152 entsprechend.

§ 154. (1) Wird im Laufe eines Rechtsstreits streitig, ob zwischen den Parteien eine Ehe bestehe oder nicht bestehe, und hängt von der Entscheidung dieser Frage die Entscheidung des Rechtsstreits ab, so hat das Gericht auf Antrag das Verfahren auszusetzen, bis der Streit über das Bestehen oder Nichtbestehen der Ehe im Wege der Feststellungsklage erledigt ist.

(2) Diese Vorschrift gilt entsprechend, wenn im Laufe eines Rechtsstreits streitig wird, ob zwischen den Parteien ein Eltern- und Kindesverhältnis bestehe oder nicht bestehe oder ob der einen Partei die elterliche Gewalt über die andere zustehe oder nicht zustehe, und von der Entscheidung dieser Fragen die Entscheidung des Rechtsstreits abhängt.

§ 155. In den Fällen der §§ 151 bis 153 kann das Gericht auf Antrag die Anordnung, durch die das Verfahren ausgesetzt ist, aufheben, wenn die Betreibung des Rechtsstreits verzögert wird, der die Nichtigkeit oder die Aufhebung der Ehe oder die Anfechtung der Ehelichkeit zum Gegenstand hat.

§ 156. Das Gericht kann die Wiedereröffnung einer Verhandlung, die geschlossen war, anordnen.

§ 157[1]**.** (1) Mit Ausnahme der Rechtsanwälte sind Personen, die die Besorgung fremder Rechtsangelegenheiten vor Gericht geschäftsmäßig betreiben, als Bevollmächtigte und Beistände in der mündlichen Verhandlung ausgeschlossen. Sie sind auch dann ausgeschlossen, wenn sie als Partei einen ihnen abgetretenen Anspruch geltend machen und nach der Überzeugung des Gerichts der Anspruch abgetreten ist, um ihren Ausschluß von der mündlichen Verhandlung zu vermeiden.

(2) Das Gericht kann Parteien, Bevollmächtigten und Beiständen, die nicht Rechtsanwälte sind, wenn ihnen die Fähigkeit zum geeigneten Vortrag mangelt, den weiteren Vortrag untersagen. Diese Anordnung ist unanfechtbar.

(3) Die Vorschrift des Abs. 1 ist auf Personen, denen das mündliche Verhandeln vor Gericht durch Anordnung der Justizverwaltung gestattet ist, nicht anzuwenden. Die Justizverwaltung soll bei ihrer Entschließung sowohl auf die Eignung der Person als auch darauf Rücksicht nehmen, ob im Hinblick auf die Zahl der bei dem Gericht zugelassenen Rechtsanwälte ein Bedürfnis zur Zulassung besteht.

§ 158. Ist eine bei der Verhandlung beteiligte Person zur Aufrechterhaltung der Ordnung von dem Ort der Verhandlung entfernt worden,

---

[1]) Gesetz zur Verhütung von Mißbräuchen auf dem Gebiete der Rechtsberatung vom 13. 12. 1935 (RGBl. I S. 1478).

so kann auf Antrag gegen sie in gleicher Weise verfahren werden, als wenn sie freiwillig sich entfernt hätte. Das gleiche gilt im Falle des § 157 Abs. 2, sofern die Untersagung bereits bei einer früheren Verhandlung geschehen war.

§ 159. (1) Über die mündliche Verhandlung vor dem Gericht ist ein Protokoll aufzunehmen.

(2) Das Protokoll enthält:

1. den Ort und den Tag der Verhandlung;
2. die Namen der Richter, des Urkundsbeamten der Geschäftsstelle und des etwa zugezogenen Dolmetschers;
3. die Bezeichnung des Rechtsstreits;
4. die Namen der erschienenen Parteien, gesetzlichen Vertreter, Bevollmächtigten und Beistände;
5. die Angabe, daß öffentlich verhandelt oder die Öffentlichkeit ausgeschlossen ist.

§ 160. (1) Der Gang der Verhandlung ist nur im allgemeinen anzugeben.

(2) Durch Aufnahme in das Protokoll sind festzustellen:

1. die Anerkenntnisse, Verzichtleistungen und Vergleiche, durch die der geltend gemachte Anspruch ganz oder teilweise erledigt wird;
2. die Anträge und Erklärungen, deren Feststellung vorgeschrieben ist;
3. die Aussagen der Zeugen und Sachverständigen sowie die Aussagen der Partei im Falle ihrer Vernehmung; bei einer wiederholten Vernehmung braucht die Aussage nur insoweit in das Protokoll aufgenommen zu werden, als sie von der früheren abweicht;
4. das Ergebnis eines Augenscheins;
5. die Entscheidungen (Urteile, Beschlüsse und Verfügungen) des Gerichts, sofern sie nicht dem Protokoll schriftlich beigefügt sind;
6. die Verkündung der Entscheidungen.

(3) Der Aufnahme in das Protokoll steht die Aufnahme in eine Schrift gleich, die dem Protokoll als Anlage beigefügt und in ihm als solche bezeichnet ist.

§ 161. Die Aussagen der Zeugen und Sachverständigen sowie die Aussagen einer vernommenen Partei brauchen nicht in dem Protokoll festgestellt zu werden, wenn die Vernehmung vor dem Prozeßgericht erfolgt und das Endurteil der Berufung nicht unterliegt. In diesem Falle ist in dem Protokoll zu vermerken, daß die Vernehmung stattgefunden hat.

§ 162. Das Protokoll ist insoweit, als es die Nr. 1 bis 4 des § 160 betrifft, den Beteiligten vorzulesen oder zur Durchsicht vorzulegen. In dem Protokoll ist zu vermerken, daß dies geschehen und die Genehmigung erfolgt ist oder welche Einwendungen erhoben sind.

§ 163. (1) Das Protokoll ist von dem Vorsitzenden und dem Urkundsbeamten der Geschäftsstelle zu unterschreiben.

(2) Ist der Vorsitzende verhindert, so unterschreibt für ihn der älteste beisitzende Richter. Im Falle der Verhinderung des Amtsrichters genügt die Unterschrift des Urkundsbeamten der Geschäftsstelle.

(3) Von der Zuziehung eines Protokollführers kann nach Bestimmung des Vorsitzenden abgesehen werden.

§ 163a. (1) Niederschriften größeren Umfanges, insbesondere über die Aussagen von Zeugen und Sachverständigen und über das Ergebnis eines Augenscheins, können in einer gebräuchlichen Kurzschrift als Anlage des Protokolls (§ 160 Abs. 3) aufgenommen werden. In diesem Falle ist die Anlage stets den Beteiligten vorzulesen und allein von dem Urkundsbeamten der Geschäftsstelle zu unterzeichnen. § 162 Satz 2 ist anzuwenden. Nach Beendigung des Termins ist unverzüglich eine Übertragung der Anlage des Protokolls in die gewöhnliche Schrift anzufertigen und von dem Urkundsbeamten der Geschäftsstelle zu beglaubigen. Die Übertragung tritt für das weitere Verfahren an die Stelle der Anlage.

(2) Der Nachweis der Unrichtigkeit der Übertragung ist jederzeit zulässig.

§ 164. Die Beobachtung der für die mündliche Verhandlung vorgeschriebenen Förmlichkeiten kann nur durch das Protokoll bewiesen werden. Gegen seinen diese Förmlichkeiten betreffenden Inhalt ist nur der Nachweis der Fälschung zulässig.

§ 165. Zu den Verhandlungen, die außerhalb der Sitzung vor Amtsrichtern oder vor beauftragten oder ersuchten Richtern stattfinden, ist ein Urkundsbeamter der Geschäftsstelle gleichfalls zuzuziehen.

Zweiter Titel

Verfahren bei Zustellungen

I. Zustellung auf Betreiben der Parteien

§ 166. (1) Die von den Parteien zu betreibenden Zustellungen erfolgen durch Gerichtsvollzieher.

(2) In dem Verfahren vor den Amtsgerichten kann die Partei den Gerichtsvollzieher unter Vermittlung der Geschäftsstelle des Prozeßgerichts mit der Zustellung beauftragen. Das gleiche gilt in Anwaltsprozessen für Zustellungen, durch die eine Notfrist gewahrt werden soll.

§ 167. (1) Die mündliche Erklärung einer Partei genügt, um den Gerichtsvollzieher zur Vornahme der Zustellung, die Geschäftsstelle zur Beauftragung eines Gerichtsvollziehers mit der Zustellung zu ermächtigen.

(2) Ist eine Zustellung durch einen Gerichtsvollzieher bewirkt, so wird bis zum Beweis des Gegenteils angenommen, daß sie im Auftrag der Partei erfolgt sei.

§ 168. Insoweit eine Zustellung unter Vermittlung der Geschäftsstelle zulässig ist, hat diese einen Gerichtsvollzieher mit der erforderlichen Zustellung zu beauftragen, sofern nicht die Partei erklärt hat, daß sie selbst einen Gerichtsvollzieher beauftragen wolle; in Anwaltsprozessen ist die Erklärung nur zu berücksichtigen, wenn sie in dem zuzustellenden Schriftsatz enthalten ist.

§ 169. (1) Die Partei hat dem Gerichtsvollzieher und, wenn unter Vermittlung der Geschäftsstelle zuzustellen ist, dieser neben der Urschrift des zuzustellenden Schriftstücks eine der Zahl der Personen, denen zuzustellen ist, entsprechende Zahl von Abschriften zu übergeben.

(2) Die Zeit der Übergabe ist auf der Urschrift und den Abschriften zu vermerken und der Partei auf Verlangen zu bescheinigen.

§ 170. (1) Die Zustellung besteht, wenn eine Ausfertigung zugestellt werden soll, in deren Übergabe, in den übrigen Fällen in der Übergabe einer beglaubigten Abschrift des zuzustellenden Schriftstücks.

(2) Die Beglaubigung wird von dem Gerichtsvollzieher, bei den auf Betreiben von Rechtsanwälten oder in Anwaltsprozessen zuzustellenden Schriftstücken von dem Anwalt vorgenommen.

§ 171. (1) Die Zustellungen, die an eine Partei bewirkt werden sollen, erfolgen für die nicht prozeßfähigen Personen an ihre gesetzlichen Vertreter.

(2) Bei Behörden, Gemeinden und Korporationen sowie bei Vereinen, die als solche klagen und verklagt werden können, genügt die Zustellung an die Vorsteher.

(3) Bei mehreren gesetzlichen Vertretern sowie bei mehreren Vorstehern genügt die Zustellung an einen von ihnen.

§ 172. (Weggefallen.)

§ 173. Die Zustellung erfolgt an den Generalbevollmächtigten sowie in den durch den Betrieb eines Handelsgewerbes hervorgerufenen Rechtsstreitigkeiten an den Prokuristen mit gleicher Wirkung wie an die Partei selbst.

§ 174. (1) Wohnt eine Partei weder am Ort des Prozeßgerichts noch innerhalb des Amtsgerichtsbezirkes, in dem das Prozeßgericht seinen Sitz hat, so kann das Gericht, falls sie nicht einen in diesem Ort oder Bezirk wohnhaften Prozeßbevollmächtigten bestellt hat, auf Antrag anordnen, daß sie eine daselbst wohnhafte Person zum Empfang der für sie bestimmten Schriftstücke bevollmächtige. Diese Anordnung kann ohne mündliche Verhandlung ergehen. Eine Anfechtung des Beschlusses findet nicht statt.

(2) Wohnt die Partei nicht im Inland, so ist sie auch ohne Anordnung des Gerichts zur Benennung eines Zustellungsbevollmächtigten verpflichtet, falls sie nicht einen in dem durch den ersten Absatz bezeichneten Ort oder Bezirk wohnhaften Prozeßbevollmächtigten bestellt hat.

§ 175. (1) Der Zustellungsbevollmächtigte ist bei der nächsten gerichtlichen Verhandlung oder, wenn die Partei vorher dem Gegner einen Schriftsatz zustellen läßt, in diesem zu benennen. Geschieht dies nicht, so können alle späteren Zustellungen bis zur nachträglichen Benennung in der Art bewirkt werden, daß der Gerichtsvollzieher das zu übergebende Schriftstück unter der Adresse der Partei nach ihrem Wohnort zur Post gibt. Die Zustellung wird mit der Aufgabe zur Post als bewirkt angesehen, selbst wenn die Sendung als unbestellbar zurückkommt.

(2) Die Postsendungen sind mit der Bezeichnung „Einschreiben" zu versehen, wenn die Partei es verlangt und zur Zahlung der Mehrkosten sich bereit erklärt.

§ 176. Zustellungen, die in einem anhängigen Rechtsstreit bewirkt werden sollen, müssen an den für den Rechtszug bestellten Prozeßbevollmächtigten erfolgen.

§ 177. (1) Ist der Aufenthalt eines Prozeßbevollmächtigten unbekannt, so hat das Prozeßgericht auf Antrag die Zustellung an den Zustellungsbevollmächtigten, in Ermangelung eines solchen an den Gegner selbst zu bewilligen.

(2) Die Entscheidung über den Antrag kann ohne mündliche Verhandlung erlassen werden. Eine Anfechtung der die Zustellung bewilligenden Entscheidung findet nicht statt.

§ 178. Als zu dem Rechtszug gehörig sind im Sinne des § 176 auch diejenigen Prozeßhandlungen anzusehen, die das Verfahren vor dem Gericht des Rechtszuges infolge eines Einspruchs, einer Aufhebung des Urteils dieses Gerichts, einer Wiederaufnahme des Verfahrens oder eines neuen Vorbringens in dem Verfahren der Zwangsvollstreckung zum Gegenstand haben. Das Verfahren vor dem Vollstreckungsgericht ist als zum ersten Rechtszuge gehörig anzusehen.

§ 179. (Weggefallen.)

§ 180. Die Zustellungen können an jedem Ort erfolgen, wo die Person, der zugestellt werden soll, angetroffen wird.

§ 181. (1) Wird die Person, der zugestellt werden soll, in ihrer Wohnung nicht angetroffen, so kann die Zustellung in der Wohnung an einen zu der Familie gehörenden erwachsenen Hausgenossen oder an eine in der Familie dienende erwachsene Person erfolgen.

(2) Wird eine solche Person nicht angetroffen, so kann die Zustellung an den in demselben Hause wohnenden Hauswirt oder Vermieter erfolgen, wenn sie zur Annahme des Schriftstücks bereit sind.

§ 182. Ist die Zustellung nach diesen Vorschriften nicht ausführbar, so kann sie dadurch erfolgen, daß das zu übergebende Schriftstück auf der Geschäftsstelle des Amtsgerichts, in dessen Bezirk der Ort der Zustellung gelegen ist, oder an diesem Ort bei der Postanstalt oder dem Gemeindevorsteher oder dem Polizeivorsteher niedergelegt und eine schriftliche Mitteilung über die Niederlegung unter der Anschrift des Empfängers in der bei gewöhnlichen Briefen üblichen Weise abgegeben oder, falls dies nicht tunlich ist, an die Tür der Wohnung befestigt oder einer in der Nachbarschaft wohnenden Person zur Weitergabe an den Empfänger ausgehändigt wird.

§ 183. (1) Für Gewerbetreibende, die ein besonderes Geschäftslokal haben, kann, wenn sie in dem Geschäftslokal nicht angetroffen werden, die Zustellung an einen darin anwesenden Gewerbegehilfen erfolgen.

(2) Wird ein Rechtsanwalt, ein Notar oder ein Gerichtsvollzieher in seinem Geschäftslokal nicht angetroffen, so kann die Zustellung an einen darin anwesenden Gehilfen oder Schreiber erfolgen.

§ 184. (1) Wird der gesetzliche Vertreter oder der Vorsteher einer Behörde, einer Gemeinde, einer Korporation oder eines Vereins, dem zugestellt werden soll, in dem Geschäftslokal während der gewöhnlichen Geschäftsstunden nicht angetroffen, oder ist er an der Annahme verhindert, so kann die Zustellung an einen anderen in dem Geschäftslokal anwesenden Beamten oder Bediensteten bewirkt werden.

(2) Wird der gesetzliche Vertreter oder der Vorsteher in seiner Wohnung nicht angetroffen, so sind die Vorschriften der §§ 181, 182 nur anzuwenden, wenn ein besonderes Geschäftslokal nicht vorhanden ist.

§ 185. Die Zustellung an eine der in den §§ 181, 183, 184 Abs. 1 bezeichneten Personen hat zu unterbleiben, wenn die Person an dem Rechtsstreit als Gegner der Partei, an welche die Zustellung erfolgen soll, beteiligt ist.

§ 186. Wird die Annahme der Zustellung ohne gesetzlichen Grund verweigert, so ist das zu übergebende Schriftstück am Ort der Zustellung zurückzulassen.

§ 187. Ist ein Schriftstück, ohne daß sich seine formgerechte Zustellung nachweisen läßt, oder unter Verletzung zwingender Zustellungsvorschriften dem Prozeßbeteiligten zugegangen, an den die Zustellung dem Gesetz gemäß gerichtet war oder gerichtet werden konnte, so kann die

Zustellung als in dem Zeitpunkt bewirkt angesehen werden, in dem das Schriftstück dem Beteiligten zugegangen ist. Dies gilt nicht, soweit durch die Zustellung der Lauf einer Notfrist in Gang gesetzt werden soll.

§ 188. (1) Zur Nachtzeit sowie an Sonntagen und allgemeinen Feiertagen darf eine Zustellung, sofern sie nicht durch Aufgabe zur Post bewirkt wird, nur mit richterlicher Erlaubnis erfolgen. Die Nachtzeit umfaßt in dem Zeitraum vom 1. April bis 30. September die Stunden von neun Uhr abends bis vier Uhr morgens und in dem Zeitraum vom 1. Oktober bis 31. März die Stunden von neun Uhr abends bis sechs Uhr morgens.

(2) Die Erlaubnis wird von dem Vorsitzenden des Prozeßgerichts erteilt; sie kann auch von dem Amtsrichter, in dessen Bezirk die Zustellung erfolgen soll, und in Angelegenheiten, die durch einen beauftragten oder ersuchten Richter zu erledigen sind, von diesem erteilt werden.

(3) Die Verfügung, durch welche die Erlaubnis erteilt wird, ist bei der Zustellung abschriftlich mitzuteilen.

(4) Eine Zustellung, bei der die Vorschriften dieses Paragraphen nicht beobachtet sind, ist gültig, wenn die Annahme nicht verweigert ist.

§ 189. (1) Ist bei einer Zustellung an den Vertreter mehrerer Beteiligter oder an einen von mehreren Vertretern die Übergabe der Ausfertigung oder Abschrift eines Schriftstücks erforderlich, so genügt die Übergabe nur einer Ausfertigung oder Abschrift.

(2) Einem Zustellungsbevollmächtigten mehrerer Beteiligter sind so viele Ausfertigungen oder Abschriften zu übergeben, als Beteiligte vorhanden sind.

§ 190. (1) Über die Zustellung ist eine Urkunde aufzunehmen.

(2) Die Urkunde ist auf die Urschrift des zuzustellenden Schriftstücks oder auf einen mit ihr zu verbindenden Bogen zu setzen.

(3) Eine durch den Gerichtsvollzieher beglaubigte Abschrift der Zustellungsurkunde ist auf das bei der Zustellung zu übergebende Schriftstück oder auf einen mit ihm zu verbindenden Bogen zu setzen. Die Übergabe einer Abschrift der Zustellungsurkunde kann dadurch ersetzt werden, daß der Gerichtsvollzieher den Tag der Zustellung auf dem zu übergebenden Schriftstück vermerkt.

(4) Die Zustellungsurkunde ist der Partei, für welche die Zustellung erfolgt, zu übermitteln.

§ 191. Die Zustellungsurkunde muß enthalten:

1. Ort und Zeit der Zustellung;
2. die Bezeichnung der Person, für die zugestellt werden soll;
3. die Bezeichnung der Person, an die zugestellt werden soll;
4. die Bezeichnung der Person, der zugestellt ist; in den Fällen der §§ 181, 183, 184 die Angabe des Grundes, durch den die Zustellung an die

bezeichnete Person gerechtfertigt wird; wenn nach § 182 verfahren ist, die Bemerkung, wie die darin enthaltenen Vorschriften befolgt sind;

5. im Falle der Verweigerung der Annahme die Erwähnung, daß die Annahme verweigert und das zu übergebende Schriftstück am Ort der Zustellung zurückgelassen ist;
6. die Bemerkung, daß eine Ausfertigung oder eine beglaubigte Abschrift des zuzustellenden Schriftstücks und daß eine beglaubigte Abschrift der Zustellungsurkunde übergeben oder der Tag der Zustellung auf dem zu übergebenden Schriftstück vermerkt ist;
7. die Unterschrift des die Zustellung vollziehenden Beamten.

§ 192. Ist die Zustellung durch Aufgabe zur Post (§ 175) erfolgt, so muß die Zustellungsurkunde den Vorschriften des vorstehenden Paragraphen unter Nr. 2, 3, 7 entsprechen und außerdem ergeben, zu welcher Zeit, unter welcher Adresse und bei welcher Postanstalt die Aufgabe geschehen ist.

§ 193. Zustellungen können auch durch die Post erfolgen.

§ 194. (1) Wird durch die Post zugestellt, so hat der Gerichtsvollzieher die zuzustellende Ausfertigung oder die beglaubigte Abschrift des zuzustellenden Schriftstücks verschlossen der Post mit dem Ersuchen zu übergeben, die Zustellung einem Postbediensteten des Bestimmungsortes aufzutragen. Die Sendung muß mit der Anschrift der Person, an die zugestellt werden soll, sowie mit der Bezeichnung des absendenden Gerichtsvollziehers und einer Geschäftsnummer versehen sein.

(2) Der Gerichtsvollzieher hat auf dem bei der Zustellung zu übergebenden Schriftstück zu vermerken, für welche Person er es der Post übergibt, und auf der Urschrift des zuzustellenden Schriftstücks oder auf einem mit ihr zu verbindenden Bogen zu bezeugen, daß die Übergabe in der im Abs. 1 bezeichneten Art und für wen sie geschehen ist.

§ 195. (1) Die Zustellung durch den Postbediensteten erfolgt nach den Vorschriften der §§ 180 bis 186.

(2) Über die Zustellung ist von dem Postbediensteten eine Urkunde aufzunehmen, die den Vorschriften des § 191 Nr. 1, 3 bis 5, 7 entsprechen und die Übergabe der ihrer Anschrift und ihrer Geschäftsnummer nach bezeichneten Sendung sowie der Abschrift der Zustellungsurkunde bezeugen muß. Die Übergabe einer Abschrift der Zustellungsurkunde kann dadurch ersetzt werden, daß der Postbedienstete den Tag der Zustellung auf der Sendung vermerkt; er hat dies in der Zustellungsurkunde zu bezeugen.

(4) Die Urkunde ist von dem Postbediensteten der Postanstalt und von dieser dem Gerichtsvollzieher zu überliefern, der mit ihr nach der Vorschrift des § 190 Abs. 4 zu verfahren hat.

§ 195a. Findet nach der Wohnung oder dem Geschäftsraum, in denen zugestellt werden soll, ein Postbestelldienst nicht statt, so wird die Sendung bei der zuständigen Postanstalt hinterlegt. Die Postanstalt vermerkt auf der Zustellungsurkunde und auf der Sendung den Grund und den Zeitpunkt der Niederlegung. Das Gericht kann die Zustellung als frühestens mit dem Ablauf einer Woche seit dieser Niederlegung bewirkt ansehen, wenn anzunehmen ist, daß der Empfänger in der Lage gewesen ist, sich die Sendung aushändigen zu lassen oder sich über ihren Inhalt zu unterrichten.

§ 196. Insoweit eine Zustellung unter Vermittlung der Geschäftsstelle zulässig ist, kann diese unmittelbar die Post um Bewirkung der Zustellung ersuchen. In diesem Falle gelten die Vorschriften der §§ 194, 195 für die Geschäftsstelle entsprechend; die erforderliche Beglaubigung nimmt der Urkundsbeamte der Geschäftsstelle vor.

§ 197. Ist eine Zustellung durch einen Gerichtsvollzieher bewirkt, obgleich sie durch die Post hätte erfolgen können, so hat die zur Erstattung der Prozeßkosten verurteilte Partei die Mehrkosten nicht zu tragen.

§ 198. (1) Sind die Parteien durch Anwälte vertreten, so kann ein Schriftstück auch dadurch zugestellt werden, daß der zustellende Anwalt das zu übergebende Schriftstück dem anderen Anwalt übermittelt (Zustellung von Anwalt zu Anwalt). Auch Schriftsätze, die nach den Vorschriften dieses Gesetzes von Amts wegen zuzustellen wären, können statt dessen von Anwalt zu Anwalt zugestellt werden, wenn nicht gleichzeitig dem Gegner eine gerichtliche Anordnung mitzuteilen ist. In dem Schriftsatz soll die Erklärung enthalten sein, daß er von Anwalt zu Anwalt zugestellt werde. Die Zustellung ist dem Gericht, sofern dies für die von ihm zu treffende Entscheidung erforderlich ist, nachzuweisen.

(2) Zum Nachweis der Zustellung genügt das mit Datum und Unterschrift versehene schriftliche Empfangsbekenntnis des Anwalts, dem zugestellt worden ist. Der Anwalt, der zustellt, hat dem anderen Anwalt auf Verlangen eine Bescheinigung über die Zustellung zu erteilen.

§ 199. Eine im Ausland zu bewirkende Zustellung erfolgt mittels Ersuchens der zuständigen Behörde des fremden Staates oder des in diesem Staate residierenden Konsuls oder Gesandten des Bundes.

§ 200. (1) Zustellungen an Deutsche, die das Recht der Exterritorialität genießen, erfolgen, wenn sie zur Mission des Bundes gehören, mittels Ersuchens des Bundeskanzlers.

(2) Zustellungen an die Vorsteher der Bundeskonsulate erfolgen mittels Ersuchens des Bundeskanzlers.

§ 201. (Weggefallen.)

§ 202. (1) Die erforderlichen Ersuchungsschreiben werden von dem Vorsitzenden des Prozeßgerichts erlassen.

(2) Die Zustellung wird durch das schriftliche Zeugnis der ersuchten Behörden oder Beamten, daß die Zustellung erfolgt sei, nachgewiesen.

§ 203. (1) Ist der Aufenthalt einer Partei unbekannt, so kann die Zustellung durch öffentliche Bekanntmachung erfolgen.

(2) Die öffentliche Zustellung ist auch dann zulässig, wenn bei einer im Ausland zu bewirkenden Zustellung die Befolgung der für diese bestehenden Vorschriften unausführbar ist oder keinen Erfolg verspricht.

(3) Das gleiche gilt, wenn die Zustellung aus dem Grunde nicht bewirkt werden kann, weil die Wohnung einer nach den §§ 18, 19 des Gerichtsverfassungsgesetzes der Gerichtsbarkeit nicht unterworfenen Person der Ort der Zustellung ist.

§ 204. (1) Die öffentliche Zustellung wird, nachdem sie auf ein Gesuch der Partei vom Prozeßgericht bewilligt ist, durch die Geschäftsstelle von Amts wegen besorgt. Die Entscheidung über das Gesuch kann ohne mündliche Verhandlung erlassen werden.

(2) Die öffentliche Zustellung erfolgt durch Anheftung der zuzustellenden Ausfertigung oder einer beglaubigten Abschrift des zuzustellenden Schriftstücks an die Gerichtstafel. Enthält das Schriftstück eine Ladung, so ist außerdem die einmalige Einrückung eines Auszugs des Schriftstücks in den Bundesanzeiger erforderlich.

(3) Das Prozeßgericht kann anordnen, daß der Auszug noch in andere Blätter und zu mehreren Malen eingerückt werde.

§ 205. In dem Auszug des Schriftstücks müssen das Prozeßgericht, die Parteien, der Gegenstand des Prozesses, der Antrag, der Zweck der Ladung und die Zeit, zu welcher der Geladene erscheinen soll, bezeichnet werden.

§ 206. (1) Das eine Ladung enthaltende Schriftstück gilt als an dem Tage zugestellt, an dem seit der letzten Einrückung des Auszugs in die öffentlichen Blätter ein Monat verstrichen ist. Das Prozeßgericht kann bei Bewilligung der öffentlichen Zustellung den Ablauf einer längeren Frist für erforderlich erklären.

(2) Enthält das Schriftstück keine Ladung, so ist es als zugestellt anzusehen, wenn seit der Anheftung des Schriftstücks an die Gerichtstafel zwei Wochen verstrichen sind.

(3) Auf die Gültigkeit der Zustellung hat es keinen Einfluß, wenn das anzuheftende Schriftstück von dem Ort der Anheftung zu früh entfernt wird.

§ 207. (1) Wird auf ein Gesuch, das die Zustellung eines ihm beigefügten Schriftstücks mittels Ersuchens anderer Behörden oder Beamten oder mittels öffentlicher Bekanntmachung betrifft, die Zustellung demnächst bewirkt, so treten, insoweit durch die Zustellung eine Frist gewahrt und der Lauf der Verjährung oder einer Frist unterbrochen wird, die Wirkungen der Zustellung bereits mit der Überreichung des Gesuchs ein.

(2) Wird ein Schriftsatz, dessen Zustellung unter Vermittlung der Geschäftsstelle erfolgen soll, innerhalb einer Frist von zwei Wochen nach der Einreichung bei der Geschäftsstelle zugestellt, so tritt, sofern durch die Zustellung eine Notfrist gewahrt wird, die Wirkung der Zustellung bereits mit der Einreichung ein.

II. Zustellungen von Amts wegen

§ 208. Auf die von Amts wegen zu bewirkenden Zustellungen gelten die Vorschriften über die Zustellungen auf Betreiben der Parteien entsprechend, soweit nicht aus den nachfolgenden Vorschriften sich Abweichungen ergeben.

§ 209. Für die Bewirkung der Zustellung hat die Geschäftsstelle Sorge zu tragen.

§ 210. Die bei der Zustellung zu übergebende Abschrift wird durch den Urkundsbeamten der Geschäftsstelle beglaubigt.

§ 210a. (1) Ein Schriftsatz, durch den ein Rechtsmittel eingelegt wird, ist dem Prozeßbevollmächtigten des Rechtszuges, dessen Entscheidung angefochten wird, in Ermangelung eines solchen dem Prozeßbevollmächtigten des ersten Rechtszuges zuzustellen. Ist von der Partei bereits ein Prozeßbevollmächtigter für den höheren, zur Verhandlung und Entscheidung über das Rechtsmittel zuständigen Rechtszug bestellt, so kann die Zustellung auch an diesen Prozeßbevollmächtigten erfolgen.

(2) Ist ein Prozeßbevollmächtigter, dem nach Abs. 1 zugestellt werden kann, nicht vorhanden oder ist sein Aufenthalt unbekannt, so erfolgt die Zustellung an den von der Partei, wenngleich nur für den ersten Rechtszug bestellten Zustellungsbevollmächtigten, in Ermangelung eines solchen an die Partei selbst, und zwar an diese durch Aufgabe zur Post, wenn sie einen Zustellungsbevollmächtigten zu bestellen hatte, die Bestellung aber unterlassen hat.

§ 211. (1) Die Geschäftsstelle hat das zu übergebende Schriftstück einem Gerichtswachtmeister oder der Post zur Zustellung auszuhändigen. Die Sendung muß verschlossen sein; sie muß mit der Anschrift der Person, an die zugestellt werden soll, sowie mit der Bezeichnung der absendenden Stelle und einer Geschäftsnummer versehen sein. Sie muß den Vermerk „Vereinfachte Zustellung“ tragen.

(2) Die Vorschrift des § 194 Abs. 2 ist nicht anzuwenden.

§ 212. (1) Die Beurkundung der Zustellung durch den Gerichtswachtmeister oder den Postbediensteten erfolgt nach den Vorschriften des § 195 Abs. 2 mit der Maßgabe, daß eine Abschrift der Zustellungsurkunde nicht zu übergeben, der Tag der Zustellung jedoch auf der Sendung zu vermerken ist.

(2) Die Zustellungsurkunde ist der Geschäftsstelle zu überliefern.

§ 212a. Bei der Zustellung an einen Anwalt, Notar oder Gerichtsvollzieher oder eine Behörde oder Körperschaft des öffentlichen Rechts genügt zum Nachweis der Zustellung das mit Datum und Unterschrift versehene schriftliche Empfangsbekenntnis des Anwalts oder eines gemäß der Rechtsanwaltsordnung[1]) bestellten Zustellungsbevollmächtigten, des Notars oder Gerichtsvollziehers oder der Behörde oder Körperschaft.

§ 212b. Eine Zustellung kann auch dadurch vollzogen werden, daß das zu übergebende Schriftstück an der Amtsstelle dem ausgehändigt wird, an den die Zustellung zu bewirken ist. In den Akten und auf dem ausgehändigten Schriftstück ist zu vermerken, wann dies geschehen ist; der Vermerk ist von dem Beamten, der die Aushändigung vorgenommen hat, zu unterschreiben.

§ 213. Ist die Zustellung durch Aufgabe zur Post (§ 175) erfolgt, so hat der Urkundsbeamte der Geschäftsstelle in den Akten zu vermerken, zu welcher Zeit und unter welcher Adresse die Aufgabe geschehen ist. Der Aufnahme einer Zustellungsurkunde bedarf es nicht.

Dritter Titel

Ladungen, Termine und Fristen

§ 214. Die Ladung zu einem Termin wird von Amts wegen veranlaßt.

§ 215. In Anwaltsprozessen muß die Ladung zur mündlichen Verhandlung, sofern die Zustellung nicht an einen Rechtsanwalt erfolgt, die Aufforderung enthalten, einen bei dem Prozeßgericht zugelassenen Anwalt zu bestellen.

§ 216. (1) Die Termine werden von Amts wegen bestimmt, wenn Anträge oder Erklärungen eingereicht werden, über die nur nach mündlicher Verhandlung entschieden werden kann oder über die mündliche Verhandlung vom Gericht angeordnet ist.

(2) Die Bestimmung der Termine erfolgt binnen vierundzwanzig Stunden durch den Vorsitzenden.

---

[1]) In der brit. Zone: § 22 RAnwO. vom 10. 3. 1949 (VOBl. BZ. S. 80).

(3) Auf Sonntage und allgemeine Feiertage sind Termine nur in Notfällen anzuberaumen.

§ 217. Die Frist, die in einer anhängigen Sache zwischen der Zustellung der Ladung und dem Terminstag liegen soll (Ladungsfrist), beträgt in Anwaltsprozessen mindestens eine Woche, in anderen Prozessen mindestens drei Tage, in Meß- und Marktsachen mindestens vierundzwanzig Stunden.

§ 218. Zu Terminen, die in verkündeten Entscheidungen bestimmt sind, ist eine Ladung der Parteien unbeschadet der Vorschriften des § 141 Abs. 2 nicht erforderlich.

§ 219. (1) Die Termine werden an der Gerichtsstelle abgehalten, sofern nicht die Einnahme eines Augenscheins an Ort und Stelle, die Verhandlung mit einer am Erscheinen vor Gericht verhinderten Person oder eine sonstige Handlung erforderlich ist, die an der Gerichtsstelle nicht vorgenommen werden kann.

(2) Der Bundespräsident ist nicht verpflichtet, persönlich an der Gerichtsstelle zu erscheinen.

§ 220. (1) Der Termin beginnt mit dem Aufruf der Sache.

(2) Der Termin ist von einer Partei versäumt, wenn sie bis zum Schluß nicht verhandelt.

§ 221. (1) Der Lauf einer richterlichen Frist beginnt, sofern nicht bei ihrer Festsetzung ein anderes bestimmt wird, mit der Zustellung des Schriftstücks, in dem die Frist festgesetzt ist, und, wenn es einer solchen Zustellung nicht bedarf, mit der Verkündung der Frist.

(2) Der Lauf einer gesetzlichen oder richterlichen Frist, deren Beginn von einer Zustellung abhängig ist, beginnt mit dieser auch gegen diejenige Partei, welche die Zustellung hat bewirken lassen.

§ 222. (1) Für die Berechnung der Fristen gelten die Vorschriften des Bürgerlichen Gesetzbuchs.

(2) Fällt das Ende einer Frist auf einen Sonntag oder allgemeinen Feiertag, so endigt die Frist mit Ablauf des nächstfolgenden Werktags.

(3) Bei der Berechnung einer Frist, die nach Stunden bestimmt ist, werden Sonntage und allgemeine Feiertage nicht mitgerechnet.

§ 223. (1) Der Lauf einer Frist wird durch die Gerichtsferien[1]) gehemmt. Der noch übrige Teil der Frist beginnt mit dem Ende der Ferien zu laufen. Fällt der Anfang der Frist in die Ferien, so beginnt der Lauf der Frist mit dem Ende der Ferien.

---

[1]) § 199 GVG.

(2) Die vorstehenden Vorschriften sind auf Notfristen und Fristen in Feriensachen nicht anzuwenden.

(3) Notfristen sind nur diejenigen Fristen, die in diesem Gesetz als solche bezeichnet werden.

§ 224. (1) Durch Vereinbarung der Parteien können Fristen, mit Ausnahme der Notfristen, abgekürzt werden.

(2) Auf Antrag können richterliche und gesetzliche Fristen abgekürzt oder verlängert werden, wenn erhebliche Gründe glaubhaft gemacht sind, gesetzliche Fristen jedoch nur in den besonders bestimmten Fällen.

(3) Im Falle der Verlängerung wird die neue Frist von dem Ablauf der vorigen Frist an berechnet, wenn nicht im einzelnen Falle ein anderes bestimmt ist.

§ 225. (1) Über das Gesuch um Abkürzung oder Verlängerung einer Frist kann ohne mündliche Verhandlung entschieden werden.

(2) Die Abkürzung oder wiederholte Verlängerung darf nur nach Anhörung des Gegners bewilligt werden.

(3) Eine Anfechtung des Beschlusses, durch den das Gesuch um Verlängerung einer Frist zurückgewiesen ist, findet nicht statt.

§ 226. (1) Einlassungsfristen, Ladungsfristen sowie diejenigen Fristen, die für die Zustellung vorbereitender Schriftsätze bestimmt sind, können auf Antrag abgekürzt werden.

(2) Die Abkürzung der Einlassungs- und der Ladungsfristen wird dadurch nicht ausgeschlossen, daß infolge der Abkürzung die mündliche Verhandlung durch Schriftsätze nicht vorbereitet werden kann.

(3) Der Vorsitzende kann bei Bestimmung des Termins die Abkürzung ohne Anhörung des Gegners und des sonst Beteiligten verfügen; diese Verfügung ist dem Beteiligten abschriftlich mitzuteilen.

§ 227. (1) Das Gericht kann aus erheblichen Gründen auf Antrag oder von Amts wegen einen Termin aufheben. Beschlüsse hierüber können ohne mündliche Verhandlung ergehen.

(2) Der Beschluß über die Aufhebung eines Termins ist, falls er ohne mündliche Verhandlung ergeht, mit Gründen zu versehen. Auch die Zurückweisung eines Antrags auf Aufhebung eines Termins ist unanfechtbar.

(3) Die Vorschriften der Abs. 1, 2 gelten auch für die Verlegung eines Termins und für die Vertagung einer Verhandlung.

§ 228. (Weggefallen.)

§ 229. Die in diesem Titel dem Gericht und dem Vorsitzenden beigelegten Befugnisse stehen dem beauftragten oder ersuchten Richter in bezug auf die von diesen zu bestimmenden Termine und Fristen zu.

Vierter Titel

Folgen der Versäumung. Wiedereinsetzung in den vorigen Stand

§ 230. Die Versäumung einer Prozeßhandlung hat zur allgemeinen Folge, daß die Partei mit der vorzunehmenden Prozeßhandlung ausgeschlossen wird.

§ 231. (1) Einer Androhung der gesetzlichen Folgen der Versäumung bedarf es nicht; sie treten von selbst ein, sofern nicht dieses Gesetz einen auf Verwirklichung des Rechtsnachteils gerichteten Antrag erfordert.

(2) Im letzteren Falle kann, solange nicht der Antrag gestellt und die mündliche Verhandlung über ihn geschlossen ist, die versäumte Prozeßhandlung nachgeholt werden.

§ 232. (1) Auf Grund der den Minderjährigen und den ihnen gleichgestellten Personen als solchen zustehenden Rechte findet die Aufhebung der Folgen einer Versäumung nicht statt.

(2) Insofern die Aufhebung der Folgen einer unverschuldeten Versäumung zulässig ist, wird eine Versäumung, die in dem Verschulden eines Vertreters ihren Grund hat, als eine unverschuldete nicht angesehen.

§ 233. (1) Einer Partei, die durch Naturereignisse oder andere unabwendbare Zufälle verhindert worden ist, eine Notfrist oder die Frist zur Begründung der Berufung oder der Revision einzuhalten, ist auf Antrag die Wiedereinsetzung in den vorigen Stand zu erteilen.

(2) Hat eine Partei die Einspruchsfrist versäumt, so ist ihr die Wiedereinsetzung auch dann zu erteilen, wenn sie von der Zustellung des Versäumnisurteils ohne ihr Verschulden keine Kenntnis erlangt hat.

§ 234. (1) Die Wiedereinsetzung muß innerhalb einer zweiwöchigen Frist beantragt werden.

(2) Die Frist beginnt mit dem Tage, an dem das Hindernis behoben ist.

(3) Nach Ablauf eines Jahres, von dem Ende der versäumten Frist an gerechnet, kann die Wiedereinsetzung nicht mehr beantragt werden.

§ 235. (Weggefallen.)

§ 236. Die Form des Antrags auf Wiedereinsetzung richtet sich nach den Vorschriften, die für die versäumte Prozeßhandlung gelten. Der Antrag muß enthalten:

1. die Angabe der die Wiedereinsetzung begründenden Tatsachen;
2. die Angabe der Mittel für ihre Glaubhaftmachung;
3. die Nachholung der versäumten Prozeßhandlung oder, wenn diese bereits nachgeholt ist, die Bezugnahme hierauf.

§ 237. Über den Antrag auf Wiedereinsetzung entscheidet das Gericht, dem die Entscheidung über die nachgeholte Prozeßhandlung zusteht.

§ 238. (1) Das Verfahren über den Antrag auf Wiedereinsetzung ist mit dem Verfahren über die nachgeholte Prozeßhandlung zu verbinden. Das Gericht kann jedoch das Verfahren zunächst auf die Verhandlung und Entscheidung über den Antrag beschränken.

(2) Auf die Entscheidung über die Zulässigkeit des Antrags und auf die Anfechtung der Entscheidung sind die Vorschriften anzuwenden, die in diesen Beziehungen für die nachgeholte Prozeßhandlung gelten. Der Partei, die den Antrag gestellt hat, steht jedoch der Einspruch nicht zu.

(3) Die Kosten der Wiedereinsetzung fallen dem Antragsteller zur Last, soweit sie nicht durch einen unbegründeten Widerspruch des Gegners entstanden sind.

Fünfter Titel

Unterbrechung und Aussetzung des Verfahrens[1])

§ 239. (1) Im Falle des Todes einer Partei tritt eine Unterbrechung des Verfahrens bis zu dessen Aufnahme durch die Rechtsnachfolger ein.

(2) Wird die Aufnahme verzögert, so sind auf Antrag des Gegners die Rechtsnachfolger zur Aufnahme und zugleich zur Verhandlung der Hauptsache zu laden.

(3) Die Ladung ist mit dem den Antrag enthaltenden Schriftsatz den Rechtsnachfolgern selbst zuzustellen. Die Ladungsfrist wird von dem Vorsitzenden bestimmt.

(4) Erscheinen die Rechtsnachfolger in dem Termin nicht, so ist auf Antrag die behauptete Rechtsnachfolge als zugestanden anzunehmen und zur Hauptsache zu verhandeln.

(5) Der Erbe ist vor der Annahme der Erbschaft zur Fortsetzung des Rechtsstreits nicht verpflichtet.

§ 240. Im Falle der Eröffnung des Konkurses über das Vermögen einer Partei wird das Verfahren, wenn es die Konkursmasse betrifft, unterbrochen, bis es nach den für den Konkurs geltenden Vorschriften aufgenommen oder das Konkursverfahren aufgehoben wird.

§ 241. (1) Verliert eine Partei die Prozeßfähigkeit oder stirbt der gesetzliche Vertreter einer Partei oder hört seine Vertretungsbefugnis auf, ohne daß die Partei prozeßfähig geworden ist, so wird das Verfahren unterbrochen, bis der gesetzliche Vertreter oder der neue gesetzliche Vertreter von seiner Bestellung dem Gericht Anzeige macht oder der Gegner seine Absicht, das Verfahren fortzusetzen, dem Gericht angezeigt und das Gericht diese Anzeige von Amts wegen zugestellt hat.

---

[1])Anordnung der Aussetzung noch in vielen Sondervorschriften; zu vgl. auch MSchG., Art. 100 GrdGes.

(2) Die Anzeige des gesetzlichen Vertreters ist dem Gegner der durch ihn vertretenen Partei, die Anzeige des Gegners ist dem Vertreter zuzustellen.

(3) Diese Vorschriften sind entsprechend anzuwenden, wenn eine Nachlaßverwaltung angeordnet wird.

§ 242. Tritt während des Rechtsstreits zwischen einem Vorerben und einem Dritten über einen der Nacherbfolge unterliegenden Gegenstand der Fall der Nacherbfolge ein, so gelten, sofern der Vorerbe befugt war, ohne Zustimmung des Nacherben über den Gegenstand zu verfügen, hinsichtlich der Unterbrechung und der Aufnahme des Verfahrens die Vorschriften des § 239 entsprechend.

§ 243. Wird im Falle der Unterbrechung des Verfahrens durch den Tod einer Partei ein Nachlaßpfleger bestellt oder ist ein zur Führung des Rechtsstreits berechtigter Testamentsvollstrecker vorhanden, so sind die Vorschriften des § 241 und, wenn über den Nachlaß der Konkurs eröffnet wird, die Vorschriften des § 240 bei der Aufnahme des Verfahrens anzuwenden.

§ 244. (1) Stirbt in Anwaltsprozessen der Anwalt einer Partei oder wird er unfähig, die Vertretung der Partei fortzuführen, so tritt eine Unterbrechung des Verfahrens ein, bis der bestellte neue Anwalt seine Bestellung dem Gericht angezeigt und das Gericht die Anzeige dem Gegner von Amts wegen zugestellt hat.

(2) Wird diese Anzeige verzögert, so ist auf Antrag des Gegners die Partei selbst zur Verhandlung der Hauptsache zu laden oder zur Bestellung eines neuen Anwalts binnen einer von dem Vorsitzenden zu bestimmenden Frist aufzufordern. Wird dieser Aufforderung nicht Folge geleistet, so ist das Verfahren als aufgenommen anzusehen. Bis zur nachträglichen Anzeige der Bestellung eines neuen Anwalts können alle Zustellungen an die zur Anzeige verpflichtete Partei, sofern diese weder am Ort des Prozeßgerichts noch innerhalb des Amtsgerichtsbezirkes wohnt, in dem das Prozeßgericht seinen Sitz hat, durch Aufgabe zur Post (§ 175) erfolgen.

§ 245. Hört infolge eines Krieges oder eines anderen Ereignisses die Tätigkeit des Gerichts auf, so wird für die Dauer dieses Zustandes das Verfahren unterbrochen.

§ 246. (1) Fand in den Fällen des Todes, des Verlustes der Prozeßfähigkeit, des Wegfalls des gesetzlichen Vertreters, der Anordnung einer Nachlaßverwaltung oder des Eintritts der Nacherbfolge (§§ 239, 241, 242) eine Vertretung durch einen Prozeßbevollmächtigten statt, so tritt eine Unterbrechung des Verfahrens nicht ein; das Prozeßgericht hat jedoch auf Antrag des Bevollmächtigten, in den Fällen des Todes und der Nacherbfolge auch auf Antrag des Gegners die Aussetzung des Verfahrens anzuordnen.

(2) Die Dauer der Aussetzung und die Aufnahme des Verfahrens richten sich nach den Vorschriften der §§ 239, 241 bis 243; in den Fällen des Todes und der Nacherbfolge ist die Ladung mit dem Schriftsatz, in dem sie beantragt ist, auch dem Bevollmächtigten zuzustellen.

§ 247. Hält sich eine Partei an einem Ort auf, der durch obrigkeitliche Anordnung oder durch Krieg oder durch andere Zufälle von dem Verkehr mit dem Prozeßgericht abgeschnitten ist, so kann das Gericht auch von Amts wegen die Aussetzung des Verfahrens bis zur Beseitigung des Hindernisses anordnen.

§ 248. (1) Das Gesuch um Aussetzung des Verfahrens ist bei dem Prozeßgericht anzubringen; es kann vor der Geschäftsstelle zu Protokoll erklärt werden.

(2) Die Entscheidung kann ohne mündliche Verhandlung ergehen.

§ 249. (1) Die Unterbrechung und Aussetzung des Verfahrens hat die Wirkung, daß der Lauf einer jeden Frist aufhört und nach Beendigung der Unterbrechung oder Aussetzung die volle Frist von neuem zu laufen beginnt.

(2) Die während der Unterbrechung oder Aussetzung von einer Partei in Ansehung der Hauptsache vorgenommenen Prozeßhandlungen sind der anderen Partei gegenüber ohne rechtliche Wirkung.

(3) Durch die nach dem Schluß einer mündlichen Verhandlung eintretende Unterbrechung wird die Verkündung der auf Grund dieser Verhandlung zu erlassenden Entscheidung nicht gehindert.

§ 250. Die Aufnahme eines unterbrochenen oder ausgesetzten Verfahrens und die in diesem Titel erwähnten Anzeigen erfolgen durch Zustellung eines bei Gericht einzureichenden Schriftsatzes.

§ 251. (1) Das Gericht hat das Ruhen des Verfahrens anzuordnen, wenn beide Parteien dies beantragen und anzunehmen ist, daß wegen Schwebens von Vergleichsverhandlungen oder aus sonstigen wichtigen Gründen diese Anordnung zweckmäßig ist. Die Anordnung hat auf den Lauf der im § 233 Abs. 1 bezeichneten Fristen keinen Einfluß.

(2) Vor Ablauf von drei Monaten kann das Verfahren nur mit Zustimmung des Gerichts aufgenommen werden.

§ 251 a. (1) Erscheinen in einem Termin beide Parteien nicht oder stellt beim Ausbleiben einer Partei, ohne daß es zur Vertagung kommt, die erschienene Partei keine Anträge zur Sache, so kann das Gericht nach Lage der Akten entscheiden. Ein Urteil darf in diesem Falle nur in einem besonderen, auf mindestens eine Woche hinaus anzusetzenden Termin verkündet werden, und nur, wenn in einem früheren Termin eine mündliche Verhandlung stattgefunden hat. Das Gericht hat der nicht erschienenen Partei durch eingeschriebenen Brief den Verkündungstermin bekanntzugeben. Die Verkündung unterbleibt, wenn eine nicht erschienene Partei dies vor dem Verkündungstermin beantragt und glaubhaft macht, daß sie in dem Verhandlungstermin ohne ihr Verschulden ausgeblieben ist.

(2) Ergeht eine Entscheidung nach Lage der Akten nicht, so bestimmt das Gericht von Amts wegen einen neuen Termin zur mündlichen Verhandlung und gibt ihn den Parteien bekannt oder ordnet das Ruhen des Verfahrens an.

§ 252. Gegen die Entscheidung, durch die auf Grund der Vorschriften dieses Titels oder auf Grund anderer gesetzlicher Bestimmungen die Aussetzung des Verfahrens angeordnet oder abgelehnt wird, findet Beschwerde, im Falle der Ablehnung sofortige Beschwerde statt.

Zweites Buch
Verfahren im ersten Rechtszuge

Erster Abschnitt
Verfahren vor den Landgerichten

Erster Titel
Verfahren bis zum Urteil

§ 253. (1) Die Erhebung der Klage erfolgt durch Zustellung eines Schriftsatzes (Klageschrift).

(2) Die Klageschrift muß enthalten:

1. die Bezeichnung der Parteien und des Gerichts;
2. die bestimmte Angabe des Gegenstandes und des Grundes des erhobenen Anspruchs, sowie einen bestimmten Antrag.

(3) Die Klageschrift soll ferner die Angabe des Wertes des Streitgegenstandes enthalten, wenn hiervon die Zuständigkeit des Gerichts abhängt und der Streitgegenstand nicht in einer bestimmten Geldsumme besteht

(4) Außerdem sind die allgemeinen Vorschriften über die vorbereitenden Schriftsätze auch auf die Klageschrift anzuwenden.

(5) Die Klageschrift sowie sonstige Anträge und Erklärungen einer Partei, die zugestellt werden sollen, sind bei dem Gericht schriftlich unter Beifügung der für ihre Zustellung oder Mitteilung erforderlichen Zahl von Abschriften einzureichen.

§ 254. Wird mit der Klage auf Rechnungslegung oder auf Vorlegung eines Vermögensverzeichnisses oder auf Leistung des Offenbarungseides die Klage auf Herausgabe desjenigen verbunden, was der Beklagte aus dem zugrunde liegenden Rechtsverhältnis schuldet, so kann die bestimmte Angabe der Leistungen, die der Kläger beansprucht, vorbehalten werden, bis die Rechnung mitgeteilt, das Vermögensverzeichnis vorgelegt oder der Offenbarungseid geleistet ist.

§ 255. (1) Hat der Kläger für den Fall, daß der Beklagte nicht vor dem Ablauf einer ihm zu bestimmenden Frist den erhobenen Anspruch befriedigt, das Recht, Schadensersatz wegen Nichterfüllung zu fordern oder die Aufhebung eines Vertrages herbeizuführen, so kann er verlangen, daß die Frist im Urteil bestimmt wird.

(2) Das gleiche gilt, wenn dem Kläger das Recht, die Anordnung einer Verwaltung zu verlangen, für den Fall zusteht, daß der Beklagte nicht vor dem Ablauf einer ihm zu bestimmenden Frist die beanspruchte Sicherheit leistet, sowie im Falle des § 2193 Abs. 2 des Bürgerlichen Gesetzbuchs für die Bestimmung einer Frist zur Vollziehung der Auflage.

§ 256. Auf Feststellung des Bestehens oder Nichtbestehens eines Rechtsverhältnisses, auf Anerkennung einer Urkunde oder auf Feststellung ihrer Unechtheit kann Klage erhoben werden, wenn der Kläger ein rechtliches Interesse daran hat, daß das Rechtsverhältnis oder die Echtheit oder Unechtheit der Urkunde durch richterliche Entscheidung alsbald festgestellt werde.

§ 257. Ist die Geltendmachung einer nicht von einer Gegenleistung abhängigen Geldforderung oder die Geltendmachung des Anspruchs auf Räumung eines Grundstücks, eines Wohnraumes oder eines anderen Raumes an den Eintritt eines Kalendertages geknüpft, so kann Klage auf künftige Zahlung oder Räumung erhoben werden.

§ 258. Bei wiederkehrenden Leistungen kann auch wegen der erst nach Erlaß des Urteils fällig werdenden Leistungen Klage auf künftige Entrichtung erhoben werden.

§ 259. Klage auf künftige Leistung kann außer den Fällen der §§ 257, 258 erhoben werden, wenn den Umständen nach die Besorgnis gerechtfertigt ist, daß der Schuldner sich der rechtzeitigen Leistung entziehen werde.

§ 260. Mehrere Ansprüche des Klägers gegen denselben Beklagten können, auch wenn sie auf verschiedenen Gründen beruhen, in einer Klage verbunden werden, wenn für sämtliche Ansprüche das Prozeßgericht zuständig und dieselbe Prozeßart zulässig ist.

§ 261. Der Termin zur mündlichen Verhandlung soll nur so weit hinausgerückt werden, als es zur Wahrung der Einlassungsfrist geboten erscheint.

§ 261a. (1) Nach der Bestimmung des Termins zur mündlichen Verhandlung ist die Ladung der Parteien durch die Geschäftsstelle zu veranlassen.

(2) Dem Beklagten ist mit der Ladung die Klageschrift zuzustellen. Mit der Zustellung der Klageschrift soll, sofern die Zustellung nicht an einen Rechtsanwalt erfolgt, die Aufforderung verbunden werden, etwaige gegen die Behauptungen des Klägers vorzubringende Einwendungen und Beweismittel unverzüglich durch den zu bestellenden Anwalt in einem Schriftsatz dem Gericht mitzuteilen.

§ 261b. (1) Die Zustellungen erfolgen, soweit nicht ein anderes vorgeschrieben ist, von Amts wegen.

(2) Mit Ausnahme der Klageschrift und solcher Schriftsätze, die Sachanträge oder eine Zurücknahme der Klage enthalten, sind Schriftsätze und sonstige Erklärungen der Parteien, sofern nicht das Gericht die Zustellung anordnet, ohne besondere Form mitzuteilen. Bei Übersendung durch die Post gilt die Mitteilung, wenn die Wohnung der Partei im Bereich des Ortsbestellverkehrs liegt, an dem folgenden, im übrigen an dem zweiten Werktage nach der Aufgabe zur Post als bewirkt, sofern nicht die Partei glaubhaft macht, daß ihr die Mitteilung nicht oder erst in einem späteren Zeitpunkt zugegangen ist.

(3) Soll durch die Zustellung eine Frist[1]) gewahrt oder die Verjährung unterbrochen werden, so tritt die Wirkung, sofern die Zustellung demnächst erfolgt, bereits mit der Einreichung oder Anbringung des Antrags oder der Erklärung ein.

§ 262. (1) Zwischen der Zustellung der Klageschrift und dem Termin zur mündlichen Verhandlung muß ein Zeitraum von mindestens zwei Wochen liegen (Einlassungsfrist). In Meß- und Marktsachen beträgt die Einlassungsfrist mindestens vierundzwanzig Stunden.

(2) Ist die Zustellung im Ausland vorzunehmen, so hat der Vorsitzende bei Festsetzung des Termins die Einlassungsfrist zu bestimmen.

§ 263. (1) Durch die Erhebung der Klage wird die Rechtshängigkeit der Streitsache begründet.

(2) Die Rechtshängigkeit hat folgende Wirkungen:

1. wenn während der Dauer der Rechtshängigkeit von einer Partei die Streitsache anderweit anhängig gemacht wird, so kann der Gegner die Einrede der Rechtshängigkeit erheben;
2. die Zuständigkeit des Prozeßgerichts wird durch eine Veränderung der sie begründenden Umstände nicht berührt.

---

[1]) Allgemeine Fristenhemmung: § 4 Abs. 1 Nr. 1 Gesetz über den Ablauf der durch Kriegs- oder Nachkriegsvorschriften gehemmten Fristen vom 28. 12. 1950 (RGBl. S. 821); Ergänzungsgesetz vom 30. 3. 1951 (RGBl. S. 213).

§ 264. Nach dem Eintritt der Rechtshängigkeit ist eine Änderung der Klage zulässig, wenn der Beklagte einwilligt oder das Gericht sie für sachdienlich erachtet.

§ 265. (1) Die Rechtshängigkeit schließt das Recht der einen oder der anderen Partei nicht aus, die in Streit befangene Sache zu veräußern oder den geltend gemachten Anspruch abzutreten.

(2) Die Veräußerung oder Abtretung hat auf den Prozeß keinen Einfluß. Der Rechtsnachfolger ist nicht berechtigt, ohne Zustimmung des Gegners den Prozeß als Hauptpartei an Stelle des Rechtsvorgängers zu übernehmen oder eine Hauptintervention zu erheben. Tritt der Rechtsnachfolger als Nebenintervenient auf, so ist § 69 nicht anzuwenden.

(3) Hat der Kläger veräußert oder abgetreten, so kann ihm, sofern das Urteil nach § 325 gegen den Rechtsnachfolger nicht wirksam sein würde, der Einwand entgegengesetzt werden, daß er zur Geltendmachung des Anspruchs nicht mehr befugt sei.

§ 266. (1) Ist über das Bestehen oder Nichtbestehen eines Rechts, das für ein Grundstück in Anspruch genommen wird, oder einer Verpflichtung, die auf einem Grundstück ruhen soll, zwischen dem Besitzer und einem Dritten ein Rechtsstreit anhängig, so ist im Falle der Veräußerung des Grundstücks der Rechtsnachfolger berechtigt und auf Antrag des Gegners verpflichtet, den Rechtsstreit in der Lage, in der er sich befindet, als Hauptpartei zu übernehmen. Entsprechendes gilt für einen Rechtsstreit über das Bestehen oder Nichtbestehen einer Verpflichtung, die auf einem eingetragenen Schiff oder Schiffsbauwerk ruhen soll.

(2) Diese Bestimmung ist insoweit nicht anzuwenden, als ihr Vorschriften des bürgerlichen Rechts zugunsten derjenigen, die Rechte von einem Nichtberechtigten herleiten, entgegenstehen. In einem solchen Falle gilt, wenn der Kläger veräußert hat, die Vorschrift des § 265 Abs. 3.

§ 267. Die Vorschriften des bürgerlichen Rechts über die sonstigen Wirkungen der Rechtshängigkeit bleiben unberührt. Diese Wirkungen sowie alle Wirkungen, die durch die Vorschriften des bürgerlichen Rechts an die Anstellung, Mitteilung oder gerichtliche Anmeldung der Klage, an die Ladung oder Einlassung des Beklagten geknüpft werden, treten unbeschadet der Vorschrift des § 207 mit der Erhebung der Klage ein.

§ 268. Als eine Änderung der Klage ist es nicht anzusehen, wenn ohne Änderung des Klagegrundes

1. die tatsächlichen oder rechtlichen Anführungen ergänzt oder berichtigt werden;
2. der Klageantrag in der Hauptsache oder in bezug auf Nebenforderungen erweitert oder beschränkt wird;
3. statt des ursprünglich geforderten Gegenstandes wegen einer später eingetretenen Veränderung ein anderer Gegenstand oder das Interesse gefordert wird.

§ 269. Die Einwilligung des Beklagten in die Änderung der Klage ist anzunehmen, wenn er, ohne der Änderung zu widersprechen, sich in einer mündlichen Verhandlung auf die abgeänderte Klage eingelassen hat.

§ 270. Eine Anfechtung der Entscheidung, daß eine Änderung der Klage nicht vorliege oder daß die Änderung zuzulassen sei, findet nicht statt.

§ 271. (1) Die Klage kann ohne Einwilligung des Beklagten nur bis zum Beginn der mündlichen Verhandlung des Beklagten zur Hauptsache zurückgenommen werden.

(2) Die Zurücknahme der Klage und, soweit sie zur Wirksamkeit der Zurücknahme erforderlich ist, auch die Einwilligung des Beklagten sind dem Gericht gegenüber zu erklären. Die Zurücknahme der Klage erfolgt, wenn sie nicht bei der mündlichen Verhandlung erklärt wird, durch Einreichung eines Schriftsatzes.

(3) Wird die Klage zurückgenommen, so ist der Rechtsstreit als nicht anhängig geworden anzusehen; ein bereits ergangenes, noch nicht rechtskräftiges Urteil wird wirkungslos, ohne daß es seiner ausdrücklichen Aufhebung bedarf. Der Kläger ist verpflichtet, die Kosten des Rechtsstreits zu tragen, soweit nicht bereits rechtskräftig über sie erkannt ist. Auf Antrag des Beklagten sind die in Satz 1 und 2 bezeichneten Wirkungen durch Beschluß auszusprechen. Der Beschluß bedarf keiner mündlichen Verhandlung. Er unterliegt der sofortigen Beschwerde.

(4) Wird die Klage von neuem angestellt, so kann der Beklagte die Einlassung verweigern, bis die Kosten erstattet sind.

§ 272. Jede Partei hat solche tatsächlichen Behauptungen, Beweismittel und Anträge, auf die der Gegner voraussichtlich ohne vorhergehende Erkundigung keine Erklärung abgeben kann, vor der mündlichen Verhandlung mittels vorbereitenden Schriftsatzes so zeitig mitzuteilen, daß der Gegner die erforderliche Erkundigung noch einzuziehen vermag.

§ 272a. Kann eine Partei in der mündlichen Verhandlung auf eine Behauptung des Gegners eine Erklärung nicht abgeben, weil ihr die Behauptung nicht rechtzeitig vor dem Termin mitgeteilt ist, so kann auf ihren Antrag das Gericht eine Frist bestimmen, innerhalb deren sie die Erklärung in einem Schriftsatz nachbringen kann, und gleichzeitig einen Termin zur Verkündung einer Entscheidung anberaumen, der auch über eine Woche hinaus angesetzt werden kann. Ist bis zu dem Termin der Schriftsatz dem Gegner zugestellt oder gemäß § 261b Abs. 2 mitgeteilt, so ist sein Inhalt bei der Entscheidung zu berücksichtigen; wird der Schriftsatz bis zu dem Termin nicht eingereicht, so gilt die Behauptung des Gegners als nicht bestritten.

§ 272b. (1) Der Vorsitzende oder ein von ihm zu bestimmendes Mitglied des Prozeßgerichts hat schon vor der mündlichen Verhandlung alle

Anordnungen zu treffen, die angebracht erscheinen, damit der Rechtsstreit tunlichst in einer mündlichen Verhandlung erledigt wird.

(2) Zu diesem Zwecke kann er insbesondere

1. den Parteien die Ergänzung oder Erläuterung ihrer vorbereitenden Schriftsätze sowie die Vorlegung von Urkunden, Stammbäumen, Plänen, Rissen und Zeichnungen aufgeben;
2. Behörden oder Beamte um Mitteilung von Urkunden oder um Erteilung einer amtlichen Auskunft ersuchen;
3. das persönliche Erscheinen der Parteien anordnen;
4. Zeugen, auf die eine Partei sich bezogen hat, zur mündlichen Verhandlung laden oder von ihnen nach Maßgabe der Vorschriften des § 377 Abs. 3, 4 schriftliche Auskünfte einholen;
5. die Einnahme des Augenscheins sowie die Begutachtung durch Sachverständige anordnen und ausführen oder Sachverständige zur mündlichen Verhandlung laden.

(3) Anordnungen der unter Nr. 4, 5 bezeichneten Art sollen nur ergehen, wenn der Beklagte dem Klageanspruch bereits widersprochen hat. Erfordert die Ausführung der Anordnung die Abhaltung eines Termins, so ist dieser tunlichst mit dem Termin zur mündlichen Verhandlung zu verbinden.

(4) Die Parteien sind von jeder Anordnung zu benachrichtigen. Die Benachrichtigung kann unterbleiben, wenn es nach dem Ermessen des Vorsitzenden oder des von ihm beauftragten Mitglieds für die Wahrnehmung der Rechte der Parteien nicht wesentlich ist, daß sie vor dem Termin zur mündlichen Verhandlung von der Anordnung Kenntnis erhalten. Wird das persönliche Erscheinen der Parteien angeordnet, so gelten die Vorschriften des § 141 Abs. 2, 3.

§ 273. Die mündliche Verhandlung richtet sich nach den allgemeinen Vorschriften.

§ 274. (1) Prozeßhindernde Einreden sind gleichzeitig und vor der Verhandlung des Beklagten zur Hauptsache vorzubringen.

(2) Als solche Einreden sind nur anzusehen:

1. die Einrede der Unzuständigkeit des Gerichts;
2. die Einrede der Unzulässigkeit des Rechtswegs;
3. die Einrede, daß der Rechtsstreit durch Schiedsrichter zu entscheiden sei;
4. die Einrede der Rechtshängigkeit;
5. die Einrede der mangelnden Sicherheit für die Prozeßkosten;
6. die Einrede, daß die zur Erneuerung des Rechtsstreits erforderliche Erstattung der Kosten des früheren Verfahrens noch nicht erfolgt sei;
7. die Einrede der mangelnden Parteifähigkeit, der mangelnden Prozeßfähigkeit oder der mangelnden gesetzlichen Vertretung.

(3) Nach dem Beginn der mündlichen Verhandlung des Beklagten zur Hauptsache können prozeßhindernde Einreden nur geltend gemacht wer-

den, wenn sie entweder solche sind, auf die der Beklagte wirksam nicht verzichten kann, oder wenn der Beklagte glaubhaft macht, daß er ohne sein Verschulden nicht imstande gewesen sei, sie vor der Verhandlung zur Hauptsache geltend zu machen.

§ 275. (1) Über prozeßhindernde Einreden ist besonders zu verhandeln und durch Urteil zu entscheiden, wenn das Gericht auf Antrag oder von Amts wegen die abgesonderte Verhandlung anordnet.

(2) Das Urteil, durch das die prozeßhindernde Einrede verworfen wird, ist in betreff der Rechtsmittel als Endurteil anzusehen; das Gericht kann jedoch auf Antrag anordnen, daß zur Hauptsache zu verhandeln sei.

§ 276. (1) Ist auf Grund der Vorschriften über die örtliche oder sachliche Zuständigkeit der Gerichte die Unzuständigkeit des Gerichts auszusprechen, so hat das angegangene Gericht, sofern das zuständige Gericht bestimmt werden kann, auf Antrag des Klägers durch Beschluß sich für unzuständig zu erklären und den Rechtsstreit an das zuständige Gericht zu verweisen. Sind mehrere Gerichte zuständig, so erfolgt die Verweisung an das vom Kläger gewählte Gericht.

(2) Eine Anfechtung des Beschlusses findet nicht statt; mit der Verkündung des Beschlusses gilt der Rechtsstreit als bei dem im Beschluß bezeichneten Gericht anhängig. Der Beschluß ist für dieses Gericht bindend.

(3) Die im Verfahren vor dem angegangenen Gericht erwachsenen Kosten werden als Teil der Kosten behandelt, die bei dem im Beschluß bezeichneten Gericht erwachsen. Dem Kläger sind die entstandenen Mehrkosten auch dann aufzuerlegen, wenn er in der Hauptsache obsiegt.

§ 277. (Weggefallen.)

§ 278. (1) Angriffs- und Verteidigungsmittel (Einreden, Widerklage, Repliken usw.) können bis zum Schluß der mündlichen Verhandlung, auf die das Urteil ergeht, geltend gemacht werden.

(2) Das Gericht hat, wenn durch das nachträgliche Vorbringen eines Angriffs- oder Verteidigungsmittels die Erledigung des Rechtsstreits verzögert wird, der obsiegenden Partei, die nach freier richterlicher Überzeugung imstande war, das Angriffs- oder Verteidigungsmittel zeitiger geltend zu machen, die Prozeßkosten ganz oder teilweise aufzuerlegen.

§ 279. (1) Angriffs- oder Verteidigungsmittel, die von einer Partei nachträglich vorgebracht werden, können zurückgewiesen werden, wenn durch deren Zulassung die Erledigung des Rechtsstreits verzögert werden würde und nach der freien Überzeugung des Gerichts die Partei in der Absicht, den Prozeß zu verschleppen, oder aus grober Nachlässigkeit das Angriffs- oder Verteidigungsmittel nicht früher vorgebracht hat.

(2) Unter den im Abs. 1 bezeichneten Voraussetzungen können ferner Angriffs- und Verteidigungsmittel zurückgewiesen werden, deren rechtzeitige Mitteilung durch vorbereitenden Schriftsatz (§ 272) die Partei unterlassen hatte.

§ 279a. Erachtet das Gericht bestimmte Punkte für aufklärungsbedürftig, so soll es den Parteien aufgeben, sich innerhalb bestimmter Frist über die streitigen Punkte zu erklären. Wird einer solchen Anordnung nicht Folge geleistet, so kann die Erklärung, wenn sie später nachgeholt wird, für den Rechtszug unberücksichtigt bleiben, wenn die Partei die Verspätung nicht genügend entschuldigt.

§ 280. Bis zum Schluß derjenigen mündlichen Verhandlung, auf die das Urteil ergeht, kann der Kläger durch Erweiterung des Klageantrags, der Beklagte durch Erhebung einer Widerklage beantragen, daß ein im Laufe des Prozesses streitig gewordenes Rechtsverhältnis, von dessen Bestehen oder Nichtbestehen die Entscheidung des Rechtsstreits ganz oder zum Teil abhängt, durch richterliche Entscheidung festgestellt werde.

§ 281. Die Rechtshängigkeit eines erst im Laufe des Prozesses erhobenen Anspruchs tritt mit dem Zeitpunkt ein, in dem der Anspruch in der mündlichen Verhandlung geltend gemacht oder ein den Erfordernissen des § 253 Abs. 2 Nr. 2 entsprechender Schriftsatz zugestellt wird.

§ 282. (1) Jede Partei hat unter Bezeichnung der Beweismittel, deren sie sich zum Nachweis oder zur Widerlegung tatsächlicher Behauptungen bedienen will, den Beweis anzutreten und über die von der Gegenpartei angegebenen Beweismittel sich zu erklären.

(2) Hinsichtlich der einzelnen Beweismittel wird die Beweisantretung und die Erklärung hierauf durch die Vorschriften des sechsten bis zehnten Titels bestimmt.

§ 283. (1) Beweismittel und Beweiseinreden können bis zum Schluß der mündlichen Verhandlung, auf die das Urteil ergeht, geltend gemacht werden.

(2) Für das nachträgliche Vorbringen von Beweismitteln und Beweiseinreden gelten die Vorschriften des § 278 Abs. 2 und der §§ 279, 279a entsprechend.

§ 284. Die Beweisaufnahme und die Anordnung eines besonderen Beweisaufnahmeverfahrens durch Beweisbeschluß wird durch die Vorschriften des fünften bis elften Titels bestimmt.

§ 285. (1) Über das Ergebnis der Beweisaufnahme haben die Parteien unter Darlegung des Streitverhältnisses zu verhandeln.

(2) Ist die Beweisaufnahme nicht vor dem Prozeßgericht erfolgt, so haben die Parteien ihr Ergebnis auf Grund der Beweisverhandlungen vorzutragen.

§ 286. (1) Das Gericht hat unter Berücksichtigung des gesamten Inhalts der Verhandlungen und des Ergebnisses einer etwaigen Beweisaufnahme nach freier Überzeugung zu entscheiden, ob eine tatsächliche Behauptung für wahr oder für nicht wahr zu erachten sei. In dem Urteil sind die Gründe anzugeben, die für die richterliche Überzeugung leitend gewesen sind.

(2) An gesetzliche Beweisregeln ist das Gericht nur in den durch dieses Gesetz bezeichneten Fällen gebunden.

§ 287. (1) Ist unter den Parteien streitig, ob ein Schaden entstanden sei und wie hoch sich der Sachden oder ein zu ersetzendes Interesse belaufe, so entscheidet hierüber das Gericht unter Würdigung aller Umstände nach freier Überzeugung. Ob und inwieweit eine beantragte Beweisaufnahme oder von Amts wegen die Begutachtung durch Sachverständige anzuordnen sei, bleibt dem Ermessen des Gerichts überlassen. Das Gericht kann den Beweisführer über den Schaden oder das Interesse vernehmen; die Vorschriften des § 452 Abs. 1 Satz 1, Abs. 2 bis 4 gelten entsprechend.

(2) Die Vorschriften des Abs. 1 Satz 1, 2 sind bei vermögensrechtlichen Streitigkeiten auch in anderen Fällen entsprechend anzuwenden, soweit unter den Parteien die Höhe einer Forderung streitig ist und die vollständige Aufklärung aller hierfür maßgebenden Umstände mit Schwierigkeiten verbunden ist, die zu der Bedeutung des streitigen Teiles der Forderung in keinem Verhältnis stehen.

§ 288. (1) Die von einer Partei behaupteten Tatsachen bedürfen insoweit keines Beweises, als sie im Laufe des Rechtsstreits von dem Gegner bei einer mündlichen Verhandlung oder zum Protokoll eines beauftragten oder ersuchten Richters zugestanden sind.

(2) Zur Wirksamkeit des gerichtlichen Geständnisses ist dessen Annahme nicht erforderlich.

§ 289. (1) Die Wirksamkeit des gerichtlichen Geständnisses wird dadurch nicht beeinträchtigt, daß ihm eine Behauptung hinzugefügt wird, die ein selbständiges Angriffs- oder Verteidigungsmittel enthält.

(2) Inwiefern eine vor Gericht erfolgte einräumende Erklärung ungeachtet anderer zusätzlicher oder einschränkender Behauptungen als ein Geständnis anzusehen sei, bestimmt sich nach der Beschaffenheit des einzelnen Falles.

§ 290. Der Widerruf hat auf die Wirksamkeit des gerichtlichen Geständnisses nur dann Einfluß, wenn die widerrufende Partei beweist, daß das Geständnis der Wahrheit nicht entspreche und durch einen Irrtum veranlaßt sei. In diesem Falle verliert das Geständnis seine Wirksamkeit.

§ 291. Tatsachen, die bei dem Gericht offenkundig sind, bedürfen keines Beweises.

§ 292. Stellt das Gesetz für das Vorhandensein einer Tatsache eine Vermutung auf, so ist der Beweis des Gegenteils zulässig, sofern nicht das Gesetz ein anderes vorschreibt. Dieser Beweis kann auch durch den Antrag auf Parteivernehmung nach § 445 geführt werden.

§ 293. Das in einem anderen Staate geltende Recht, die Gewohnheitsrechte und Statuten bedürfen des Beweises nur insofern, als sie dem Gericht unbekannt sind. Bei Ermittlung dieser Rechtsnormen ist das Gericht auf die von den Parteien beigebrachten Nachweise nicht beschränkt; es ist befugt, auch andere Erkenntnisquellen zu benutzen und zum Zwecke einer solchen Benutzung das Erforderliche anzuordnen.

§ 294. (1) Wer eine tatsächliche Behauptung glaubhaft zu machen hat, kann sich aller Beweismittel bedienen, auch zur Versicherung an Eides Statt zugelassen werden.

(2) Eine Beweisaufnahme, die nicht sofort erfolgen kann, ist unstatthaft.

§ 295. (1) Die Verletzung einer das Verfahren und insbesondere die Form einer Prozeßhandlung betreffenden Vorschrift kann nicht mehr gerügt werden, wenn die Partei auf die Befolgung der Vorschrift verzichtet, oder wenn sie bei der nächsten mündlichen Verhandlung, die auf Grund des betreffenden Verfahrens stattgefunden hat oder in der darauf Bezug genommen ist, den Mangel nicht gerügt hat, obgleich sie erschienen und ihr der Mangel bekannt war oder bekannt sein mußte.

(2) Die vorstehende Bestimmung ist nicht anzuwenden, wenn Vorschriften verletzt sind, auf deren Befolgung eine Partei wirksam nicht verzichten kann.

§ 296. (1) Das Gericht kann in jeder Lage des Verfahrens die gütliche Beilegung des Rechtsstreits oder einzelner Streitpunkte versuchen oder die Parteien zum Zwecke des Sühneversuchs vor einen beauftragten oder ersuchten Richter verweisen.

(2) Zum Zwecke des Sühneversuchs kann das persönliche Erscheinen der Parteien angeordnet werden. Wird das Erscheinen angeordnet, so gelten die Vorschriften des § 141 Abs. 2.

§ 297. (1) Die Anträge müssen aus den vorbereitenden Schriftsätzen verlesen werden.

(2) Soweit vorbereitende Schriftsätze nicht mitgeteilt oder die Anträge in ihnen nicht enthalten sind, muß die Verlesung aus einem dem Protokoll als Anlage beizufügenden Schriftsatz erfolgen.

(3) Das gleiche gilt von Anträgen, die von früher verlesenen in wesentlichen Punkten abweichen.

(4) Die Verlesung kann durch eine Bezugnahme auf die die Anträge enthaltenden Schriftsätze ersetzt werden, soweit das Gericht es für ausreichend erachtet.

(5) Die Nichtbeachtung dieser Vorschriften hat die Nichtberücksichtigung der Anträge zur Folge.

§ 298. (1) Soweit es sich nicht um Anträge (§ 297) handelt, sind wesentliche Erklärungen, die in vorbereitenden Schriftsätzen nicht enthalten sind, oder wesentliche Abweichungen von dem Inhalt solcher Schriftsätze, mögen die Abweichungen in Zusätzen, Weglassungen oder sonstigen Abänderungen bestehen, auf Antrag durch Schriftsätze, die dem Protokoll als Anlage beizufügen sind, festzustellen.

(2) In gleicher Weise sind auf Antrag auch Geständnisse sowie Erklärungen über Anträge auf Parteivernehmung festzustellen.

§ 299. (1) Die Parteien können die Prozeßakten einsehen und sich aus ihnen durch die Geschäftsstelle Ausfertigungen, Auszüge und Abschriften erteilen lassen.

(2) Dritten Personen kann der Vorstand des Gerichts ohne Einwilligung der Parteien die Einsicht der Akten nur gestatten, wenn ein rechtliches Interesse glaubhaft gemacht wird.

(3) Die Entwürfe zu Urteilen, Beschlüssen und Verfügungen, die zu ihrer Vorbereitung gelieferten Arbeiten sowie die Schriftstücke, die Abstimmungen oder Strafverfügungen betreffen, werden weder vorgelegt noch abschriftlich mitgeteilt.

Zweiter Titel

Urteil

§ 300. (1) Ist der Rechtsstreit zur Endentscheidung reif, so hat das Gericht sie durch Endurteil zu erlassen.

(2) Das gleiche gilt, wenn von mehreren zum Zwecke gleichzeitiger Verhandlung und Entscheidung verbundenen Prozessen nur der eine zur Endentscheidung reif ist.

§ 301. (1) Ist von mehreren in einer Klage geltend gemachten Ansprüchen nur der eine oder ist nur ein Teil eines Anspruchs oder bei erhobener Widerklage nur die Klage oder die Widerklage zur Endentscheidung reif, so hat das Gericht sie durch Endurteil (Teilurteil) zu erlassen.

(2) Der Erlaß eines Teilurteils kann unterbleiben, wenn es das Gericht nach Lage der Sache nicht für angemessen erachtet.

§ 302. (1) Hat der Beklagte die Aufrechnung einer Gegenforderung geltend gemacht, die mit der in der Klage geltend gemachten Forderung nicht in rechtlichem Zusammenhang steht, so kann, wenn nur die Verhandlung über die Forderung zur Entscheidung reif ist, diese unter Vorbehalt der Entscheidung über die Aufrechnung ergehen.

(2) Enthält das Urteil keinen Vorbehalt, so kann die Ergänzung des Urteils nach Vorschrift des § 321 beantragt werden.

(3) Das Urteil, das unter Vorbehalt der Entscheidung über die Aufrechnung ergeht, ist in betreff der Rechtsmittel und der Zwangsvollstreckung als Endurteil anzusehen.

(4) In betreff der Aufrechnung, über welche die Entscheidung vorbehalten ist, bleibt der Rechtsstreit anhängig. Soweit sich in dem weiteren Verfahren ergibt, daß der Anspruch des Klägers unbegründet war, ist das frühere Urteil aufzuheben, der Kläger mit dem Anspruch abzuweisen und über die Kosten anderweit zu entscheiden. Der Kläger ist zum Ersatz des Schadens verpflichtet, der dem Beklagten durch die Vollstreckung des Urteils oder durch eine zur Abwendung der Vollstreckung gemachte Leistung entstanden ist. Der Beklagte kann den Anspruch auf Schadensersatz in dem anhängigen Rechtsstreit geltend machen; wird der Anspruch geltend gemacht, so ist er als zur Zeit der Zahlung oder Leistung rechtshängig geworden anzusehen.

§ 303. Ist ein Zwischenstreit zur Entscheidung reif, so kann die Entscheidung durch Zwischenurteil ergehen.

§ 304. (1) Ist ein Anspruch nach Grund und Betrag streitig, so kann das Gericht über den Grund vorab entscheiden.

(2) Das Urteil ist in betreff der Rechtsmittel als Endurteil anzusehen; das Gericht kann jedoch, wenn der Anspruch für begründet erklärt ist, auf Antrag anordnen, daß über den Betrag zu verhandeln sei.

§ 305. (1) Durch die Geltendmachung der dem Erben nach den §§ 2014, 2015 des Bürgerlichen Gesetzbuchs zustehenden Einreden wird eine unter dem Vorbehalt der beschränkten Haftung ergehende Verurteilung des Erben nicht ausgeschlossen.

(2) Das gleiche gilt für die Geltendmachung der Einreden, die im Falle der fortgesetzten Gütergemeinschaft dem überlebenden Ehegatten nach dem § 1489 Abs. 2 und den §§ 2014, 2015 des Bürgerlichen Gesetzbuchs zustehen.

§ 306. Verzichtet der Kläger bei der mündlichen Verhandlung auf den geltend gemachten Anspruch, so ist er auf Grund des Verzichts mit dem Anspruch abzuweisen, wenn der Beklagte die Abweisung beantragt.

§ 307. Erkennt eine Partei den gegen sie geltend gemachten Anspruch bei der mündlichen Verhandlung ganz oder zum Teil an, so ist sie auf Antrag dem Anerkenntnis gemäß zu verurteilen.

§ 308. (1) Das Gericht ist nicht befugt, einer Partei etwas zuzusprechen, was nicht beantragt ist. Dies gilt insbesondere von Früchten, Zinsen und anderen Nebenforderungen.

(2) Über die Verpflichtung, die Prozeßkosten zu tragen, hat das Gericht auch ohne Antrag zu erkennen.

§ 309. Das Urteil kann nur von denjenigen Richtern gefällt werden, welche der dem Urteil zugrunde liegenden Verhandlung beigewohnt haben.

§ 310. (1) Das Urteil wird in dem Termin verkündet, in dem die mündliche Verhandlung geschlossen wird, oder in einem sofort anzuberaumenden Termin, der nicht über eine Woche hinaus angesetzt werden soll.

(2) Bei einem Urteil, das nach § 128 Abs. 2 ohne mündliche Verhandlung ergeht, wird die Verkündung durch Zustellung der Urteilsformel ersetzt. Die Vorschrift des § 315 Abs. 2 gilt entsprechend.

§ 311. (1) Das Urteil ergeht im Namen des Volkes.

(2) Das Urteil wird durch Vorlesung der Urteilsformel verkündet. Versäumnisurteile, Urteile, die auf Grund eines Anerkenntnisses erlassen werden, sowie Urteile, welche die Folge der Zurücknahme der Klage oder des Verzichts auf den Klaganspruch aussprechen, können verkündet werden, auch wenn die Urteilsformel noch nicht schriftlich abgefaßt ist.

(3) Die Entscheidungsgründe werden, wenn es für angemessen erachtet wird, durch Vorlesung der Gründe oder durch mündliche Mitteilung des wesentlichen Inhalts verkündet.

§ 312. (1) Die Wirksamkeit der Verkündung eines Urteils ist von der Anwesenheit der Parteien nicht abhängig. Die Verkündung gilt auch derjenigen Partei gegenüber als bewirkt, die den Termin versäumt hat.

(2) Die Befugnis einer Partei, auf Grund eines verkündeten Urteils das Verfahren fortzusetzen oder von dem Urteil in anderer Weise Gebrauch zu machen, ist von der Zustellung an den Gegner nicht abhängig, soweit nicht dieses Gesetz ein anderes bestimmt.

§ 313. (1) Das Urteil enthält:

1. die Bezeichnung der Parteien, ihrer gesetzlichen Vertreter und der Prozeßbevollmächtigten nach Namen, Stand oder Gewerbe, Wohnort und Parteistellung;
2. die Bezeichnung des Gerichts und die Namen der Richter, die bei der Entscheidung mitgewirkt haben;
3. eine gedrängte Darstellung des Sach- und Streitstandes auf Grundlage der mündlichen Vorträge der Parteien unter Hervorhebung der gestellten Anträge (Tatbestand);
4. die Entscheidungsgründe;
5. die von der Darstellung des Tatbestandes und der Entscheidungsgründe äußerlich zu sondernde Urteilsformel.

(2) Die Darstellung des Tatbestandes kann durch eine Bezugnahme auf den Inhalt der vorbereitenden Schriftsätze und auf die zum Sitzungsprotokoll erfolgten Feststellungen ersetzt werden, soweit sich aus ihnen der Sach- und Streitstand richtig und vollständig ergibt. In jedem Falle sind jedoch die erhobenen Ansprüche genügend zu kennzeichnen und die dazu vorgebrachten Angriffs- und Verteidigungsmittel ihrem Wesen nach hervorzuheben.

(3) Wird durch Versäumnisurteil oder Anerkenntnisurteil nach dem Antrag des Klägers erkannt, so kann das Urteil in abgekürzter Form auf die bei den Akten befindliche Urschrift oder Abschrift der Klage oder auf ein damit zu verbindendes Blatt gesetzt werden. In diesem Falle ist das Urteil als Versäumnisurteil oder Anerkenntnisurteil zu bezeichnen. Des Tatbestandes, der Entscheidungsgründe und der Bezeichnung der mitwirkenden Richter bedarf es nicht. Der Bezeichnung der Parteien, ihrer gesetzlichen Vertreter und der Prozeßbevollmächtigten bedarf es nur insoweit, als von den Angaben der Klageschrift abgewichen wird. In der Urteilsformel kann auf die Klageschrift Bezug genommen werden. Wird das Urteil auf ein Blatt gesetzt, das mit der Klageschrift verbunden wird, so soll die Verbindungsstelle mit dem Gerichtssiegel versehen oder die Verbindung mit Schnur und Siegel bewirkt werden.

§ 314. Der Tatbestand des Urteils liefert Beweis für das mündliche Parteivorbringen. Der Beweis kann nur durch das Sitzungsprotokoll entkräftet werden.

§ 315. (1) Das Urteil ist von den Richtern, die bei der Entscheidung mitgewirkt haben, zu unterschreiben. Ist ein Richter verhindert, seine Unterschrift beizufügen, so wird dies unter Angabe des Verhinderungsgrundes von dem Vorsitzenden und bei dessen Verhinderung von dem ältesten beisitzenden Richter unter dem Urteil vermerkt.

(2) Ein Urteil, das bei der Verkündung noch nicht in vollständiger Form abgefaßt war, ist vor Ablauf einer Woche, vom Tage der Verkündung an gerechnet, in vollständiger Abfassung der Geschäftsstelle zu übergeben. Kann dies ausnahmsweise nicht geschehen, so ist innerhalb der Woche das von den Richtern unterschriebene Urteil unter Weglassung des Tatbestandes und der Entscheidungsgründe der Geschäftsstelle zu übergeben. In diesem Falle sind Tatbestand und Entscheidungsgründe alsbald nachträglich anzufertigen, von den Richtern besonders zu unterschreiben und der Geschäftsstelle zu übergeben.

(3) Der Urkundsbeamte der Geschäftsstelle hat auf dem Urteil den Tag der Verkündung zu vermerken und diesen Vermerk zu unterschreiben.

§ 316[1]**.** (Weggefallen.)

[1]) Verordnung über die Ersetzung zerstörter oder abhandengekommener gerichtlicher oder notarischer Urkunden vom 18. 6. 1942 (RGBl. I S. 395) abgedr. unter X B.

§ 317. (1) Die Urteile werden auf Betreiben der Parteien zugestellt.

(2) Solange das Urteil nicht verkündet und nicht unterschrieben ist, dürfen von ihm Ausfertigungen, Auszüge und Abschriften nicht erteilt werden. Die Ausfertigung der Urteile erfolgt, sofern nicht von der Partei ein anderes beantragt wird, unter Weglassung des Tatbestandes und der Entscheidungsgründe. Die Zustellung einer solchen Ausfertigung steht, soweit nicht ein anderes bestimmt ist, in den Wirkungen der Zustellung eines vollständigen Urteils gleich.

(3) Die Ausfertigung und Auszüge der Urteile sind von dem Urkundsbeamten der Geschäftsstelle zu unterschreiben und mit dem Gerichtssiegel zu versehen.

(4) Ist das Urteil nach § 313 Abs. 3 in abgekürzter Form hergestellt, so erfolgt die Ausfertigung in gleicher Weise unter Benutzung einer beglaubigten Abschrift der Klageschrift oder in der Weise, daß das Urteil durch Aufnahme der im § 313 Abs. 1 Nr. 1, 2, 5 bezeichneten Angaben vervollständigt wird. Die Abschrift der Klageschrift kann durch den Urkundsbeamten der Geschäftsstelle oder durch den Rechtsanwalt des Klägers beglaubigt werden.

§ 318. Das Gericht ist an die Entscheidung, die in den von ihm erlassenen End- und Zwischenurteilen enthalten ist, gebunden.

§ 319. (1) Schreibfehler, Rechnungsfehler und ähnliche offenbare Unrichtigkeiten, die in dem Urteil vorkommen, sind jederzeit von dem Gericht auch von Amts wegen zu berichtigen.

(2) Über die Berichtigung kann ohne mündliche Verhandlung entschieden werden. Der Beschluß, der eine Berichtigung ausspricht, wird auf dem Urteil und den Ausfertigungen vermerkt.

(3) Gegen den Beschluß, durch den der Antrag auf Berichtigung zurückgewiesen wird, findet kein Rechtsmittel, gegen den Beschluß, der eine Berichtigung ausspricht, findet sofortige Beschwerde statt.

§ 320. (1) Enthält der Tatbestand des Urteils Unrichtigkeiten, die nicht unter die Vorschriften des vorstehenden Paragraphen fallen, Auslassungen, Dunkelheiten oder Widersprüche, so kann die Berichtigung binnen einer einwöchigen Frist durch Einreichung eines Schriftsatzes beantragt werden.

(2) Die Frist beginnt mit der Zustellung des in vollständiger Form abgefaßten Urteils. Der Antrag kann schon vor dem Beginn der Frist gestellt werden. Die Berichtigung des Tatbestandes ist ausgeschlossen, wenn sie nicht binnen drei Monaten seit der Verkündung des Urteils beantragt wird.

(3) Auf den Antrag ist ein Termin zur mündlichen Verhandlung anzuberaumen. Dem Gegner des Antragstellers ist mit der Ladung zu diesem Termin der den Antrag enthaltende Schriftsatz zuzustellen.

(4) Das Gericht entscheidet ohne Beweisaufnahme. Bei der Entscheidung

wirken nur diejenigen Richter mit, die bei dem Urteil mitgewirkt haben. Ist ein Richter verhindert, so gibt bei Stimmengleichheit die Stimme des Vorsitzenden und bei dessen Verhinderung die Stimme des ältesten Richters den Ausschlag. Eine Anfechtung des Beschlusses findet nicht statt. Der Beschluß, der eine Berichtigung ausspricht, wird auf dem Urteil und den Ausfertigungen vermerkt.

(5) Die Berichtigung des Tatbestandes hat eine Änderung des übrigen Teils des Urteils nicht zur Folge.

§ 321. (1) Wenn ein nach dem ursprünglich festgestellten oder nachträglich berichtigten Tatbestand von einer Partei geltend gemachter Haupt- oder Nebenanspruch oder wenn der Kostenpunkt bei der Endentscheidung ganz oder teilweise übergangen ist, so ist auf Antrag das Urteil durch nachträgliche Entscheidung zu ergänzen.

(2) Die nachträgliche Entscheidung muß binnen einer einwöchigen Frist, die mit der Zustellung des Urteils beginnt, durch Einreichung eines Schriftsatzes beantragt werden.

(3) Auf den Antrag ist ein Termin zur mündlichen Verhandlung anzuberaumen. Dem Gegner des Antragstellers ist mit der Ladung zu diesem Termin der den Antrag enthaltende Schriftsatz zuzustellen.

(4) Die mündliche Verhandlung hat nur den nicht erledigten Teil des Rechtsstreits zum Gegenstande.

§ 322. (1) Urteile sind der Rechtskraft nur insoweit fähig, als über den durch die Klage oder durch die Widerklage erhobenen Anspruch entschieden ist.

(2) Hat der Beklagte die Aufrechnung einer Gegenforderung geltend gemacht, so ist die Entscheidung, daß die Gegenforderung nicht besteht, bis zur Höhe des Betrages, für den die Aufrechnung geltend gemacht worden ist, der Rechtskraft fähig.

§ 323. (1) Tritt im Falle der Verurteilung zu künftig fällig werdenden wiederkehrenden Leistungen eine wesentliche Änderung derjenigen Verhältnisse ein, die für die Verurteilung zur Entrichtung der Leistungen, für die Bestimmung der Höhe der Leistungen oder der Dauer ihrer Entrichtung maßgebend waren, so ist jeder Teil berechtigt, im Wege der Klage eine entsprechende Abänderung des Urteils zu verlangen.

(2) Die Klage ist nur insoweit zulässig, als die Gründe, auf die sie gestützt wird, erst nach dem Schluß der mündlichen Verhandlung, in der eine Erweiterung des Klageantrages oder die Geltendmachung von Einwendungen spätestens hätte erfolgen müssen, entstanden sind und durch Einspruch nicht mehr geltend gemacht werden können.

(3) Das Urteil darf nur für die Zeit nach Erhebung der Klage abgeändert werden.

(4) Die vorstehenden Vorschriften sind auf die Schuldtitel des § 794

Abs. 1 Nr. 1 und 5, soweit darin Leistungen der im Abs. 1 bezeichneten Art übernommen worden sind, entsprechend anzuwenden.

§ 324. Ist bei einer nach den §§ 843 bis 845 des Bürgerlichen Gesetzbuchs oder nach den §§ 58 bis 70 des Ehegesetzes erfolgten Verurteilung zur Entrichtung einer Geldrente nicht auf Sicherheitsleistung erkannt, so kann der Berechtigte gleichwohl Sicherheitsleistung verlangen, wenn sich die Vermögensverhältnisse des Verpflichteten erheblich verschlechtert haben; unter der gleichen Voraussetzung kann er eine Erhöhung der in dem Urteil bestimmten Sicherheit verlangen.

§ 325. (1) Das rechtskräftige Urteil wirkt für und gegen die Parteien und die Personen, die nach dem Eintritt der Rechtshängigkeit Rechtsnachfolger der Parteien geworden sind oder den Besitz der in Streit befangenen Sache in solcher Weise erlangt haben, daß eine der Parteien oder ihr Rechtsnachfolger mittelbarer Besitzer geworden ist.

(2) Die Vorschriften des bürgerlichen Rechts zugunsten derjenigen, die Rechte von einem Nichtberechtigten herleiten, gelten entsprechend.

(3) Betrifft das Urteil einen Anspruch aus einer eingetragenen Reallast, Hypothek, Grundschuld oder Rentenschuld, so wirkt es im Falle einer Veräußerung des belasteten Grundstücks in Ansehung des Grundstücks gegen den Rechtsnachfolger auch dann, wenn dieser die Rechtshängigkeit nicht gekannt hat. Gegen den Ersteher eines im Wege der Zwangsversteigerung veräußerten Grundstücks wirkt das Urteil nur dann, wenn die Rechtshängigkeit spätestens im Versteigerungstermin vor der Aufforderung zur Abgabe von Geboten angemeldet worden ist.

(4) Betrifft das Urteil einen Anspruch aus einer eingetragenen Schiffshypothek, so gilt Abs. 3 Satz 1 entsprechend.

§ 326. (1) Ein Urteil, das zwischen einem Vorerben und einem Dritten über einen gegen den Vorerben als Erben gerichteten Anspruch oder über einen der Nacherbfolge unterliegenden Gegenstand ergeht, wirkt, sofern es vor dem Eintritt der Nacherbfolge rechtskräftig wird, für den Nacherben.

(2) Ein Urteil, das zwischen einem Vorerben und einem Dritten über einen der Nacherbfolge unterliegenden Gegenstand ergeht, wirkt auch gegen den Nacherben, sofern der Vorerbe befugt ist, ohne Zustimmung des Nacherben über den Gegenstand zu verfügen.

§ 327. (1) Ein Urteil, das zwischen einem Testamentsvollstrecker und einem Dritten über ein der Verwaltung des Testamentsvollstreckers unterliegendes Recht ergeht, wirkt für und gegen den Erben.

(2) Das gleiche gilt von einem Urteil, das zwischen einem Testamentsvollstrecker und einem Dritten über einen gegen den Nachlaß gerichteten Anspruch ergeht, wenn der Testamentsvollstrecker zur Führung des Rechtsstreits berechtigt ist.

§ 328[1]). (1) Die Anerkennung des Urteils eines ausländischen Gerichts[2]) ist ausgeschlossen:

1. wenn die Gerichte des Staates, dem das ausländische Gericht angehört, nach den deutschen Gesetzen nicht zuständig sind;
2. wenn der unterlegene Beklagte ein Deutscher ist und sich auf den Prozeß nicht eingelassen hat, sofern die den Prozeß einleitende Ladung oder Verfügung ihm weder in dem Staate des Prozeßgerichts in Person noch durch Gewährung deutscher Rechtshilfe zugestellt ist;
3. wenn in dem Urteil zum Nachteil einer deutschen Partei von den Vorschriften des Artikels 13 Abs. 1, 3 oder der Artikel 17, 18, 22 des Einführungsgesetzes zum Bürgerlichen Gesetzbuch oder von der Vorschrift des auf den Artikel 13 Abs. 1 bezüglichen Teiles des Artikels 27 desselben Gesetzes oder im Falle des § 12 Abs. 3 des Gesetzes über die Verschollenheit, die Todeserklärung und die Feststellung der Todeszeit vom 4. Juli 1939 (Reichsgesetzbl. I S. 1186)[3]) zum Nachteil der Ehefrau eines für tot erklärten Ausländers von der Vorschrift des Artikels 13 Abs. 2 des Einführungsgesetzes zum Bürgerlichen Gesetzbuch abgewichen ist;
4. wenn die Anerkennung des Urteils gegen die guten Sitten oder gegen den Zweck eines deutschen Gesetzes verstoßen würde;
5. wenn die Gegenseitigkeit nicht verbürgt ist.

(2) Die Vorschrift der Nr. 5 steht der Anerkennung des Urteils nicht entgegen, wenn das Urteil einen nicht vermögensrechtlichen Anspruch betrifft und nach den deutschen Gesetzen ein Gerichtsstand im Inland nicht begründet war.

§ 329. (1) Die auf Grund einer mündlichen Verhandlung ergehenden Beschlüsse des Gerichts müssen verkündet werden.

(2) Die Vorschriften der §§ 309, 310 Abs. 1 sind auf Beschlüsse des Gerichts, die Vorschriften des § 312 und des § 317 Abs. 1, Abs. 2 Satz 1, Abs. 3 auf Beschlüsse des Gerichts und auf Verfügungen des Vorsitzenden sowie eines beauftragten oder ersuchten Richters entsprechend anzuwenden.

(3) Nicht verkündete Beschlüsse des Gerichts und nicht verkündete Verfügungen des Vorsitzenden oder eines beauftragten oder ersuchten Richters sind den Parteien von Amts wegen zuzustellen. Es genügt jedoch, soweit nicht ein anderes bestimmt ist, formlose Mitteilung, wenn die Entscheidung weder der sofortigen Beschwerde oder der befristeten Erinnerung gemäß § 577 Abs. 4 unterliegt noch einen Vollstreckungstitel gegen die Partei bildet, eine Terminsbestimmung enthält oder eine Frist in Lauf setzt.

---

[1]) (Haager) Abkommen über den Zivilprozeß vom 17. 7. 1905 (RGBl. 1909 S. 410) mit Ausführungsgesetz vom 5. 4. 1909 (RGBl. S. 430) in der Fassung des Gesetzes vom 8. 3. 1936 (RGBl. I S. 137).

[2]) zur Anerkennung ausländischer Urteile in Ehesachen — § 24 DVO. Eheges. vom 25. 10. 1941 (RGBl. I S. 654) — in der brit. Zone § 28 der Verordnung zur Ausführung des Ehegesetzes vom 12. 7. 1948 (VOBl. BZ. S. 210) — ist jetzt die Landesjustizverwaltung zuständig kraft Entscheidung der Bundesregierung vom 6. 12. 1949 (BGBl. S. 34).

[3]) jetzt: Verschollenheitsgesetz vom 15. 1. 1951 (BGBl. S. 63).

Dritter Titel

Versäumnisurteil

§ 330. Erscheint der Kläger im Termin zur mündlichen Verhandlung nicht, so ist auf Antrag das Versäumnisurteil dahin zu erlassen, daß der Kläger mit der Klage abzuweisen sei.

§ 331. (1) Beantragt der Kläger gegen den im Termin zur mündlichen Verhandlung nicht erschienenen Beklagten das Versäumnisurteil, so ist das tatsächliche mündliche Vorbringen des Klägers als zugestanden anzunehmen.

(2) Soweit es den Klageantrag rechtfertigt, ist nach dem Antrag zu erkennen; soweit dies nicht der Fall, ist die Klage abzuweisen.

§ 331 a. Beim Ausbleiben einer Partei im Termin zur mündlichen Verhandlung kann der Gegner statt eines Versäumnisurteils eine Entscheidung nach Lage der Akten beantragen; dem Antrag ist zu entsprechen, wenn der Sachverhalt für eine derartige Entscheidung hinreichend geklärt erscheint. Die Vorschriften des § 251a Abs. 1 Satz 2 bis 4 gelten entsprechend.

§ 332. Als Verhandlungstermine im Sinne der vorstehenden Paragraphen sind auch diejenigen Termine anzusehen, auf welche die mündliche Verhandlung vertagt ist oder die zu ihrer Fortsetzung vor oder nach dem Erlaß eines Beweisbeschlusses bestimmt sind.

§ 333. Als nicht erschienen ist auch die Partei anzusehen, die in dem Termin zwar erscheint, aber nicht verhandelt.

§ 334. Wenn eine Partei in dem Termin verhandelt, sich jedoch über Tatsachen, Urkunden oder Anträge auf Parteivernehmung nicht erklärt, so sind die Vorschriften dieses Titels nicht anzuwenden.

§ 335. (1) Der Antrag auf Erlaß eines Versäumnisurteils oder einer Entscheidung nach Lage der Akten ist zurückzuweisen:

1. wenn die erschienene Partei die vom Gericht wegen eines von Amts wegen zu berücksichtigenden Umstandes erforderte Nachweisung nicht zu beschaffen vermag;
2. wenn die nicht erschienene Partei nicht ordnungsmäßig, insbesondere nicht rechtzeitig geladen war;
3. wenn der nicht erschienenen Partei ein tatsächliches mündliches Vorbringen oder ein Antrag nicht rechtzeitig mittels Schriftsatzes mitgeteilt war.

(2) Wird die Verhandlung vertagt, so ist die nicht erschienene Partei zu dem neuen Termin zu laden.

§ 336. (1) Gegen den Beschluß, durch den der Antrag auf Erlaß des Versäumnisurteils zurückgewiesen wird, findet sofortige Beschwerde statt. Wird der Beschluß aufgehoben, so ist die nicht erschienene Partei zu dem neuen Termin nicht zu laden.

(2) Die Ablehnung eines Antrages auf Entscheidung nach Lage der Akten ist unanfechtbar.

§ 337. Das Gericht kann von Amts wegen die Verhandlung über den Antrag auf Erlaß des Versäumnisurteils oder einer Entscheidung nach Lage der Akten vertagen, wenn es dafür hält, daß die von dem Vorsitzenden bestimmte Einlassungs- oder Ladungsfrist zu kurz bemessen oder daß die Partei durch Naturereignisse oder durch andere unabwendbare Zufälle am Erscheinen verhindert worden sei. Die nicht erschienene Partei ist zu dem neuen Termin zu laden.

§ 338. Der Partei, gegen die ein Versäumnisurteil erlassen ist, steht gegen das Urteil der Einspruch zu.

§ 339. (1) Die Einspruchsfrist beträgt zwei Wochen; sie ist eine Notfrist und beginnt mit der Zustellung des Versäumnisurteils.

(2) Muß die Zustellung im Ausland oder durch öffentliche Bekanntmachung erfolgen, so hat das Gericht die Einspruchsfrist im Versäumnisurteil oder nachträglich durch besonderen Beschluß, der ohne mündliche Verhandlung erlassen werden kann, zu bestimmen.

§ 340. (1) Der Einspruch wird durch Einreichung der Einspruchsschrift bei dem Prozeßgericht eingelegt.

(2) Die Einspruchsschrift muß enthalten:

1. die Bezeichnung des Urteils, gegen das der Einspruch gerichtet wird;
2. die Erklärung, daß gegen dieses Urteil Einspruch eingelegt werde.

(3) Die Einspruchsschrift soll zugleich alles enthalten, was zur Vorbereitung der Verhandlung über die Hauptsache erforderlich ist.

§ 340a. Der Termin zur mündlichen Verhandlung über den Einspruch und die Hauptsache ist von Amts wegen zu bestimmen und den Parteien bekanntzumachen. Mit der Bekanntmachung ist der Gegenpartei die Einspruchsschrift von Amts wegen zuzustellen. Die erforderliche Zahl von beglaubigten Abschriften soll die Partei mit der Einspruchsschrift einreichen.

§ 341. Das Gericht hat von Amts wegen zu prüfen, ob der Einspruch an sich statthaft und ob er in der gesetzlichen Form und Frist eingelegt ist. Fehlt es an einem dieser Erfordernisse, so ist der Einspruch als unzulässig zu verwerfen.

§ 342. Ist der Einspruch zulässig, so wird der Prozeß in die Lage zurückversetzt, in der er sich vor Eintritt der Versäumnis befand.

§ 343. Insoweit die Entscheidung, die auf Grund der neuen Verhandlung zu erlassen ist, mit der in dem Versäumnisurteil enthaltenen Entscheidung übereinstimmt, ist auszusprechen, daß diese Entscheidung aufrechtzuerhalten sei. Insoweit diese Voraussetzung nicht zutrifft, wird das Versäumnisurteil in dem neuen Urteil aufgehoben.

§ 344. Ist das Versäumnisurteil in gesetzlicher Weise ergangen, so sind die durch die Versäumnis veranlaßten Kosten, soweit sie nicht durch einen unbegründeten Widerspruch des Gegners entstanden sind, der säumigen Partei auch dann aufzuerlegen, wenn infolge des Einspruchs eine abändernde Entscheidung erlassen wird.

§ 345. Einer Partei, die den Einspruch eingelegt hat, aber in der zur mündlichen Verhandlung bestimmten Sitzung oder in derjenigen Sitzung, auf welche die Verhandlung vertagt ist, nicht erscheint oder nicht zur Hauptsache verhandelt, steht gegen das Versäumnisurteil, durch das der Einspruch verworfen wird, ein weiterer Einspruch nicht zu.

§ 346. Für den Verzicht auf den Einspruch und seine Zurücknahme gelten die Vorschriften über den Verzicht auf die Berufung und über ihre Zurücknahme entsprechend.

§ 347. (1) Die Vorschriften dieses Titels gelten für das Verfahren, das eine Widerklage oder die Bestimmung des Betrages eines dem Grunde nach bereits festgestellten Anspruchs zum Gegenstand hat, entsprechend.

(2) War ein Termin lediglich zur Verhandlung über einen Zwischenstreit bestimmt, so beschränkt sich das Versäumnisverfahren und das Versäumnisurteil auf die Erledigung dieses Zwischenstreits. Die Vorschriften dieses Titels gelten entsprechend.

Vierter Titel

Verfahren vor dem Einzelrichter

§ 348. Zur Vorbereitung der Entscheidung des Prozeßgerichts ist jede Sache zunächst vor dem Einzelrichter zu verhandeln, der auch den Termin hierzu bestimmt. Es kann jedoch nach Bestimmung des Vorsitzenden hiervon abgesehen werden, wenn eine Vorbereitung nach den Umständen nicht erforderlich erscheint.

§ 349. (1) Der Einzelrichter hat zunächst die gütliche Beilegung des Rechtsstreits zu versuchen. Kommt ein Vergleich nicht zustande, so hat der Einzelrichter für eine erschöpfende Erörterung des gesamten Sach- und Streitverhältnisses zu sorgen. Er hat zu entscheiden:

1. über Verweisungen in den Fällen der §§ 97, 98 des Gerichtsverfassungsgesetzes;
2. über prozeßhindernde Einreden der im § 274 Abs. 2 Nr. 1, 4 bis 7 bezeichneten Art, soweit über sie besonders verhandelt und entschieden wird;
3. bei Zurücknahme der Klage, Verzicht auf den geltend gemachten Anspruch oder Anerkenntnis des Anspruchs;
4. bei Versäumnis einer Partei. In diesem Falle kann der Einzelrichter auch eine Entscheidung nach Lage der Akten gemäß § 331a erlassen;
5. in den Fällen des § 251a, soweit der Einzelrichter hier die Entscheidung nach Lage der Akten für angezeigt hält.

(2) Im übrigen hat der Einzelrichter die Sache so weit zu fördern, daß sie tunlichst durch eine Verhandlung vor dem Prozeßgericht erledigt werden kann. Er kann zu diesem Zweck auch einzelne Beweise erheben; dies soll nur insoweit geschehen, als es zur Vereinfachung der Verhandlung vor dem Prozeßgericht wünschenswert und von vornherein anzunehmen ist, daß das Prozeßgericht das Beweisergebnis auch ohne unmittelbaren Eindruck von dem Verlauf der Beweisaufnahme sachgemäß zu würdigen vermag. Ist die Sache zur Verhandlung vor dem Prozeßgericht reif, so wird der Termin hierzu von Amts wegen anberaumt. Besteht über die Verhandlungsreife zwischen dem Einzelrichter und dem Vorsitzenden Meinungsverschiedenheit, so entscheidet das Prozeßgericht.

(3) Im Einverständnis beider Parteien kann der Einzelrichter bei Streitigkeiten über vermögensrechtliche Ansprüche an Stelle des Prozeßgerichts entscheiden.

§ 350. (1) Einzelrichter im Sinne der §§ 348, 349 ist in Sachen der Zivilkammern der Vorsitzende oder ein von ihm zu bestimmendes Mitglied der Kammer, in Sachen der Kammern für Handelssachen der Vorsitzende.

(2) Für die Anfechtung von Entscheidungen des Einzelrichters gelten dieselben Vorschriften wie für die Anfechtung entsprechender Entscheidungen des Prozeßgerichts.

§ 351. (Weggefallen.)

§ 352. (Weggefallen.)

§ 353. (Weggefallen.)

§ 354. (Weggefallen.)

Fünfter Titel

Allgemeine Vorschriften über die Beweisaufnahme

§ 355. (1) Die Beweisaufnahme erfolgt vor dem Prozeßgericht. Sie ist nur in den durch dieses Gesetz bestimmten Fällen einem Mitglied des Prozeßgerichts oder einem anderen Gericht zu übertragen.

(2) Eine Anfechtung des Beschlusses, durch den die eine oder die andere Art der Beweisaufnahme angeordnet wird, findet nicht statt.

§ 356. Steht der Aufnahme des Beweises ein Hindernis von ungewisser Dauer entgegen, so ist eine Frist zu bestimmen, nach deren fruchtlosem Ablauf das Beweismittel nur benutzt werden kann, wenn dadurch das Verfahren nicht verzögert wird. Die Frist kann ohne mündliche Verhandlung bestimmt werden.

§ 357. (1) Den Parteien ist gestattet, der Beweisaufnahme beizuwohnen.

(2) Wird die Beweisaufnahme einem Mitglied des Prozeßgerichts oder einem anderen Gericht übertragen, so ist die Terminsbestimmung den Parteien ohne besondere Form mitzuteilen, sofern nicht das Gericht die Zustellung anordnet. Bei Übersendung durch die Post gilt die Mitteilung, wenn die Wohnung der Partei im Bereich des Ortsbestellverkehrs liegt, an dem folgenden, im übrigen an dem zweiten Werktage nach der Aufgabe zur Post als bewirkt, sofern nicht die Partei glaubhaft macht, daß ihr die Mitteilung nicht oder erst in einem späteren Zeitpunkt zugegangen ist.

§ 357a. Beschließt das Gericht eine Beweiserhebung, so soll die Aufnahme des Beweises, soweit dies tunlich ist, sofort erfolgen, insbesondere sollen Zeugen und Sachverständige, falls sie zur Stelle sind oder ihre unverzügliche Gestellung möglich ist, sofort vernommen werden.

§ 358. Erfordert die Beweisaufnahme ein besonderes Verfahren, so ist es durch Beweisbeschluß anzuordnen.

§ 359. Der Beweisbeschluß enthält:

1. die Bezeichnung der streitigen Tatsachen, über die der Beweis zu erheben ist;
2. die Bezeichnung der Beweismittel unter Benennung der zu vernehmenden Zeugen und Sachverständigen oder der zu vernehmenden Partei;
3. die Bezeichnung der Partei, die sich auf das Beweismittel berufen hat.

§ 360. Vor der Erledigung des Beweisbeschlusses kann keine Partei dessen Änderung auf Grund der früheren Verhandlungen verlangen. Das Gericht kann jedoch auf Antrag einer Partei oder von Amts wegen den

Beweisbeschluß auch ohne erneute mündliche Verhandlung insoweit ändern, als der Gegner zustimmt oder es sich nur um die Berichtigung oder Ergänzung der im Beschluß angegebenen Beweistatsachen oder um die Vernehmung anderer als der im Beschluß angegebenen Zeugen oder Sachverständigen handelt. Die gleiche Befugnis hat der beauftragte oder ersuchte Richter. Die Parteien sind tunlichst vorher zu hören und in jedem Falle von der Änderung unverzüglich zu benachrichtigen.

§ 361. (1) Soll die Beweisaufnahme durch ein Mitglied des Prozeßgerichts erfolgen, so wird bei der Verkündung des Beweisbeschlusses durch den Vorsitzenden der beauftragte Richter bezeichnet und der Termin zur Beweisaufnahme bestimmt.

(2) Ist die Terminsbestimmung unterblieben, so erfolgt sie durch den beauftragten Richter, wird er verhindert, den Auftrag zu vollziehen, so ernennt der Vorsitzende ein anderes Mitglied.

§ 362. (1) Soll die Beweisaufnahme durch ein anderes Gericht erfolgen, so ist das Ersuchungsschreiben von dem Vorsitzenden zu erlassen.

(2) Die auf die Beweisaufnahme sich beziehenden Verhandlungen übersendet der ersuchte Richter der Geschäftsstelle des Prozeßgerichts in Urschrift; die Geschäftsstelle benachrichtigt die Parteien von dem Eingang.

§ 363. (1) Soll die Beweisaufnahme im Ausland erfolgen, so hat der Vorsitzende die zuständige Behörde um Aufnahme des Beweises zu ersuchen[1]).

(2) Kann die Beweisaufnahme durch einen Bundeskonsul erfolgen, so ist das Ersuchen an diesen zu richten.

§ 364. (1) Wird eine ausländische Behörde ersucht, den Beweis aufzunehmen, so kann das Gericht anordnen, daß der Beweisführer das Ersuchungsschreiben zu besorgen und die Erledigung des Ersuchens zu betreiben habe.

(2) Das Gericht kann sich auf die Anordnuug beschränken, daß der Beweisführer eine den Gesetzen des fremden Staates entsprechende öffentliche Urkunde über die Beweisaufnahme beizubringen habe.

(3) In beiden Fällen ist in dem Beweisbeschluß eine Frist zu bestimmen, binnen der von dem Beweisführer die Urkunde auf der Geschäftsstelle niederzulegen ist. Nach fruchtlosem Ablauf dieser Frist kann die Urkunde nur benutzt werden, wenn dadurch das Verfahren nicht verzögert wird.

(4) Der Beweisführer hat den Gegner, wenn möglich, von dem Ort und der Zeit der Beweisaufnahme so zeitig in Kenntnis zu setzen, daß dieser seine Rechte in geeigneter Weise wahrzunehmen vermag. Ist die Benachrichtigung unterblieben, so hat das Gericht zu ermessen, ob und inwieweit der Beweisführer zur Benutzung der Beweisverhandlung berechtigt ist.

---

[1]) Rechtshilfeordnung für Zivilsachen (ZRHO.) vom 6. 9. 1931 (pr. JMBl. S. 302).

§ 365. Der beauftragte oder ersuchte Richter ist ermächtigt, falls sich später Gründe ergeben, welche die Beweisaufnahme durch ein anderes Gericht sachgemäß erscheinen lassen, dieses Gericht um die Aufnahme des Beweises zu ersuchen. Die Parteien sind von dieser Verfügung in Kenntnis zu setzen.

§ 366. (1) Erhebt sich bei der Beweisaufnahme vor einem beauftragten oder ersuchten Richter ein Streit, von dessen Erledigung die Fortsetzung der Beweisaufnahme abhängig und zu dessen Entscheidung der Richter nicht berechtigt ist, so erfolgt die Erledigung durch das Prozeßgericht.

(2) Der Termin zur mündlichen Verhandlung über den Zwischenstreit ist von Amts wegen zu bestimmen und den Parteien bekanntzumachen.

§ 367. (1) Erscheint eine Partei oder erscheinen beide Parteien in dem Termin zur Beweisaufnahme nicht, so ist die Beweisaufnahme gleichwohl insoweit zu bewirken, als dies nach Lage der Sache geschehen kann.

(2) Eine nachträgliche Beweisaufnahme oder eine Vervollständigung der Beweisaufnahme ist bis zum Schluß derjenigen mündlichen Verhandlung, auf die das Urteil ergeht, auf Antrag anzuordnen, wenn das Verfahren dadurch nicht verzögert wird oder wenn die Partei glaubhaft macht, daß sie ohne ihr Verschulden außerstande gewesen sei, in dem früheren Termin zu erscheinen, und im Falle des Antrags auf Vervollständigung, daß durch ihr Nichterscheinen eine wesentliche Unvollständigkeit der Beweisaufnahme veranlaßt sei.

§ 368. Wird ein neuer Termin zur Beweisaufnahme oder zu ihrer Fortsetzung erforderlich, so ist dieser Termin, auch wenn der Beweisführer oder beide Parteien in dem früheren Termin nicht erschienen waren, von Amts wegen zu bestimmen.

§ 369. Entspricht die von einer ausländischen Behörde vorgenommene Beweisaufnahme den für das Prozeßgericht geltenden Gesetzen, so kann daraus, daß sie nach den ausländischen Gesetzen mangelhaft ist, kein Einwand entnommen werden.

§ 370. (1) Erfolgt die Beweisaufnahme vor dem Prozeßgericht, so ist der Termin, in dem die Beweisaufnahme stattfindet, zugleich zur Fortsetzung der mündlichen Verhandlung bestimmt.

(2) In dem Beweisbeschluß, der anordnet, daß die Beweisaufnahme vor einem beauftragten oder ersuchten Richter erfolgen solle, kann zugleich der Termin zur Fortsetzung der mündlichen Verhandlung vor dem Prozeßgericht bestimmt werden. Ist dies nicht geschehen, so wird nach Beendigung der Beweisaufnahme dieser Termin von Amts wegen bestimmt und den Parteien bekanntgemacht.

Sechster Titel
Beweis durch Augenschein

§ 371. Der Beweis durch Augenschein wird durch die Bezeichnung des Gegenstandes des Augenscheins und durch die Angabe der zu beweisenden Tatsachen angetreten.

§ 372. (1) Das Prozeßgericht kann anordnen, daß bei der Einnahme des Augenscheins ein oder mehrere Sachverständige zuzuziehen seien.

(2) Es kann einem Mitglied des Prozeßgerichts oder einem anderen Gericht die Einnahme des Augenscheins übertragen, auch die Ernennung der zuzuziehenden Sachverständigen überlassen.

§ 372a. (1) Soweit es in den Fällen der §§ 1591 und 1717 des Bürgerlichen Gesetzbuchs oder in anderen Fällen zur Feststellung der Abstammung erforderlich ist, hat jede Person Untersuchungen, insbesondere die Entnahme von Blutproben zum Zwecke der Blutgruppenuntersuchung, zu dulden, soweit die Untersuchung nach den anerkannten Grundsätzen der Wissenschaft eine Aufklärung des Sachverhalts verspricht und dem zu Untersuchenden nach der Art der Untersuchung, nach den Folgen ihres Ergebnisses für ihn oder einen der im § 383 Abs. 1 Nr. 1 bis 3 bezeichneten Angehörigen und ohne Nachteil für seine Gesundheit zugemutet werden kann.

(2) Die Vorschriften der §§ 386 bis 390 sind entsprechend anzuwenden. Bei wiederholter unberechtigter Verweigerung der Untersuchung kann auch unmittelbarer Zwang angewendet, insbesondere die zwangsweise Vorführung zum Zwecke der Untersuchung angeordnet werden.

Siebenter Titel
Zeugenbeweis

§ 373. Der Zeugenbeweis wird durch die Benennung der Zeugen und die Bezeichnung der Tatsachen, über welche die Vernehmung der Zeugen stattfinden soll, angetreten.

§ 374. (Weggefallen.)

§ 375. (1) Die Aufnahme des Zeugenbeweises darf einem Mitglied des Prozeßgerichts oder einem anderen Gericht nur übertragen werden:

1. wenn zur Ausmittlung der Wahrheit die Vernehmung des Zeugen an Ort und Stelle dienlich erscheint oder nach gesetzlicher Vorschrift der Zeuge nicht an der Gerichtsstelle, sondern an einem anderen Ort zu vernehmen ist;

2. wenn der Zeuge verhindert ist, vor dem Prozeßgericht zu erscheinen;
3. wenn sich der Zeuge in so großer Entfernung von dem Prozeßgericht aufhält, daß eine Vernehmung vor diesem unzweckmäßig erscheint.

(2) Der Bundespräsident ist in seiner Wohnung zu vernehmen.

§ 376. (1) Für die Vernehmung von Richtern, Beamten und anderen Personen des öffentlichen Dienstes als Zeugen über Umstände, auf die sich ihre Pflicht zur Amtsverschwiegenheit bezieht, und für die Genehmigung zur Aussage gelten die besonderen beamtenrechtlichen Vorschriften[1]).

(2) Für die Mitglieder der Bundes- oder einer Landesregierung gelten die für sie maßgebenden besonderen Vorschriften.

(3) Eine Genehmigung in den Fällen der Abs. 1, 2 ist durch das Prozeßgericht einzuholen und dem Zeugen bekanntzumachen.

(4) Der Bundespräsident kann das Zeugnis verweigern, wenn die Ablegung des Zeugnisses dem Wohl des Bundes oder eines deutschen Landes Nachteile bereiten würde.

(5) Diese Vorschriften gelten auch, wenn die vorgenannten Personen nicht mehr im öffentlichen Dienst sind, soweit es sich um Tatsachen handelt, die sich während ihrer Dienstzeit ereignet haben oder ihnen während ihrer Dienstzeit zur Kenntnis gelangt sind.

§ 377. (1) Die Ladung der Zeugen ist von der Geschäftsstelle unter Bezugnahme auf den Beweisbeschluß auszufertigen und von Amts wegen mitzuteilen. Sie wird, sofern nicht das Gericht die Zustellung anordnet, formlos übersandt.

(2) Die Ladung muß enthalten:

1. die Bezeichnung der Parteien;
2. den Gegenstand der Vernehmung;
3. die Anweisung, zur Ablegung des Zeugnisses bei Vermeidung der durch das Gesetz angedrohten Strafen in dem nach Zeit und Ort zu bezeichnenden Termin zu erscheinen.

(3) Bildet den Gegenstand der Vernehmung eine Auskunft, die der Zeuge voraussichtlich an der Hand seiner Bücher oder anderer Aufzeichnungen zu geben hat, so kann das Gericht anordnen, daß der Zeuge zum Termin nicht zu erscheinen braucht, wenn er vorher eine schriftliche Beantwortung der Beweisfrage unter eidesstattlicher Versicherung ihrer Richtigkeit einreicht.

(4) Das gleiche kann auch in anderen Fällen geschehen, sofern das Gericht nach Lage der Sache, insbesondere mit Rücksicht auf den Inhalt der Beweisfrage, eine schriftliche Erklärung des Zeugen für ausreichend erachtet und die Parteien damit einverstanden sind.

§ 378. (Weggefallen.)

---

[1]) §§ 8, 9 des Deutschen Beamtengesetzes (Bundesfassung BGBl. 1950 S. 281).

§ 379. (1) Das Gericht soll die Ladung davon abhängig machen, daß der Beweisführer einen Vorschuß zur Deckung der Staatskasse wegen der durch die Vernehmung des Zeugen erwachsenden Auslagen hinterlegt.

(2) Erfolgt die Hinterlegung nicht binnen der bestimmten Frist, so unterbleibt die Ladung, wenn die Hinterlegung nicht so zeitig nachgeholt wird, daß die Vernehmung ohne Verzögerung des Verfahrens durchgeführt werden kann.

§ 380. (1) Ein ordnungsmäßig geladener Zeuge, der nicht erscheint, ist, ohne daß es eines Antrages bedarf, in die durch das Ausbleiben verursachten Kosten sowie zu einer Ordnungsstrafe in Geld[1]) und für den Fall, daß diese nicht beigetrieben werden kann, zur Strafe der Haft bis zu sechs Wochen zu verurteilen.

(2) Im Falle wiederholten Ausbleibens ist die Strafe noch einmal zu erkennen, auch kann die zwangsweise Vorführung des Zeugen angeordnet werden.

(3) Gegen diese Beschlüsse findet die Beschwerde statt.

§ 381. (1) Die Verurteilung in Strafe und Kosten sowie die Anordnung der zwangsweisen Vorführung unterbleiben, wenn der Zeuge glaubhaft macht, daß ihm die Ladung nicht rechtzeitig zugegangen ist, oder wenn sein Ausbleiben genügend entschuldigt ist. Erfolgt die Glaubhaftmachung oder die genügende Entschuldigung nachträglich, so werden die gegen den Zeugen getroffenen Anordnungen wieder aufgehoben.

(2) Die Anzeigen und Gesuche des Zeugen können schriftlich oder zum Protokoll der Geschäftsstelle oder mündlich in dem zur Vernehmung bestimmten neuen Termin angebracht werden.

§ 382. (1) Die Mitglieder der Bundesregierung oder einer Landesregierung sind an ihrem Amtssitz oder, wenn sie sich außerhalb ihres Amtssitzes aufhalten, an ihrem Aufenthaltsort zu vernehmen.

(2) Die Mitglieder des Bundestages, des Bundesrates, eines Landtages oder einer zweiten Kammer sind während ihres Aufenthaltes am Sitz der Versammlung dort zu vernehmen.

(3) Zu einer Abweichung von den vorstehenden Vorschriften bedarf es:

für die Mitglieder der Bundesregierung der Genehmigung der Bundesregierung,

für die Mitglieder einer Landesregierung der Genehmigung der Landesregierung,

für die Mitglieder einer der im Abs. 2 genannten Versammlungen der Genehmigung dieser Versammlung.

§ 383. (1) Zur Verweigerung des Zeugnisses sind berechtigt:

1. der Verlobte einer Partei;
2. der Ehegatte einer Partei, auch wenn die Ehe nicht mehr besteht;

---

[1]) Verordnung über Vermögensstrafen und Bußen vom 6. 2. 1924 (RGBl. I S. 44).

3. diejenigen, die mit einer Partei in gerader Linie verwandt, verschwägert oder durch Adoption verbunden oder in der Seitenlinie bis zum dritten Grade verwandt oder bis zum zweiten Grade verschwägert sind, auch wenn die Ehe, durch welche die Schwägerschaft begründet ist, nicht mehr besteht;
4. Geistliche in Ansehung desjenigen, was ihnen bei der Ausübung der Seelsorge anvertraut ist;
5. Personen, denen kraft ihres Amtes, Standes oder Gewerbes Tatsachen anvertraut sind, deren Geheimhaltung durch ihre Natur oder durch gesetzliche Vorschrift geboten ist, in betreff der Tatsachen, auf welche die Verpflichtung zur Verschwiegenheit sich bezieht[1]).

(2) Die unter Nr. 1 bis 3 bezeichneten Personen sind vor der Vernehmung über ihr Recht zur Verweigerung des Zeugnisses zu belehren.

(3) Die Vernehmung der unter Nr. 4, 5 bezeichneten Personen ist, auch wenn das Zeugnis nicht verweigert wird, auf Tatsachen nicht zu richten, in Ansehung welcher erhellt, daß ohne Verletzung der Verpflichtung zur Verschwiegenheit ein Zeugnis nicht abgelegt werden kann.

§ 384. Das Zeugnis kann verweigert werden:

1. über Fragen, deren Beantwortung dem Zeugen oder einer Person, zu der er in einem der im § 383 Nr. 1 bis 3 bezeichneten Verhältnisse steht, einen unmittelbaren vermögensrechtlichen Schaden verursachen würde;
2. über Fragen, deren Beantwortung dem Zeugen oder einem seiner im § 383 Nr. 1 bis 3 bezeichneten Angehörigen zur Unehre gereichen oder die Gefahr strafgerichtlicher Verfolgung zuziehen würde;
3. über Fragen, die der Zeuge nicht würde beantworten können, ohne ein Kunst- oder Gewerbegeheimnis zu offenbaren.

§ 385. (1) In den Fällen des § 383 Nr. 1 bis 3 und des § 384 Nr. 1 darf der Zeuge das Zeugnis nicht verweigern:

1. über die Errichtung und den Inhalt eines Rechtsgeschäfts, bei dessen Errichtung er als Zeuge zugezogen war;
2. über Geburten, Verheiratungen oder Sterbefälle von Familienmitgliedern;
3. über Tatsachen, welche die durch das Familienverhältnis bedingten Vermögensangelegenheiten betreffen;
4. über die auf das streitige Rechtsverhältnis sich beziehenden Handlungen, die von ihm selbst als Rechtsvorgänger oder Vertreter einer Partei vorgenommen sein sollen.

(2) Die im § 383 Nr. 4, 5 bezeichneten Personen dürfen das Zeugnis nicht verweigern, wenn sie von der Verpflichtung zur Verschwiegenheit entbunden sind.

---

[1]) Aussageweigerungsbefugnis der Abgeordneten: Art. 47 GrdGes.

§ 386. (1) Der Zeuge, der das Zeugnis verweigert, hat vor dem zu seiner Vernehmung bestimmten Termin schriftlich oder zum Protokoll der Geschäftsstelle oder in diesem Termin die Tatsachen, auf die er die Weigerung gründet, anzugeben und glaubhaft zu machen.

(2) Zur Glaubhaftmachung genügt in den Fällen des § 383 Nr. 4, 5 die mit Berufung auf einen geleisteten Diensteid abgegebene Versicherung.

(3) Hat der Zeuge seine Weigerung schriftlich oder zum Protokoll der Geschäftsstelle erklärt, so ist er nicht verpflichtet, in dem zu seiner Vernehmung bestimmten Termin zu erscheinen.

(4) Von dem Eingang einer Erklärung des Zeugen oder von der Aufnahme einer solchen zum Protokoll hat die Geschäftsstelle die Parteien zu benachrichtigen.

§ 387. (1) Über die Rechtmäßigkeit der Weigerung wird von dem Prozeßgericht nach Anhörung der Parteien entschieden.

(2) Der Zeuge ist nicht verpflichtet, sich durch einen Anwalt vertreten zu lassen.

(3) Gegen das Zwischenurteil findet sofortige Beschwerde statt.

§ 388. Hat der Zeuge seine Weigerung schriftlich oder zum Protokoll der Geschäftsstelle erklärt und ist er in dem Termin nicht erschienen, so hat auf Grund seiner Erklärungen ein Mitglied des Prozeßgerichts Bericht zu erstatten.

§ 389. (1) Erfolgt die Weigerung vor einem beauftragten oder ersuchten Richter, so sind die Erklärungen des Zeugen, wenn sie nicht schriftlich oder zum Protokoll der Geschäftsstelle abgegeben sind, nebst den Erklärungen der Parteien in das Protokoll aufzunehmen.

(2) Zur mündlichen Verhandlung vor dem Prozeßgericht werden der Zeuge und die Parteien von Amts wegen geladen.

(3) Auf Grund der von dem Zeugen und den Parteien abgegebenen Erklärungen hat ein Mitglied des Prozeßgerichts Bericht zu erstatten. Nach dem Vortrag des Berichterstatters können der Zeuge und die Parteien zur Begründung ihrer Anträge das Wort nehmen; neue Tatsachen oder Beweismittel dürfen nicht geltend gemacht werden.

§ 390. (1) Wird das Zeugnis oder die Eidesleistung ohne Angabe eines Grundes oder, nachdem der vorgeschützte Grund rechtskräftig für unerheblich erklärt ist, verweigert, so ist der Zeuge, ohne daß es eines Antrages bedarf, in die durch die Weigerung verursachten Kosten sowie zu einer Ordnungsstrafe in Geld[1]) und für den Fall, daß diese nicht beigetrieben werden kann, zur Strafe der Haft bis zu sechs Wochen zu verurteilen.

(2) Im Falle wiederholter Weigerung ist auf Antrag zur Erzwingung des Zeugnisses die Haft anzuordnen, jedoch nicht über den Zeitpunkt der

---

[1]) Siehe Fußnote zu § 380.

Beendigung des Prozesses in dem Rechtszuge hinaus. Die Vorschriften über die Haft im Zwangsvollstreckungsverfahren gelten entsprechend.

(3) Gegen die Beschlüsse findet die Beschwerde statt.

§ 391. Ein Zeuge ist, vorbehaltlich der sich aus § 393 ergebenden Ausnahmen, zu beeidigen, wenn das Gericht dies mit Rücksicht auf die Bedeutung der Aussage oder zur Herbeiführung einer wahrheitsgemäßen Aussage für geboten erachtet und die Parteien auf die Beeidigung nicht verzichten.

§ 392. Die Beeidigung erfolgt nach der Vernehmung. Mehrere Zeugen können gleichzeitig beeidigt werden. Die Eidesnorm geht dahin, daß der Zeuge nach bestem Wissen die reine Wahrheit gesagt und nichts verschwiegen habe.

§ 393. Unbeeidigt sind zu vernehmen:

1. Personen, die zur Zeit der Vernehmung das sechzehnte Lebensjahr noch nicht vollendet oder wegen mangelnder Verstandesreife oder wegen Verstandesschwäche von dem Wesen und der Bedeutung des Eides keine genügende Vorstellung haben;
2. Personen, die nach den Vorschriften der Strafgesetze unfähig sind, als Zeugen eidlich vernommen zu werden.

§ 394. (1) Jeder Zeuge ist einzeln und in Abwesenheit der später abzuhörenden Zeugen zu vernehmen.

(2) Zeugen, deren Aussagen sich widersprechen, können einander gegenübergestellt werden.

§ 395. (1) Vor der Vernehmung wird der Zeuge zur Wahrheit ermahnt und darauf hingewiesen, daß er in den vom Gesetz vorgesehenen Fällen unter Umständen seine Aussage zu beeidigen habe.

(2) Die Vernehmung beginnt damit, daß der Zeuge über Vornamen und Zunamen, Alter, Stand oder Gewerbe und Wohnort befragt wird. Erforderlichenfalls sind ihm Fragen über solche Umstände, die seine Glaubwürdigkeit in der vorliegenden Sache betreffen, insbesondere über seine Beziehungen zu den Parteien vorzulegen.

§ 396. (1) Der Zeuge ist zu veranlassen, dasjenige, was ihm von dem Gegenstand seiner Vernehmung bekannt ist, im Zusammenhang anzugeben.

(2) Zur Aufklärung und zur Vervollständigung der Aussage sowie zur Erforschung des Grundes, auf dem die Wissenschaft des Zeugen beruht, sind nötigenfalls weitere Fragen zu stellen.

(3) Der Vorsitzende hat jedem Mitglied des Gerichts auf Verlangen zu gestatten, Fragen zu stellen.

§ 397. (1) Die Parteien sind berechtigt, dem Zeugen diejenigen Fragen vorlegen zu lassen, die sie zur Aufklärung der Sache oder der Verhältnisse des Zeugen für dienlich erachten.

(2) Der Vorsitzende kann den Parteien gestatten und hat ihren Anwälten auf Verlangen zu gestatten, an den Zeugen unmittelbar Fragen zu richten.

(3) Zweifel über die Zulässigkeit einer Frage entscheidet das Gericht.

§ 398. (1) Das Prozeßgericht kann nach seinem Ermessen die wiederholte Vernehmung eines Zeugen anordnen.

(2) Hat ein beauftragter oder ersuchter Richter bei der Vernehmung die Stellung der von einer Partei angeregten Frage verweigert, so kann das Prozeßgericht die nachträgliche Vernehmung des Zeugen über diese Frage anordnen.

(3) Bei der wiederholten oder der nachträglichen Vernehmung kann der Richter statt der nochmaligen Beeidigung den Zeugen die Richtigkeit seiner Aussage unter Berufung auf den früher geleisteten Eid versichern lassen.

§ 399. Die Partei kann auf einen Zeugen, den sie vorgeschlagen hat, verzichten; der Gegner kann aber verlangen, daß der erschienene Zeuge vernommen und, wenn die Vernehmung bereits begonnen hat, daß sie fortgesetzt werde.

§ 400. Der mit der Beweisaufnahme betraute Richter ist ermächtigt, im Falle des Nichterscheinens oder der Zeugnisverweigerung die gesetzlichen Verfügungen zu treffen, auch sie, soweit dies überhaupt zulässig ist, selbst nach Erledigung des Auftrages wieder aufzuheben, über die Zulässigkeit einer dem Zeugen vorgelegten Frage vorläufig zu entscheiden und die nochmalige Vernehmung eines Zeugen vorzunehmen.

§ 401. (1) Jeder Zeuge hat nach Maßgabe der Gebührenordnung[1]) auf Entschädigung für Zeitversäumnis und, wenn sein Erscheinen eine Reise erforderlich macht, auf Erstattung der Kosten Anspruch, die durch die Reise und den Aufenthalt am Ort der Vernehmung verursacht werden.

(2) Bei schriftlicher Beantwortung der Beweisfrage (§ 377 Abs. 3, 4) hat der Zeuge Anspruch auf Erstattung der ihm durch die Beantwortung entstandenen Auslagen.

Achter Titel

Beweis durch Sachverständige

§ 402. Für den Beweis durch Sachverständige gelten die Vorschriften über den Beweis durch Zeugen entsprechend, insoweit nicht in den nachfolgenden Paragraphen abweichende Vorschriften enthalten sind.

---

[1]) Gebührenordnung für Zeugen und Sachverständige vom 30. 6. 1878 (RGBl. S. 173).

§ 403. Der Beweis wird durch die Bezeichnung der zu begutachtenden Punkte angetreten.

§ 404. (1) Die Auswahl der zuzuziehenden Sachverständigen und die Bestimmung ihrer Anzahl erfolgt durch das Prozeßgericht. Es kann sich auf die Ernennung eines einzigen Sachverständigen beschränken. An Stelle der zuerst ernannten Sachverständigen kann es andere ernennen.

(2) Sind für gewisse Arten von Gutachten Sachverständige öffentlich bestellt, so sollen andere Personen nur dann gewählt werden, wenn besondere Umstände es erfordern.

(3) Das Gericht kann die Parteien auffordern, Personen zu bezeichnen, die geeignet sind, als Sachverständige vernommen zu werden.

(4) Einigen sich die Parteien über bestimmte Personen als Sachverständige, so hat das Gericht dieser Einigung Folge zu geben; das Gericht kann jedoch die Wahl der Parteien auf eine bestimmte Anzahl beschränken.

§ 405. Das Prozeßgericht kann den mit der Beweisaufnahme betrauten Richter zur Ernennung der Sachverständigen ermächtigen. Er hat in diesem Falle die in dem vorstehenden Paragraphen dem Prozeßgericht beigelegten Befugnisse auszuüben.

§ 406. (1) Ein Sachverständiger kann aus denselben Gründen, die zur Ablehnung eines Richters berechtigen, abgelehnt werden. Ein Ablehnungsgrund kann jedoch nicht daraus entnommen werden, daß der Sachverständige als Zeuge vernommen worden ist.

(2) Das Ablehnungsgesuch ist bei dem Gericht oder Richter, von dem der Sachverständige ernannt ist, vor seiner Vernehmung, bei schriftlicher Begutachtung vor Einreichung des Gutachtens anzubringen. Nach diesem Zeitpunkt ist die Ablehnung nur zulässig, wenn glaubhaft gemacht wird, daß der Ablehnungsgrund vorher nicht geltend gemacht werden konnte. Das Ablehnungsgesuch kann vor der Geschäftsstelle zu Protokoll erklärt werden.

(3) Der Ablehnungsgrund ist glaubhaft zu machen; zur Versicherung an Eides Statt darf die Partei nicht zugelassen werden.

(4) Die Entscheidung ergeht von dem im zweiten Absatz bezeichneten Gericht oder Richter; eine mündliche Verhandlung der Beteiligten ist nicht erforderlich.

(5) Gegen den Beschluß, durch den die Ablehnung für begründet erklärt wird, findet kein Rechtsmittel, gegen den Beschluß, durch den sie für unbegründet erklärt wird, findet sofortige Beschwerde statt.

§ 407. (1) Der zum Sachverständigen Ernannte hat der Ernennung Folge zu leisten, wenn er zur Erstattung von Gutachten der erforderten Art öffentlich bestellt ist oder wenn er die Wissenschaft, die Kunst oder das Gewerbe, deren Kenntnis Voraussetzung der Begutachtung ist, öffentlich zum Erwerb ausübt oder wenn er zur Ausübung derselben öffentlich bestellt oder ermächtigt ist.

(2) Zur Erstattung des Gutachtens ist auch derjenige verpflichtet, der sich hierzu vor Gericht bereit erklärt hat.

§ 408. (1) Dieselben Gründe, die einen Zeugen berechtigen, das Zeugnis zu verweigern, berechtigen einen Sachverständigen zur Verweigerung des Gutachtens. Das Gericht kann auch aus anderen Gründen einen Sachverständigen von der Verpflichtung zur Erstattung des Gutachtens entbinden.

(2) Für die Vernehmung eines Richters, Beamten oder einer anderen Person des öffentlichen Dienstes als Sachverständigen gelten die besonderen beamtenrechtlichen Vorschriften[1]). Für die Mitglieder der Bundes- oder einer Landesregierung gelten die für sie maßgebenden besonderen Vorschriften.

(3) Wer bei einer richterlichen Entscheidung mitgewirkt hat, soll über Fragen, die den Gegenstand der Entscheidung gebildet haben, nicht als Sachverständiger vernommen werden.

§ 409. (1) Im Falle des Nichterscheinens oder der Weigerung eines zur Erstattung des Gutachtens verpflichteten Sachverständigen wird dieser zum Ersatz der Kosten und zu einer Ordnungsstrafe in Geld[2]) verurteilt. Im Falle wiederholten Ungehorsams kann die Strafe noch einmal erkannt werden.

(2) Gegen den Beschluß findet Beschwerde statt.

§ 410. (1) Der Sachverständige wird vor oder nach Erstattung des Gutachtens beeidigt. Die Eidesnorm geht dahin, daß der Sachverständige das von ihm erforderte Gutachten unparteiisch und nach bestem Wissen und Gewissen erstatten werde oder erstattet habe.

(2) Ist der Sachverständige für die Erstattung von Gutachten der betreffenden Art im allgemeinen beeidigt, so genügt die Berufung auf den geleisteten Eid; sie kann auch in einem schriftlichen Gutachten erklärt werden.

§ 411. (1) Wird schriftliche Begutachtung angeordnet, so hat der Sachverständige das von ihm unterschriebene Gutachten auf der Geschäftsstelle niederzulegen. Das Gericht kann ihm hierzu eine Frist bestimmen.

(2) Versäumt ein zur Erstattung des Gutachtens verpflichteter Sachverständiger die Frist, so kann er zu einer Ordnungsstrafe in Geld verurteilt werden. Der Straffestsetzung muß eine Strafandrohung unter Setzung einer Nachfrist vorausgehen. Im Falle wiederholter Fristversäumnis kann die Strafe in der gleichen Weise noch einmal erkannt werden. § 409 Abs. 2 gilt entsprechend.

---

[1]) § 9 Abs. 1 S. 2 des Deutschen Beamtenges. (Bundesfassung BGBl. 1950 S. 281).
[2]) Siehe Fußnote zu § 380.

(3) Das Gericht kann das Erscheinen des Sachverständigen anordnen, damit er das schriftliche Gutachten erläutere.

§ 412. (1) Das Gericht kann eine neue Begutachtung durch dieselben oder durch andere Sachverständige anordnen, wenn es das Gutachten für ungenügend erachtet.

(2) Das Gericht kann die Begutachtung durch einen anderen Sachverständigen anordnen, wenn ein Sachverständiger nach Erstattung des Gutachtens mit Erfolg abgelehnt ist.

§ 413. Der Sachverständige hat nach Maßgabe der Gebührenordnung[1]) auf Entschädigung für Zeitversäumnis, auf Erstattung der ihm verursachten Kosten und außerdem auf angemessene Vergütung seiner Mühewaltung Anspruch.

§ 414. Insoweit zum Beweise vergangener Tatsachen oder Zustände, zu deren Wahrnehmung eine besondere Sachkunde erforderlich war, sachkundige Personen zu vernehmen sind, kommen die Vorschriften über den Zeugenbeweis zur Anwendung.

Neunter Titel

Beweis durch Urkunden

§ 415. (1) Urkunden, die von einer öffentlichen Behörde innerhalb der Grenzen ihrer Amtsbefugnisse oder von einer mit öffentlichem Glauben versehenen Person innerhalb des ihr zugewiesenen Geschäftskreises in der vorgeschriebenen Form aufgenommen sind (öffentliche Urkunden), begründen, wenn sie über eine vor der Behörde oder der Urkundsperson abgegebene Erklärung errichtet sind, vollen Beweis des durch die Behörde oder die Urkundsperson beurkundeten Vorganges.

(2) Der Beweis, daß der Vorgang unrichtig beurkundet sei, ist zulässig.

§ 416. Privaturkunden begründen, sofern sie von den Ausstellern unterschrieben oder mittels gerichtlich oder notariell beglaubigten Handzeichens unterzeichnet sind, vollen Beweis dafür, daß die in ihnen enthaltenen Erklärungen von den Ausstellern abgegeben sind.

§ 417. Die von einer Behörde ausgestellten, eine amtliche Anordnung, Verfügung oder Entscheidung enthaltenden öffentlichen Urkunden begründen vollen Beweis ihres Inhalts.

§ 418. (1) Öffentliche Urkunden, die einen anderen als den in den §§ 415, 417 bezeichneten Inhalt haben, begründen vollen Beweis der darin bezeugten Tatsachen.

---

[1]) Siehe Fußnote zu § 401.

(2) Der Beweis der Unrichtigkeit der bezeugten Tatsachen ist zulässig, sofern nicht die Landesgesetze diesen Beweis ausschließen oder beschränken.

(3) Beruht das Zeugnis nicht auf eigener Wahrnehmung der Behörde oder der Urkundsperson, so ist die Vorschrift des ersten Absatzes nur dann anzuwenden, wenn sich aus den Landesgesetzen ergibt, daß die Beweiskraft des Zeugnisses von der eigenen Wahrnehmung unabhängig ist.

§ 419. Inwiefern Durchstreichungen, Radierungen, Einschaltungen oder sonstige äußere Mängel die Beweiskraft einer Urkunde ganz oder teilweise aufheben oder mindern, entscheidet das Gericht nach freier Überzeugung.

§ 420. Der Beweis wird durch die Vorlegung der Urkunde angetreten.

§ 421. Befindet sich die Urkunde nach der Behauptung des Beweisführers in den Händen des Gegners, so wird der Beweis durch den Antrag angetreten, dem Gegner die Vorlegung der Urkunde aufzugeben.

§ 422. Der Gegner ist zur Vorlegung der Urkunde verpflichtet, wenn der Beweisführer nach den Vorschriften des bürgerlichen Rechts die Herausgabe oder die Vorlegung der Urkunde verlangen kann.

§ 423. Der Gegner ist auch zur Vorlegung der in seinen Händen befindlichen Urkunden verpflichtet, auf die er im Prozeß zur Beweisführung Bezug genommen hat, selbst wenn es nur in einem vorbereitenden Schriftsatz geschehen ist.

§ 424. Der Antrag soll enthalten:
1. die Bezeichnung der Urkunde;
2. die Bezeichnung der Tatsachen, die durch die Urkunde bewiesen werden sollen;
3. die möglichst vollständige Bezeichnung des Inhalts der Urkunde;
4. die Angabe der Umstände, auf welche die Behauptung sich stützt, daß die Urkunde sich in dem Besitz des Gegners befindet;
5. die Bezeichnung des Grundes, der die Verpflichtung zur Vorlegung der Urkunde ergibt. Der Grund ist glaubhaft zu machen.

§ 425. Erachtet das Gericht die Tatsache, die durch die Urkunde bewiesen werden soll, für erheblich und den Antrag für begründet, so ordnet es, wenn der Gegner zugesteht, daß die Urkunde sich in seinen Händen befinde, oder wenn der Gegner sich über den Antrag nicht erklärt, die Vorlegung der Urkunde an.

§ 426. Bestreitet der Gegner, daß die Urkunde sich in seinem Besitz befinde, so ist er über ihren Verbleib zu vernehmen. In der Ladung zum Vernehmungstermin ist ihm aufzugeben, nach dem Verbleib der Urkunde sorgfältig zu forschen. Im übrigen gelten die Vorschriften der §§ 449 bis 454 entsprechend. Gelangt das Gericht zu der Überzeugung, daß sich die Urkunde im Besitz des Gegners befindet, so ordnet es die Vorlegung an.

§ 427. Kommt der Gegner der Anordnung, die Urkunde vorzulegen, nicht nach oder gelangt das Gericht im Falle des § 426 zu der Überzeugung, daß er nach dem Verbleib der Urkunde nicht sorgfältig geforscht habe, so kann eine vom Beweisführer beigebrachte Abschrift der Urkunde als richtig angesehen werden. Ist eine Abschrift der Urkunde nicht beigebracht, so können die Behauptungen des Beweisführers über die Beschaffenheit und den Inhalt der Urkunde als bewiesen angenommen werden.

§ 428. Befindet sich die Urkunde nach der Behauptung des Beweisführers in den Händen eines Dritten, so wird der Beweis durch den Antrag angetreten, zur Herbeischaffung der Urkunde eine Frist zu bestimmen.

§ 429. Der Dritte ist aus denselben Gründen wie der Gegner des Beweisführers zur Vorlegung einer Urkunde verpflichtet; er kann zur Vorlegung nur im Wege der Klage genötigt werden.

§ 430. Zur Begründung des nach § 428 zu stellenden Antrages hat der Beweisführer den Erfordernissen des § 424 Nr. 1 bis 3, 5 zu genügen und außerdem glaubhaft zu machen, daß die Urkunde sich in den Händen des Dritten befinde.

§ 431. (1) Ist die Tatsache, die durch die Urkunde bewiesen werden soll, erheblich und entspricht der Antrag den Vorschriften des vorstehenden Paragraphen, so hat das Gericht eine Frist zur Vorlegung der Urkunde zu bestimmen. Die Frist kann ohne mündliche Verhandlung bestimmt werden.

(2) Der Gegner kann die Fortsetzung des Verfahrens vor dem Ablauf der Frist beantragen, wenn die Klage gegen den Dritten erledigt ist oder wenn der Beweisführer die Erhebung der Klage oder die Betreibung des Prozesses oder der Zwangsvollstreckung verzögert.

§ 432. (1) Befindet sich die Urkunde nach der Behauptung des Beweisführers in den Händen einer öffentlichen Behörde oder eines öffentlichen Beamten, so wird der Beweis durch den Antrag angetreten, die Behörde oder den Beamten um die Mitteilung der Urkunde zu ersuchen.

(2) Diese Vorschrift ist auf Urkunden, welche die Parteien nach den gesetzlichen Vorschriften ohne Mitwirkung des Gerichts zu beschaffen imstande sind, nicht anzuwenden.

(3) Verweigert die Behörde oder der Beamte die Mitteilung der Urkunde in Fällen, in denen eine Verpflichtung zur Vorlegung auf § 422 gestützt wird, so gelten die Vorschriften der §§ 428 bis 431.

§ 433. (Weggefallen.)

§ 434. Wenn eine Urkunde bei der mündlichen Verhandlung wegen erheblicher Hindernisse nicht vorgelegt werden kann oder wenn es bedenklich erscheint, sie wegen ihrer Wichtigkeit und der Besorgnis ihres Verlustes oder ihrer Beschädigung vorzulegen, so kann das Prozeßgericht anordnen, daß sie vor einem seiner Mitglieder oder vor einem anderen Gericht vorgelegt werde.

§ 435[1]**.** Eine öffentliche Urkunde kann in Urschrift oder in einer beglaubigten Abschrift, die hinsichtlich der Beglaubigung die Erfordernisse einer öffentlichen Urkunde an sich trägt, vorgelegt werden; das Gericht kann jedoch anordnen, daß der Beweisführer die Urschrift vorlege oder die Tatsachen angebe und glaubhaft mache, die ihn an der Vorlegung der Urschrift verhindern. Bleibt die Anordnung erfolglos, so entscheidet das Gericht nach freier Überzeugung, welche Beweiskraft der beglaubigten Abschrift beizulegen sei.

§ 436. Der Beweisführer kann nach der Vorlegung einer Urkunde nur mit Zustimmung des Gegners auf dieses Beweismittel verzichten.

§ 437. (1) Urkunden, die nach Form und Inhalt als von einer öffentlichen Behörde oder von einer mit öffentlichem Glauben versehenen Person errichtet sich darstellen, haben die Vermutung der Echtheit für sich.

(2) Das Gericht kann, wenn es die Echtheit für zweifelhaft hält, auch von Amts wegen die Behörde oder die Person, von der die Urkunde errichtet sein soll, zu einer Erklärung über die Echtheit veranlassen.

§ 438. (1) Ob eine Urkunde, die als von einer ausländischen Behörde oder von einer mit öffentlichem Glauben versehenen Person des Auslandes errichtet sich darstellt, ohne näheren Nachweis als echt anzusehen sei, hat das Gericht nach den Umständen des Falles zu ermessen.

(2) Zum Beweise der Echtheit einer solchen Urkunde genügt die Legalisation durch einen Konsul oder Gesandten des Bundes.

§ 439. (1) Über die Echtheit einer Privaturkunde hat sich der Gegner des Beweisführers nach der Vorschrift des § 138 zu erklären.

(2) Befindet sich unter der Urkunde eine Namensunterschrift, so ist die Erklärung auf die Echtheit der Unterschrift zu richten.

(3) Wird die Erklärung nicht abgegeben, so ist die Urkunde als anerkannt anzusehen, wenn nicht die Absicht, die Echtheit bestreiten zu wollen, aus den übrigen Erklärungen der Partei hervorgeht.

§ 440. (1) Die Echtheit einer nicht anerkannten Privaturkunde ist zu beweisen.

---

[1]) Siehe Fußnote zu § 142.

(2) Steht die Echtheit der Namensunterschrift fest oder ist das unter einer Urkunde befindliche Handzeichen gerichtlich oder notariell beglaubigt, so hat die über der Unterschrift oder dem Handzeichen stehende Schrift die Vermutung der Echtheit für sich.

§ 441. (1) Der Beweis der Echtheit oder Unechtheit einer Urkunde kann auch durch Schriftvergleichung geführt werden.

(2) In diesem Falle hat der Beweisführer zur Vergleichung geeignete Schriften vorzulegen oder ihre Mitteilung nach der Vorschrift des § 432 zu beantragen und erforderlichenfalls den Beweis ihrer Echtheit anzutreten.

(3) Befinden sich zur Vergleichung geeignete Schriften in den Händen des Gegners, so ist dieser auf Antrag des Beweisführers zur Vorlegung verpflichtet. Die Vorschriften der §§ 421 bis 426 gelten entsprechend. Kommt der Gegner der Anordnung, die zur Vergleichung geeigneten Schriften vorzulegen, nicht nach oder gelangt das Gericht im Falle des § 426 zu der Überzeugung, daß der Gegner nach dem Verbleib der Schriften nicht sorgfältig geforscht habe, so kann die Urkunde als echt angesehen werden.

(4) Macht der Beweisführer glaubhaft, daß in den Händen eines Dritten geeignete Vergleichungsschriften sich befinden, deren Vorlegung er im Wege der Klage zu erwirken imstande sei, so gelten die Vorschriften des § 431 entsprechend.

§ 442. Über das Ergebnis der Schriftvergleichung hat das Gericht nach freier Überzeugung, geeignetenfalls nach Anhörung von Sachverständigen, zu entscheiden.

§ 443. Urkunden, deren Echtheit bestritten ist oder deren Inhalt verändert sein soll, werden bis zur Erledigung des Rechtsstreits auf der Geschäftsstelle verwahrt, sofern nicht ihre Auslieferung an eine andere Behörde im Interesse der öffentlichen Ordnung erforderlich ist.

§ 444. Ist eine Urkunde von einer Partei in der Absicht, ihre Benutzung dem Gegner zu entziehen, beseitigt oder zur Benutzung untauglich gemacht, so können die Behauptungen des Gegners über die Beschaffenheit und den Inhalt der Urkunde als bewiesen angesehen werden.

Zehnter Titel

Beweis durch Parteivernehmung

§ 445. (1) Eine Partei, die den ihr obliegenden Beweis mit anderen Beweismitteln nicht vollständig geführt oder andere Beweismittel nicht vorgebracht hat, kann den Beweis dadurch antreten, daß sie beantragt, den Gegner über die zu beweisenden Tatsachen zu vernehmen.

(2) Der Antrag ist nicht zu berücksichtigen, wenn er Tatsachen betrifft, deren Gegenteil das Gericht für erwiesen erachtet.

§ 446. Lehnt der Gegner ab, sich vernehmen zu lassen, oder gibt er auf Verlangen des Gerichts keine Erklärung ab, so hat das Gericht unter Berücksichtigung der gesamten Sachlage, insbesondere der für die Weigerung vorgebrachten Gründe, nach freier Überzeugung zu entscheiden, ob es die behauptete Tatsache als erwiesen ansehen will.

§ 447. Das Gericht kann über eine streitige Tatsache auch die beweispflichtige Partei vernehmen, wenn eine Partei es beantragt und die andere damit einverstanden ist.

§ 448. Auch ohne Antrag einer Partei und ohne Rücksicht auf die Beweislast kann das Gericht, wenn das Ergebnis der Verhandlungen und einer etwaigen Beweisaufnahme nicht ausreicht, um seine Überzeugung von der Wahrheit oder Unwahrheit einer zu erweisenden Tatsache zu begründen, die Vernehmung einer Partei oder beider Parteien über die Tatsache anordnen.

§ 449. Besteht die zu vernehmende Partei aus mehreren Streitgenossen, so bestimmt das Gericht nach Lage des Falles, ob alle oder nur einzelne Streitgenossen zu vernehmen sind.

§ 450. (1) Die Vernehmung einer Partei wird durch Beweisbeschluß angeordnet. Die Partei ist, wenn sie bei der Verkündung des Beschlusses nicht persönlich anwesend ist, zu der Vernehmung unter Mitteilung des Beweisbeschlusses persönlich durch Zustellung von Amts wegen zu laden.

(2) Die Ausführung des Beschlusses kann ausgesetzt werden, wenn nach seinem Erlaß über die zu beweisende Tatsache neue Beweismittel vorgebracht werden. Nach Erhebung der neuen Beweise ist von der Parteivernehmung abzusehen, wenn das Gericht die Beweisfrage für geklärt erachtet.

§ 451. Auf die Vernehmung einer Partei gelten die Vorschriften der §§ 375, 376, 395 Abs. 1, Abs. 2 Satz 1 und der §§ 396, 397, 398 entsprechend.

§ 452. (1) Reicht das Ergebnis der unbeeidigten Aussage einer Partei nicht aus, um das Gericht von der Wahrheit oder Unwahrheit der zu erweisenden Tatsache zu überzeugen, so kann es anordnen, daß die Partei ihre Aussage zu beeidigen habe. Waren beide Parteien vernommen, so kann die Beeidigung der Aussage über dieselben Tatsachen nur von einer Partei gefordert werden.

(2) Die Eidesnorm geht dahin, daß die Partei nach bestem Wissen die reine Wahrheit gesagt und nichts verschwiegen habe.

(3) Der Gegner kann auf die Beeidigung verzichten.

(4) Die Beeidigung einer Partei, die wegen wissentlicher Verletzung der Eidespflicht rechtskräftig verurteilt ist, ist unzulässig.

§ 453. (1) Das Gericht hat die Aussage der Partei nach § 286 frei zu würdigen.

(2) Verweigert die Partei die Aussage oder den Eid, so gilt § 446 entsprechend.

§ 454. (1) Bleibt die Partei in dem zu ihrer Vernehmung oder Beeidigung bestimmten Termin aus, so entscheidet das Gericht unter Berücksichtigung aller Umstände, insbesondere auch etwaiger von der Partei für ihr Ausbleiben angegebener Gründe, nach freiem Ermessen, ob die Aussage als verweigert anzusehen ist.

(2) War der Termin zur Vernehmung oder Beeidigung der Partei vor dem Prozeßgericht bestimmt, so ist im Falle ihres Ausbleibens, wenn nicht das Gericht die Anberaumung eines neuen Vernehmungstermins für geboten erachtet, zur Hauptsache zu verhandeln.

§ 455. (1) Ist eine Partei nicht prozeßfähig, so ist vorbehaltlich der Vorschrift im Abs. 2 ihr gesetzlicher Vertreter zu vernehmen. Sind mehrere gesetzliche Vertreter vorhanden, so gilt § 449 entsprechend.

(2) Minderjährige, die das sechzehnte Lebensjahr vollendet haben, sowie Volljährige, die wegen Geistesschwäche, Verschwendung oder Trunksucht entmündigt sind oder unter vorläufige Vormundschaft gestellt sind, können über Tatsachen, die in ihren eigenen Handlungen bestehen oder Gegenstand ihrer Wahrnehmung gewesen sind, vernommen und auch nach § 452 beeidigt werden, wenn das Gericht dies nach den Umständen des Falles für angemessen erachtet. Das gleiche gilt von einer prozeßfähigen Person, die in dem Rechtsstreit durch einen Pfleger vertreten wird.

§§ 456 bis 477. (Weggefallen.)

Elfter Titel

Verfahren bei der Abnahme von Eiden

§ 478. Der Eid muß von dem Schwurpflichtigen in Person geleistet werden.

§ 479. (1) Das Prozeßgericht kann anordnen, daß der Eid vor einem seiner Mitglieder oder vor einem anderen Gericht geleistet werde, wenn der Schwurpflichtige am Erscheinen vor dem Prozeßgericht verhindert ist oder sich in großer Entfernung von dessen Sitz aufhält.

(2) Der Bundespräsident leistet den Eid in seiner Wohnung vor einem Mitglied des Prozeßgerichts oder vor einem anderen Gericht.

§ 480. Vor der Leistung des Eides hat der Richter den Schwurpflichtigen in angemessener Weise auf die Bedeutung des Eides hinzuweisen.

§ 481. (1) Der Eid wird in der Weise geleistet, daß der Richter die Eidesnorm mit der Eingangsformel:

„Sie schwören bei Gott dem Allmächtigen und Allwissenden"

vorspricht und der Schwurpflichtige darauf die Worte spricht (Eidesformel):

„Ich schwöre es, so wahr mir Gott helfe!"

(2) Der Eid kann auch ohne religiöse Beteuerung geleistet werden.

(3) Der Schwörende soll bei der Eidesleistung die rechte Hand erheben.

(4) Sollen mehrere Personen gleichzeitig einen Eid leisten, so wird die Eidesformel von jedem Schwurpflichtigen einzeln gesprochen.

§ 482. (Weggefallen.)

§ 483. (1) Stumme, die schreiben können, leisten den Eid mittels Abschreibens und Unterschreibens der die Eidesnorm enthaltenden Eidesformel.

(2) Stumme, die nicht schreiben können, leisten den Eid mit Hilfe eines Dolmetschers durch Zeichen.

§ 484. Der Eidesleistung wird gleichgeachtet, wenn ein Mitglied einer Religionsgesellschaft, der das Gesetz den Gebrauch gewisser Beteuerungsformeln an Stelle des Eides gestattet, eine Erklärung unter der Beteuerungsformel dieser Religionsgesellschaft abgibt.

Zwölfter Titel

Sicherung des Beweises

§ 485. Auf Gesuch einer Partei kann die Einnahme des Augenscheins und die Vernehmung von Zeugen und Sachverständigen zur Sicherung des Beweises angeordnet werden. Der Antrag ist nur zulässig, wenn der Gegner zustimmt oder zu besorgen ist, daß das Beweismittel verloren oder seine Benutzung erschwert werde, oder wenn der gegenwärtige Zustand einer Sache festgestellt werden soll und der Antragsteller ein rechtliches Interesse an dieser Feststellung hat.

§ 486. (1) Das Gesuch ist bei dem Gericht anzubringen, vor dem der Rechtsstreit anhängig ist; es kann vor der Geschäftsstelle zu Protokoll erklärt werden.

(2) In Fällen dringender Gefahr kann das Gesuch auch bei dem Amtsgericht angebracht werden, in dessen Bezirk die zu vernehmenden Personen sich aufhalten oder der in Augenschein zu nehmende Gegenstand sich befindet.

(3) Bei dem bezeichneten Amtsgericht muß das Gesuch angebracht werden, wenn der Rechtsstreit noch nicht anhängig ist.

§ 487. Das Gesuch muß enthalten:
1. die Bezeichnung des Gegners;
2. die Bezeichnung der Tatsachen, über welche die Beweisaufnahme erfolgen soll;
3. die Bezeichnung der Beweismittel unter Benennung der zu vernehmenden Zeugen und Sachverständigen;
4. die Darlegung des Grundes, der die Besorgnis rechtfertigt, daß das Beweismittel verloren oder seine Benutzung erschwert werde. Dieser Grund ist glaubhaft zu machen.

§ 488. (Weggefallen.)

§ 489. (Weggefallen.)

§ 490. (1) Über das Gesuch kann ohne mündliche Verhandlung entschieden werden.

(2) In dem Beschluß, durch welchen dem Gesuch stattgegeben wird, sind die Tatsachen, über die der Beweis zu erheben ist, und die Beweismittel unter Benennung der zu vernehmenden Zeugen und Sachverständigen zu bezeichnen. Der Beschluß ist nicht anfechtbar.

§ 491. (1) Der Gegner ist, sofern es nach den Umständen des Falles geschehen kann, unter Zustellung des Beschlusses und einer Abschrift des Gesuchs zu dem für die Beweisaufnahme bestimmten Termin so zeitig zu laden, daß er in diesem Termin seine Rechte wahrzunehmen vermag.

(2) Die Nichtbefolgung dieser Vorschrift steht der Beweisaufnahme nicht entgegen.

§ 492. (1) Die Beweisaufnahme erfolgt nach den für die Aufnahme des betreffenden Beweismittels überhaupt geltenden Vorschriften.

(2) Das Protokoll über die Beweisaufnahme ist bei dem Gericht, das sie angeordnet hat, aufzubewahren.

§ 493. (1) Jede Partei hat das Recht, die Beweisverhandlungen in dem Prozeß zu benutzen.

(2) War der Gegner in einem Termin zur Beweisaufnahme nicht erschienen, so ist der Beweisführer zur Benutzung der Beweisverhandlung nur dann berechtigt, wenn der Gegner rechtzeitig geladen war oder wenn der Beweisführer glaubhaft macht, daß ohne sein Verschulden die Ladung unterblieben oder nicht rechtzeitig erfolgt sei.

§ 494. (1) Wird von dem Beweisführer ein Gegner nicht bezeichnet, so ist das Gesuch nur dann zulässig, wenn der Beweisführer glaubhaft macht, daß er ohne sein Verschulden außerstande sei, den Gegner zu bezeichnen.

(2) Wird dem Gesuch stattgegeben, so kann das Gericht dem unbekannten Gegner zur Wahrnehmung seiner Rechte bei der Beweisaufnahme einen Vertreter bestellen.

Zweiter Abschnitt
Verfahren vor den Amtsgerichten

§ 495. (1) Für das Verfahren vor den Amtsgerichten gelten die Vorschriften über das Verfahren vor den Landgerichten, soweit nicht aus den allgemeinen Vorschriften des ersten Buches, aus den nachfolgenden besonderen Bestimmungen und aus der Verfassung der Amtsgerichte sich Abweichungen ergeben.

(2) Der Richter soll in jeder Lage des Verfahrens auf die gütliche Beilegung des Rechtsstreits hinwirken.

§ 495a. (Weggefallen.)

§ 496. (1) Die Zustellungen erfolgen unbeschadet der Vorschrift des § 317 Abs. 1 von Amts wegen.

(2) Die Klage sowie sonstige Anträge und Erklärungen einer Partei, die zugestellt werden sollen, sind bei dem Gericht schriftlich einzureichen oder mündlich zum Protokoll der Geschäftsstelle anzubringen. Die Partei soll den Schriftsätzen, die sie bei dem Gericht einreicht, die für die Zustellung erforderliche Zahl von Abschriften beifügen.

(3) Soll durch die Zustellung eine Frist[1]) gewahrt oder die Verjährung unterbrochen werden, so tritt die Wirkung, sofern die Zustellung demnächst erfolgt, bereits mit der Einreichung oder Anbringung des Antrages oder der Erklärung ein.

(4) Mit Ausnahme der Klage und solcher Schriftsätze, die Sachanträge oder eine Zurücknahme der Klage enthalten, sind Schriftsätze und sonstige Erklärungen der Parteien, sofern nicht das Gericht die Zustellung anordnet, ohne besondere Form mitzuteilen. Bei Übersendung durch die Post gilt die Mitteilung, wenn die Wohnung der Partei im Bereich des Ortsbestellverkehrs liegt, an dem folgenden, im übrigen an dem zweiten Werktage nach der Aufgabe zur Post als bewirkt, sofern nicht die Partei glaubhaft macht, daß ihr die Mitteilung nicht oder erst in einem späteren Zeitpunkt zugegangen ist.

§ 497. (1) Ladungen durch die Partei finden nicht statt. Die Termine werden von Amts wegen bestimmt. Nach Bestimmung des Termins ist die Ladung der Parteien durch die Geschäftsstelle zu veranlassen. Die Ladung des Klägers zu dem auf die Klage bestimmten Termin ist, sofern nicht das Gericht die Zustellung anordnet, ohne besondere Form mitzuteilen; § 496 Abs. 4 Satz 2 gilt entsprechend.

(2) Die Ladung einer Partei ist nicht erforderlich, wenn der Termin der Partei bei Einreichung oder Anbringung der Klage oder des Antrages, auf Grund dessen die Terminsbestimmung stattfindet, mitgeteilt worden ist. Die Mitteilung ist zu den Akten zu vermerken.

[1]) Siehe Fußnote zu § 261 b.

§ 498. (1) Dem Beklagten ist mit der Ladung die Klageschrift oder das die Klage enthaltende Protokoll zuzustellen.

(2) Mit der Zustellung der Klageschrift ist die Aufforderung an den Beklagten zu verbinden, etwaige gegen die Behauptungen des Klägers vorzubringende Einwendungen und Beweismittel unter genauer Bezeichnung der zu beweisenden Tatsachen unverzüglich dem Gericht mitzuteilen. § 261a Abs. 2 Satz 2 ist nicht anzuwenden.

(3) Die Klage gilt unbeschadet der Bestimmung im Abs. 496 Abs. 3 erst mit der Zustellung an den Beklagten als erhoben.

§ 499. (1) Die Frist zur Einlassung auf eine Klage beträgt mindestens drei Tage, wenn die Zustellung an einem Ort erfolgt, der Sitz des Prozeßgerichts ist oder im Bezirk des Prozeßgerichts liegt oder von dem ein Teil zu diesem Bezirk gehört; mindestens eine Woche, wenn die Zustellung sonst im Inland erfolgt; in Meß- und Marktsachen mindestens vierundzwanzig Stunden.

(2) Ist die Zustellung im Ausland vorzunehmen, so hat das Gericht bei Festsetzung des Termins die Einlassungsfrist zu bestimmen.

§§ 499a bis **499g.** (Weggefallen.)

§ 500. (1) An ordentlichen Gerichtstagen können die Parteien zur Verhandlung des Rechtsstreits ohne Terminsbestimmung vor Gericht erscheinen.

(2) Die Klage wird in diesem Falle durch mündlichen Vortrag erhoben. Sie ist zu Protokoll zu nehmen, falls die Sache streitig bleibt. Nach der Klageerhebung kann jede Partei die Vertagung des Termins beantragen.

§ 500a. (Weggefallen.)

§ 501. (Weggefallen.)

§ 502. (Weggefallen.)

§ 503. (Weggefallen.)

§ 504. (1) Die Vorschrift, daß prozeßhindernde Einreden gleichzeitig und vor der Verhandlung zur Hauptsache vorzubringen sind, gilt nur insoweit, als die Einrede der Unzuständigkeit des Gerichts und die Einrede, daß der Rechtsstreit durch Schiedsrichter zu entscheiden sei, vor der Verhandlung zur Hauptsache geltend zu machen sind.

(2) Ist das Amtsgericht sachlich unzuständig, so hat es vor der Verhandlung des Beklagten zur Hauptsache ihn auf die Unzuständigkeit aufmerksam zu machen.

§ 505. (Weggefallen.)

§ 506. (1) Wird durch Widerklage oder durch Erweiterung des Klageantrages (§ 268 Nr. 2, 3) ein Anspruch erhoben, der zur Zuständigkeit der Landgerichte gehört, oder wird nach § 280 die Feststellung eines Rechtsverhältnisses beantragt, für das die Landgerichte zuständig sind, so hat das Amtsgericht, sofern eine Partei vor weiterer Verhandlung zur Hauptsache darauf anträgt, durch Beschluß sich für unzuständig zu erklären und den Rechtsstreit an das Landgericht zu verweisen.

(2) Die Vorschriften des § 276 Abs. 2, Abs. 3 Satz 1 gelten entsprechend.

§ 507. Die Vorschriften des § 297 sind nicht anzuwenden.

§ 508. (1) Die Geschäftsstelle hat die Zustellung des Versäumnisurteils zu vermitteln, sofern nicht die Partei, die das Urteil erwirkt hat, erklärt hat, selbst einen Gerichtsvollzieher mit der Zustellung beauftragen zu wollen.

(2) Die im § 339 Abs. 1 bezeichnete Frist beträgt eine Woche.

(3) Eine Verweisung des Rechtsstreits an ein anderes Gericht nach §§ 276, 506 findet nur statt, wenn das Amtsgericht den Einspruch für zulässig erachtet. Das Gericht, an das der Rechtsstreit verwiesen wird, ist an die Entscheidung des Amtsgerichts, durch die der Einspruch zugelassen wird, gebunden.

§ 509. (Weggefallen.)

§ 510. Wegen unterbliebener Erklärung ist eine Urkunde nur dann als anerkannt anzusehen, wenn die Partei durch das Gericht zur Erklärung über die Echtheit der Urkunde aufgefordert ist.

§ 510a. (1) Anträge sowie die Erklärung auf einen Antrag auf Parteivernehmung sind durch das Sitzungsprotokoll festzustellen; anstatt der Feststellung genügt die Bezugnahme auf den Inhalt eines vorbereitenden Schriftsatzes.

(2) Sonstige Erklärungen einer Partei, insbesondere Geständnisse, sind durch das Protokoll insoweit festzustellen, als das Gericht bei dem Schluß der mündlichen Verhandlung die Feststellung für angemessen erachtet.

§ 510b. Erfolgt die Verurteilung zur Vornahme einer Handlung, so kann der Beklagte zugleich auf Antrag des Klägers für den Fall, daß die Handlung nicht binnen einer zu bestimmenden Frist vorgenommen ist, zur Zahlung einer Entschädigung verurteilt werden; das Gericht hat die Entschädigung nach freiem Ermessen festzusetzen.

§ 510c[1]. (1) Bei Streitigkeiten über vermögensrechtliche Ansprüche bestimmt das Gericht sein Verfahren nach freiem Ermessen, wenn der

[1]) Unanwendbar in Mieterschutzsachen und vor dem ArbGer. (Art. 8 Nr. 106 des Wiedervereinheitlichungsgesetzes — abgedr. unter V —).

Wert des Streitgegenstandes zur Zeit der Einreichung der Klage fünfzig Deutsche Mark nicht übersteigt.

(2) Ein in diesem Verfahren ergehendes Endurteil ist, sofern es nicht als Versäumnisurteil erlassen ist, als Schiedsurteil zu bezeichnen.

(3) Die Parteien können in der Verhandlung vor dem Gericht auf eine schriftliche Begründung des Schiedsurteils verzichten; der Verzicht ist in das Protokoll aufzunehmen.

(4) Das Schiedsurteil steht einem im ordentlichen Verfahren ergangenen rechtskräftigen Urteil gleich.

Drittes Buch

Rechtsmittel

Erster Abschnitt

Berufung

§ 511. Die Berufung findet gegen die im ersten Rechtszuge erlassenen Endurteile statt.

§ 511a. (1) In Rechtsstreitigkeiten über vermögensrechtliche Ansprüche ist die Berufung unzulässig, wenn der Wert des Beschwerdegegenstandes fünfzig Deutsche Mark nicht übersteigt.

(2) Für den Wert des Beschwerdegegenstandes gelten die §§ 3 bis 9.

(3) Der Berufungskläger hat diesen Wert glaubhaft zu machen; zur Versicherung an Eides Statt darf er nicht zugelassen werden.

(4) Insoweit es sich um die Unzulässigkeit des Rechtswegs handelt sowie in Rechtsstreitigkeiten über Ansprüche, für welche die Landgerichte ohne Rücksicht auf den Wert des Streitgegenstandes ausschließlich zuständig sind, findet die Berufung ohne Rücksicht auf den Wert des Beschwerdegegenstandes statt[1]).

§ 512. Der Beurteilung des Berufungsgerichts unterliegen auch diejenigen Entscheidungen, die dem Endurteil vorausgegangen sind, sofern sie nicht nach den Vorschriften dieses Gesetzes unanfechtbar oder mit der Beschwerde anfechtbar sind.

§ 512a. Die Berufung kann in Streitigkeiten über vermögensrechtliche Ansprüche nicht darauf gestützt werden, daß das Gericht des ersten Rechtszuges seine örtliche Zuständigkeit mit Unrecht angenommen hat.

§ 513. (1) Ein Versäumnisurteil kann von der Partei, gegen die es erlassen ist, mit der Berufung nicht angefochten werden.

---

[1]) Ferner § 14 Abs. 1 MSchG.; Art. 6 Abs. 1 S. 1 der 4. DVO. zum Binnenschiffahrtsgesetz — abgedr. unter VIII B —.

(2) Ein Versäumnisurteil, gegen das der Einspruch an sich nicht statthaft ist, unterliegt der Berufung insoweit, als sie darauf gestützt wird, daß der Fall der Versäumung nicht vorgelegen habe.

§ 514. Die Wirksamkeit eines nach Erlaß des Urteils erklärten Verzichts auf das Recht der Berufung ist nicht davon abhängig, daß der Gegner die Verzichtleistung angenommen hat.

§ 515. (1) Die Zurücknahme der Berufung ist ohne Einwilligung des Berufungsbeklagten nur bis zum Beginn der mündlichen Verhandlung des Berufungsbeklagten zulässig.

(2) Die Zurücknahme ist dem Gericht gegenüber zu erklären. Sie erfolgt, wenn sie nicht bei der mündlichen Verhandlung erklärt wird, durch Einreichung eines Schriftsatzes.

(3) Die Zurücknahme hat den Verlust des eingelegten Rechtsmittels und die Verpflichtung zur Folge, die durch das Rechtsmittel entstandenen Kosten zu tragen. Auf Antrag des Gegners sind diese Wirkungen durch Beschluß auszusprechen. Der Beschluß bedarf keiner mündlichen Verhandlung und ist nicht anfechtbar.

§ 516. Die Berufungsfrist beträgt einen Monat; sie ist eine Notfrist und beginnt mit der Zustellung des Urteils, spätestens aber mit dem Ablauf von fünf Monaten nach der Verkündung.

§ 517. Wird innerhalb der Berufungsfrist ein Urteil durch eine nachträgliche Entscheidung ergänzt (§ 321), so beginnt mit der Zustellung der nachträglichen Entscheidung der Lauf der Berufungsfrist auch für die Berufung gegen das zuerst ergangene Urteil von neuem. Wird gegen beide Urteile von derselben Partei Berufung eingelegt, so sind beide Berufungen miteinander zu verbinden.

§ 518. (1) Die Berufung wird durch Einreichung der Berufungsschrift bei dem Berufungsgericht eingelegt.

(2) Die Berufungsschrift muß enthalten:
1. die Bezeichnung des Urteils, gegen das die Berufung gerichtet wird;
2. die Erklärung, daß gegen dieses Urteil Berufung eingelegt werde.

(3) Mit der Berufungsschrift soll eine Ausfertigung oder beglaubigte Abschrift des Urteils, gegen das die Berufung sich richtet, sowie der Nachweis der Zustellung des Urteils dem Berufungsgericht vorgelegt oder angegeben werden, daß das Urteil nicht zugestellt sei.

(4) Die allgemeinen Vorschriften über die vorbereitenden Schriftsätze sind auch auf die Berufungsschrift anzuwenden.

§ 519. (1) Der Berufungskläger muß die Berufung begründen.

(2) Die Berufungsbegründung ist, sofern sie nicht bereits in der Berufungsschrift enthalten ist, in einem Schriftsatz bei dem Berufungsgericht

einzureichen. Die Frist für die Berufungsbegründung beträgt einen Monat; sie beginnt mit der Einlegung der Berufung und kann auf Antrag von dem Vorsitzenden verlängert werden.

(3) Die Berufungsbegründung muß enthalten:

1. die Erklärung, inwieweit das Urteil angefochten wird und welche Abänderungen des Urteils beantragt werden (Berufungsanträge);
2. die bestimmte Bezeichnung der im einzelnen anzuführenden Gründe der Anfechtung (Berufungsgründe) sowie der neuen Tatsachen, Beweismittel und Beweiseinreden, die die Partei zur Rechtfertigung ihrer Berufung anzuführen hat.

(4) In der Berufungsbegründung soll ferner der Wert des nicht in einer bestimmten Geldsumme bestehenden Beschwerdegegenstandes angegeben werden, wenn von ihm die Zulässigkeit der Berufung abhängt.

(5) Die allgemeinen Vorschriften über die vorbereitenden Schriftsätze sind auch auf die Berufungsbegründung anzuwenden.

§ 519a. Die Berufungsschrift und die Berufungsbegründung sind der Gegenpartei von Amts wegen zuzustellen. Mit der Zustellung der Berufungsschrift ist der Zeitpunkt mitzuteilen, in dem die Berufung eingelegt ist. Die erforderliche Zahl von beglaubigten Abschriften soll der Beschwerdeführer mit der Berufungsschrift oder der Berufungsbegründung einreichen.

§ 519b. (1) Das Berufungsgericht hat von Amts wegen zu prüfen, ob die Berufung an sich statthaft und ob sie in der gesetzlichen Form und Frist eingelegt und begründet ist. Mangelt es an einem dieser Erfordernisse, so ist die Berufung als unzulässig zu verwerfen.

(2) Die Entscheidung kann ohne mündliche Verhandlung durch Beschluß ergehen; sie unterliegt in diesem Falle der sofortigen Beschwerde, sofern gegen ein Urteil gleichen Inhalts die Revision zulässig wäre.

§ 520. (1) Wird die Berufung nicht durch Beschluß als unzulässig verworfen, so ist der Termin zur mündlichen Verhandlung von Amts wegen zu bestimmen und den Parteien bekanntzumachen. In der Bekanntmachung soll der Berufungsbeklagte, sofern die Zustellung nicht an einen Rechtsanwalt erfolgt, darauf hingewiesen werden, daß er sich vor dem Berufungsgericht durch einen bei diesem Gericht zugelassenen Rechtsanwalt als Bevollmächtigten vertreten lassen muß.

(2) Auf die Frist, die zwischen dem Zeitpunkt der Bekanntmachung des Termins und der mündlichen Verhandlung liegen muß, sind die Vorschriften des § 262 entsprechend anzuwenden.

§ 521. (1) Der Berufungsbeklagte kann sich der Berufung anschließen, selbst wenn er auf die Berufung verzichtet hat oder wenn die Berufungsfrist verstrichen ist.

(2) Die Vorschriften über die Anfechtung des Versäumnisurteils durch Berufung sind auch auf seine Anfechtung durch Anschließung anzuwenden.

§ 522. (1) Die Anschließung verliert ihre Wirkung, wenn die Berufung zurückgenommen oder als unzulässig verworfen wird.

(2) Hat der Berufungsbeklagte innerhalb der Berufungsfrist sich der erhobenen Berufung angeschlossen, so wird es so angesehen, als habe er die Berufung selbständig eingelegt.

§ 522a. (1) Die Anschließung erfolgt durch Einreichung der Berufungsanschlußschrift bei dem Berufungsgericht.

(2) Die Anschlußberufung muß vor Ablauf der Berufungsbegründungsfrist (§ 519 Abs. 2) und, sofern sie nach deren Ablauf eingelegt wird, in der Anschlußschrift begründet werden.

(3) Die Vorschriften des § 518 Abs. 2, 4, des § 519 Abs. 3, 5 und der §§ 519a, 519b gelten entsprechend.

§ 523. Auf das weitere Verfahren sind die im ersten Rechtszuge für das Verfahren vor den Landgerichten geltenden Vorschriften entsprechend anzuwenden, soweit sich nicht Abweichungen aus den Vorschriften dieses Abschnitts ergeben.

§ 523a. Die Vorschrift des § 349 Abs. 3 ist nicht anzuwenden.

§ 524. (Weggefallen.)

§ 525. Vor dem Berufungsgericht wird der Rechtsstreit in den durch die Anträge bestimmten Grenzen von neuem verhandelt.

§ 526. (1) Bei der mündlichen Verhandlung haben die Parteien das durch die Berufung angefochtene Urteil sowie die dem Urteil vorausgegangenen Entscheidungen nebst den Entscheidungsgründen und den Beweisverhandlungen insoweit vorzutragen, als dies zum Verständnis der Berufungsanträge und zur Prüfung der Richtigkeit der angefochtenen Entscheidung erforderlich ist.

(2) Im Falle der Unrichtigkeit oder Unvollständigkeit des Vortrags hat der Vorsitzende dessen Berichtigung oder Vervollständigung, nötigenfalls unter Wiedereröffnung der Verhandlung, zu veranlassen.

§ 527. (Weggefallen.)

§ 528. Prozeßhindernde Einreden, auf welche die Partei wirksam verzichten kann, dürfen nur geltend gemacht werden, wenn die Partei glaubhaft macht, daß sie ohne ihr Verschulden außerstande gewesen sei, sie im ersten Rechtszuge vorzubringen. Das gleiche gilt, wenn bei vermögensrechtlichen Ansprüchen für die Klage ein ausschließlicher Gerichtsstand oder die Zuständigkeit eines Arbeitsgerichts begründet ist, und von der

Einrede der Unzuständigkeit des Gerichts, sofern der Beklagte im ersten Rechtszuge zur Hauptsache mündlich verhandelt hat; eine Prüfung der Zuständigkeit von Amts wegen findet nicht statt.

§ 529. (1) Die Parteien können Angriffs- und Verteidigungsmittel, die im ersten Rechtszuge nicht geltend gemacht sind, insbesondere neue Tatsachen und Beweismittel, vorbringen.

(2) Neue Angriffs- und Verteidigungsmittel sowie Beweismittel und Beweiseinreden, die im ersten Rechtszuge hätten geltend gemacht werden können und deren Berücksichtigung die Erledigung des Rechtsstreits verzögern würde, sind jedoch nur zuzulassen, wenn nach der freien Überzeugung des Gerichts die Partei das Vorbringen im ersten Rechtszuge weder in der Absicht, den Prozeß zu verschleppen, noch aus grober Nachlässigkeit unterlassen hatte. Diese Vorschrift gilt entsprechend für das Vorbringen einer Partei, das im ersten Rechtszuge nach den §§ 279, 279a, 283 Abs. 2 zurückgewiesen worden ist.

(3) Die Vorschrift des Abs. 2 Satz 1 gilt ferner entsprechend, wenn der Berufungskläger ein neues Vorbringen, dessen Geltendmachung in der Berufungsinstanz zulässig ist, entgegen der Vorschrift des § 519 nicht in der Berufungsbegründung mitgeteilt hat.

(4) Die Erhebung einer Widerklage ist nur zuzulassen, wenn der Gegner einwilligt oder das Gericht die Geltendmachung des mit ihr verfolgten Anspruchs in dem anhängigen Verfahren für sachdienlich hält.

(5) Macht der Beklagte die Aufrechnung einer Gegenforderung geltend, so ist die hierauf gegründete Einwendung nur zuzulassen, wenn der Kläger einwilligt oder das Gericht die Geltendmachung in dem anhängigen Verfahren für sachdienlich hält.

§ 530. Die Verletzung einer das Verfahren des ersten Rechtszuges betreffenden Vorschrift kann in der Berufungsinstanz nicht mehr gerügt werden, wenn die Partei das Rügerecht bereits im ersten Rechtszuge nach der Vorschrift des § 295 verloren hat.

§ 531. Die im ersten Rechtszuge unterbliebenen oder verweigerten Erklärungen über Tatsachen, Urkunden und Anträge auf Parteivernehmung können in der Berufungsinstanz nachgeholt werden.

§ 532. Das im ersten Rechtszuge abgelegte gerichtliche Geständnis behält seine Wirksamkeit auch für die Berufungsinstanz.

§ 533. (1) Das Berufungsgericht darf die Vernehmung oder Beeidigung einer Partei, die im ersten Rechtszuge die Vernehmung abgelehnt oder die Aussage oder den Eid verweigert hatte, nur anordnen, wenn es der Überzeugung ist, daß die Partei zu der Ablehnung oder Weigerung genügende Gründe hatte und diese Gründe seitdem weggefallen sind.

(2) War eine Partei im ersten Rechtszuge vernommen und auf ihre Aus-

sage beeidigt, so darf das Berufungsgericht die eidliche Vernehmung des Gegners nur anordnen, wenn die Vernehmung oder Beeidigung im ersten Rechtszuge unzulässig war.

§ 534. (1) Ein nicht oder nicht unbedingt für vorläufig vollstreckbar erklärtes Urteil des ersten Rechtszuges ist, soweit es durch die Berufungsanträge nicht angefochten wird, auf den im Laufe der mündlichen Verhandlung gestellten Antrag von dem Berufungsgericht durch Beschluß für vorläufig vollstreckbar zu erklären.

(2) Das gleiche gilt, wenn der Berufungskläger neue Angriffs- oder Verteidigungsmittel oder Beweismittel und Beweiseinreden vorbringt, durch welche die Erledigung des Rechtsstreits verzögert wird, und nach der freien Überzeugung des Gerichts die Verspätung des Vorbringens auf der Absicht der Prozeßverschleppung oder auf Nachlässigkeit beruht.

(3) Eine Anfechtung der Entscheidung findet nicht statt.

§ 535. (Weggefallen.)

§ 536. Das Urteil des ersten Rechtszuges darf nur insoweit abgeändert werden, als eine Abänderung beantragt ist.

§ 537. Gegenstand der Verhandlung und Entscheidung des Berufungsgerichts sind alle einen zuerkannten oder aberkannten Anspruch betreffenden Streitpunkte, über die nach den Anträgen eine Verhandlung und Entscheidung erforderlich ist, selbst wenn über diese Streitpunkte im ersten Rechtszuge nicht verhandelt oder nicht entschieden ist.

§ 538. (1) Das Berufungsgericht hat die Sache, insofern ihre weitere Verhandlung erforderlich ist, an das Gericht des ersten Rechtszuges zurückzuverweisen:

1. wenn durch das angefochtene Urteil ein Einspruch als unzulässig verworfen ist;
2. wenn durch das angefochtene Urteil nur über prozeßhindernde Einreden entschieden ist;
3. wenn im Falle eines nach Grund und Betrag streitigen Anspruchs durch das angefochtene Urteil über den Grund des Anspruchs vorab entschieden oder die Klage abgewiesen ist, es sei denn, daß der Streit über den Betrag des Anspruchs zur Entscheidung reif ist;
4. wenn das angefochtene Urteil im Urkunden- oder Wechselprozeß unter Vorbehalt der Rechte erlassen ist;
5. wenn das angefochtene Urteil ein Versäumnisurteil ist.

(2) Im Falle der Nr. 2 hat das Berufungsgericht die sämtlichen prozeßhindernden Einreden zu erledigen.

§ 539. Leidet das Verfahren des ersten Rechtszuges an einem wesentlichen Mangel, so kann das Berufungsgericht unter Aufhebung des Urteils und des Verfahrens, soweit das letztere durch den Mangel betroffen wird, die Sache an das Gericht des ersten Rechtszuges zurückverweisen.

§ 540. In den Fällen der §§ 538, 539 kann das Berufungsgericht von einer Zurückverweisung absehen und selbst entscheiden, wenn es dies für sachdienlich hält.

§ 541. (Weggefallen.)

§ 542. (1) Die Vorschriften über das Versäumnisverfahren im ersten Rechtszuge gelten entsprechend.

(2) Beantragt der Berufungskläger gegen den im Termin zur mündlichen Verhandlung nicht erschienenen Berufungsbeklagten das Versäumnisurteil, so ist, soweit das festgestellte Sachverhältnis nicht entgegensteht, das tatsächliche mündliche Vorbringen des Berufungsklägers für zugestanden zu erachten und in Ansehung einer zulässigerweise beantragten Beweisaufnahme anzunehmen, daß sie das in Aussicht gestellte Ergebnis gehabt habe.

§ 543. Bei der Darstellung des Tatbestandes im Urteil ist eine Bezugnahme auf das Urteil des vorigen Rechtszuges nicht ausgeschlossen.

§ 544. (1) Die Geschäftsstelle des Berufungsgerichts hat innerhalb vierundzwanzig Stunden, nachdem die Berufungsschrift eingereicht ist, von der Geschäftsstelle des Gerichts des ersten Rechtszuges die Prozeßakten einzufordern.

(2) Nach Erledigung der Berufung sind die Akten der Geschäftsstelle des Gerichts des ersten Rechtszuges nebst einer beglaubigten Abschrift des in der Berufungsinstanz erlassenen Urteils zurückzusenden.

Zweiter Abschnitt

Revision

§ 545. (1) Die Revision findet gegen die in der Berufungsinstanz von den Oberlandesgerichten erlassenen Endurteile nach Maßgabe der folgenden Vorschriften statt.

(2) Gegen Urteile, durch die über die Anordnung, Abänderung oder Aufhebung eines Arrestes oder einer einstweiligen Verfügung entschieden wird, ist die Revision nicht zulässig.

§ 546. (1) Die Revision findet nur statt, wenn das Oberlandesgericht sie in dem Urteil zugelassen hat oder wenn in Rechtsstreitigkeiten über vermögensrechtliche Ansprüche der Wert des Beschwerdegegenstandes sechstausend Deutsche Mark übersteigt.

(2) Das Oberlandesgericht darf die Revision nur zulassen, wenn die Rechtssache grundsätzliche Bedeutung hat. Es hat die Revision stets dann zuzulassen, wenn es von einer Entscheidung des Bundesgerichtshofes abweicht.

(3) Für den Wert des Beschwerdegegenstandes gelten die Vorschriften der §§ 3 bis 9. Der Revisionskläger hat diesen Wert glaubhaft zu machen; zur Versicherung an Eides Statt darf er nicht zugelassen werden.

§ 547. (1) Ohne Zulassung und ohne Rücksicht auf den Wert des Beschwerdegegenstandes findet die Revision statt:

1. insoweit es sich um die Unzulässigkeit des Rechtswegs oder die Unzulässigkeit der Berufung handelt;
2. in den Rechtsstreitigkeiten über Ansprüche, für welche die Landgerichte ohne Rücksicht auf den Wert des Streitgegenstandes ausschließlich zuständig sind.

(2) Die Vorschrift des § 545 Abs. 2 bleibt unberührt.

§ 548. Der Beurteilung des Revisionsgerichts unterliegen auch diejenigen Entscheidungen, die dem Endurteil vorausgegangen sind, sofern sie nicht nach den Vorschriften dieses Gesetzes unanfechtbar sind.

§ 549. (1) Die Revision kann nur darauf gestützt werden, daß die Entscheidung auf der Verletzung einer Vorschrift des Bundesrechts oder der Verletzung einer sonstigen im Bezirk des Berufungsgerichts geltenden Vorschrift beruht, deren Geltungsbereich sich über den Bezirk des Berufungsgerichts hinaus erstreckt oder die dem Bergrecht, dem gemeinen Recht, dem französischen Recht oder dem Badischen Landrecht einschließlich seiner Zusätze angehört.

(2) In Rechtsstreitigkeiten über vermögensrechtliche Ansprüche kann die Revision nicht darauf gestützt werden, daß das Gericht seine örtliche Zuständigkeit mit Unrecht angenommen hat.

§ 550. Das Gesetz ist verletzt, wenn eine Rechtsnorm nicht oder nicht richtig angewendet worden ist.

§ 551. Eine Entscheidung ist stets als auf einer Verletzung des Gesetzes beruhend anzusehen:

1. wenn das erkennende Gericht nicht vorschriftsmäßig besetzt war;
2. wenn bei der Entscheidung ein Richter mitgewirkt hat, der von der Ausübung des Richteramts kraft Gesetzes ausgeschlossen war, sofern nicht dieses Hindernis mittels eines Ablehnungsgesuchs ohne Erfolg geltend gemacht ist;
3. wenn bei der Entscheidung ein Richter mitgewirkt hat, obgleich er wegen Besorgnis der Befangenheit abgelehnt und das Ablehnungsgesuch für begründet erklärt war;

4. wenn das Gericht seine Zuständigkeit oder Unzuständigkeit mit Unrecht angenommen hat;
5. wenn eine Partei in dem Verfahren nicht nach Vorschrift der Gesetze vertreten war, sofern sie nicht die Prozeßführung ausdrücklich oder stillschweigend genehmigt hat;
6. wenn die Entscheidung auf Grund einer mündlichen Verhandlung ergangen ist, bei der die Vorschriften über die Öffentlichkeit des Verfahrens verletzt sind;
7. wenn die Entscheidung nicht mit Gründen versehen ist.

§ 552. Die Revisionsfrist beträgt einen Monat; sie ist eine Notfrist und beginnt mit der Zustellung des in vollständiger Form abgefaßten Urteils, spätestens aber mit Ablauf von fünf Monaten nach der Verkündung des Urteils.

§ 553[1]. (1) Die Revision wird durch Einreichung der Revisionsschrift bei dem Revisionsgericht eingelegt. Die Revisionsschrift muß enthalten:
1. die Bezeichnung des Urteils, gegen das die Revision gerichtet wird;
2. die Erklärung, daß gegen dieses Urteil die Revision eingelegt werde.

(2) Die allgemeinen Vorschriften über die vorbereitenden Schriftsätze sind auch auf die Revisionsschrift anzuwenden.

§ 553a. (1) Mit der Revisionsschrift soll eine Ausfertigung oder beglaubigte Abschrift des Urteils, gegen das die Revision sich richtet, sowie der Nachweis der Zustellung des Urteils dem Revisionsgericht vorgelegt oder angegeben werden, daß das Urteil nicht zugestellt sei.

(2) Die Revisionsschrift ist der Gegenpartei von Amts wegen zuzustellen. Hierbei ist der Zeitpunkt mitzuteilen, in dem die Revision eingelegt ist. Die erforderliche Zahl von beglaubigten Abschriften soll der Beschwerdeführer mit der Revisionsschrift einreichen.

§ 554. (1) Der Revisionskläger muß die Revision begründen.

(2) Die Revisionsbegründung ist, sofern sie nicht bereits in der Revisionsschrift enthalten ist, in einem Schriftsatz bei dem Revisionsgericht einzureichen. Die Frist für die Revisionsbegründung beträgt einen Monat; sie beginnt mit der Einlegung der Revision und kann auf Antrag von dem Vorsitzenden verlängert werden.

(3) Die Revisionsbegründung muß enthalten:
1. die Erklärung, inwieweit das Urteil angefochten und dessen Aufhebung beantragt werde (Revisionsanträge);
2. die Angabe der Revisionsgründe, und zwar:
   a) die Bezeichnung der verletzten Rechtsnorm;
   b) insoweit die Revision darauf gestützt wird, daß das Gesetz in bezug auf das Verfahren verletzt sei, die Bezeichnung der Tatsachen, die den Mangel ergeben.

---
[1]) In Bayern hierzu §§ 7, 8 EGZPO. i. Vbdg. m. Ges. Nr. 124 über die Wiedererrichtung des BayObLG.

(4) In der Revisionsbegründung soll ferner der Wert des nicht in einer bestimmten Geldsumme bestehenden Beschwerdegegenstandes angegeben werden.

(5) Die Vorschriften des § 553 Abs. 2 und des § 553a Abs. 2 Satz 1, 3 sind auf die Revisionsbegründung entsprechend anzuwenden.

(6) Nach dem Ablauf der Begründungsfrist ist die Geltendmachung neuer Revisionsgründe nicht zulässig.

§ 554a. (1) Das Revisionsgericht hat von Amts wegen zu prüfen, ob die Revision an sich statthaft und ob sie in der gesetzlichen Form und Frist eingelegt und begründet ist. Mangelt es an einem dieser Erfordernisse, so ist die Revision als unzulässig zu verwerfen.

(2) Die Entscheidung kann ohne mündliche Verhandlung durch Beschluß ergehen.

§ 555. (1) Wird die Revision nicht durch Beschluß als unzulässig verworfen, so ist der Termin zur mündlichen Verhandlung von Amts wegen zu bestimmen und den Parteien bekanntzumachen.

(2) Auf die Frist, die zwischen dem Zeitpunkt der Bekanntmachung des Termins und der mündlichen Verhandlung liegen muß, sind die Vorschriften des § 262 entsprechend anzuwenden[1]).

§ 556. (1) Der Revisionsbeklagte kann sich bis zum Ablauf der Begründungsfrist der Revision anschließen, selbst wenn er auf die Revision verzichtet hat.

(2) Die Anschließung erfolgt durch Einreichung der Revisionsanschlußschrift bei dem Revisionsgericht. Die Anschlußrevision muß in der Anschlußschrift begründet werden. Die Vorschriften des § 521 Abs. 2, der §§ 522, 553, des § 553a Abs. 2 Satz 1, 3, des § 554 Abs. 3, 6 und des § 554a gelten entsprechend.

§ 557. Auf das weitere Verfahren sind die im ersten Rechtszuge für das Verfahren vor den Landgerichten geltenden Vorschriften entsprechend anzuwenden, soweit sich nicht Abweichungen aus den Vorschriften dieses Abschnitts ergeben.

§ 557a. Die Vorschriften der §§ 348 bis 350 sind nicht anzuwenden.

§ 558. Die Verletzung einer das Verfahren der Berufungsinstanz betreffenden Vorschrift kann in der Revisionsinstanz nicht mehr gerügt werden, wenn die Partei das Rügerecht bereits in der Berufungsinstanz nach der Vorschrift des § 295 verloren hat.

§ 559. Der Prüfung des Revisionsgerichts unterliegen nur die von den Parteien gestellten Anträge und, soweit die Revision darauf gestützt wird, daß das Gesetz in bezug auf das Verfahren verletzt sei, nur die nach Maß-

---

[1]) Siehe Fußnote zu § 553.

gabe der §§ 554, 556 geltend gemachten Revisionsgründe. Bei der Prüfung, ob sonst das Gesetz verletzt sei, ist das Revisionsgericht an die von den Parteien geltend gemachten Revisionsgründe nicht gebunden.

§ 560. Ein nicht oder nicht unbedingt für vorläufig vollstreckbar erklärtes Urteil des Berufungsgerichts ist, insoweit es durch die Revisionsanträge nicht angefochten wird, auf den im Laufe der mündlichen Verhandlung gestellten Antrag von dem Revisionsgericht für vorläufig vollstreckbar zu erklären.

§ 561. (1) Der Beurteilung des Revisionsgerichts unterliegt nur dasjenige Parteivorbringen, das aus dem Tatbestand des Berufungsurteils oder dem Sitzungsprotokoll ersichtlich ist. Außerdem können nur die im § 554 Abs. 3 Nr. 2b erwähnten Tatsachen berücksichtigt werden.

(2) Hat das Berufungsgericht festgestellt, daß eine tatsächliche Behauptung wahr oder nicht wahr sei, so ist diese Feststellung für das Revisionsgericht bindend, es sei denn, daß in bezug auf die Feststellung ein zulässiger und begründeter Revisionsangriff erhoben ist.

§ 562. Die Entscheidung des Berufungsgerichts über das Bestehen und den Inhalt von Gesetzen, auf deren Verletzung die Revision nach § 549 nicht gestützt werden kann, ist für die auf die Revision ergehende Entscheidung maßgebend.

§ 563. Ergeben die Entscheidungsgründe zwar eine Gesetzesverletzung, stellt die Entscheidung selbst aber aus anderen Gründen sich als richtig dar, so ist die Revision zurückzuweisen.

§ 564. (1) Insoweit die Revision für begründet erachtet wird, ist das angefochtene Urteil aufzuheben.

(2) Wird das Urteil wegen eines Mangels des Verfahrens aufgehoben, so ist zugleich das Verfahren insoweit aufzuheben, als es durch den Mangel betroffen wird.

§ 565. (1) Im Falle der Aufhebung des Urteils ist die Sache zur anderweiten Verhandlung und Entscheidung an das Berufungsgericht zurückzuverweisen. Die Zurückverweisung kann an einen anderen Senat des Berufungsgerichts erfolgen.

(2) Das Berufungsgericht hat die rechtliche Beurteilung, die der Aufhebung zugrunde gelegt ist, auch seiner Entscheidung zugrunde zu legen.

(3) Das Revisionsgericht hat jedoch in der Sache selbst zu entscheiden:

1. wenn die Aufhebung des Urteils nur wegen Gesetzesverletzung bei Anwendung des Gesetzes auf das festgestellte Sachverhältnis erfolgt und nach letzterem die Sache zur Endentscheidung reif ist;
2. wenn die Aufhebung des Urteils wegen Unzuständigkeit des Gerichts oder wegen Unzulässigkeit des Rechtswegs erfolgt.

(4) Kommt in den Fällen der Nr. 1 und 2 für die in der Sache selbst zu erlassende Entscheidung die Anwendbarkeit von Gesetzen, auf deren Verletzung die Revision nach § 549 nicht gestützt werden kann, in Frage, so kann die Sache zur anderweiten Verhandlung und Entscheidung an das Berufungsgericht zurückverwiesen werden.

§ 566. Die für die Berufung geltenden Vorschriften über die Anfechtbarkeit der Versäumnisurteile, über die Verzichtleistung auf das Rechtsmittel und seine Zurücknahme, über die Vertagung der mündlichen Verhandlung, über die Verhandlung prozeßhindernder Einreden, über den Vortrag der Parteien bei der mündlichen Verhandlung und über die Einforderung und Zurücksendung der Prozeßakten sind auf die Revision entsprechend anzuwenden.

§ 566a. (1) Gegen die im ersten Rechtszuge erlassenen Endurteile der Landgerichte kann in den Fällen, in denen die Revision nach den §§ 546, 547 ohne Zulassung statthaft ist, mit den folgenden Maßgaben unter Übergehung der Berufungsinstanz unmittelbar die Revision eingelegt werden.

(2) Die Übergehung der Berufungsinstanz bedarf der Einwilligung des Gegners. Die schriftliche Erklärung der Einwilligung ist der Revisionsschrift beizufügen; sie kann auch von dem Prozeßbevollmächtigten des ersten Rechtszuges abgegeben werden.

(3) Die Revision kann nicht auf Mängel des Verfahrens gestützt werden.

(4) Die Einlegung der Revision und die Erklärung der Einwilligung (Abs. 2) gelten als Verzicht auf das Rechtsmittel der Berufung.

(5) Verweist das Revisionsgericht die Sache zur anderweitigen Verhandlung und Entscheidung zurück, so kann die Zurückverweisung nach seinem Ermessen auch an dasjenige Oberlandesgericht erfolgen, das für die Berufung zuständig gewesen wäre. In diesem Falle gelten für das Verfahren vor dem Oberlandesgericht die gleichen Grundsätze, wie wenn der Rechtsstreit auf eine ordnungsmäßig eingelegte Berufung beim Oberlandesgericht anhängig geworden wäre.

(6) Die Vorschrift des § 565 Abs. 2 ist in allen Fällen der Zurückverweisung entsprechend anzuwenden.

(7) Von der Einlegung der Revision nach Abs. 1 hat die Geschäftsstelle des Revisionsgerichts innerhalb vierundzwanzig Stunden der Geschäftsstelle des Landgerichts Nachricht zu geben.

Dritter Abschnitt

Beschwerde

§ 567. (1) Das Rechtsmittel der Beschwerde findet in den in diesem Gesetz besonders hervorgehobenen Fällen und gegen solche eine mündliche Verhandlung nicht erfordernde Entscheidungen statt, durch die ein das Verfahren betreffendes Gesuch zurückgewiesen ist.

(2) Die Beschwerde gegen Entscheidungen über Kosten, Gebühren und Auslagen ist nur zulässig, wenn der Wert des Beschwerdegegenstandes fünfzig Deutsche Mark übersteigt.

(3) Gegen die Entscheidungen der Oberlandesgerichte ist eine Beschwerde nicht zulässig. Ausgenommen sind Beschlüsse, durch die eine Berufung nach § 519b als unzulässig verworfen wird.

§ 568. (1) Über die Beschwerde entscheidet das im Rechtszuge zunächst höhere Gericht.

(2) Gegen die Entscheidung des Beschwerdegerichts ist, soweit nicht in ihr ein neuer selbständiger Beschwerdegrund enthalten ist, eine weitere Beschwerde nicht zulässig.

(3) Entscheidungen der Landgerichte über Prozeßkosten unterliegen nicht der weiteren Beschwerde.

§ 569. (1) Die Beschwerde wird bei dem Gericht eingelegt, von dem oder von dessen Vorsitzenden die angefochtene Entscheidung erlassen ist; sie kann in dringenden Fällen auch bei dem Beschwerdegericht eingelegt werden.

(2) Die Beschwerde wird durch Einreichung einer Beschwerdeschrift eingelegt. Sie kann auch durch Erklärung zum Protokoll der Geschäftsstelle eingelegt werden, wenn der Rechtsstreit bei einem Amtsgericht anhängig ist oder anhängig war, wenn die Beschwerde das Armenrecht betrifft oder von einem Zeugen oder Sachverständigen erhoben wird.

§ 570. Die Beschwerde kann auf neue Tatsachen und Beweise gestützt werden.

§ 571. Erachtet das Gericht oder der Vorsitzende, dessen Entscheidung angefochten wird, die Beschwerde für begründet, so haben sie ihr abzuhelfen; andernfalls ist die Beschwerde vor Ablauf einer Woche dem Beschwerdegericht vorzulegen.

§ 572. (1) Die Beschwerde hat nur dann aufschiebende Wirkung, wenn sie gegen eine der in den §§ 109, 380, 390, 409, 619, 656, 678 erwähnten Entscheidungen gerichtet ist.

(2) Das Gericht oder der Vorsitzende, dessen Entscheidung angefochten wird, kann anordnen, daß ihre Vollziehung auszusetzen sei.

(3) Das Beschwerdegericht kann vor der Entscheidung eine einstweilige Anordnung erlassen; es kann insbesondere anordnen, daß die Vollziehung der angefochtenen Entscheidung auszusetzen sei.

§ 573. (1) Die Entscheidung über die Beschwerde kann ohne mündliche Verhandlung ergehen.

(2) Ordnet das Gericht eine schriftliche Erklärung an, so kann sie durch einen Anwalt abgegeben werden, der bei dem Gericht zugelassen ist, von dem oder von dessen Vorsitzenden die angefochtene Entscheidung erlassen ist. In den Fällen, in denen die Beschwerde zum Protokoll der Geschäftsstelle eingelegt werden darf, kann auch die Erklärung zum Protokoll der Geschäftsstelle abgegeben werden.

§ 574. Das Beschwerdegericht hat von Amts wegen zu prüfen, ob die Beschwerde an sich statthaft und ob sie in der gesetzlichen Form und Frist eingelegt ist. Mangelt es an einem dieser Erfordernisse, so ist die Beschwerde als unzulässig zu verwerfen.

§ 575. Erachtet das Beschwerdegericht die Beschwerde für begründet, so kann es dem Gericht oder Vorsitzenden, von dem die beschwerende Entscheidung erlassen war, die erforderliche Anordnung übertragen.

§ 576. (1) Wird die Änderung einer Entscheidung des beauftragten oder ersuchten Richters oder des Urkundsbeamten der Geschäftsstelle verlangt, so ist die Entscheidung des Prozeßgerichts nachzusuchen.

(2) Die Beschwerde findet gegen die Entscheidung des Prozeßgerichts statt.

(3) Die Vorschrift des ersten Absatzes gilt auch für den Bundesgerichtshof und die Oberlandesgerichte.

§ 577. (1) Für die Fälle der sofortigen Beschwerde gelten die nachfolgenden besonderen Vorschriften.

(2) Die Beschwerde ist binnen einer Notfrist von zwei Wochen, die mit der Zustellung, in den Fällen der §§ 336 und 952 Abs. 4 mit der Verkündung der Entscheidung beginnt, einzulegen. Die Einlegung bei dem Beschwerdegericht genügt zur Wahrung der Notfrist, auch wenn der Fall für dringlich nicht erachtet wird. Liegen die Erfordernisse der Nichtigkeits- oder der Restitutionsklage vor, so kann die Beschwerde auch nach Ablauf der Notfrist innerhalb der für diese Klagen geltenden Notfristen erhoben werden.

(3) Das Gericht ist zu einer Änderung seiner der Beschwerde unterliegenden Entscheidung nicht befugt.

(4) In den Fällen des § 576 muß auf dem für die Einlegung der Beschwerde vorgeschriebenen Wege die Entscheidung des Prozeßgerichts binnen der Notfrist nachgesucht werden. Das Prozeßgericht hat das Gesuch, wenn es ihm nicht entsprechen will, dem Beschwerdegericht vorzulegen.

Viertes Buch
Wiederaufnahme des Verfahrens

§ 578. (1) Die Wiederaufnahme eines durch rechtskräftiges Endurteil geschlossenen Verfahrens kann durch Nichtigkeitsklage und durch Restitutionsklage erfolgen.

(2) Werden beide Klagen von derselben Partei oder von verschiedenen Parteien erhoben, so ist die Verhandlung und Entscheidung über die Restitutionsklage bis zur rechtskräftigen Entscheidung über die Nichtigkeitsklage auszusetzen.

§ 579. (1) Die Nichtigkeitsklage findet statt:
1. wenn das erkennende Gericht nicht vorschriftsmäßig besetzt war;
2. wenn ein Richter bei der Entscheidung mitgewirkt hat, der von der Ausübung des Richteramts kraft Gesetzes ausgeschlossen war, sofern nicht dieses Hindernis mittels eines Ablehnungsgesuchs oder eines Rechtsmittels ohne Erfolg geltend gemacht ist;
3. wenn bei der Entscheidung ein Richter mitgewirkt hat, obgleich er wegen Besorgnis der Befangenheit abgelehnt und das Ablehnungsgesuch für begründet erklärt war;
4. wenn eine Partei in dem Verfahren nicht nach Vorschrift der Gesetze vertreten war, sofern sie nicht die Prozeßführung ausdrücklich oder stillschweigend genehmigt hat.

(2) In den Fällen der Nr. 1, 3 findet die Klage nicht statt, wenn die Nichtigkeit mittels eines Rechtsmittels geltend gemacht werden konnte.

(3) Gegen ein Schiedsurteil (§ 510c) findet die Nichtigkeitsklage außer in den Fällen des Abs. 1 auch dann statt, wenn der Partei in dem Verfahren das rechtliche Gehör nicht gewährt worden ist. Das gleiche gilt, wenn das Schiedsurteil nicht mit Gründen versehen ist, es sei denn, daß die Parteien in der Verhandlung vor dem Gericht ausdrücklich auf schriftliche Begründung verzichtet haben.

§ 580. Die Restitutionsklage findet statt:
1. wenn der Gegner durch Beeidigung einer Aussage, auf die das Urteil gegründet ist, sich einer vorsätzlichen oder fahrlässigen Verletzung der Eidespflicht schuldig gemacht hat;
2. wenn eine Urkunde, auf die das Urteil gegründet ist, fälschlich angefertigt oder verfälscht war;
3. wenn bei einem Zeugnis oder Gutachten, auf welches das Urteil gegründet ist, der Zeuge oder Sachverständige sich einer strafbaren Verletzung der Wahrheitspflicht schuldig gemacht hat;
4. wenn das Urteil von dem Vertreter der Partei oder von dem Gegner oder dessen Vertreter durch eine in Beziehung auf den Rechtsstreit

verübte Handlung erwirkt ist, die mit einer im Wege des gerichtlichen Strafverfahrens zu verhängenden öffentlichen Strafe bedroht ist;

5. wenn ein Richter bei dem Urteil mitgewirkt hat, der sich in Beziehung auf den Rechtsstreit einer Verletzung seiner Amtspflichten gegen die Partei schuldig gemacht hat, sofern diese Verletzung mit einer im Wege des gerichtlichen Strafverfahrens zu verhängenden öffentlichen Strafe bedroht ist;
6. wenn das Urteil eines ordentlichen Gerichts, eines früheren Sondergerichts oder eines Verwaltungsgerichts, auf welches das Urteil gegründet ist, durch ein anderes rechtskräftiges Urteil aufgehoben ist;
7. wenn die Partei
   a) ein in derselben Sache erlassenes, früher rechtskräftig gewordenes Urteil oder
   b) eine andere Urkunde auffindet oder zu benutzen in den Stand gesetzt wird, die eine ihr günstigere Entscheidung herbeigeführt haben würde.

§ 581. (1) In den Fällen des vorhergehenden Paragraphen Nr. 1 bis 5 findet die Restitutionsklage nur statt, wenn wegen der strafbaren Handlung eine rechtskräftige Verurteilung ergangen ist oder wenn die Einleitung oder Durchführung eines Strafverfahrens aus anderen Gründen als wegen Mangels an Beweis nicht erfolgen kann.

(2) Der Beweis der Tatsachen, welche die Restitutionsklage begründen, kann durch den Antrag auf Parteivernehmung nicht geführt werden.

§ 582. Die Restitutionsklage ist nur zulässig, wenn die Partei ohne ihr Verschulden außerstande war, den Restitutionsgrund in dem früheren Verfahren, insbesondere durch Einspruch oder Berufung oder mittels Anschließung an eine Berufung, geltend zu machen.

§ 583. Mit den Klagen können Anfechtungsgründe, durch die eine dem angefochtenen Urteil vorausgegangene Entscheidung derselben oder einer unteren Instanz betroffen wird, geltend gemacht werden, sofern das angefochtene Urteil auf dieser Entscheidung beruht.

§ 584. (1) Für die Klagen ist ausschließlich zuständig: das Gericht, das im ersten Rechtszuge erkannt hat; wenn das angefochtene Urteil oder auch nur eines von mehreren angefochtenen Urteilen von dem Berufungsgericht erlassen wurde oder wenn ein in der Revisionsinstanz erlassenes Urteil auf Grund des § 580 Nr. 1 bis 3, 6, 7 angefochten wird, das Berufungsgericht; wenn ein in der Revisionsinstanz erlassenes Urteil auf Grund der §§ 579, 580 Nr. 4, 5 angefochten wird, das Revisionsgericht.

(2) Sind die Klagen gegen einen Vollstreckungsbefehl gerichtet, so gehören sie ausschließlich vor das Amtsgericht, dessen Geschäftsstelle den

Befehl erlassen hat; wenn der Anspruch nicht zur Zuständigkeit der Amtsgerichte gehört, vor das für den Rechtsstreit über den Anspruch zuständige Gericht.

§ 585. Für die Erhebung der Klagen und das weitere Verfahren gelten die allgemeinen Vorschriften entsprechend, sofern nicht aus den Vorschriften dieses Gesetzes sich eine Abweichung ergibt.

§ 586. (1) Die Klagen sind vor Ablauf der Notfrist eines Monats zu erheben.

(2) Die Frist beginnt mit dem Tage, an dem die Partei von dem Anfechtungsgrund Kenntnis erhalten hat, jedoch nicht vor eingetretener Rechtskraft des Urteils. Nach Ablauf von fünf Jahren, von dem Tage der Rechtskraft des Urteils an gerechnet, sind die Klagen unstatthaft.

(3) Die Vorschriften des vorstehenden Absatzes sind auf die Nichtigkeitsklage wegen mangelnder Vertretung nicht anzuwenden; die Frist für die Erhebung der Klage läuft von dem Tage, an dem der Partei und bei mangelnder Prozeßfähigkeit ihrem gesetzlichen Vertreter das Urteil zugestellt ist.

§ 587. In der Klage muß die Bezeichnung des Urteils, gegen das die Nichtigkeits- oder Restitutionsklage gerichtet wird, und die Erklärung, welche dieser Klagen erhoben wird, enthalten sein.

§ 588. (1) Als vorbereitender Schriftsatz soll die Klage enthalten:

1. die Bezeichnung des Anfechtungsgrundes;
2. die Angabe der Beweismittel für die Tatsachen, die den Grund und die Einhaltung der Notfrist ergeben;
3. die Erklärung, inwieweit die Beseitigung des angefochtenen Urteils und welche andere Entscheidung in der Hauptsache beantragt werde.

(2) Dem Schriftsatz, durch den eine Restitutionsklage erhoben wird, sind die Urkunden, auf die sie gestützt wird, in Urschrift oder in Abschrift beizufügen. Befinden sich die Urkunden nicht in den Händen des Klägers, so hat er zu erklären, welchen Antrag er wegen ihrer Herbeischaffung zu stellen beabsichtigt.

§ 589. (1) Das Gericht hat von Amts wegen zu prüfen, ob die Klage an sich statthaft und ob sie in der gesetzlichen Form und Frist erhoben sei. Mangelt es an einem dieser Erfordernisse, so ist die Klage als unzulässig zu verwerfen.

(2) Die Tatsachen, die ergeben, daß die Klage vor Ablauf der Notfrist erhoben ist, sind glaubhaft zu machen.

§ 590. (1) Die Hauptsache wird, insoweit sie von dem Anfechtungsgrunde betroffen ist, von neuem verhandelt.

(2) Das Gericht kann anordnen, daß die Verhandlung und Entscheidung über Grund und Zulässigkeit der Wiederaufnahme des Verfahrens vor der Verhandlung über die Hauptsache erfolge. In diesem Falle ist die Ver-

handlung über die Hauptsache als Fortsetzung der Verhandlung über Grund und Zulässigkeit der Wiederaufnahme des Verfahrens anzusehen.

(3) Das für die Klagen zuständige Revisionsgericht hat die Verhandlung über Grund und Zulässigkeit der Wiederaufnahme des Verfahrens zu erledigen, auch wenn diese Erledigung von der Feststellung und Würdigung bestrittener Tatsachen abhängig ist.

§ 591. Rechtsmittel sind insoweit zulässig, als sie gegen die Entscheidungen der mit den Klagen befaßten Gerichte überhaupt stattfinden.

Fünftes Buch

Urkunden- und Wechselprozeß[1])

§ 592. Ein Anspruch, welcher die Zahlung einer bestimmten Geldsumme oder die Leistung einer bestimmten Menge anderer vertretbarer Sachen oder Wertpapiere zum Gegenstand hat, kann im Urkundenprozeß geltend gemacht werden, wenn die sämtlichen zur Begründung des Anspruchs erforderlichen Tatsachen durch Urkunden bewiesen werden können. Als ein Anspruch, welcher die Zahlung einer Geldsumme zum Gegenstand hat, gilt auch der Anspruch aus einer Hypothek, einer Grundschuld, einer Rentenschuld oder einer Schiffshypothek.

§ 593. (1) Die Klage muß die Erklärung enthalten, daß im Urkundenprozeß geklagt werde.

(2) Die Urkunden müssen in Urschrift oder in Abschrift der Klage oder einem vorbereitenden Schriftsatz beigefügt werden. Im letzteren Falle muß zwischen der Zustellung des Schriftsatzes und dem Termin zur mündlichen Verhandlung ein der Einlassungsfrist gleicher Zeitraum liegen.

§ 594. (Weggefallen.)

§ 595. (1) Widerklagen sind nicht statthaft.

(2) Als Beweismittel sind bezüglich der Echtheit oder Unechtheit einer Urkunde sowie bezüglich anderer als der im § 592 erwähnten Tatsachen nur Urkunden und Antrag auf Parteivernehmung zulässig.

(3) Der Urkundenbeweis kann nur durch Vorlegung der Urkunden angetreten werden.

§ 596. Der Kläger kann, ohne daß es der Einwilligung des Beklagten bedarf, bis zum Schluß der mündlichen Verhandlung von dem Urkundenprozeß in der Weise abstehen, daß der Rechtsstreit im ordentlichen Verfahren anhängig bleibt.

---

[1]) Urkunden- und Wechselmahnverfahren: § 703a.

§ 597. (1) Insoweit der in der Klage geltend gemachte Anspruch an sich oder infolge einer Einrede des Beklagten als unbegründet sich darstellt, ist der Kläger mit dem Anspruch abzuweisen.

(2) Ist der Urkundenprozeß unstatthaft, ist insbesondere ein dem Kläger obliegender Beweis nicht mit den im Urkundenprozeß zulässigen Beweismitteln angetreten oder mit solchen Beweismitteln nicht vollständig geführt, so wird die Klage als in der gewählten Prozeßart unstatthaft abgewiesen, selbst wenn in dem Termin zur mündlichen Verhandlung der Beklagte nicht erschienen ist oder der Klage nur auf Grund von Einwendungen widersprochen hat, die rechtlich unbegründet oder im Urkundenprozeß unstatthaft sind.

§ 598. Einwendungen des Beklagten sind, wenn der dem Beklagten obliegende Beweis nicht mit den im Urkundenprozeß zulässigen Beweismitteln angetreten oder mit solchen Beweismitteln nicht vollständig geführt ist, als im Urkundenprozeß unstatthaft zurückzuweisen.

§ 599. (1) Dem Beklagten, welcher dem geltend gemachten Anspruch widersprochen hat, ist in allen Fällen, in denen er verurteilt wird, die Ausführung seiner Rechte vorzubehalten.

(2) Enthält das Urteil keinen Vorbehalt, so kann die Ergänzung des Urteils nach der Vorschrift des § 321 beantragt werden.

(3) Das Urteil, das unter Vorbehalt der Rechte ergeht, ist für die Rechtsmittel und die Zwangsvollstreckung als Endurteil anzusehen.

§ 600. (1) Wird dem Beklagten die Ausführung seiner Rechte vorbehalten, so bleibt der Rechtsstreit im ordentlichen Verfahren anhängig.

(2) Soweit sich in diesem Verfahren ergibt, daß der Anspruch des Klägers unbegründet war, gelten die Vorschriften des § 302 Abs. 4 Satz 2 bis 4.

(3) Erscheint in diesem Verfahren eine Partei nicht, so sind die Vorschriften über das Versäumnisurteil entsprechend anzuwenden.

§ 601. (Weggefallen.)

§ 602. Werden im Urkundenprozeß Ansprüche aus Wechseln im Sinne des Wechselgesetzes geltend gemacht (Wechselprozeß), so sind die nachfolgenden besonderen Vorschriften anzuwenden.

§ 603. (1) Wechselklagen können sowohl bei dem Gericht des Zahlungsortes als bei dem Gericht angestellt werden, bei dem der Beklagte seinen allgemeinen Gerichtsstand hat.

(2) Wenn mehrere Wechselverpflichtete gemeinschaftlich verklagt werden, so ist außer dem Gericht des Zahlungsortes jedes Gericht zuständig, bei dem einer der Beklagten seinen allgemeinen Gerichtsstand hat.

§ 604. (1) Die Klage muß die Erklärung enthalten, daß im Wechselprozeß geklagt werde.

(2) Die Einlassungsfrist beträgt mindestens vierundzwanzig Stunden, wenn die Klage an dem Ort, der Sitz des Prozeßgerichts ist, zugestellt wird; mindestens drei Tage, wenn die Klage an einem anderen Ort zugestellt wird, der im Bezirk des Prozeßgerichts oder, falls dieses ein Amtsgericht ist, im Bezirk des dem Amtsgericht übergeordneten Landgerichts liegt, oder von dem ein Teil zu diesem Bezirk gehört; mindestens eine Woche, wenn die Klage sonst im Inland zugestellt wird. Das gleiche gilt von der Ladungsfrist, soweit sie nicht nach den allgemeinen Vorschriften kürzer als die im ersten Satz festgesetzte Einlassungsfrist ist.

(3) In den höheren Instanzen beträgt die Einlassungs- und Ladungsfrist mindestens vierundzwanzig Stunden, wenn die Zustellung der Berufungs- oder Revisionsschrift oder der Ladung an dem Ort erfolgt, der Sitz des höheren Gerichts ist; mindestens drei Tage, wenn die Zustellung an einem anderen Ort erfolgt, der ganz oder zum Teil in dem Landgerichtsbezirk liegt, in dem das höhere Gericht seinen Sitz hat; mindestens eine Woche, wenn die Zustellung sonst im Inland erfolgt.

§ 605. (1) Soweit es zur Erhaltung des wechselmäßigen Anspruchs der rechtzeitigen Protesterhebung nicht bedarf, ist als Beweismittel bezüglich der Vorlegung des Wechsels der Antrag auf Parteivernehmung zulässig.

(2) Zur Berücksichtigung einer Nebenforderung genügt, daß sie glaubhaft gemacht ist.

§ 605 a. Werden im Urkundenprozeß Ansprüche aus Schecks im Sinne des Scheckgesetzes geltend gemacht (Scheckprozeß), so sind die §§ 602 bis 605 entsprechend anzuwenden.

Sechstes Buch[1])

Ehesachen

Feststellung des Rechtsverhältnisses zwischen Eltern und Kindern

Entmündigungssachen

Erster Abschnitt

Verfahren in Ehesachen

§ 606. (1) Für Klagen auf Scheidung, Aufhebung oder Nichtigerklärung einer Ehe, auf Feststellung des Bestehens oder Nichtbestehens einer Ehe zwischen den Parteien oder auf Herstellung des ehelichen Lebens (Ehesachen) ist das Landgericht ausschließlich zuständig, in dessen Bezirk die Ehegatten ihren gemeinsamen gewöhnlichen Aufenthalt haben oder zuletzt gehabt haben. Hat zur Zeit der Erhebung der Klage im Bezirk dieses

[1]) Anwendung auf verschleppte Personen und Flüchtlinge: Art. 3 des Ges. Nr. 23 der Hochkommission vom 17. 3. 1950 (ABlHK. S. 140). Ferner: § 8 Ges. über die Rechtsstellung heimatloser Ausländer im Bundesgebiet vom 25. 4. 1951 (BGBl. S. 269).

Gerichts keiner der Ehegatten seinen gewöhnlichen Aufenthalt oder haben sie einen gemeinsamen gewöhnlichen Aufenthalt im Inland nicht gehabt, so ist das Landgericht, in dessen Bezirk der gewöhnliche Aufenthaltsort des Mannes oder, falls ein solcher im Inland fehlt, der gewöhnliche Aufenthaltsort der Frau gelegen ist, sonst das Landgericht Berlin ausschließlich zuständig.

(2) Besitzt der Mann nicht die deutsche Staatsangehörigkeit oder hat er seinen gewöhnlichen Aufenthalt nicht im Inland, so steht Abs. 1 der Anerkennung einer von einer ausländischen Behörde getroffenen Entscheidung nicht entgegen[1][2].

(3) Besitzt keiner der Ehegatten die deutsche Staatsangehörigkeit, so kann von einem deutschen Gericht in der Sache nur entschieden werden:

1. wenn der gewöhnliche Aufenthaltsort des Mannes oder der Frau im Inland gelegen ist und nach dem Heimatrecht des Mannes die von dem deutschen Gericht zu fällende Entscheidung anerkannt werden wird oder auch nur einer der Ehegatten staatenlos ist;
2. wenn die Frau zur Zeit der Eheschließung deutsche Staatsangehörige war und sie auf Aufhebung oder Nichtigerklärung der Ehe oder auf Feststellung des Bestehens oder Nichtbestehens der Ehe oder der Staatsanwalt auf Nichtigerklärung der Ehe klagt.

§ 607. (1) In Ehesachen ist die Staatsanwaltschaft zur Mitwirkung befugt.

(2) Der Verhandlung vor dem erkennenden Gericht sowie vor einem beauftragten oder ersuchten Richter kann der Staatsanwalt beiwohnen. Er ist von dem ersten zur mündlichen Verhandlung bestimmten Termin von Amts wegen in Kenntnis zu setzen.

(3) Er kann sich über die zu erlassende Entscheidung gutachtlich äußern und, sofern es sich um die Aufrechterhaltung einer Ehe handelt, neue Tatsachen und Beweismittel vorbringen.

(4) Im Sitzungsprotokoll ist der Name des Staatsanwalts anzugeben, auch sind die von dem Staatsanwalt gestellten Anträge in das Protokoll aufzunehmen.

§ 608. Wer eine Scheidungsklage oder eine Klage auf Herstellung des ehelichen Lebens beabsichtigt, hat bei dem für die Klage zuständigen Gericht einen Sühneversuch zu beantragen. In dem Antrag hat er die Gründe anzugeben, auf die er die Klage stützen will. Der Antrag kann vor der Geschäftsstelle zu Protokoll erklärt werden.

§ 609. (1) Der Vorsitzende kann den Sühneversuch erlassen, wenn sich der Beklagte im Ausland aufhält oder wenn sein Aufenthalt unbekannt ist, wenn dem Sühneversuch ein anderes schwer zu beseitigendes Hindernis

---

[1] Betr. Anerkennung ausländischer Urteile in Ehesachen zu vgl. Fußnote 2 zu § 328.
[2] Übergangsvorschrift in Art. 8 Nr. 109 des Wiedervereinheitlichungsgesetzes — abgedr. unter V —.

entgegensteht, das von dem Kläger nicht verschuldet ist, oder wenn die Erfolglosigkeit des Sühneversuchs mit Bestimmtheit vorauszusehen ist.

(2) Solange den Vorschriften über den Sühneversuch nicht genügt ist, hat der Vorsitzende die Anberaumung des Termins zur mündlichen Verhandlung abzulehnen.

§ 610. (1) Der Sühneversuch findet vor dem Vorsitzenden oder einem von ihm beauftragten Mitglied des Gerichts statt. Zu dem Termin ist das persönliche Erscheinen der Parteien anzuordnen. Die Parteien sind von Amts wegen und persönlich zu laden. Dem Gegner ist eine Abschrift des Antrags mitzuteilen.

(2) Erscheint zu dem Sühneversuch der Kläger nicht, so hat er einen neuen Sühneversuch zu beantragen. Erscheint der Kläger, aber nicht der Beklagte, so kann der Richter die einmalige Wiederholung des Sühneversuchs anordnen; andernfalls ist der Sühneversuch als mißlungen anzusehen.

(3) Die Parteien können sich in dem zum Sühneversuch bestimmten Termin nicht durch Bevollmächtigte vertreten lassen. Beistände können zurückgewiesen werden.

§ 611. (Weggefallen.)

§ 612. (1) In Ehesachen ist ein in der Geschäftsfähigkeit beschränkter Ehegatte prozeßfähig; dies gilt jedoch insoweit nicht, als nach § 30 des Ehegesetzes nur sein gesetzlicher Vertreter die Aufhebung der Ehe begehren kann.

(2) Für einen geschäftsunfähigen Ehegatten wird der Rechtsstreit durch den gesetzlichen Vertreter geführt. Der gesetzliche Vertreter ist jedoch zur Erhebung der Klage auf Herstellung des ehelichen Lebens nicht befugt; zur Erhebung der Scheidungsklage oder der Aufhebungsklage bedarf er der Genehmigung des Vormundschaftsgerichts.

§ 613. Der Bevollmächtigte des klagenden Ehegatten bedarf einer besonderen, auf den Rechtsstreit gerichteten Vollmacht. Das Gericht hat den Mangel der Vollmacht von Amts wegen zu berücksichtigen.

§ 614. (1) Bis zum Schluß der mündlichen Verhandlung, auf die das Urteil ergeht, können andere als die in der Klage vorgebrachten Klagegründe geltend gemacht werden.

(2) Das neue Vorbringen und die Erhebung einer Widerklage ist von einem Sühneversuch nicht abhängig.

§ 614a. (Weggefallen.)

§ 615. (1) Die Klage auf Herstellung des ehelichen Lebens, die Scheidungsklage und die Aufhebungsklage können verbunden werden.

(2) Die Verbindung einer anderen Klage mit den erwähnten Klagen sowie die Erhebung einer Widerklage anderer Art ist unstatthaft.

§ 616. Der Kläger, der mit der Scheidungsklage oder der Aufhebungsklage abgewiesen ist, kann das Recht, die Scheidung oder die Aufhebung der Ehe zu verlangen, nicht mehr auf Tatsachen gründen, die er in dem früheren Rechtsstreit geltend gemacht hat oder die er in dem früheren Rechtsstreit oder durch Verbindung der Klagen geltend machen konnte. Das gleiche gilt im Falle der Abweisung der Scheidungsklage oder der Aufhebungsklage für den Beklagten in Ansehung der Tatsachen, auf die er eine Widerklage zu gründen imstande war.

§ 617. Die Vorschriften über die Wirkung eines Anerkenntnisses, über die Folgen der unterbliebenen oder verweigerten Erklärung über Tatsachen oder über die Echtheit von Urkunden, die Vorschriften über den Verzicht der Partei auf die Beeidigung der Gegenpartei oder von Zeugen und Sachverständigen und die Vorschriften über die Wirkung eines gerichtlichen Geständnisses sind nicht anzuwenden.

§ 618. (1) Die Vorschrift des § 261 ist nicht anzuwenden.

(2) Der Beklagte ist zu jedem Termin, der nicht in seiner Gegenwart anberaumt wurde, zu laden.

(3) Die Vorschrift des Abs. 2 ist nicht anzuwenden, wenn der Beklagte durch öffentliche Zustellung geladen, aber nicht erschienen ist.

(4) Ein Versäumnisurteil gegen den Beklagten ist unzulässig.

(5) Die Vorschriften der Abs. 2 bis 4 sind auf den Widerbeklagten entsprechend anzuwenden.

§ 619. (1) Das Gericht kann das persönliche Erscheinen einer Partei anordnen und sie über die von ihr, von dem Gegner oder von dem Staatsanwalt behaupteten Tatsachen vernehmen.

(2) Ist die zu vernehmende Partei am Erscheinen vor dem Prozeßgericht verhindert oder hält sie sich in großer Entfernung von seinem Sitz auf, so kann sie durch einen beauftragten oder ersuchten Richter vernommen werden.

(3) Gegen die nicht erschienene Partei ist wie gegen einen im Vernehmungstermin nicht erschienenen Zeugen zu verfahren; auf Haft darf nicht erkannt werden.

§ 620. (1) Hat der Kläger die Aussetzung des Verfahrens über eine Klage auf Herstellung des ehelichen Lebens oder über eine Scheidungsklage beantragt, so darf das Gericht über die Herstellungsklage nicht entscheiden oder auf Scheidung nicht erkennen, bevor das Verfahren ausgesetzt war. Das Gericht soll die Aussetzung von Amts wegen anordnen, wenn es zur gütlichen Beilegung des Rechtsstreits zweckmäßig ist.

(2) Auf Grund dieser Vorschriften darf die Aussetzung im Laufe des Verfahrens nur einmal und höchstens auf ein Jahr angeordnet werden.

§ 621. (Weggefallen.)

§ 622. (1) Das Gericht kann auch von Amts wegen die Aufnahme von Beweisen anordnen und nach Anhörung der Parteien auch solche Tatsachen berücksichtigen, die von den Parteien nicht vorgebracht sind.

(2) Im Verfahren über eine Scheidungsklage, eine Aufhebungsklage oder eine Klage auf Herstellung des ehelichen Lebens kann das Gericht gegen den Widerspruch der die Auflösung der Ehe begehrenden oder ihre Herstellung verweigernden Partei Tatsachen, die von den Parteien nicht vorgebracht sind, nur insoweit berücksichtigen, als sie geeignet sind, der Aufrechterhaltung der Ehe zu dienen.

§ 623. Auf Scheidung wegen eines in den §§ 44 bis 46 des Ehegesetzes genannten Scheidungsgrundes soll erst erkannt werden, wenn das Gericht das Gutachten eines ärztlichen Sachverständigen eingeholt hat. Das Gericht kann die ärztliche Untersuchung eines Ehegatten anordnen, wenn dies zur Vorbereitung des Gutachtens erforderlich ist. Weigert sich der Ehegatte ohne triftigen Grund, sich der Untersuchung zu unterziehen, so ist § 619 Abs. 3 entsprechend anzuwenden.

§ 624. Wird wegen Ehebruchs auf Scheidung erkannt und ergibt sich aus den Verhandlungen, mit welcher Person der Ehebruch begangen worden ist, so ist diese Person in dem Urteil festzustellen.

§ 625. Urteile in Ehesachen sind von Amts wegen zuzustellen.

§ 626. Die Vorschriften über die Zurückweisung verspäteten Vorbringens sind in der Berufungsinstanz nur insoweit anzuwenden, als der Berufungskläger sein neues Vorbringen entgegen der Vorschrift des § 519 nicht in der Berufungsbegründung mitgeteilt oder die Partei nach der freien Überzeugung des Gerichts in der Absicht, den Prozeß zu verschleppen, ihre Angriffs- oder Verteidigungsmittel nicht früher vorgebracht hat.

§ 627. (1) In Ehesachen kann das Gericht auf Antrag für die Dauer des Rechtsstreits das Getrenntleben der Ehegatten gestatten, ihren gegenseitigen Unterhalt sowie die Verpflichtung zur Leistung eines Prozeßkostenvorschusses regeln, wegen der Sorge für die Person der gemeinschaftlichen minderjährigen Kinder, soweit es sich nicht um die gesetzliche Vertretung handelt, Anordnung treffen und die Unterhaltspflicht gegenüber den Kindern im Verhältnis der Ehegatten zueinander ordnen[1]).

---

[1]) Weiterer Inhalt nach § 19 der 6. DVO. z. Eheges.: Ehewohnung und Hausrat — abgedr. unter XI B —.

(2) Der Antrag ist zulässig, sobald die Klage eingereicht oder der Termin zum Sühneversuch bestimmt ist.

(3) Der Antrag kann vor der Geschäftsstelle zu Protokoll erklärt werden. Er soll die Voraussetzungen für die Anordnung glaubhaft machen. Über den Antrag wird durch Beschluß entschieden, der ohne mündliche Verhandlung ergehen kann. Zuständig ist das Gericht des ersten Rechtszuges und, wenn der Rechtsstreit in der Berufungsinstanz schwebt, das Berufungsgericht. Während des Verfahrens vor dem Einzelrichter hat dieser zu entscheiden.

(4) Gegen den Beschluß des Landgerichts findet die Beschwerde statt. Das Landgericht kann zur Entscheidung über die Frage, ob es der Beschwerde abhelfen will (§ 571), mündliche Verhandlung anordnen. Schwebt der Rechtsstreit in der Berufungsinstanz, so ist die Beschwerde bei dem Oberlandesgericht einzulegen.

§ 627a. Die nach § 627 getroffenen Anordnungen wegen der Sorge für die Person der gemeinschaftlichen minderjährigen Kinder bleiben während des Rechtsstreits und im Falle der Auflösung der Ehe durch Scheidung oder Aufhebung oder, sofern das Kind nicht unehelich ist, im Falle ihrer Nichtigkeit auch darüber hinaus so lange wirksam, bis das Vormundschaftsgericht eine andere Anordnung getroffen hat.

§ 627b. (1) Das Gericht hat auf Antrag zugleich mit dem Urteil, durch das auf Scheidung oder Aufhebung der Ehe erkannt oder die Ehe für nichtig erklärt wird, einen Unterhaltsanspruch, der sich nach den Vorschriften des Ehegesetzes für einen Ehegatten gegenüber dem anderen ergibt, für die Zeit nach der Rechtskraft des Urteils durch Beschluß einstweilen zu regeln.

(2) Der Beschluß wird mit der Rechtskraft des Urteils vollstreckbar, auf Grund dessen er ergangen ist.

(3) Wird das Urteil angefochten, so hat das Gericht zugleich mit seiner Entscheidung über das Rechtsmittel darüber zu beschließen, ob es den Beschluß aufrechterhalten oder abändern will.

(4) Auf Antrag des Unterhaltspflichtigen hat nach Rechtskraft des Urteils das Gericht des ersten Rechtszuges eine Frist zu bestimmen, innerhalb deren der Unterhaltsberechtigte wegen seiner Ansprüche die Klage zu erheben hat. Wird die Frist nicht innegehalten, so hat das Gericht auf Antrag den Beschluß aufzuheben. Die Entscheidung über diesen Antrag unterliegt der sofortigen Beschwerde.

(5) § 627 Abs. 3 Satz 1 bis 3 gilt entsprechend.

§ 627c. Die im Verfahren der einstweiligen Anordnung nach §§ 627, 627b entstehenden Kosten gelten, mit Ausnahme der Kosten des Aufhebungsverfahrens nach § 627b Abs. 4, für die Kostenentscheidung als Teil der Kosten der Hauptsache; § 96 gilt sinngemäß.

§ 628. Stirbt einer der Ehegatten vor der Rechtskraft des Urteils, so ist der Rechtsstreit in der Hauptsache als erledigt anzusehen[1]).

§ 629. (Weggefallen.)

§ 630. (Weggefallen.)

§ 631. Für die Nichtigkeitsklage gelten die in den nachfolgenden Paragraphen enthaltenen besonderen Vorschriften.

§ 632. (1) Die Nichtigkeitsklage des Staatsanwalts ist gegen beide Ehegatten und, wenn einer von ihnen verstorben ist, gegen den überlebenden Ehegatten zu richten. Die Nichtigkeitsklage des einen Ehegatten ist gegen den anderen Ehegatten zu richten.

(2) Im Falle der Doppelehe ist die Nichtigkeitsklage des Ehegatten der früheren Ehe gegen beide Ehegatten der späteren Ehe zu richten.

§ 633. (1) Mit der Nichtigkeitsklage kann nur eine Klage auf Feststellung des Bestehens oder Nichtbestehens einer Ehe zwischen den Parteien verbunden werden.

(2) Eine Widerklage ist nur statthaft, wenn sie eine Nichtigkeitsklage oder eine Feststellungsklage der im Abs. 1 bezeichneten Art ist.

§ 634. Der Staatsanwalt kann, auch wenn er die Klage nicht erhoben hat, den Rechtsstreit betreiben, insbesondere selbständig Anträge stellen und Rechtsmittel einlegen.

§ 635. Das Versäumnisurteil gegen den im Termin zur mündlichen Verhandlung nicht erschienenen Kläger ist dahin zu erlassen, daß die Klage als zurückgenommen gelte.

§ 636. Hat der Staatsanwalt die Nichtigkeitsklage zu Lebzeiten beider Ehegatten erhoben, so ist, wenn ein Ehegatte stirbt, § 628 nicht anzuwenden. Das Verfahren wird gegen den überlebenden Ehegatten fortgesetzt.

§ 636a. Das auf eine Nichtigkeitsklage ergehende Urteil wirkt, wenn es zu Lebzeiten beider Ehegatten oder, falls der Staatsanwalt die Nichtigkeitsklage erhoben hatte, des Längstlebenden von ihnen rechtskräftig geworden ist, für und gegen alle.

§ 637. In den Fällen, in denen der als Partei auftretende Staatsanwalt unterliegt, ist die Staatskasse zur Erstattung der dem obsiegenden Gegner erwachsenen Kosten nach den Vorschriften des fünften Titels des zweiten Abschnitts des ersten Buchs zu verurteilen.

---

[1]) Nachträgliche Ehescheidung: 5. DVO. Eheges. vom 18. 3. 1943 (RGBl. I S. 145), in der brit. Zone ausdrücklich aufrechterhalten in § 29 der AusfVO. z. Eheges. vom 12. 7. 1948 (VOBl. BZ. S. 210).

§ 638. Die Vorschriften der §§ 633 bis 635 gelten für eine Klage, welche die Feststellung des Bestehens oder Nichtbestehens einer Ehe zwischen den Parteien zum Gegenstand hat, entsprechend. Das Urteil, durch welches das Bestehen oder Nichtbestehen der Ehe festgestellt wird, wirkt, wenn es zu Lebzeiten beider Parteien rechtskräftig geworden ist, für und gegen alle.

§ 639. (Weggefallen.)

Zweiter Abschnitt

Verfahren in Rechtsstreitigkeiten, welche die Feststellung des Rechtsverhältnisses zwischen Eltern und Kindern zum Gegenstand haben

§ 640. (1) Auf einen Rechtsstreit, der die Anfechtung der Ehelichkeit eines Kindes[1]), die Feststellung des Bestehens oder Nichtbestehens eines Eltern- oder Kindesverhältnisses zwischen den Parteien oder die Feststellung des Bestehens oder Nichtbestehens der elterlichen Gewalt der einen Partei über die andere zum Gegenstand hat, gelten die Vorschriften des § 607 Abs. 1, der §§ 613, 617, 618, 619, des § 622 Abs. 1 und der §§ 625, 626, 628, 634, 635 und 637 entsprechend.

(2) Mit einer der im Abs. 1 bezeichneten Klagen kann eine Klage anderer Art nicht verbunden werden. Eine Widerklage anderer Art kann nicht erhoben werden.

§ 641. Für die Klage auf Anfechtung der Ehelichkeit eines Kindes ist der Ehemann der Mutter prozeßfähig, auch wenn er in der Geschäftsfähigkeit beschränkt ist. Für einen geschäftsunfähigen Ehemann wird der Rechtsstreit durch den gesetzlichen Vertreter geführt; der gesetzliche Vertreter kann die Anfechtungsklage nur mit Genehmigung des Vormundschaftsgerichts erheben.

§ 642. (1) In den Fällen der §§ 640, 641 ist, wenn der Beklagte im Inland keinen allgemeinen Gerichtsstand hat, das Landgericht zuständig, in dessen Bezirk der Kläger seinen allgemeinen Gerichtsstand hat. Ist auch für diesen ein allgemeiner Gerichtsstand im Inland nicht begründet, so ist das Landgericht Berlin zuständig, falls auch nur eine der Parteien die deutsche Staatsangehörigkeit besitzt.

(2) Für die Klage auf Anfechtung der Ehelichkeit eines Kindes ist, wenn die Mutter die deutsche Staatsangehörigkeit besitzt oder zur Zeit ihres Todes besessen hat und nach den vorstehenden Vorschriften ein Gerichtsstand im Inland nicht begründet ist, das Landgericht, in dessen

[1]) Nachträgliche Anfechtung: § 1597 BGB. i. d. F. der FamR.Angl.VO. vom 6. 2. 1943 (RGBl. I S. 80).

Bezirk die Mutter im Inland ihren Wohnsitz oder gewöhnlichen Aufenthalt hat oder zur Zeit des Todes gehabt hat, sonst das Landgericht Berlin zuständig.

§ 643. In den Fällen der §§ 640, 641 wirkt das Urteil, sofern es bei Lebzeiten der Parteien rechtskräftig wird, für und gegen alle. Ein Urteil, welches das Bestehen des Eltern- und Kindesverhältnisses oder der elterlichen Gewalt feststellt, wirkt jedoch gegenüber einem Dritten, der das elterliche Verhältnis oder die elterliche Gewalt für sich in Anspruch nimmt, nur dann, wenn er an dem Rechtsstreit teilgenommen hat.

§ 644. Die Vorschriften der §§ 640 bis 643 gelten nicht für einen Rechtsstreit, der die Feststellung des Bestehens oder Nichtbestehens der unehelichen Vaterschaft zum Gegenstand hat.

Dritter Abschnitt

Verfahren in Entmündigungssachen

§ 645. (1) Die Entmündigung wegen Geisteskrankheit oder wegen Geistesschwäche erfolgt durch Beschluß des Amtsgerichts.

(2) Der Beschluß wird nur auf Antrag erlassen.

§ 646. (1) Der Antrag kann von dem Ehegatten, einem Verwandten oder demjenigen gesetzlichen Vertreter des zu Entmündigenden gestellt werden, dem die Sorge für die Person zusteht. Gegen eine Person, die unter elterlicher Gewalt oder unter Vormundschaft steht, kann der Antrag von einem Verwandten nicht gestellt werden. Gegen eine Ehefrau kann der Antrag von einem Verwandten nur gestellt werden, wenn der Ehemann die Ehefrau verlassen hat oder wenn der Ehemann zur Stellung des Antrages dauernd außerstande oder sein Aufenthalt dauernd unbekannt ist.

(2) In allen Fällen ist auch der Staatsanwalt bei dem vorgesetzten Landgericht zur Stellung des Antrages befugt[1]).

§ 647. Der Antrag kann bei dem Gericht schriftlich eingereicht oder zum Protokoll der Geschäftsstelle angebracht werden. Er soll eine Angabe der ihn begründenden Tatsachen und die Bezeichnung der Beweismittel enthalten.

§ 648. (1) Für die Einleitung des Verfahrens ist das Amtsgericht, bei dem der zu Entmündigende seinen allgemeinen Gerichtsstand hat, ausschließlich zuständig.

(2) Gegen einen Deutschen, der im Inland keinen allgemeinen Gerichtsstand hat, kann der Antrag bei dem Amtsgericht gestellt werden, in dessen

---

[1]) Gegen Fürsorgezöglinge: die Fürsorgeerziehungsbehörde (§ 70 Abs. 4 JWG.).

Bezirk der zu Entmündigende den letzten Wohnsitz im Inland hatte; wenn er einen solchen Wohnsitz nicht hatte, gelten die Vorschriften des § 15 Abs. 1 Satz 2 entsprechend.

§ 649. Das Gericht kann vor der Einleitung des Verfahrens die Beibringung eines ärztlichen Zeugnisses anordnen.

§ 650. (1) Das Gericht kann nach der Einleitung des Verfahrens, wenn es mit Rücksicht auf die Verhältnisse des zu Entmündigenden erforderlich erscheint, die Verhandlung und Entscheidung dem Amtsgericht überweisen, in dessen Bezirk der zu Entmündigende sich aufhält.

(2) Die Überweisung ist nicht mehr zulässig, wenn das Gericht den zu Entmündigenden vernommen hat (§ 654 Abs. 1).

(3) Wird die Übernahme abgelehnt, so entscheidet das im Rechtszuge zunächst höhere Gericht.

§ 651. (1) Wenn nach der Übernahme des Verfahrens durch das Gericht, an das die Überweisung erfolgt ist, ein Wechsel im Aufenthaltsort des zu Entmündigenden eintritt, so ist dieses Gericht zu einer weiteren Überweisung befugt.

(2) Die Vorschriften des § 650 gelten entsprechend.

§ 652. Der Staatsanwalt kann in allen Fällen das Verfahren durch Stellung von Anträgen betreiben und den Terminen beiwohnen. Er ist von der Einleitung des Verfahrens sowie von einer Überweisung (§§ 650, 651) und von allen Terminen in Kenntnis zu setzen.

§ 653. (1) Das Gericht hat unter Benutzung der in dem Antrag angegebenen Tatsachen und Beweismittel von Amts wegen die zur Feststellung des Geisteszustandes erforderlichen Ermittlungen zu veranstalten und die erheblich erscheinenden Beweise aufzunehmen. Zuvor ist dem zu Entmündigenden Gelegenheit zur Bezeichnung von Beweismitteln zu geben, desgleichen demjenigen gesetzlichen Vertreter des zu Entmündigenden, dem die Sorge für die Person zusteht, sofern er nicht die Entmündigung beantragt hat.

(2) Für die Vernehmung und Beeidigung der Zeugen und Sachverständigen sind die Vorschriften im siebenten und achten Titel des ersten Abschnitts des zweiten Buchs anzuwenden. Die Haft kann im Falle des § 390 von Amts wegen angeordnet werden.

§ 654. (1) Der zu Entmündigende ist persönlich unter Zuziehung eines oder mehrerer Sachverständiger zu vernehmen. Zu diesem Zwecke kann die Vorführung des zu Entmündigenden angeordnet werden.

(2) Die Vernehmung kann auch durch einen ersuchten Richter erfolgen.

(3) Die Vernehmung darf nur unterbleiben, wenn sie mit besonderen Schwierigkeiten verbunden oder nicht ohne Nachteil für den Gesundheitszustand des zu Entmündigenden ausführbar ist.

§ 655. Die Entmündigung darf nicht ausgesprochen werden, bevor das Gericht einen oder mehrere Sachverständige über den Geisteszustand des zu Entmündigenden gehört hat.

§ 656. (1) Mit Zustimmung des Antragstellers kann das Gericht anordnen, daß der zu Entmündigende auf die Dauer von höchstens sechs Wochen in eine Heilanstalt gebracht werde, wenn dies nach ärztlichem Gutachten zur Feststellung des Geisteszustandes geboten erscheint und ohne Nachteil für den Gesundheitszustand des zu Entmündigenden ausführbar ist. Vor der Entscheidung sind die im § 646 bezeichneten Personen soweit tunlich zu hören.

(2) Gegen den Beschluß, durch den die Unterbringung angeordnet wird, steht dem zu Entmündigenden, dem Staatsanwalt und binnen der für den zu Entmündigenden laufenden Frist den sonstigen im § 646 bezeichneten Personen die sofortige Beschwerde zu.

§ 657. Sobald das Gericht die Anordnung einer Fürsorge für die Person oder das Vermögen des zu Entmündigenden für erforderlich hält, ist der Vormundschaftsbehörde zum Zwecke dieser Anordnung Mitteilung zu machen.

§ 658. (1) Die Kosten des Verfahrens sind, wenn die Entmündigung erfolgt, von dem Entmündigten, anderenfalls von der Staatskasse zu tragen.

(2) Insoweit einen der im § 646 Abs. 1 bezeichneten Antragsteller bei Stellung des Antrages nach dem Ermessen des Gerichts ein Verschulden trifft, können ihm die Kosten ganz oder teilweise zur Last gelegt werden.

§ 659. Der über die Entmündigung zu erlassende Beschluß ist dem Antragsteller und dem Staatsanwalt von Amts wegen zuzustellen.

§ 660. Der die Entmündigung aussprechende Beschluß ist von Amts wegen der Vormundschaftsbehörde mitzuteilen und, wenn der Entmündigte unter elterlicher Gewalt oder unter Vormundschaft steht, auch demjenigen gesetzlichen Vertreter zuzustellen, dem die Sorge für die Person des Entmündigten zusteht. Im Falle der Entmündigung wegen Geistesschwäche ist der Beschluß außerdem dem Entmündigten selbst zuzustellen.

§ 661. (1) Die Entmündigung wegen Geisteskrankheit tritt, wenn der Entmündigte unter elterlicher Gewalt oder unter Vormundschaft steht, mit der Zustellung des Beschlusses an denjenigen gesetzlichen Vertreter, dem die Sorge für die Person zusteht, andernfalls mit der Bestellung des Vormundes in Wirksamkeit.

(2) Die Entmündigung wegen Geistesschwäche tritt mit der Zustellung des Beschlusses an den Entmündigten in Wirksamkeit.

§ 662. Der die Entmündigung ablehnende Beschluß ist von Amts wegen auch demjenigen zuzustellen, dessen Entmündigung beantragt war.

§ 663. (1) Gegen den Beschluß, durch den die Entmündigung abgelehnt wird, steht dem Antragsteller und dem Staatsanwalt die sofortige Beschwerde zu.

(2) In dem Verfahren vor dem Beschwerdegericht gelten die Vorschriften der §§ 652, 653 entsprechend.

§ 664. (1) Der die Entmündigung aussprechende Beschluß kann im Wege der Klage binnen der Frist eines Monats angefochten werden.

(2) Zur Erhebung der Klage sind der Entmündigte selbst, derjenige gesetzliche Vertreter des Entmündigten, dem die Sorge für die Person zusteht, und die übrigen im § 646 bezeichneten Personen befugt.

(3) Die Frist beginnt im Falle der Entmündigung wegen Geisteskrankheit für den Entmündigten mit dem Zeitpunkt, in dem er von der Entmündigung Kenntnis erlangt, für die übrigen Personen mit dem Zeitpunkt, in dem die Entmündigung in Wirksamkeit tritt. Im Falle der Entmündigung wegen Geistesschwäche beginnt die Frist für den gesetzlichen Vertreter des unter elterlicher Gewalt oder unter Vormundschaft stehenden Entmündigten mit dem Zeitpunkt, in dem ihm der Beschluß zugestellt wird, für den Entmündigten selbst und die übrigen Personen mit der Zustellung des Beschlusses an den Entmündigten.

§ 665. Für die Klage ist das Landgericht ausschließlich zuständig, in dessen Bezirk das Amtsgericht, das über die Entmündigung entschieden hat, seinen Sitz hat.

§ 666. (1) Die Klage ist gegen den Staatsanwalt zu richten.

(2) Wird die Klage von dem Staatsanwalt erhoben, so ist sie gegen denjenigen gesetzlichen Vertreter des Entmündigten zu richten, dem die Sorge für die Person zusteht.

(3) Hat eine der im § 646 Abs. 1 bezeichneten Personen die Entmündigung beantragt, so ist diese Person unter Mitteilung der Klage zum Termin zur mündlichen Verhandlung zu laden. Sie gilt im Falle des Beitritts im Sinne des § 62 als Streitgenosse der Hauptpartei.

§ 667. (1) Mit der die Entmündigung anfechtenden Klage kann eine andere Klage nicht verbunden werden.

(2) Eine Widerklage ist unzulässig.

§ 668. Will der Entmündigte die Klage erheben, so ist ihm auf seinen Antrag von dem Vorsitzenden des Prozeßgerichts ein Rechtsanwalt als Vertreter beizuordnen.

§ 669. (1) Bei der mündlichen Verhandlung haben die Parteien die Ergebnisse der Sachuntersuchung des Amtsgerichts, soweit es zur Prüfung der Richtigkeit des angefochtenen Beschlusses erforderlich ist, vollständig vorzutragen.

(2) Im Falle der Unrichtigkeit oder Unvollständigkeit des Vortrags hat der Vorsitzende die Berichtigung oder Vervollständigung, nötigenfalls unter Wiedereröffnung der Verhandlung, zu veranlassen.

§ 670. (1) Die Vorschriften der §§ 617, 618, 622 Abs. 1 gelten entsprechend.

(2) Die eidliche Parteivernehmung ist ausgeschlossen.

§ 671. (1) Die Vorschriften der §§ 654, 655 gelten in dem Verfahren über die Anfechtungsklage entsprechend.

(2) Von der Vernehmung Sachverständiger darf das Gericht Abstand nehmen, wenn es das vor dem Amtsgericht abgegebene Gutachten für genügend erachtet.

§ 672. Wird die Anfechtungsklage für begründet erachtet, so ist der die Entmündigung aussprechende Beschluß aufzuheben. Die Aufhebung tritt erst mit der Rechtskraft des Urteils in Wirksamkeit. Auf Antrag können jedoch zum Schutz der Person oder des Vermögens des Entmündigten einstweilige Verfügungen nach den §§ 936 bis 944 getroffen werden.

§ 673. (1) Unterliegt der Staatsanwalt, so ist die Staatskasse zur Erstattung der dem obsiegenden Gegner erwachsenen Kosten nach den Vorschriften des fünften Titels des zweiten Abschnitts des ersten Buchs zu verurteilen.

(2) Ist die Klage von dem Staatsanwalt erhoben, so hat die Staatskasse in allen Fällen die Kosten des Rechtsstreits zu tragen.

§ 674. Das Prozeßgericht hat der Vormundschaftsbehörde und dem Amtsgericht von jedem in der Sache erlassenen Endurteil Mitteilung zu machen.

§ 675. Die Wiederaufhebung der Entmündigung erfolgt auf Antrag des Entmündigten oder desjenigen gesetzlichen Vertreters des Entmündigten, dem die Sorge für die Person zusteht, oder des Staatsanwalts durch Beschluß des Amtsgerichts.

§ 676. (1) Für die Wiederaufhebung der Entmündigung ist das Amtsgericht ausschließlich zuständig, bei dem der Entmündigte seinen allgemeinen Gerichtsstand hat.

(2) Ist der Entmündigte ein Deutscher und hat er im Inland keinen allgemeinen Gerichtsstand, so kann der Antrag bei dem Amtsgericht gestellt werden, das über die Entmündigung entschieden hat. Das gleiche gilt, wenn ein Ausländer, der im Inland entmündigt worden ist, im Inland keinen allgemeinen Gerichtsstand hat.

(3) Die Vorschriften des § 647 und der §§ 649 bis 655 gelten entsprechend.

§ 677. Die Kosten des Verfahrens sind von dem Entmündigten, wenn das Verfahren von dem Staatsanwalt ohne Erfolg beantragt ist, von der Staatskasse zu tragen.

§ 678. (1) Der über die Wiederaufhebung der Entmündigung zu erlassende Beschluß ist dem Antragsteller und im Falle der Wiederaufhebung dem Entmündigten sowie dem Staatsanwalt von Amts wegen zuzustellen.

(2) Gegen den Beschluß, durch den die Entmündigung aufgehoben wird, steht dem Staatsanwalt die sofortige Beschwerde zu.

(3) Nach Rechtskraft des Beschlusses ist die Wiederaufhebung der Vormundschaftsbehörde mitzuteilen.

§ 679. (1) Wird der Antrag auf Wiederaufhebung von dem Amtsgericht abgelehnt, so kann sie im Wege der Klage beantragt werden.

(2) Zur Erhebung der Klage ist derjenige gesetzliche Vertreter des Entmündigten, dem die Sorge für die Person zusteht, und der Staatsanwalt befugt.

(3) Will der gesetzliche Vertreter die Klage nicht erheben, so kann der Vorsitzende des Prozeßgerichts dem Entmündigten einen Rechtsanwalt als Vertreter beiordnen.

(4) Auf das Verfahren sind die Vorschriften der §§ 665 bis 667, 669 bis 674 entsprechend anzuwenden.

§ 680. (1) Die Entmündigung wegen Verschwendung oder wegen Trunksucht erfolgt durch Beschluß des Amtsgerichts.

(2) Der Beschluß wird nur auf Antrag erlassen.

(3) Auf das Verfahren sind die Vorschriften des § 646 Abs. 1 und der §§ 647, 648, 653, 657, 663 entsprechend anzuwenden.

(4) Eine Mitwirkung der Staatsanwaltschaft findet nicht statt.

(5) Die landesgesetzlichen Vorschriften, nach denen eine Gemeinde oder ein der Gemeinde gleichstehender Verband oder ein Armenverband[1]) berechtigt ist, die Entmündigung wegen Verschwendung oder wegen Trunksucht zu beantragen, bleiben unberührt.

§ 681. Ist die Entmündigung wegen Trunksucht beantragt, so kann das Gericht die Beschlußfassung über die Entmündigung aussetzen, wenn Aussicht besteht, daß der zu Entmündigende sich bessern werde.

§ 682. Die Kosten des amtsgerichtlichen Verfahrens sind, wenn die Entmündigung ausgesprochen wird, von dem Entmündigten, andernfalls von dem Antragsteller zu tragen.

§ 683. (1) Der über die Entmündigung zu erlassende Beschluß ist dem Antragsteller und dem zu Entmündigenden von Amts wegen zuzustellen.

(2) Der die Entmündigung aussprechende Beschluß tritt mit der Zu-

---

[1]) = Fürsorgeverband.

stellung an den Entmündigten in Wirksamkeit. Der Vormundschaftsbehörde ist der Beschluß von Amts wegen mitzuteilen.

§ 684. (1) Der die Entmündigung aussprechende Beschluß kann binnen der Frist eines Monats von dem Entmündigten im Wege der Klage angefochten werden.

(2) Die Frist beginnt mit der Zustellung des Beschlusses an den Entmündigten.

(3) Die Klage ist gegen denjenigen, der die Entmündigung beantragt hatte, falls er aber verstorben oder sein Aufenthalt unbekannt oder im Ausland ist, gegen den Staatsanwalt zu richten.

(4) Auf das Verfahren sind die Vorschriften der §§ 665, 667, 669, 670, 672 bis 674 entsprechend anzuwenden.

§ 685. Die Wiederaufhebung der Entmündigung erfolgt auf Antrag des Entmündigten oder desjenigen gesetzlichen Vertreters des Entmündigten, dem die Sorge für die Person zusteht, durch Beschluß des Amtsgerichts. Die Vorschriften der §§ 647, 653, des § 676 Abs. 1, 2, des § 677 und des § 678 Abs. 1, 3 gelten entsprechend.

§ 686. (1) Wird der Antrag (§ 685) von dem Amtsgericht abgelehnt, so kann die Wiederaufhebung im Wege der Klage beantragt werden.

(2) Zur Erhebung der Klage ist derjenige gesetzliche Vertreter des Entmündigten befugt, dem die Sorge für die Person zusteht. Will dieser die Klage nicht erheben, so kann der Vorsitzende des Prozeßgerichts dem Entmündigten einen Rechtsanwalt als Vertreter beiordnen.

(3) Die Klage ist gegen denjenigen, der die Entmündigung beantragt hatte, falls er aber verstorben oder sein Aufenthalt unbekannt oder im Ausland ist, gegen den Staatsanwalt zu richten.

(4) Auf das Verfahren sind die Vorschriften der §§ 665, 667, 669, 670, 672 bis 674 entsprechend anzuwenden.

§ 687. Die Entmündigung einer Person wegen Verschwendung oder wegen Trunksucht sowie die Wiederaufhebung einer solchen Entmündigung ist von dem Amtsgericht öffentlich bekanntzumachen.

Siebentes Buch

Mahnverfahren

§ 688. (1) Wegen eines Anspruchs, der die Zahlung einer bestimmten Geldsumme oder die Leistung einer bestimmten Menge anderer vertretbarer Sachen oder Wertpapiere zum Gegenstand hat, ist auf Gesuch des Gläubigers ein bedingter Zahlungsbefehl zu erlassen. Als ein Anspruch, der die Zahlung einer Geldsumme zum Gegenstand hat, gilt auch der

Anspruch aus einer Hypothek, einer Grundschuld, einer Rentenschuld oder einer Schiffshypothek.

(2) Das Mahnverfahren findet nicht statt, wenn nach dem Inhalt des Gesuchs die Geltendmachung des Anspruchs von einer noch nicht erfolgten Gegenleistung abhängig ist oder wenn die Zustellung des Zahlungsbefehls im Ausland oder durch öffentliche Bekanntmachung erfolgen müßte.

§ 689. (1) Die Zahlungsbefehle werden von den Amtsgerichten[1]) erlassen.

(2) Zuständig ist das Amtsgericht, das für die im ordentlichen Verfahren erhobene Klage zuständig sein würde, wenn die Amtsgerichte im ersten Rechtszuge sachlich unbeschränkt zuständig wären.

§ 690. Das Gesuch muß enthalten:

1. die Bezeichnung der Parteien nach Namen, Stand oder Gewerbe und Wohnort;
2. die Bezeichnung des Gerichts;
3. die bestimmte Angabe des Betrages oder Gegenstandes und des Grundes des Anspruchs;
4. das Gesuch um Erlaß des Zahlungsbefehls.

§ 691. (1) Entspricht das Gesuch nicht den Vorschriften der vorstehenden Paragraphen oder ergibt sich aus dem Inhalt des Gesuchs, daß der Anspruch überhaupt oder zur Zeit nicht begründet ist, so wird es zurückgewiesen.

(2) Das Gesuch ist auch dann zurückzuweisen, wenn der Zahlungsbefehl nur wegen eines Teiles des Anspruchs nicht erlassen werden kann; vor der Zurückweisung ist der Gläubiger zu hören.

(3) Die zurückweisende Verfügung ist nicht anfechtbar.

§ 692. Der Zahlungsbefehl enthält die im § 690 Nr. 1 bis 3 bezeichneten Erfordernisse des Gesuchs und außerdem den Befehl an den Schuldner, binnen einer vom Tage der Zustellung laufenden Frist von einer Woche bei Vermeidung sofortiger Zwangsvollstreckung den Gläubiger wegen des Anspruchs nebst den dem Betrage nach zu bezeichnenden Kosten des Verfahrens und den geforderten Zinsen zu befriedigen oder, wenn er Einwendungen gegen den Anspruch habe, bei dem Gericht Widerspruch zu erheben. Die Widerspruchsfrist ist den Vorschriften über die Einlassungsfrist entsprechend zu bemessen, falls diese weniger als eine Woche betragen würde.

§ 693. (1) Der Zahlungsbefehl wird dem Schuldner von Amts wegen zugestellt.

(2) Soll durch die Zustellung eine Frist gewahrt oder die Verjährung

---

[1]) Siehe Fußnote zu § 109.

unterbrochen werden, so tritt die Wirkung, wenn die Zustellung demnächst erfolgt, bereits mit der Einreichung oder Anbringung des Gesuchs um Erlaß des Zahlungsbefehls ein.

(3) Die Geschäftsstelle hat von der Zustellung des Zahlungsbefehls den Gläubiger in Kenntnis zu setzen.

§ 694. (1) Der Schuldner kann gegen den Anspruch oder einen Teil des Anspruchs Widerspruch erheben, solange der Vollstreckungsbefehl nicht verfügt ist.

(2) Das Gericht hat den Gläubiger von dem rechtzeitig erhobenen Widerspruch in Kenntnis zu setzen und dem Schuldner auf Verlangen eine Bescheinigung darüber zu erteilen, daß er rechtzeitig Widerspruch erhoben hat.

(3) Einer Zurückweisung des nicht rechtzeitig erhobenen Widerspruchs bedarf es nicht.

§ 695. (Weggefallen.)

§ 696. (1) Wird rechtzeitig Widerspruch erhoben, so ist auf Antrag einer Partei vor dem Amtsgericht, das den Zahlungsbefehl erlassen hat, ein Termin zur mündlichen Verhandlung anzuberaumen. Der Antrag kann schon in dem Gesuch um Erlaß des Zahlungsbefehls gestellt werden. Die Terminsbestimmung ist dem Gläubiger, sofern nicht das Gericht die Zustellung anordnet ohne besondere Form mitzuteilen; § 496 Abs. 4 Satz 2 gilt entsprechend

(2) Wird nach der Erhebung des Widerspruchs alsbald Termin anberaumt, so gilt die Streitsache als mit Zustellung des Zahlungsbefehls rechtshängig geworden.

(3) Zur Herstellung eines Urteils in abgekürzter Form (§ 313 Abs. 3, § 317 Abs. 4) kann der Zahlungsbefehl an Stelle der Klageschrift benutzt werden.

§ 697. (1) Ist ein Anspruch erhoben, der zur Zuständigkeit der Landgerichte gehört, so hat das Amtsgericht, sofern eine Partei vor der Verhandlung zur Hauptsache darauf anträgt, durch Beschluß sich für unzuständig zu erklären und den Rechtsstreit an das Landgericht zu verweisen; die Vorschriften des § 276 Abs. 2, Abs. 3 Satz 1 sind anzuwenden.

(2) Ist der Antrag auf Verweisung schon in dem Gesuch um Erlaß des Zahlungsbefehls gestellt oder mit dem Widerspruch verbunden worden, so kann die Entscheidung über den Antrag ohne mündliche Verhandlung erfolgen. Wird die Verweisung beschlossen, so gilt der Rechtsstreit mit der Zustellung des Beschlusses als bei dem Landgericht anhängig.

§ 698. Die Kosten des Mahnverfahrens sind im Falle der rechtzeitigen Erhebung des Widerspruchs als ein Teil der Kosten des entstehenden Rechtsstreits anzusehen.

§ 699. (1) Der Zahlungsbefehl ist nach Ablauf der darin bestimmten Frist auf Gesuch des Gläubigers für vorläufig vollstreckbar zu erklären, sofern nicht vor der Vollstreckbarkeitserklärung von dem Schuldner Widerspruch erhoben ist. Die Vollstreckbarkeitserklärung wird durch einen von dem Urkundsbeamten der Geschäftsstelle auf den Zahlungsbefehl zu setzenden Vollstreckungsbefehl bewirkt. In den Vollstreckungsbefehl sind die von dem Gläubiger zu berechnenden Kosten des bisherigen Verfahrens aufzunehmen. Die Zustellung des Vollstreckungsbefehls erfolgt auf Betreiben des Gläubigers. Der Urkundsbeamte der Geschäftsstelle hat die Zustellung zu vermitteln, sofern nicht der Gläubiger erklärt hat, selbst einen Gerichtsvollzieher mit der Zustellung beauftragen zu wollen.

(2) Will der Urkundsbeamte der Geschäftsstelle dem Gesuch des Gläubigers nicht entsprechen, so hat er das Gesuch dem Gericht[1]) zur Entscheidung vorzulegen. Gegen den Beschluß des Gerichts, durch den das Gesuch zurückgewiesen wird, findet sofortige Beschwerde statt.

§ 700. Der Vollstreckungsbefehl steht einem für vorläufig vollstreckbar erklärten, auf Versäumnis erlassenen Endurteil gleich; im Falle seines Erlasses gilt der Anspruch als mit der Zustellung des Zahlungsbefehls im Streitverfahren rechtshängig geworden. Gegen den Vollstreckungsbefehl findet der Einspruch statt; die Vorschriften über den Einspruch gegen ein von dem Amtsgericht erlassenes Versäumnisurteil gelten entsprechend. Gehört der Anspruch nicht vor die Amtsgerichte, so findet eine Verweisung des Rechtsstreits an das Landgericht nach § 697 nur statt, wenn das Amtsgericht den Einspruch für zulässig erachtet. Das Landgericht ist an die Entscheidung des Amtsgerichts, durch die der Einspruch zugelassen wird, gebunden.

§ 701. Wird in dem Falle, wenn Widerspruch nicht erhoben ist, der Erlaß des Vollstreckungsbefehls nicht binnen einer sechsmonatigen Frist, die mit Ablauf der im Zahlungsbefehl bestimmten Frist beginnt, nachgesucht, so verliert der Zahlungsbefehl seine Kraft. Dasselbe gilt, wenn der Erlaß des Vollstreckungsbefehls rechtzeitig nachgesucht ist, das Gesuch aber zurückgewiesen wird.

§ 702. Das Gesuch um Erlaß eines Zahlungsbefehls oder eines Vollstreckungsbefehls sowie die Erhebung eines Widerspruchs werden der anderen Partei abschriftlich nicht mitgeteilt; im Falle ihrer mündlichen Anbringung ist die Aufnahme eines Protokolls nicht erforderlich.

§ 703. Des Nachweises einer Vollmacht bedarf es nicht, wenn für den Gläubiger der Erlaß eines Zahlungsbefehls nachgesucht oder für den Schuldner Widerspruch gegen einen Zahlungsbefehl erhoben wird.

---

[1]) Siehe Fußnote zu § 109.

§ 703a. (1) Ist das Gesuch des Gläubigers auf den Erlaß eines Urkunden- oder eines Wechsel-Zahlungsbefehls gerichtet, so wird der Zahlungsbefehl als Urkunden- oder als Wechsel-Zahlungsbefehl bezeichnet.

(2) Für das Urkunden- und Wechsel-Mahnverfahren gelten folgende besonderen Vorschriften:

1. die Bezeichnung als Urkunden- oder als Wechsel-Zahlungsbefehl hat die Wirkung, daß die Streitsache, wenn rechtzeitig Widerspruch erhoben wird, als im Urkunden- oder im Wechselprozeß rechtshängig geworden anzusehen ist;
2. die Urkunden sollen in Urschrift oder in Abschrift dem Gesuch um Erlaß des Zahlungsbefehls beigefügt und in Abschrift mit dem Zahlungsbefehl zugestellt werden;
3. bei Erlaß des Zahlungsbefehls und des Vollstreckungsbefehls ist nicht zu prüfen, ob die gewählte Prozeßart statthaft ist;
4. beschränkt sich der Widerspruch auf den Antrag, dem Beklagten die Ausführung seiner Rechte vorzubehalten, so ist der Vollstreckungsbefehl unter diesem Vorbehalt zu erlassen. Auf das weitere Verfahren ist die Vorschrift des § 600 entsprechend anzuwenden;
5. die Ladungsfrist beträgt mindestens drei Tage; sie entspricht der Einlassungsfrist, wenn diese kürzer ist.

Achtes Buch

Zwangsvollstreckung

Erster Abschnitt

Allgemeine Vorschriften

§ 704. (1) Die Zwangsvollstreckung findet statt aus Endurteilen, die rechtskräftig oder für vorläufig vollstreckbar erklärt sind.

(2) Urteile in Ehesachen und in Rechtsstreitigkeiten, welche die Feststellung des Rechtsverhältnisses zwischen Eltern und Kindern zum Gegenstand haben, dürfen nicht für vorläufig vollstreckbar erklärt werden.

§ 705. Die Rechtskraft der Urteile tritt vor Ablauf der für die Einlegung des zulässigen Rechtsmittels oder des zulässigen Einspruchs bestimmten Frist nicht ein. Der Eintritt der Rechtskraft wird durch rechtzeitige Einlegung des Rechtsmittels oder des Einspruchs gehemmt.

§ 706. (1) Zeugnisse über die Rechtskraft der Urteile sind auf Grund der Prozeßakten von der Geschäftsstelle des Gerichts des ersten Rechtszuges und, solange der Rechtsstreit in einem höheren Rechtszuge anhängig ist, von der Geschäftsstelle des Gerichts dieses Rechtszuges zu erteilen.

(2) Insoweit die Erteilung des Zeugnisses davon abhängt, daß gegen

das Urteil ein Rechtsmittel nicht eingelegt ist, genügt ein Zeugnis der Geschäftsstelle des für das Rechtsmittel zuständigen Gerichts, daß bis zum Ablauf der Notfrist eine Rechtsmittelschrift nicht eingereicht sei. Eines Zeugnisses der Geschäftsstelle des Revisionsgerichts, daß eine Revisionsschrift nach § 566a nicht eingereicht sei, bedarf es nicht.

§ 707. (1) Wird die Wiedereinsetzung in den vorigen Stand oder eine Wiederaufnahme des Verfahrens beantragt, so kann das Gericht auf Antrag anordnen, daß die Zwangsvollstreckung gegen oder ohne Sicherheitsleistung einstweilen eingestellt werde oder nur gegen Sicherheitsleistung stattfinde und daß die Vollstreckungsmaßregeln gegen Sicherheitsleistung aufzuheben seien. Die Einstellung der Zwangsvollstreckung ohne Sicherheitsleistung ist nur zulässig, wenn glaubhaft gemacht wird, daß die Vollstreckung einen nicht zu ersetzenden Nachteil bringen würde.

(2) Die Entscheidung kann ohne mündliche Verhandlung ergehen. Eine Anfechtung des Beschlusses findet nicht statt.

§ 708. Auch ohne Antrag sind für vorläufig vollstreckbar zu erklären:

1. Urteile, die auf Grund eines Anerkenntnisses eine Verurteilung aussprechen (§ 307);
2. (weggefallen);
3. Versäumnisurteile;
4. Urteile, die im Urkunden- oder Wechselprozeß erlassen werden;
5. Urteile, durch die Arreste oder einstweilige Verfügungen aufgehoben werden;
6. Urteile, welche die Verpflichtung zur Entrichtung von Alimenten oder zur Entrichtung einer nach den §§ 843, 844 des Bürgerlichen Gesetzbuchs geschuldeten Geldrente aussprechen, soweit die Entrichtung für die Zeit nach der Erhebung der Klage und für das der Erhebung der Klage vorausgehende letzte Vierteljahr zu erfolgen hat;
7. Urteile der Oberlandesgerichte in vermögensrechtlichen Streitigkeiten.

§ 709. Urteile sind ferner ohne Antrag für vorläufig vollstreckbar zu erklären, wenn sie betreffen:

1. Streitigkeiten zwischen dem Vermieter und dem Mieter oder Untermieter von Wohnräumen oder anderen Räumen oder zwischen dem Mieter und dem Untermieter solcher Räume wegen Überlassung, Benutzung oder Räumung[1]) sowie wegen Zurückhaltung der von dem Mieter oder dem Untermieter in die Mieträume eingebrachten Sachen;
2. Streitigkeiten zwischen Seeschiffern und ihren Arbeitgebern hinsichtlich des Dienst- oder Arbeitsverhältnisses, sofern sie während der Dauer des Dienst- oder Arbeitsverhältnisses entstehen;

---

[1]) Dazu § 13 Abs. 2 MSchG.

3. Streitigkeiten zwischen Reisenden und Wirten, Fuhrleuten, Schiffern, Flößern oder Auswanderungsexpedienten in den Einschiffungshäfen, die über Wirtszechen, Fuhrlohn, Überfahrtsgelder, Beförderung der Reisenden und ihrer Habe und über deren Verlust und Beschädigung, sowie Streitigkeiten zwischen Reisenden und Handwerkern, die aus Anlaß der Reise entstanden sind;
4. andere vermögensrechtliche Ansprüche, sofern der Gegenstand der Verurteilung an Geld oder Geldeswert die Summe von fünfhundert Deutsche Mark nicht übersteigt; für den Wert des Gegenstandes gelten die Vorschriften der §§ 3 bis 9.

§ 710. Andere Urteile sind gegen eine der Höhe nach zu bestimmende Sicherheit für vorläufig vollstreckbar zu erklären. Auf Antrag sind sie auch ohne Sicherheitsleistung für vorläufig vollstreckbar zu erklären, wenn glaubhaft gemacht wird, daß der Gläubiger zur Sicherheitsleistung nicht in der Lage ist und daß die Aussetzung der Vollstreckung ihm einen schwer zu ersetzenden oder einen schwer zu ermittelnden Nachteil bringen würde.

§ 711. (Weggefallen.)

§ 712. Wird glaubhaft gemacht, daß die Vollstreckung des Urteils dem Schuldner einen nicht zu ersetzenden Nachteil bringen würde, so ist in den Fällen der §§ 708, 709, 710 Satz 1 auf Antrag des Schuldners auszusprechen, daß das Urteil nicht vorläufig vollstreckbar sei; in den Fällen des § 710 Satz 2 ist der Antrag des Gläubigers zurückzuweisen.

§ 713. (1) Das Gericht kann auf Antrag die vorläufige Vollstreckbarkeit von einer Sicherheitsleistung abhängig machen. Diese Vorschrift ist auf die im § 708 Nr. 7 bezeichneten Urteile nicht anzuwenden.

(2) Das Gericht hat auf Antrag dem Schuldner nachzulassen, durch Sicherheitsleistung oder durch Hinterlegung die Vollstreckung abzuwenden, wenn nicht der Gläubiger sich erbietet, vor der Vollstreckung Sicherheit zu leisten.

§ 713a. Die in den §§ 712 und 713 zugunsten des Schuldners zugelassenen Anordnungen sollen nicht ergehen, wenn die Voraussetzungen, unter denen ein Rechtsmittel gegen das Urteil stattfindet, nach dem Ermessen des Gerichts unzweifelhaft nicht vorliegen.

§ 714. Die in den §§ 710 bis 713 erwähnten Anträge sind vor dem Schluß der mündlichen Verhandlung zu stellen, auf die das Urteil ergeht.

§ 715. In den Fällen der §§ 710, 713 kann das Gericht[1]), das die Sicherheitsleistung angeordnet oder zugelassen hat, auf Antrag die Rückgabe

---

[1]) Siehe Fußnote zu § 109.

der von dem Gläubiger geleisteten Sicherheit anordnen, wenn ein Zeugnis über die Rechtskraft des für vorläufig vollstreckbar erklärten Urteils vorgelegt wird. Die Vorschriften des § 109 Abs. 3 gelten entsprechend.

§ 716. Ist über die vorläufige Vollstreckbarkeit nicht entschieden, so sind wegen Ergänzung des Urteils die Vorschriften des § 321 anzuwenden.

§ 717. (1) Die Vorläufige Vollstreckbarkeit tritt mit der Verkündung eines Urteils, das die Entscheidung in der Hauptsache oder die Vollstreckbarkeitserklärung aufhebt oder abändert, insoweit außer Kraft, als die Aufhebung oder Abänderung ergeht.

(2) Wird ein für vorläufig vollstreckbar erklärtes Urteil aufgehoben oder abgeändert, so ist der Kläger zum Ersatz des Schadens verpflichtet, der dem Beklagten durch die Vollstreckung des Urteils oder durch eine zur Abwendung der Vollstreckung gemachte Leistung entstanden ist. Der Beklagte kann den Anspruch auf Schadensersatz in dem anhängigen Rechtsstreit geltend machen; wird der Anspruch geltend gemacht, so ist er als zur Zeit der Zahlung oder Leistung rechtshängig geworden anzusehen.

(3) Die Vorschriften des Abs. 2 sind auf die im § 708 Nr. 7 bezeichneten Urteile der Oberlandesgerichte, mit Ausnahme der Versäumnisurteile, nicht anzuwenden. Soweit ein solches Urteil aufgehoben oder abgeändert wird, ist der Kläger auf Antrag des Beklagten zur Erstattung des von diesem auf Grund des Urteils Gezahlten oder Geleisteten zu verurteilen. Die Erstattungspflicht des Klägers bestimmt sich nach den Vorschriften über die Herausgabe einer ungerechtfertigten Bereicherung. Wird der Antrag gestellt, so ist der Anspruch auf Erstattung als zur Zeit der Zahlung oder Leistung rechtshängig geworden anzusehen; die mit der Rechtshängigkeit nach den Vorschriften des bürgerlichen Rechts verbundenen Wirkungen treten mit der Zahlung oder Leistung auch dann ein, wenn der Antrag nicht gestellt wird.

§ 718. (1) In der Berufungsinstanz ist über die vorläufige Vollstreckbarkeit auf Antrag vorab zu verhandeln und zu entscheiden.

(2) Eine Anfechtung der in der Berufungsinstanz über die vorläufige Vollstreckbarkeit erlassenen Entscheidung findet nicht statt.

§ 719. (1) Wird gegen ein für vorläufig vollstreckbar erklärtes Urteil der Einspruch oder die Berufung eingelegt, so gelten die Vorschriften des § 707 entsprechend.

(2) Wird Revision gegen ein für vorläufig vollstreckbar erklärtes Urteil eingelegt, so hat das Revisionsgericht auf Antrag anzuordnen, daß die Zwangsvollstreckung einstweilen eingestellt werde, wenn glaubhaft gemacht wird, daß die Vollstreckung einen nicht zu ersetzenden Nachteil bringen würde.

(3) Die Entscheidung kann ohne mündliche Verhandlung ergehen.

§ 720. Ist nach § 713 Abs. 2 dem Schuldner nachgelassen, durch Sicherheitsleistung oder durch Hinterlegung die Vollstreckung abzuwenden, so ist gepfändetes Geld oder der Erlös gepfändeter Gegenstände zu hinterlegen.

§ 721. (1) Wird auf Räumung einer Wohnung erkannt, so kann das Gericht auf Antrag dem Schuldner eine den Umständen nach angemessene Frist zur Räumung gewähren[1]).

(2) Auf den Antrag sind die Vorschriften der §§ 714, 716 entsprechend anzuwenden.

§ 722. (1) Aus dem Urteil eines ausländischen Gerichts findet die Zwangsvollstreckung nur statt, wenn ihre Zulässigkeit durch ein Vollstreckungsurteil ausgesprochen ist.

(2) Für die Klage auf Erlaß des Urteils ist das Amtsgericht oder Landgericht, bei dem der Schuldner seinen allgemeinen Gerichtsstand hat, und sonst das Amtsgericht oder Landgericht zuständig, bei dem nach § 23 gegen den Schuldner Klage erhoben werden kann.

§ 723. (1) Das Vollstreckungsurteil ist ohne Prüfung der Gesetzmäßigkeit der Entscheidung zu erlassen.

(2) Das Vollstreckungsurteil ist erst zu erlassen, wenn das Urteil des ausländischen Gerichts nach dem für dieses Gericht geltenden Recht die Rechtskraft erlangt hat. Es ist nicht zu erlassen, wenn die Anerkennung des Urteils nach § 328 ausgeschlossen ist.

§ 724. (1) Die Zwangsvollstreckung wird auf Grund einer mit der Vollstreckungsklausel versehenen Ausfertigung des Urteils (vollstreckbare Ausfertigung) durchgeführt.

(2) Die vollstreckbare Ausfertigung wird von dem Urkundsbeamten der Geschäftsstelle des Gerichts des ersten Rechtszuges und, wenn der Rechtsstreit bei einem höheren Gericht anhängig ist, von dem Urkundsbeamten der Geschäftsstelle dieses Gerichts erteilt.

§ 725. Die Vollstreckungsklausel:

> „Vorstehende Ausfertigung wird dem usw. (Bezeichnung der Partei) zum Zwecke der Zwangsvollstreckung erteilt"

ist der Ausfertigung des Urteils am Schluß beizufügen, von dem Urkundsbeamten der Geschäftsstelle zu unterschreiben und mit dem Gerichtssiegel zu versehen.

§ 726[2]). (1) Von Urteilen, deren Vollstreckung nach ihrem Inhalt von dem durch den Gläubiger zu beweisenden Eintritt einer anderen Tatsache als einer dem Gläubiger obliegenden Sicherheitsleistung abhängt, darf eine

---

[1]) Dazu §§ 5a, 6, 27 MSchG.
[2]) Dazu § 16 MSchG.

vollstreckbare Ausfertigung nur erteilt werden, wenn der Beweis durch öffentliche oder öffentlich beglaubigte Urkunden geführt wird.

(2) Hängt die Vollstreckung von einer Zug um Zug zu bewirkenden Leistung des Gläubigers an den Schuldner ab, so ist der Beweis, daß der Schuldner befriedigt oder im Verzug der Annahme ist, nur dann erforderlich, wenn die dem Schuldner obliegende Leistung in der Abgabe einer Willenserklärung besteht.

§ 727. (1) Eine vollstreckbare Ausfertigung kann für den Rechtsnachfolger des in dem Urteil bezeichneten Gläubigers sowie gegen denjenigen Rechtsnachfolger des in dem Urteil bezeichneten Schuldners und denjenigen Besitzer der in Streit befangenen Sache, gegen die das Urteil nach § 325 wirksam ist, erteilt werden, sofern die Rechtsnachfolge oder das Besitzverhältnis bei dem Gericht offenkundig ist oder durch öffentliche oder öffentlich beglaubigte Urkunden nachgewiesen wird.

(2) Ist die Rechtsnachfolge oder das Besitzverhältnis bei dem Gericht offenkundig, so ist dies in der Vollstreckungsklausel zu erwähnen.

§ 728. (1) Ist gegenüber dem Vorerben ein nach § 326 dem Nacherben gegenüber wirksames Urteil ergangen, so sind auf die Erteilung einer vollstreckbaren Ausfertigung für und gegen den Nacherben die Vorschriften des § 727 entsprechend anzuwenden.

(2) Das gleiche gilt, wenn gegenüber einem Testamentsvollstrecker ein nach § 327 dem Erben gegenüber wirksames Urteil ergangen ist, für die Erteilung einer vollstreckbaren Ausfertigung für und gegen den Erben. Eine vollstreckbare Ausfertigung kann gegen den Erben erteilt werden, auch wenn die Verwaltung des Testamentsvollstreckers noch besteht.

§ 729. (1) Hat jemand das Vermögen eines anderen durch Vertrag mit diesem nach der rechtskräftigen Feststellung einer Schuld des anderen übernommen, so sind auf die Erteilung einer vollstreckbaren Ausfertigung des Urteils gegen den Übernehmer die Vorschriften des § 727 entsprechend anzuwenden.

(2) Das gleiche gilt für die Erteilung einer vollstreckbaren Ausfertigung gegen denjenigen, der ein unter Lebenden erworbenes Handelsgeschäft unter der bisherigen Firma fortführt, in Ansehung der Verbindlichkeiten, für die er nach § 25 Abs. 1 Satz 1, Abs. 2 des Handelsgesetzbuchs haftet, sofern sie vor dem Erwerb des Geschäfts gegen den früheren Inhaber rechtskräftig festgestellt worden sind.

§ 730. In den Fällen des § 726 Abs. 1 und der §§ 727 bis 729 kann der Schuldner vor der Erteilung der vollstreckbaren Ausfertigung gehört werden.

§ 731. Kann der nach dem § 726 Abs. 1 und den §§ 727 bis 729 erforderliche Nachweis durch öffentliche oder öffentlich beglaubigte Urkunden nicht geführt werden, so hat der Gläubiger bei dem Prozeßgericht des ersten Rechtszuges aus dem Urteil auf Erteilung der Vollstreckungsklausel Klage zu erheben.

§ 732. (1) Über Einwendungen des Schuldners, welche die Zulässigkeit der Vollstreckungsklausel betreffen, entscheidet das Gericht, von dessen Geschäftsstelle die Vollstreckungsklausel erteilt ist. Die Entscheidung kann ohne mündliche Verhandlung ergehen.

(2) Das Gericht kann vor der Entscheidung eine einstweilige Anordnung erlassen; es kann insbesondere anordnen, daß die Zwangsvollstreckung gegen oder ohne Sicherheitsleistung einstweilen einzustellen oder nur gegen Sicherheitsleistung fortzusetzen sei.

§ 733. (1) Vor der Erteilung einer weiteren vollstreckbaren Ausfertigung kann der Schuldner gehört werden, sofern nicht die zuerst erteilte Ausfertigung zurückgegeben wird.

(2) Die Geschäftsstelle hat von der Erteilung der weiteren Ausfertigung den Gegner in Kenntnis zu setzen.

(3) Die weitere Ausfertigung ist als solche ausdrücklich zu bezeichnen.

§ 734. Vor der Aushändigung einer vollstreckbaren Ausfertigung ist auf der Urschrift des Urteils zu vermerken, für welche Partei und zu welcher Zeit die Ausfertigung erteilt ist.

§ 735. Zur Zwangsvollstreckung in das Vermögen eines nicht rechtsfähigen Vereins genügt ein gegen den Verein ergangenes Urteil.

§ 736. Zur Zwangsvollstreckung in das Gesellschaftsvermögen einer nach § 705 des Bürgerlichen Gesetzbuchs eingegangenen Gesellschaft ist ein gegen alle Gesellschafter ergangenes Urteil erforderlich.

§ 737. (1) Bei dem Nießbrauch an einem Vermögen ist wegen der vor der Bestellung des Nießbrauchs entstandenen Verbindlichkeiten des Bestellers die Zwangsvollstreckung in die dem Nießbrauch unterliegenden Gegenstände ohne Rücksicht auf den Nießbrauch zulässig, wenn der Besteller zu der Leistung und der Nießbraucher zur Duldung der Zwangsvollstreckung verurteilt ist.

(2) Das gleiche gilt bei dem Nießbrauch an einer Erbschaft für die Nachlaßverbindlichkeiten.

§ 738. (1) Ist die Bestellung des Nießbrauchs an einem Vermögen nach der rechtskräftigen Feststellung einer Schuld des Bestellers erfolgt, so sind auf die Erteilung einer in Ansehung der dem Nießbrauch unterliegenden Gegenstände vollstreckbaren Ausfertigung des Urteils gegen den Nießbraucher die Vorschriften der §§ 727, 730 bis 732 entsprechend anzuwenden.

(2) Das gleiche gilt bei dem Nießbrauch an einer Erbschaft für die Erteilung einer vollstreckbaren Ausfertigung des gegen den Erblasser ergangenen Urteils.

§ 739. Bei dem Güterstand der Verwaltung und Nutznießung, der Errungenschaftsgemeinschaft oder der Fahrnisgemeinschaft ist die Zwangsvollstreckung in das eingebrachte Gut der Ehefrau nur zulässig, wenn die Ehefrau zu der Leistung und der Ehemann zur Duldung der Zwangsvollstreckung in das eingebrachte Gut verurteilt ist.

§ 740. Bei dem Güterstand der allgemeinen Gütergemeinschaft, der Errungenschaftsgemeinschaft oder der Fahrnisgemeinschaft ist zur Zwangsvollstreckung in das Gesamtgut ein gegen den Ehemann ergangenes Urteil erforderlich und genügend.

§ 741. Betreibt die Ehefrau selbständig ein Erwerbsgeschäft, so ist zur Zwangsvollstreckung in das eingebrachte Gut und in das Gesamtgut ein gegen die Ehefrau ergangenes Urteil genügend, es sei denn, daß zur Zeit des Eintritts der Rechtshängigkeit der Einspruch des Ehemannes gegen den Betrieb des Erwerbsgeschäfts oder der Widerruf seiner Einwilligung zu dem Betrieb im Güterrechtsregister eingetragen war.

§ 742. (1) Ist der Güterstand der Verwaltung und Nutznießung, der Errungenschaftsgemeinschaft oder der Fahrnisgemeinschaft erst eingetreten, nachdem ein von der Ehefrau oder gegen sie geführter Rechtsstreit rechtshängig geworden ist, so sind auf die Erteilung einer in Ansehung des eingebrachten Gutes der Ehefrau vollstreckbaren Ausfertigung des Urteils für oder gegen den Ehemann die Vorschriften der §§ 727, 730 bis 732 entsprechend anzuwenden.

(2) Das gleiche gilt für die Erteilung einer in Ansehung des Gesamtguts vollstreckbaren Ausfertigung, wenn die allgemeine Gütergemeinschaft oder die Fahrnisgemeinschaft erst eingetreten ist, nachdem ein von der Ehefrau oder gegen sie geführter Rechtsstreit rechtshängig geworden ist.

§ 743. Nach der Beendigung der allgemeinen Gütergemeinschaft, der Errungenschaftsgemeinschaft oder der Fahrnisgemeinschaft ist vor der Auseinandersetzung die Zwangsvollstreckung in das Gesamtgut nur zulässig, wenn beide Ehegatten zu der Leistung oder der eine Ehegatte zu der Leistung und der andere zur Duldung der Zwangsvollstreckung verurteilt sind.

§ 744. Ist die Beendigung der allgemeinen Gütergemeinschaft, der Errungenschaftsgemeinschaft oder der Fahrnisgemeinschaft nach der Beendigung eines Rechtsstreits des Ehemannes eingetreten, so sind auf die Erteilung einer in Ansehung des Gesamtguts vollstreckbaren Ausfertigung des Urteils gegen die Ehefrau die Vorschriften der §§ 727, 730 bis 732 entsprechend anzuwenden.

§ 745. (1) Im Falle der fortgesetzten Gütergemeinschaft ist zur Zwangsvollstreckung in das Gesamtgut ein gegen den überlebenden Ehegatten ergangenes Urteil erforderlich und genügend.

(2) Nach der Beendigung der fortgesetzten Gütergemeinschaft gelten die Vorschriften der §§ 743, 744 mit der Maßgabe, daß an die Stelle des Ehemannes der überlebende Ehegatte, an die Stelle der Ehefrau die anteilsberechtigten Abkömmlinge treten.

§ 746. Zur Zwangsvollstreckung in das der elterlichen Nutznießung unterliegende Vermögen des Kindes ist ein gegen das Kind ergangenes Urteil genügend.

§ 747. Zur Zwangsvollstreckung in einen Nachlaß ist, wenn mehrere Erben vorhanden sind, bis zur Teilung ein gegen alle Erben ergangenes Urteil erforderlich.

§ 748. (1) Unterliegt ein Nachlaß der Verwaltung eines Testamentsvollstreckers, so ist zur Zwangsvollstreckung in den Nachlaß ein gegen den Testamentsvollstrecker ergangenes Urteil erforderlich und genügend.

(2) Steht dem Testamentsvollstrecker nur die Verwaltung einzelner Nachlaßgegenstände zu, so ist die Zwangsvollstreckung in diese Gegenstände nur zulässig, wenn der Erbe zu der Leistung, der Testamentsvollstrecker zur Duldung der Zwangsvollstreckung verurteilt ist.

(3) Zur Zwangsvollstreckung wegen eines Pflichtteilanspruchs ist im Falle des Abs. 1 wie im Falle des Abs. 2 ein sowohl gegen den Erben als gegen den Testamentsvollstrecker ergangenes Urteil erforderlich.

§ 749. Auf die Erteilung einer vollstreckbaren Ausfertigung eines für oder gegen den Erblasser ergangenen Urteils für oder gegen den Testamentsvollstrecker sind die Vorschriften der §§ 727, 730 bis 732 entsprechend anzuwenden. Auf Grund einer solchen Ausfertigung ist die Zwangsvollstreckung nur in die der Verwaltung des Testamentsvollstreckers unterliegenden Nachlaßgegenstände zulässig.

§ 750. (1) Die Zwangsvollstreckung darf nur beginnen, wenn die Personen, für und gegen die sie stattfinden soll, in dem Urteil oder in der ihm beigefügten Vollstreckungsklausel namentlich bezeichnet sind und das Urteil bereits zugestellt ist oder gleichzeitig zugestellt wird[1]).

(2) Handelt es sich um die Vollstreckung eines Urteils, dessen vollstreckbare Ausfertigung nach § 726 Abs. 1 erteilt worden ist, oder soll ein Urteil, das nach den §§ 727 bis 729, 738, 742, 744, dem § 745 Abs. 2 und dem § 749 für oder gegen eine der dort bezeichneten Personen wirksam ist, für oder gegen eine dieser Personen vollstreckt werden, so muß außer

[1]) Zustellung an Schuldner unbekannten Wohnsitzes zur Einleitung der Zwangsvollstreckung in ein Grundstück: § 11 der Verordnung über Maßnahmen auf dem Gebiete der Zwangsvollstreckung vom 26. 5. 1933 (RGBl. I S. 302) — abgedr. unter XII A b —.

dem zu vollstreckenden Urteil auch die ihm beigefügte Vollstreckungsklausel und, sofern die Vollstreckungsklausel auf Grund öffentlicher oder öffentlich beglaubigter Urkunden erteilt ist, auch eine Abschrift dieser Urkunden vor Beginn der Zwangsvollstreckung zugestellt sein oder gleichzeitig mit ihrem Beginn zugestellt werden.

§ 751. (1) Ist die Geltendmachung des Anspruchs von dem Eintritt eines Kalendertages abhängig, so darf die Zwangsvollstreckung nur beginnen, wenn der Kalendertag abgelaufen ist.

(2) Hängt die Vollstreckung von einer dem Gläubiger obliegenden Sicherheitsleistung ab, so darf mit der Zwangsvollstreckung nur begonnen werden, wenn die Sicherheitsleistung durch eine öffentliche oder öffentlich beglaubigte Urkunde nachgewiesen und eine Abschrift dieser Urkunde bereits zugestellt ist oder gleichzeitig zugestellt wird.

§ 752. (Weggefallen.)

§ 753. (1) Die Zwangsvollstreckung wird, soweit sie nicht den Gerichten zugewiesen ist, durch Gerichtsvollzieher durchgeführt, die sie im Auftrag des Gläubigers zu bewirken haben.

(2) Der Gläubiger kann wegen Erteilung des Auftrags zur Zwangsvollstreckung die Mitwirkung der Geschäftsstelle in Anspruch nehmen. Der von der Geschäftsstelle beauftragte Gerichtsvollzieher gilt als von dem Gläubiger beauftragt.

§ 754. In dem schriftlichen oder mündlichen Auftrag zur Zwangsvollstreckung in Verbindung mit der Übergabe der vollstreckbaren Ausfertigung liegt die Beauftragung des Gerichtsvollziehers, die Zahlungen oder sonstigen Leistungen in Empfang zu nehmen, über das Empfangene wirksam zu quittieren und dem Schuldner, wenn dieser seiner Verbindlichkeit genügt hat, die vollstreckbare Ausfertigung auszuliefern.

§ 755. Dem Schuldner und Dritten gegenüber wird der Gerichtsvollzieher zur Vornahme der Zwangsvollstreckung und der im § 754 bezeichneten Handlungen durch den Besitz der vollstreckbaren Ausfertigung ermächtigt. Der Mangel oder die Beschränkung des Auftrags kann diesen Personen gegenüber von dem Gläubiger nicht geltend gemacht werden.

§ 756. Hängt die Vollstreckung von einer Zug um Zug zu bewirkenden Leistung des Gläubigers an den Schuldner ab, so darf der Gerichtsvollzieher die Zwangsvollstreckung nicht beginnen, bevor er dem Schuldner die diesem gebührende Leistung in einer den Verzug der Annahme begründenden Weise angeboten hat, sofern nicht der Beweis, daß der Schuldner befriedigt oder im Verzug der Annahme ist, durch öffentliche oder öffentlich beglaubigte Urkunden geführt wird und eine Abschrift dieser Urkunden bereits zugestellt ist oder gleichzeitig zugestellt wird.

§ 757. (1) Der Gerichtsvollzieher hat nach Empfang der Leistungen dem Schuldner die vollstreckbare Ausfertigung nebst einer Quittung auszuliefern, bei teilweiser Leistung diese auf der vollstreckbaren Ausfertigung zu vermerken und dem Schuldner Quittung zu erteilen.

(2) Das Recht des Schuldners, nachträglich eine Quittung des Gläubigers selbst zu fordern, wird durch diese Vorschriften nicht berührt.

§ 758. (1) Der Gerichtsvollzieher ist befugt, die Wohnung und die Behältnisse des Schuldners zu durchsuchen, soweit der Zweck der Vollstreckung dies erfordert.

(2) Er ist befugt, die verschlossenen Haustüren, Zimmertüren und Behältnisse öffnen zu lassen.

(3) Er ist, wenn er Widerstand findet, zur Anwendung von Gewalt befugt und kann zu diesem Zwecke die Unterstützung der polizeilichen Vollzugsorgane nachsuchen.

§ 759. Wird bei einer Vollstreckungshandlung Widerstand geleistet oder ist bei einer in der Wohnung des Schuldners vorzunehmenden Vollstreckungshandlung weder der Schuldner noch eine zu seiner Familie gehörige oder in dieser Familie dienende erwachsene Person anwesend, so hat der Gerichtsvollzieher zwei erwachsene Personen oder einen Gemeinde- oder Polizeibeamten als Zeugen zuzuziehen.

§ 760. Jeder Person, die bei dem Vollstreckungsverfahren beteiligt ist, muß auf Begehren Einsicht der Akten des Gerichtsvollziehers gestattet und Abschrift einzelner Aktenstücke erteilt werden.

§ 761. (1) Zur Nachtzeit (§ 188 Abs. 1) sowie an Sonntagen und allgemeinen Feiertagen darf eine Vollstreckungshandlung nur mit Erlaubnis des Amtsrichters erfolgen, in dessen Bezirk die Handlung vorgenommen werden soll.

(2) Die Verfügung, durch welche die Erlaubnis erteilt wird, ist bei der Zwangsvollstreckung vorzuzeigen.

§ 762. (1) Der Gerichtsvollzieher hat über jede Vollstreckungshandlung ein Protokoll aufzunehmen.

(2) Das Protokoll muß enthalten:

1. Ort und Zeit der Aufnahme;
2. den Gegenstand der Vollstreckungshandlung unter kurzer Erwähnung der wesentlichen Vorgänge;
3. die Namen der Personen, mit denen verhandelt ist;
4. die Unterschrift dieser Personen und den Vermerk, daß die Unterzeichnung nach Vorlesung oder Vorlegung zur Durchsicht und nach Genehmigung erfolgt sei;
5. die Unterschrift des Gerichtsvollziehers.

(3) Hat einem der unter Nr. 4 bezeichneten Erfordernisse nicht genügt werden können, so ist der Grund anzugeben.

§ 763. (1) Die Aufforderungen und sonstigen Mitteilungen, die zu den Vollstreckungshandlungen gehören, sind von dem Gerichtsvollzieher mündlich zu erlassen und vollständig in das Protokoll aufzunehmen.

(2) Kann dies mündlich nicht ausgeführt werden, so hat der Gerichtsvollzieher eine Abschrift des Protokolls unter entsprechender Anwendung der §§ 181 bis 186 zuzustellen oder durch die Post zu übersenden. Es muß im Protokoll vermerkt werden, daß diese Vorschrift befolgt ist. Eine öffentliche Zustellung findet nicht statt.

§ 764. (1) Die den Gerichten zugewiesene Anordnung von Vollstreckungshandlungen und Mitwirkung bei solchen gehört zur Zuständigkeit der Amtsgerichte als Vollstreckungsgerichte[1]).

(2) Als Vollstreckungsgericht ist, sofern nicht das Gesetz ein anderes Amtsgericht bezeichnet, das Amtsgericht anzusehen, in dessen Bezirk das Vollstreckungsverfahren stattfinden soll oder stattgefunden hat.

(3) Die Entscheidungen des Vollstreckungsgerichts können ohne mündliche Verhandlung ergehen.

§ 765. Hängt die Vollstreckung von einer Zug um Zug zu bewirkenden Leistung des Gläubigers an den Schuldner ab, so darf das Vollstreckungsgericht eine Vollstreckungsmaßregel nur anordnen, wenn der Beweis, daß der Schuldner befriedigt oder im Verzug der Annahme ist, durch öffentliche oder öffentlich beglaubigte Urkunden geführt wird und eine Abschrift dieser Urkunden bereits zugestellt ist. Der Zustellung bedarf es nicht, wenn bereits der Gerichtsvollzieher die Zwangsvollstreckung nach § 756 begonnen hatte und der Beweis durch das Protokoll des Gerichtsvollziehers geführt wird.

§ 766. (1) Über Anträge, Einwendungen und Erinnerungen, welche die Art und Weise der Zwangsvollstreckung oder das vom Gerichtsvollzieher bei ihr zu beobachtende Verfahren betreffen, entscheidet das Vollstreckungsgericht. Es ist befugt, die im § 732 Abs. 2 bezeichneten Anordnungen zu erlassen.

(2) Dem Vollstreckungsgericht steht auch die Entscheidung zu, wenn ein Gerichtsvollzieher sich weigert, einen Vollstreckungsauftrag zu übernehmen oder eine Vollstreckungshandlung dem Auftrag gemäß auszuführen, oder wenn wegen der von dem Gerichtsvollzieher in Ansatz gebrachten Kosten Erinnerungen erhoben werden.

§ 767[2]). (1) Einwendungen, die den durch das Urteil festgestellten Anspruch selbst betreffen, sind von dem Schuldner im Wege der Klage bei dem Prozeßgericht des ersten Rechtszuges geltend zu machen.

---

[1]) Brit. Zone: für Zwangsvollstr. in land- oder forstwirtschaftliche Grundstücke einschl. Zubehör tritt nach § 3 Abs. 1 S. 2 der Verfahrensordnung für Landwirtschaftssachen (LVO.) vom 2. 12. 1947 (VOBl. BZ. S. 157) an Stelle des Vollstreckungsgerichts das dort bezeichnete AG.; Beschwerdegericht ist dann das OLG.

[2]) Entsprechend anzuwenden, wenn das Bundesverfassungsgericht eine Norm, auf der ein Urteil beruht, für nichtig erklärt hat (Art. 79 Abs. 2 S. 3 Gesetz über das Bundesverfassungsgericht).

(2) Sie sind nur insoweit zulässig, als die Gründe, auf denen sie beruhen, erst nach dem Schluß der mündlichen Verhandlung, in der Einwendungen nach den Vorschriften dieses Gesetzes spätestens hätten geltend gemacht werden müssen, entstanden sind und durch Einspruch nicht mehr geltend gemacht werden können.

(3) Der Schuldner muß in der von ihm zu erhebenden Klage alle Einwendungen geltend machen, die er zur Zeit der Erhebung der Klage geltend zu machen imstande war.

§ 768. Die Vorschriften des § 767 Abs. 1, 3 gelten entsprechend, wenn in den Fällen des § 726 Abs. 1, der §§ 727 bis 729, 738, 742, 744, des § 745 Abs. 2 und des § 749 der Schuldner den bei der Erteilung der Vollstreckungsklausel als bewiesen angenommenen Eintritt der Voraussetzung für die Erteilung der Vollstreckungsklausel bestreitet, unbeschadet der Befugnis des Schuldners, in diesen Fällen Einwendungen gegen die Zulässigkeit der Vollstreckungsklausel nach § 732 zu erheben.

§ 769. (1) Das Prozeßgericht kann auf Antrag anordnen, daß bis zum Erlaß des Urteils über die in den §§ 767, 768 bezeichneten Einwendungen die Zwangsvollstreckung gegen oder ohne Sicherheitsleistung eingestellt oder nur gegen Sicherheitsleistung fortgesetzt werde und daß Vollstrekkungsmaßregeln gegen Sicherheitsleistung aufzuheben seien. Die tatsächlichen Behauptungen, die den Antrag begründen, sind glaubhaft zu machen.

(2) In dringenden Fällen kann das Vollstreckungsgericht[1]) eine solche Anordnung erlassen, unter Bestimmung einer Frist, innerhalb der die Entscheidung des Prozeßgerichts beizubringen sei. Nach fruchtlosem Ablauf der Frist wird die Zwangsvollstreckung fortgesetzt.

(3) Die Entscheidung über diese Anträge kann ohne mündliche Verhandlung ergehen.

§ 770. Das Prozeßgericht kann in dem Urteil, durch das über die Einwendungen entschieden wird, die in dem vorstehenden Paragraphen bezeichneten Anordnungen erlassen oder die bereits erlassenen Anordnungen aufheben, abändern oder bestätigen. Für die Anfechtung einer solchen Entscheidung gelten die Vorschriften des § 718 entsprechend.

§ 771. (1) Behauptet ein Dritter, daß ihm an dem Gegenstand der Zwangsvollstreckung ein die Veräußerung hinderndes Recht zustehe, so ist der Widerspruch gegen die Zwangsvollstreckung im Wege der Klage bei dem Gericht geltend zu machen, in dessen Bezirk die Zwangsvollstreckung erfolgt.

(2) Wird die Klage gegen den Gläubiger und den Schuldner gerichtet, so sind diese als Streitgenossen anzusehen.

---

[1]) Siehe Fußnote zu § 109.

(3) Auf die Einstellung der Zwangsvollstreckung und die Aufhebung der bereits getroffenen Vollstreckungsmaßregeln sind die Vorschriften der §§ 769, 770 entsprechend anzuwenden[1]). Die Aufhebung einer Vollstrekkungsmaßregel ist auch ohne Sicherheitsleistung zulässig.

§ 772. Solange ein Veräußerungsverbot der in den §§ 135, 136 des Bürgerlichen Gesetzbuchs bezeichneten Art besteht, soll der Gegenstand, auf den es sich bezieht, wegen eines persönlichen Anspruchs oder auf Grund eines infolge des Verbots unwirksamen Rechtes nicht im Wege der Zwangsvollstreckung veräußert oder überwiesen werden. Auf Grund des Veräußerungsverbotes kann nach Maßgabe des § 771 Widerspruch erhoben werden.

§ 773. Ein Gegenstand, der zu einer Vorerbschaft gehört, soll nicht im Wege der Zwangsvollstreckung veräußert oder überwiesen werden, wenn die Veräußerung oder die Überweisung im Falle des Eintritts der Nacherbfolge nach § 2115 des Bürgerlichen Gesetzbuchs dem Nacherben gegenüber unwirksam ist. Der Nacherbe kann nach Maßgabe des § 771 Widerspruch erheben.

§ 774. Findet nach § 741 die Zwangsvollstreckung in das eingebrachte Gut der Ehefrau oder in das Gesamtgut statt, so kann der Ehemann nach Maßgabe des § 771 Widerspruch erheben, wenn das gegen die Ehefrau ergangene Urteil in Ansehung des eingebrachten Gutes oder des Gesamtguts ihm gegenüber unwirksam ist.

§ 775. Die Zwangsvollstreckung ist einzustellen oder zu beschränken:

1. wenn die Ausfertigung einer vollstreckbaren Entscheidung vorgelegt wird, aus der sich ergibt, daß das zu vollstreckende Urteil oder seine vorläufige Vollstreckbarkeit aufgehoben oder daß die Zwangsvollstreckung für unzulässig erklärt oder ihre Einstellung angeordnet ist;
2. wenn die Ausfertigung einer gerichtlichen Entscheidung vorgelegt wird, aus der sich ergibt, daß die einstweilige Einstellung der Vollstreckung oder einer Vollstreckungsmaßregel angeordnet ist;
3. wenn eine öffentliche Urkunde vorgelegt wird, aus der sich ergibt, daß die zur Abwendung der Vollstreckung nachgelassene Sicherheitsleistung oder Hinterlegung erfolgt ist;
4. wenn eine öffentliche Urkunde oder eine von dem Gläubiger ausgestellte Privaturkunde vorgelegt wird, aus der sich ergibt, daß der Gläubiger nach Erlaß des zu vollstreckenden Urteils befriedigt ist oder Stundung bewilligt hat;
5. wenn ein Postschein vorgelegt wird, aus dem sich ergibt, daß nach Erlaß des Urteils die zur Befriedigung des Gläubigers erforderliche Summe zur Auszahlung an den letzteren bei der Post eingezahlt ist.

---

[1]) Siehe Fußnote zu § 109.

§ 776. In den Fällen des § 775 Nr. 1, 3 sind zugleich die bereits getroffenen Vollstreckungsmaßregeln aufzuheben. In den Fällen der Nr. 4, 5 bleiben diese Maßregeln einstweilen bestehen; dasselbe gilt in den Fällen der Nr. 2, sofern nicht durch die Entscheidung auch die Aufhebung der bisherigen Vollstreckungshandlungen angeordnet ist.

§ 777. Hat der Gläubiger eine bewegliche Sache des Schuldners im Besitz, in Ansehung deren ihm ein Pfandrecht oder ein Zurückbehaltungsrecht für seine Forderung zusteht, so kann der Schuldner der Zwangsvollstreckung in sein übriges Vermögen nach § 766 widersprechen, soweit die Forderung durch den Wert der Sache gedeckt ist. Steht dem Gläubiger ein solches Recht in Ansehung der Sache auch für eine andere Forderung zu, so ist der Widerspruch nur zulässig, wenn auch diese Forderung durch den Wert der Sache gedeckt ist.

§ 778. (1) Solange der Erbe die Erbschaft nicht angenommen hat, ist eine Zwangsvollstreckung wegen eines Anspruchs, der sich gegen den Nachlaß richtet, nur in den Nachlaß zulässig.

(2) Wegen eigener Verbindlichkeiten des Erben ist eine Zwangsvollstreckung in den Nachlaß vor der Annahme der Erbschaft nicht zulässig.

§ 779. (1) Eine Zwangsvollstreckung, die zur Zeit des Todes des Schuldners gegen ihn bereits begonnen hatte, wird in seinen Nachlaß fortgesetzt.

(2) Ist bei einer Vollstreckungshandlung die Zuziehung des Schuldners nötig, so hat, wenn die Erbschaft noch nicht angenommen oder wenn der Erbe unbekannt oder es ungewiß ist, ob er die Erbschaft angenommen hat, das Vollstreckungsgericht auf Antrag des Gläubigers dem Erben einen einstweiligen besonderen Vertreter zu bestellen. Die Bestellung hat zu unterbleiben, wenn ein Nachlaßpfleger bestellt ist oder wenn die Verwaltung des Nachlasses einem Testamentsvollstrecker zusteht.

§ 780. (1) Der als Erbe des Schuldners verurteilte Beklagte kann die Beschränkung seiner Haftung nur geltend machen, wenn sie ihm im Urteil vorbehalten ist.

(2) Der Vorbehalt ist nicht erforderlich, wenn der Fiskus als gesetzlicher Erbe verurteilt wird oder wenn das Urteil über eine Nachlaßverbindlichkeit gegen einen Nachlaßverwalter oder einen anderen Nachlaßpfleger oder gegen einen Testamentsvollstrecker, dem die Verwaltung des Nachlasses zusteht, erlassen wird.

§ 781. Bei der Zwangsvollstreckung gegen den Erben des Schuldners bleibt die Beschränkung der Haftung unberücksichtigt, bis auf Grund derselben gegen die Zwangsvollstreckung von dem Erben Einwendungen erhoben werden.

§ 782. Der Erbe kann auf Grund der ihm nach den §§ 2014, 2015 des Bürgerlichen Gesetzbuchs zustehenden Einreden nur verlangen, daß die

Zwangsvollstreckung für die Dauer der dort bestimmten Fristen auf solche Maßregeln beschränkt wird, die zur Vollziehung eines Arrestes zulässig sind. Wird vor dem Ablauf der Frist die Eröffnung des Nachlaßkonkurses beantragt, so ist auf Antrag die Beschränkung der Zwangsvollstreckung auch nach dem Ablauf der Frist aufrechtzuerhalten, bis über die Eröffnung des Konkursverfahrens rechtskräftig entschieden ist.

§ 783. In Ansehung der Nachlaßgegenstände kann der Erbe die Beschränkung der Zwangsvollstreckung nach § 782 auch gegenüber den Gläubigern verlangen, die nicht Nachlaßgläubiger sind, es sei denn, daß er für die Nachlaßverbindlichkeiten unbeschränkt haftet.

§ 784. (1) Ist eine Nachlaßverwaltung angeordnet oder der Nachlaßkonkurs eröffnet, so kann der Erbe verlangen, daß Maßregeln der Zwangsvollstreckung, die zugunsten eines Nachlaßgläubigers in sein nicht zum Nachlaß gehörendes Vermögen erfolgt sind, aufgehoben werden, es sei denn, daß er für die Nachlaßverbindlichkeiten unbeschränkt haftet.

(2) Im Falle der Nachlaßverwaltung steht dem Nachlaßverwalter das gleiche Recht gegenüber Maßregeln der Zwangsvollstreckung zu, die zugunsten eines anderen Gläubigers als eines Nachlaßgläubigers in den Nachlaß erfolgt sind.

§ 785. Die auf Grund der §§ 781 bis 784 erhobenen Einwendungen werden nach den Vorschriften der §§ 767, 769, 770 erledigt.

§ 786. Die Vorschriften des § 780 Abs. 1 und der §§ 781 bis 785 sind auf die nach § 1489 des Bürgerlichen Gesetzbuchs eintretende beschränkte Haftung, die Vorschriften des § 780 Abs. 1 und der §§ 781, 785 sind auf die nach den §§ 419, 1480, 1504, 2187 des Bürgerlichen Gesetzbuchs eintretende beschränkte Haftung entsprechend anzuwenden.

§ 787. (1) Soll durch die Zwangsvollstreckung ein Recht an einem Grundstück, das von dem bisherigen Eigentümer nach § 928 des Bürgerlichen Gesetzbuchs aufgegeben und von dem Aneignungsberechtigten noch nicht erworben worden ist, geltend gemacht werden, so hat das Vollstreckungsgericht auf Antrag einen Vertreter zu bestellen, dem bis zur Eintragung eines neuen Eigentümers die Wahrnehmung der sich aus dem Eigentum ergebenden Rechte und Verpflichtungen im Zwangsvollstreckungsverfahren obliegt.

(2) Abs. 1 gilt entsprechend, wenn durch die Zwangsvollstreckung ein Recht an einem eingetragenen Schiff oder Schiffsbauwerk geltend gemacht werden soll, das von dem bisherigen Eigentümer nach § 7 des Gesetzes über Rechte an eingetragenen Schiffen und Schiffsbauwerken vom 15. November 1940 (Reichsgesetzbl. I S. 1499) aufgegeben und von dem Aneignungsberechtigten noch nicht erworben worden ist.

§ 788. (1) Die Kosten der Zwangsvollstreckung fallen, soweit sie notwendig waren (§ 91), dem Schuldner zur Last; sie sind zugleich mit dem zur Zwangsvollstreckung stehenden Anspruch beizutreiben. Als Kosten der Zwangsvollstreckung gelten auch die Kosten der Ausfertigung und der Zustellung des Urteils.

(2) Die Kosten der Zwangsvollstreckung sind dem Schuldner zu erstatten, wenn das Urteil, aus dem die Zwangsvollstreckung erfolgt ist, aufgehoben wird.

§ 789. Wird zum Zwecke der Vollstreckung das Einschreiten einer Behörde erforderlich, so hat das Gericht die Behörde um ihr Einschreiten zu ersuchen.

§ 790. (Weggefallen.)

§ 791. (1) Soll die Zwangsvollstreckung in einem ausländischen Staate erfolgen, dessen Behörden im Wege der Rechtshilfe die Urteile deutscher Gerichte vollstrecken, so hat auf Antrag des Gläubigers das Prozeßgericht des ersten Rechtszuges die zuständige Behörde des Auslandes um die Zwangsvollstreckung zu ersuchen.

(2) Kann die Vollstreckung durch einen Bundeskonsul erfolgen, so ist das Ersuchen an diesen zu richten.

§ 792. Bedarf der Gläubiger zum Zwecke der Zwangsvollstreckung eines Erbscheins oder einer anderen Urkunde, die dem Schuldner auf Antrag von einer Behörde, einem Beamten oder einem Notar zu erteilen ist, so kann er die Erteilung an Stelle des Schuldners verlangen.

§ 793. Gegen Entscheidungen, die im Zwangsvollstreckungsverfahren ohne mündliche Verhandlung ergehen können, findet sofortige Beschwerde statt.

§ 794. (1) Die Zwangsvollstreckung findet ferner statt:

1. aus Vergleichen, die zwischen den Parteien oder zwischen einer Partei und einem Dritten zur Beilegung des Rechtsstreits seinem ganzen Umfang nach oder in betreff eines Teiles des Streitgegenstandes vor einem deutschen Gericht oder vor einer durch die Landesjustizverwaltung eingerichteten oder anerkannten Gütestelle abgeschlossen sind, sowie aus Vergleichen, die gemäß § 118a Abs. 3 zu richterlichem Protokoll genommen sind;
2. aus Kostenfestsetzungsbeschlüssen;
3. aus Entscheidungen, gegen die das Rechtsmittel der Beschwerde stattfindet;
4. aus Vollstreckungsbefehlen;

4a. aus den für vollstreckbar erklärten Schiedssprüchen und schiedsrichterlichen Vergleichen, sofern die Entscheidung über die Vollstreckbarkeit rechtskräftig oder für vorläufig vollstreckbar erklärt ist;

5. aus Urkunden, die von einem deutschen Gericht oder von einem deutschen Notar innerhalb der Grenzen seiner Amtsbefugnisse in der vorgeschriebenen Form aufgenommen sind, sofern die Urkunde über

einen Anspruch errichtet ist, der die Zahlung einer bestimmten Geldsumme oder die Leistung einer bestimmten Menge anderer vertretbarer Sachen oder Wertpapiere zum Gegenstand hat, und der Schuldner sich in der Urkunde der sofortigen Zwangsvollstreckung unterworfen hat. Als ein Anspruch, der die Zahlung einer Geldsumme zum Gegenstand hat, gilt auch der Anspruch aus einer Hypothek, einer Grundschuld, einer Rentenschuld oder einer Schiffshypothek.

(2) Soweit nach den Vorschriften der §§ 737, 739, 743, des § 745 Abs. 2 und des § 748 Abs. 2 die Verurteilung eines Beteiligten zur Duldung der Zwangsvollstreckung erforderlich ist, wird sie dadurch ersetzt, daß der Beteiligte in einer nach Abs. 1 Nr. 5 aufgenommenen Urkunde die sofortige Zwangsvollstreckung in die seinem Rechte unterworfenen Gegenstände bewilligt.

§ 795. Auf die Zwangsvollstreckung aus den in dem vorstehenden Paragraphen erwähnten Schuldtiteln sind die Vorschriften der §§ 724 bis 793 entsprechend anzuwenden, soweit nicht in den §§ 795a bis 800 abweichende Vorschriften enthalten sind.

§ 795a. Die Zwangsvollstreckung aus einem Kostenfestsetzungsbeschlusse, der nach § 105 auf das Urteil gesetzt ist, erfolgt auf Grund einer vollstreckbaren Ausfertigung des Urteils; einer besonderen Vollstreckungsklausel für den Festsetzungsbeschluß bedarf es nicht.

§ 796. (1) Vollstreckungsbefehle bedürfen der Vollstreckungsklausel nur, wenn die Zwangsvollstreckung für einen anderen als den in dem Befehl bezeichneten Gläubiger oder gegen einen anderen als den in dem Befehl bezeichneten Schuldner erfolgen soll.

(2) Einwendungen, die den Anspruch selbst betreffen, sind nur insoweit zulässig, als die Gründe, auf denen sie beruhen, nach Zustellung des Vollstreckungsbefehls entstanden sind.

(3) Für Klagen auf Erteilung der Vollstreckungsklausel sowie für Klagen, durch welche die den Anspruch selbst betreffenden Einwendungen geltend gemacht werden oder der bei der Erteilung der Vollstreckungsklausel als bewiesen angenommene Eintritt der Voraussetzung für die Erteilung der Vollstreckungsklausel bestritten wird, ist das Amtsgericht zuständig, dessen Geschäftsstelle den Vollstreckungsbefehl erlassen hat. Gehört der Anspruch nicht vor die Amtsgerichte, so sind die Klagen bei dem zuständigen Landgericht zu erheben.

§ 797. (1) Die vollstreckbare Ausfertigung gerichtlicher Urkunden wird von dem Urkundsbeamten der Geschäftsstelle des Gerichts erteilt, das die Urkunde verwahrt.

(2) Die vollstreckbare Ausfertigung notarieller Urkunden wird von dem Notar erteilt, der die Urkunde verwahrt. Befindet sich die Urkunde in der Verwahrung einer Behörde, so hat diese die vollstreckbare Ausfertigung zu erteilen.

(3) Die Entscheidung über Einwendungen, welche die Zulässigkeit der Vollstreckungsklausel betreffen, sowie die Entscheidung über Erteilung einer weiteren vollstreckbaren Ausfertigung wird bei gerichtlichen Urkunden von dem im ersten Absatz bezeichneten Gericht, bei notariellen Urkunden von dem Amtsgericht getroffen, in dessen Bezirk der im zweiten Absatz bezeichnete Notar oder die daselbst bezeichnete Behörde den Amtssitz hat.

(4) Auf die Geltendmachung von Einwendungen, die den Anspruch selbst betreffen, ist die beschränkende Vorschrift des § 767 Abs. 2 nicht anzuwenden.

(5) Für Klagen auf Erteilung der Vollstreckungsklausel sowie für Klagen, durch welche die den Anspruch selbst betreffenden Einwendungen geltend gemacht werden oder der bei der Erteilung der Vollstreckungsklausel als bewiesen angenommene Eintritt der Voraussetzung für die Erteilung der Vollstreckungsklausel bestritten wird, ist das Gericht, bei dem der Schuldner im Inland seinen allgemeinen Gerichtsstand hat, und sonst das Gericht zuständig, bei dem nach § 23 gegen den Schuldner Klage erhoben werden kann.

§ 797a. (1) Bei Vergleichen, die vor Gütestellen der im § 794 Abs. 1 Nr. 1 bezeichneten Art geschlossen sind, wird die Vollstreckungsklausel von dem Urkundsbeamten der Geschäftsstelle desjenigen Amtsgerichts erteilt, in dessen Bezirk die Gütestelle ihren Sitz hat.

(2) Über Einwendungen, welche die Zulässigkeit der Vollstreckungsklausel betreffen, entscheidet das im Abs. 1 bezeichnete Gericht.

(3) § 797 Abs. 5 gilt entsprechend.

(4) Die Landesjustizverwaltung kann Vorsteher von Gütestellen ermächtigen, die Vollstreckungsklausel für Vergleiche zu erteilen, die vor der Gütestelle geschlossen sind. Die Ermächtigung erstreckt sich nicht auf die Fälle des § 726 Abs. 1, der §§ 727 bis 729 und des § 733. Über Einwendungen, welche die Zulässigkeit der Vollstreckungsklausel betreffen, entscheidet das im Abs. 1 bezeichnete Gericht.

§ 798. Aus einem Kostenfestsetzungsbeschlusse, der nicht auf das Urteil gesetzt ist, und aus den nach § 794 Abs. 1 Nr. 5 aufgenommenen Urkunden darf die Zwangsvollstreckung nur beginnen, wenn der Schuldtitel mindestens eine Woche vorher zugestellt ist.

§ 799. Hat sich der Eigentümer eines mit einer Hypothek, einer Grundschuld oder einer Rentenschuld belasteten Grundstücks in einer nach § 794 Abs. 1 Nr. 5 aufgenommenen Urkunde der sofortigen Zwangsvollstreckung unterworfen und ist dem Rechtsnachfolger des Gläubigers eine vollstreckbare Ausfertigung erteilt, so ist die Zustellung der die Rechtsnachfolge nachweisenden öffentlichen oder öffentlich beglaubigten Urkunde nicht erforderlich, wenn der Rechtsnachfolger als Gläubiger im Grundbuch eingetragen ist.

§ 800. (1) Der Eigentümer kann sich in einer nach § 794 Abs. 1 Nr. 5 aufgenommenen Urkunde in Ansehung einer Hypothek, einer Grundschuld oder einer Rentenschuld der sofortigen Zwangsvollstreckung in der Weise unterwerfen, daß die Zwangsvollstreckung aus der Urkunde gegen den jeweiligen Eigentümer des Grundstücks zulässig sein soll. Die Unterwerfung bedarf in diesem Falle der Eintragung in das Grundbuch.

(2) Bei der Zwangsvollstreckung gegen einen späteren Eigentümer, der im Grundbuch eingetragen ist, bedarf es nicht der Zustellung der den Erwerb des Eigentums nachweisenden öffentlichen oder öffentlich beglaubigten Urkunde.

(3) Ist die sofortige Zwangsvollstreckung gegen den jeweiligen Eigentümer zulässig, so ist für die im § 797 Abs. 5 bezeichneten Klagen das Gericht zuständig, in dessen Bezirk das Grundstück belegen ist.

§ 800a. (1) Die Vorschriften der §§ 799, 800 gelten für eingetragene Schiffe und Schiffsbauwerke, die mit einer Schiffshypothek belastet sind, entsprechend.

(2) Ist die sofortige Zwangsvollstreckung gegen den jeweiligen Eigentümer zulässig, so ist für die im § 797 Abs. 5 bezeichneten Klagen das Gericht zuständig, in dessen Bezirk das Register für das Schiff oder das Schiffsbauwerk geführt wird.

§ 801[1]**.** Die Landesgesetzgebung ist nicht gehindert, auf Grund anderer als der in den §§ 704, 794 bezeichneten Schuldtitel die gerichtliche Zwangsvollstreckung zuzulassen und insoweit von diesem Gesetz abweichende Vorschriften über die Zwangsvollstreckung zu treffen.

§ 802. Die in diesem Buche angeordneten Gerichtsstände sind ausschließliche.

Zweiter Abschnitt

Zwangsvollstreckung wegen Geldforderungen

Erster Titel

Zwangsvollstreckung in das bewegliche Vermögen

I. Allgemeine Vorschriften

§ 803. (1) Die Zwangsvollstreckung in das bewegliche Vermögen erfolgt durch Pfändung. Sie darf nicht weiter ausgedehnt werden, als es zur Befriedigung des Gläubigers und zur Deckung der Kosten der Zwangsvoll streckung erforderlich ist.

---

[1]) Verordnung über die Vollstreckung landesrechtlicher Schuldtitel vom 15. 4. 1937 (RGBl. I S. 466): Aus Schuldtiteln, die nach Landesrecht im Gebiet eines deutschen Landes nach den Vorschriften der Zivilprozeßordnung vollstreckbar sind, kann auch im übrigen *Reichs*gebiet vollstreckt werden.

(2) Die Pfändung hat zu unterbleiben, wenn sich von der Verwertung der zu pfändenden Gegenstände ein Überschuß über die Kosten der Zwangsvollstreckung nicht erwarten läßt.

§ 804. (1) Durch die Pfändung erwirbt der Gläubiger ein Pfandrecht an dem gepfändeten Gegenstande.

(2) Das Pfandrecht gewährt dem Gläubiger im Verhältnis zu anderen Gläubigern dieselben Rechte wie ein durch Vertrag erworbenes Faustpfandrecht; es geht Pfand- und Vorzugsrechten vor, die für den Fall eines Konkurses den Faustpfandrechten nicht gleichgestellt sind.

(3) Das durch eine frühere Pfändung begründete Pfandrecht geht demjenigen vor, das durch eine spätere Pfändung begründet wird.

§ 805. (1) Der Pfändung einer Sache kann ein Dritter, der sich nicht im Besitz der Sache befindet, auf Grund eines Pfand- oder Vorzugsrechts nicht widersprechen; er kann jedoch seinen Anspruch auf vorzugsweise Befriedigung aus dem Erlös im Wege der Klage geltend machen, ohne Rücksicht darauf, ob seine Forderung fällig ist oder nicht.

(2) Die Klage ist bei dem Vollstreckungsgericht und, wenn der Streitgegenstand zur Zuständigkeit der Amtsgerichte nicht gehört, bei dem Landgericht zu erheben, in dessen Bezirk das Vollstreckungsgericht seinen Sitz hat.

(3) Wird die Klage gegen den Gläubiger und den Schuldner gerichtet, so sind diese als Streitgenossen anzusehen.

(4) Wird der Anspruch glaubhaft gemacht, so hat das Gericht[1]) die Hinterlegung des Erlöses anzuordnen. Die Vorschriften der §§ 769, 770 sind hierbei entsprechend anzuwenden.

§ 806. Wird ein Gegenstand auf Grund der Pfändung veräußert, so steht dem Erwerber wegen eines Mangels im Recht oder wegen eines Mangels der veräußerten Sache ein Anspruch auf Gewährleistung nicht zu.

§ 807[2]). Hat die Pfändung zu einer vollständigen Befriedigung des Gläubigers nicht geführt oder macht dieser glaubhaft, daß er durch Pfändung seine Befriedigung nicht vollständig erlangen könne, so ist der Schuldner auf Antrag verpflichtet, ein Verzeichnis seines Vermögens vorzulegen, für seine Forderungen den Grund und die Beweismittel zu bezeichnen sowie den Offenbarungseid dahin zu leisten:

daß er nach bestem Wissen sein Vermögen so vollständig angegeben habe, als er dazu imstande sei.

---

[1]) Siehe Fußnote zu § 109.

[2]) Hierzu § 19d der Verordnung über Maßnahmen auf dem Gebiet der Zwangsvollstreckung vom 26. 5. 1933 (RGBl. I S. 308) i. d. F. des Ges. vom 24. 10. 1934 (RGBl. I S. 1070) — abgedr. unter XII A b —, ferner Verordnung zur Ergänzung der Vorschriften über das Offenbarungseidsverfahren vom 11. 5. 1938 (RGBl. I S. 520) — abgedr. unter XII A e —.

II. Zwangsvollstreckung in körperliche Sachen

§ 808. (1) Die Pfändung der im Gewahrsam des Schuldners befindlichen körperlichen Sachen wird dadurch bewirkt, daß der Gerichtsvollzieher sie in Besitz nimmt.

(2) Andere Sachen als Geld, Kostbarkeiten und Wertpapiere sind im Gewahrsam des Schuldners zu belassen, sofern nicht hierdurch die Befriedigung des Gläubigers gefährdet wird. Werden die Sachen im Gewahrsam des Schuldners belassen, so ist die Wirksamkeit der Pfändung dadurch bedingt, daß durch Anlegung von Siegeln oder auf sonstige Weise die Pfändung ersichtlich gemacht ist.

(3) Der Gerichtsvollzieher hat den Schuldner von der erfolgten Pfändung in Kenntnis zu setzen.

§ 809. Die vorstehenden Vorschriften sind auf die Pfändung von Sachen, die sich im Gewahrsam des Gläubigers oder eines zur Herausgabe bereiten Dritten befinden, entsprechend anzuwenden.

§ 810. (1) Früchte, die von dem Boden noch nicht getrennt sind, können gepfändet werden, solange nicht ihre Beschlagnahme im Wege der Zwangsvollstreckung in das unbewegliche Vermögen erfolgt ist. Die Pfändung darf nicht früher als einen Monat vor der gewöhnlichen Zeit der Reife erfolgen.

(2) Ein Gläubiger, der ein Recht auf Befriedigung aus dem Grundstück hat, kann der Pfändung nach Maßgabe des § 771 widersprechen, sofern nicht die Pfändung für einen im Falle der Zwangsvollstreckung in das Grundstück vorgehenden Anspruch erfolgt ist.

§ 811. Folgende Sachen sind der Pfändung nicht unterworfen:

1. die dem persönlichen Gebrauch oder dem Haushalt dienenden Sachen, insbesondere Kleidungsstücke, Wäsche, Betten, Haus- und Küchengerät, soweit der Schuldner ihrer zu einer angemessenen, bescheidenen Lebens- und Haushaltsführung bedarf;

2[1]. die für den Schuldner, seine Familie und sein Gesinde auf vier Wochen erforderlichen Nahrungs-, Feuerungs- und Beleuchtungsmittel oder, soweit solche Vorräte auf zwei Wochen nicht vorhanden und ihre Beschaffung für diesen Zeitraum auf anderem Wege nicht gesichert ist, der zur Beschaffung erforderliche Geldbetrag;

3[2]. eine Milchkuh oder nach der Wahl des Schuldners statt einer solchen zwei Ziegen oder zwei Schafe nebst den zum Unterhalt und zur Streu für diese auf vier Wochen erforderlichen Futter- und Streuvorräten

[1] Art. I der Notverordnung zur Ergänzung der Vorschriften über die Zwangsvollstreckung bei landwirtschaftlichen Betrieben und über das Sicherungsverfahren vom 19. 2. 1932 (RGBl. I S. 71 — abgedr. unter XII A c —.

[2] Weitergehender Schutz bei Schweinen: Verordnung zur Ergänzung der Vorschriften über den Pfändungsschutz bei der Fahrnisvollstreckung vom 17. 7. 1939 (RGBl. I S. 1313) — abgedr. unter XII A d —.

oder, soweit solche Vorräte auf zwei Wochen nicht vorhanden, dem zur Beschaffung erforderlichen Geldbetrag, wenn die bezeichneten Tiere für die Ernährung des Schuldners, seiner Familie und seines Gesindes unentbehrlich sind;

4. bei Personen, die Landwirtschaft betreiben, das zum Wirtschaftsbetrieb erforderliche Gerät und Vieh nebst dem nötigen Dünger sowie die landwirtschaftlichen Erzeugnisse, soweit sie zur Fortführung der Wirtschaft bis zu der Zeit erforderlich sind, zu der gleiche oder ähnliche Erzeugnisse voraussichtlich gewonnen werden;
5. bei Personen, die aus ihrer körperlichen oder geistigen Arbeit oder sonstigen persönlichen Leistungen ihren Erwerb ziehen, die zur Fortsetzung dieser Erwerbstätigkeit erforderlichen Gegenstände;
6. bei den Witwen und minderjährigen Erben der unter Nr. 5 bezeichneten Personen, wenn sie die Erwerbstätigkeit für ihre Rechnung durch einen Stellvertreter fortführen, die zur Fortführung dieser Erwerbstätigkeit erforderlichen Gegenstände;
7. Dienstkleidungsstücke sowie Dienstausrüstungsgegenstände, soweit sie zum Gebrauch des Schuldners bestimmt sind, sowie bei Beamten, Geistlichen, Rechtsanwälten, Notaren, Ärzten und Hebammen die zur Ausübung des Berufes erforderlichen Gegenstände einschließlich angemessener Kleidung;
8. bei Personen, die wiederkehrende Einkünfte der in dem § 850 dieses Gesetzes und in den §§ 1 bis 4 der Verordnung zur einheitlichen Regelung des Pfändungsschutzes für Arbeitseinkommen (Lohnpfändungsverordnung) vom 30. Oktober 1940 (Reichsgesetzbl. I S. 1451)[1]) bezeichneten Art beziehen, ein Geldbetrag, der dem der Pfändung nicht unterworfenen Teil der Einkünfte für die Zeit von der Pfändung bis zu dem nächsten Zahlungstermin entspricht;
9. die zum Betrieb einer Apotheke unentbehrlichen Geräte, Gefäße und Waren;
10. die Bücher, die zum Gebrauch des Schuldners und seiner Familie in der Kirche oder Schule oder einer sonstigen Unterrichtsanstalt oder bei der häuslichen Andacht bestimmt sind;
11. die in Gebrauch genommenen Haushaltungs- und Geschäftsbücher, die Familienpapiere sowie die Trauringe, Orden und Ehrenzeichen;
12. künstliche Gliedmaßen, Brillen und andere wegen körperlicher Gebrechen notwendige Hilfsmittel, soweit diese Gegenstände zum Gebrauch des Schuldners und seiner Familie bestimmt sind;
13. die zur unmittelbaren Verwendung für die Bestattung bestimmten Gegenstände.

§ 812. Gegenstände, die zum gewöhnlichen Hausrat gehören und im Haushalt des Schuldners gebraucht werden, sollen nicht gepfändet werden, wenn ohne weiteres ersichtlich ist, daß durch ihre Verwertung nur ein Erlös erzielt werden würde, der zu dem Wert außer allem Verhältnis steht.

---

[1]) Abgedr. unter XII B.

§ 813. (1) Zur Pfändung von Früchten, die von dem Boden noch nicht getrennt sind, und zur Pfändung von Gegenständen der im § 811 Nr. 4 bezeichneten Art bei Personen, die Landwirtschaft betreiben, soll ein landwirtschaftlicher Sachverständiger zugezogen werden, sofern anzunehmen ist, daß der Wert der zu pfändenden Gegenstände den Betrag von eintausend Mark übersteigt.

(2) Inwieweit bei einem geringeren Wert ein Sachverständiger zugezogen werden soll, bestimmt die Landesjustizverwaltung.

§ 814[1]**.** Die gepfändeten Sachen sind von dem Gerichtsvollzieher öffentlich zu versteigern; Kostbarkeiten sind vor der Versteigerung durch einen Sachverständigen abzuschätzen[2].

§ 815. (1) Gepfändetes Geld ist dem Gläubiger abzuliefern.

(2) Wird dem Gerichtsvollzieher glaubhaft gemacht, daß an gepfändetem Geld ein die Veräußerung hinderndes Recht eines Dritten bestehe, so ist das Geld zu hinterlegen. Die Zwangsvollstreckung ist fortzusetzen, wenn nicht binnen einer Frist von zwei Wochen seit dem Tage der Pfändung eine Entscheidung des nach § 771 Abs. 1 zuständigen Gerichts über die Einstellung der Zwangsvollstreckung beigebracht wird.

(3) Die Wegnahme des Geldes durch den Gerichtsvollzieher gilt als Zahlung von seiten des Schuldners, sofern nicht nach Abs. 2 oder nach § 720 die Hinterlegung zu erfolgen hat.

§ 816. (1) Die Versteigerung der gepfändeten Sachen darf nicht vor Ablauf einer Woche seit dem Tage der Pfändung geschehen, sofern nicht der Gläubiger und der Schuldner über eine frühere Versteigerung sich einigen oder diese erforderlich ist, um die Gefahr einer beträchtlichen Wertverringerung der zu versteigernden Sache abzuwenden oder um unverhältnismäßige Kosten einer längeren Aufbewahrung zu vermeiden.

(2) Die Versteigerung erfolgt in der Gemeinde, in der die Pfändung geschehen ist, sofern nicht der Gläubiger und der Schuldner über einen anderen Ort sich einigen.

(3) Zeit und Ort der Versteigerung sind unter allgemeiner Bezeichnung der zu versteigernden Sachen öffentlich bekanntzumachen.

(4) Bei der Versteigerung gelten die Vorschriften des § 1239 Abs. 1 Satz 1, Abs. 2 des Bürgerlichen Gesetzbuchs entsprechend.

§ 817. (1) Dem Zuschlag an den Meistbietenden soll ein dreimaliger Aufruf vorausgehen; die Vorschriften des § 156 des Bürgerlichen Gesetzbuchs sind anzuwenden.

---

[1]) Bekanntmachung über das Mindestgebot bei der Versteigerung gepfändeter Sachen vom 8. 10. 1914 (RGBl. I S. 427) — abgedr. unter XII A a —.

[2]) §§ 18, 19a der Verordnung über Maßnahmen auf dem Gebiete der Zwangsvollstreckung vom 26. 5. 1933 (RGBl. I S. 302) i. d. F. de Ges. vom 24. 10. 1934 (RGBl. I S. 1070) — abgedr. unter XII A b —.

(2) Die Ablieferung einer zugeschlagenen Sache darf nur gegen bare Zahlung geschehen.

(3) Hat der Meistbietende nicht zu der in den Versteigerungsbedingungen bestimmten Zeit oder in Ermangelung einer solchen Bestimmung nicht vor dem Schluß des Versteigerungstermins die Ablieferung gegen Zahlung des Kaufgeldes verlangt, so wird die Sache anderweit versteigert. Der Meistbietende wird zu einem weiteren Gebot nicht zugelassen; er haftet für den Ausfall, auf den Mehrerlös hat er keinen Anspruch.

(4) Wird der Zuschlag dem Gläubiger erteilt, so ist dieser von der Verpflichtung zur baren Zahlung so weit befreit, als der Erlös nach Abzug der Kosten der Zwangsvollstreckung zu seiner Befriedigung zu verwenden ist, sofern nicht dem Schuldner nachgelassen ist, durch Sicherheitsleistung oder durch Hinterlegung die Vollstreckung abzuwenden. Soweit der Gläubiger von der Verpflichtung zur baren Zahlung befreit ist, gilt der Betrag als von dem Schuldner an den Gläubiger gezahlt.

§ 818. Die Versteigerung wird eingestellt, sobald der Erlös zur Befriedigung des Gläubigers und zur Deckung der Kosten der Zwangsvollstreckung hinreicht.

§ 819. Die Empfangnahme des Erlöses durch den Gerichtsvollzieher gilt als Zahlung von seiten des Schuldners, sofern nicht dem Schuldner nachgelassen ist, durch Sicherheitsleistung oder durch Hinterlegung die Vollstreckung abzuwenden.

§ 820. Gold- und Silbersachen dürfen nicht unter ihrem Gold- oder Silberwert zugeschlagen werden. Wird ein den Zuschlag gestattendes Gebot nicht abgegeben, so kann der Gerichtsvollzieher den Verkauf aus freier Hand zu dem Preise bewirken, der den Gold- oder Silberwert erreicht.

§ 821. Gepfändete Wertpapiere sind, wenn sie einen Börsen- oder Marktpreis haben, von dem Gerichtsvollzieher aus freier Hand zum Tageskurse zu verkaufen und, wenn sie einen solchen Preis nicht haben, nach den allgemeinen Bestimmungen zu versteigern[1]).

§ 822. Lautet ein Wertpapier auf Namen, so kann der Gerichtsvollzieher durch das Vollstreckungsgericht ermächtigt werden, die Umschreibung auf den Namen des Käufers zu erwirken und die hierzu erforderlichen Erklärungen an Stelle des Schuldners abzugeben.

§ 823. Ist ein Inhaberpapier durch Einschreibung auf den Namen oder in anderer Weise außer Kurs gesetzt, so kann der Gerichtsvollzieher durch das Vollstreckungsgericht ermächtigt werden, die Wiederinkurssetzung zu erwirken und die hierzu erforderlichen Erklärungen an Stelle des Schuldners abzugeben.

---

[1]) Siehe Fußnote zu § 814.

§ 824. Die Versteigerung gepfändeter, von dem Boden noch nicht getrennter Früchte ist erst nach der Reife zulässig. Sie kann vor oder nach der Trennung der Früchte erfolgen; im letzteren Falle hat der Gerichtsvollzieher die Aberntung bewirken zu lassen.

§ 825. Auf Antrag des Gläubigers oder des Schuldners kann das Vollstreckungsgericht anordnen, daß die Verwertung einer gepfändeten Sache in anderer Weise oder an einem anderen Ort, als in den vorstehenden Paragraphen bestimmt ist, stattzufinden habe oder daß die Versteigerung durch eine andere Person als den Gerichtsvollzieher vorzunehmen sei.

§ 826. (1) Zur Pfändung bereits gepfändeter Sachen genügt die in das Protokoll aufzunehmende Erklärung des Gerichtsvollziehers, daß er die Sachen für seinen Auftraggeber pfände.

(2) Ist die erste Pfändung durch einen anderen Gerichtsvollzieher bewirkt, so ist diesem eine Abschrift des Protokolls zuzustellen.

(3) Der Schuldner ist von den weiteren Pfändungen in Kenntnis zu setzen.

§ 827. (1) Auf den Gerichtsvollzieher, von dem die erste Pfändung bewirkt ist, geht der Auftrag des zweiten Gläubigers kraft Gesetzes über, sofern nicht das Vollstreckungsgericht auf Antrag eines beteiligten Gläubigers oder des Schuldners anordnet, daß die Verrichtungen jenes Gerichtsvollziehers von einem anderen zu übernehmen seien. Die Versteigerung erfolgt für alle beteiligten Gläubiger.

(2) Ist der Erlös zur Deckung der Forderungen nicht ausreichend und verlangt der Gläubiger, für den die zweite oder eine spätere Pfändung erfolgt ist, ohne Zustimmung der übrigen beteiligten Gläubiger eine andere Verteilung als nach der Reihenfolge der Pfändungen, so hat der Gerichtsvollzieher die Sachlage unter Hinterlegung des Erlöses dem Vollstreckungsgericht anzuzeigen. Dieser Anzeige sind die auf das Verfahren sich beziehenden Schriftstücke beizufügen.

(3) In gleicher Weise ist zu verfahren, wenn die Pfändung für mehrere Gläubiger gleichzeitig bewirkt ist.

III. Zwangsvollstreckung in Forderungen und andere Vermögensrechte

§ 828. (1) Die gerichtlichen Handlungen, welche die Zwangsvollstreckung in Forderungen und andere Vermögensrechte zum Gegenstand haben, erfolgen durch das Vollstreckungsgericht[1]).

(2) Als Vollstreckungsgericht ist das Amtsgericht, bei dem der Schuldner

[1]) Siehe Fußnote zu § 109.

im Inland seinen allgemeinen Gerichtsstand hat, und sonst das Amtsgericht zuständig, bei dem nach § 23 gegen den Schuldner Klage erhoben werden kann.

§ 829. (1) Soll eine Geldforderung gepfändet werden, so hat das Gericht dem Drittschuldner zu verbieten, an den Schuldner zu zahlen. Zugleich hat das Gericht an den Schuldner das Gebot zu erlassen, sich jeder Verfügung über die Forderung, insbesondere ihrer Einziehung, zu enthalten.

(2) Der Gläubiger hat den Beschluß dem Drittschuldner zustellen zu lassen. Der Gerichtsvollzieher hat den Beschluß mit einer Abschrift der Zustellungsurkunde dem Schuldner sofort zuzustellen, sofern nicht eine öffentliche Zustellung erfoderlich wird. Ist die Zustellung an den Drittschuldner auf unmittelbares Ersuchen der Geschäftsstelle durch die Post erfolgt, so hat die Geschäftsstelle für die Zustellung an den Schuldner in gleicher Weise Sorge zu tragen. An Stelle einer an den Schuldner im Ausland zu bewirkenden Zustellung erfolgt die Zustellung durch Aufgabe zur Post.

(3) Mit der Zustellung des Beschlusses an den Drittschuldner ist die Pfändung als bewirkt anzusehen.

§ 830. (1) Zur Pfändung einer Forderung, für die eine Hypothek besteht, ist außer dem Pfändungsbeschluß die Übergabe des Hypothekenbriefes an den Gläubiger erforderlich. Wird die Übergabe im Wege der Zwangsvollstreckung erwirkt, so gilt sie als erfolgt, wenn der Gerichtsvollzieher den Brief zum Zwecke der Ablieferung an den Gläubiger wegnimmt. Ist die Erteilung des Hypothekenbriefes ausgeschlossen, so ist die Eintragung der Pfändung in das Grundbuch erforderlich; die Eintragung erfolgt auf Grund des Pfändungsbeschlusses.

(2) Wird der Pfändungsbeschluß vor der Übergabe des Hypothekenbriefes oder der Eintragung der Pfändung dem Drittschuldner zugestellt, so gilt die Pfändung diesem gegenüber mit der Zustellung als bewirkt.

(3) Diese Vorschriften sind nicht anzuwenden, soweit es sich um die Pfändung der Ansprüche auf die im § 1159 des Bürgerlichen Gesetzbuchs bezeichneten Leistungen handelt. Das gleiche gilt bei einer Sicherungshypothek im Falle des § 1187 des Bürgerlichen Gesetzbuchs von der Pfändung der Hauptforderung.

§ 830a. (1) Zur Pfändung einer Forderung, für die eine Schiffshypothek besteht, ist die Eintragung der Pfändung in das Schiffsregister oder in das Schiffsbauregister erforderlich; die Eintragung erfolgt auf Grund des Pfändungsbeschlusses.

(2) Wird der Pfändungsbeschluß vor der Eintragung der Pfändung dem Drittschuldner zugestellt, so gilt die Pfändung diesem gegenüber mit der Zustellung als bewirkt.

(3) Diese Vorschriften sind nicht anzuwenden, soweit es sich um die Pfändung der Ansprüche auf die im § 53 des Gesetzes über Rechte an ein-

getragenen Schiffen und Schiffsbauwerken vom 15. November 1940 (Reichsgesetzbl. I S. 1499) bezeichneten Leistungen handelt. Das gleiche gilt, wenn bei einer Schiffshypothek für eine Forderung aus einer Schuldverschreibung auf den Inhaber, aus einem Wechsel oder aus einem anderen durch Indossament übertragbaren Papier die Hauptforderung gepfändet wird.

§ 831. Die Pfändung von Forderungen aus Wechseln und anderen Papieren, die durch Indossament übertragen werden können, wird dadurch bewirkt, daß der Gerichtsvollzieher diese Papiere in Besitz nimmt.

§ 832. Das Pfandrecht, das durch die Pfändung einer Gehaltsforderung oder einer ähnlichen in fortlaufenden Bezügen bestehenden Forderung erworben wird, erstreckt sich auch auf die nach der Pfändung fällig werdenden Beträge.

§ 833. (1) Durch die Pfändung eines Diensteinkommens wird auch das Einkommen betroffen, das der Schuldner infolge der Versetzung in ein anderes Amt, der Übertragung eines neuen Amtes oder einer Gehaltserhöhung zu beziehen hat.

(2) Diese Vorschrift ist auf den Fall der Änderung des Dienstherrn nicht anzuwenden.

§ 834. Vor der Pfändung ist der Schuldner über das Pfändungsgesuch nicht zu hören.

§ 835. (1) Die gepfändete Geldforderung ist dem Gläubiger nach seiner Wahl zur Einziehung oder an Zahlungs Statt zum Nennwert zu überweisen.

(2) Im letzteren Falle geht die Forderung auf den Gläubiger mit der Wirkung über, daß er, soweit die Forderung besteht, wegen seiner Forderung an den Schuldner als befriedigt anzusehen ist.

(3) Die Vorschriften des § 829 Abs. 2, 3 sind auf die Überweisung entsprechend anzuwenden.

§ 836. (1) Die Überweisung ersetzt die förmlichen Erklärungen des Schuldners, von denen nach den Vorschriften des bürgerlichen Rechts die Berechtigung zur Einziehung der Forderung abhängig ist.

(2) Der Überweisungsbeschluß gilt, auch wenn er mit Unrecht erlassen ist, zugunsten des Drittschuldners dem Schuldner gegenüber so lange als rechtsbeständig, bis er aufgehoben wird und die Aufhebung zur Kenntnis des Drittschuldners gelangt.

(3) Der Schuldner ist verpflichtet, dem Gläubiger die zur Geltendmachung der Forderung nötige Auskunft zu erteilen und ihm die über die Forderung vorhandenen Urkunden herauszugeben. Die Herausgabe kann von dem Gläubiger im Wege der Zwangsvollstreckung erwirkt werden.

§ 837. (1) Zur Überweisung einer gepfändeten Forderung, für die eine Hypothek besteht, genügt die Aushändigung des Überweisungsbeschlusses an den Gläubiger. Ist die Erteilung des Hypothekenbriefes ausgeschlossen, so ist zur Überweisung an Zahlungs Statt die Eintragung der Überweisung in das Grundbuch erforderlich; die Eintragung erfolgt auf Grund des Überweisungsbeschlusses.

(2) Diese Vorschriften sind nicht anzuwenden, soweit es sich um die Überweisung der Ansprüche auf die im § 1159 des Bürgerlichen Gesetzbuchs bezeichneten Leistungen handelt. Das gleiche gilt bei einer Sicherungshypothek im Falle des § 1187 des Bürgerlichen Gesetzbuchs von der Überweisung der Hauptforderung.

(3) Bei einer Sicherungshypothek der im § 1190 des Bürgerlichen Gesetzbuchs bezeichneten Art kann die Hauptforderung nach den allgemeinen Vorschriften gepfändet und überwiesen werden, wenn der Gläubiger die Überweisung der Forderung ohne die Hypothek an Zahlungs Statt beantragt.

§ 837a. (1) Zur Überweisung einer gepfändeten Forderung, für die eine Schiffshypothek besteht, genügt, wenn die Forderung zur Einziehung überwiesen wird, die Aushändigung des Überweisungsbeschlusses an den Gläubiger. Zur Überweisung an Zahlungs Statt ist die Eintragung der Überweisung in das Schiffsregister oder in das Schiffsbauregister erforderlich; die Eintragung erfolgt auf Grund des Überweisungsbeschlusses.

(2) Diese Vorschriften sind nicht anzuwenden, soweit es sich um die Überweisung der Ansprüche auf die im § 53 des Gesetzes über Rechte an eingetragenen Schiffen und Schiffsbauwerken vom 15. November 1940 (Reichsgesetzbl. I S. 1499) bezeichneten Leistungen handelt. Das gleiche gilt, wenn bei einer Schiffshypothek für eine Forderung aus einer Schuldverschreibung auf den Inhaber, aus einem Wechsel oder aus einem anderen durch Indossament übertragbaren Papier die Hauptforderung überwiesen wird.

(3) Bei einer Schiffshypothek für einen Höchstbetrag (§ 75 des im Abs. 2 genannten Gesetzes) gilt § 837 Abs. 3 entsprechend.

§ 838. Wird eine durch ein Pfandrecht an einer beweglichen Sache gesicherte Forderung überwiesen, so kann der Schuldner die Herausgabe des Pfandes an den Gläubiger verweigern, bis ihm Sicherheit für die Haftung geleistet wird, die für ihn aus einer Verletzung der dem Gläubiger dem Verpfänder gegenüber obliegenden Verpflichtungen entstehen kann.

§ 839. Ist nach § 713 Abs. 2 dem Schuldner nachgelassen, durch Sicherheitsleistung oder durch Hinterlegung die Vollstreckung abzuwenden, so findet die Überweisung gepfändeter Geldforderungen nur zur Einziehung und nur mit der Wirkung statt, daß der Drittschuldner den Schuldbetrag hinterlege.

§ 840. (1) Auf Verlangen des Gläubigers hat der Drittschuldner binnen zwei Wochen, von der Zustellung des Pfändungsbeschlusses an gerechnet, dem Gläubiger zu erklären:

1. ob und inwieweit er die Forderung als begründet anerkenne und Zahlung zu leisten bereit sei;
2. ob und welche Ansprüche andere Personen an die Forderung machen;
3. ob und wegen welcher Ansprüche die Forderung bereits für andere Gläubiger gepfändet sei.

(2) Die Aufforderung zur Abgabe dieser Erklärungen muß in die Zustellungsurkunde aufgenommen werden. Der Drittschuldner haftet dem Gläubiger für den aus der Nichterfüllung seiner Verpflichtung entstehenden Schaden.

(3) Die Erklärungen des Drittschuldners können bei Zustellung des Pfändungsbeschlusses oder innerhalb der im ersten Absatz bestimmten Frist an den Gerichtsvollzieher erfolgen. Im ersteren Fall sind sie in die Zustellungsurkunde aufzunehmen und von dem Drittschuldner zu unterschreiben.

§ 841. Der Gläubiger, der die Forderung einklagt, ist verpflichtet, dem Schuldner gerichtlich den Streit zu verkünden, sofern nicht eine Zustellung im Ausland oder eine öffentliche Zustellung erforderlich wird.

§ 842. Der Gläubiger, der die Beitreibung einer ihm zur Einziehung überwiesenen Forderung verzögert, haftet dem Schuldner für den daraus entstehenden Schaden.

§ 843. Der Gläubiger kann auf die durch Pfändung und Überweisung zur Einziehung erworbenen Rechte unbeschadet seines Anspruchs verzichten. Die Verzichtleistung erfolgt durch eine dem Schuldner zuzustellende Erklärung. Die Erklärung ist auch dem Drittschuldner zuzustellen.

§ 844. (1) Ist die gepfändete Forderung bedingt oder betagt oder ist ihre Einziehung wegen der Abhängigkeit von einer Gegenleistung oder aus anderen Gründen mit Schwierigkeiten verbunden, so kann das Gericht auf Antrag an Stelle der Überweisung eine andere Art der Verwertung anordnen.

(2) Vor dem Beschluß, durch welchen dem Antrag stattgegeben wird, ist der Gegner zu hören, sofern nicht eine Zustellung im Ausland oder eine öffentliche Zustellung erforderlich wird.

§ 845. (1) Schon vor der Pfändung kann der Gläubiger auf Grund eines vollstreckbaren Schuldtitels durch den Gerichtsvollzieher dem Drittschuldner und dem Schuldner die Benachrichtigung, daß die Pfändung bevorstehe, zustellen lassen mit der Aufforderung an den Drittschuldner, nicht an den Schuldner zu zahlen, und mit der Aufforderung an den Schuldner, sich jeder Verfügung über die Forderung, insbesondere ihrer Einziehung, zu enthalten. Der vorherigen Erteilung einer vollstreckbaren Ausfertigung und der Zustellung des Schuldtitels bedarf es nicht.

(2) Die Benachrichtigung an den Drittschuldner hat die Wirkung eines Arrestes (§ 930), sofern die Pfändung der Forderung innerhalb drei Wochen bewirkt wird. Die Frist beginnt mit dem Tage, an dem die Benachrichtigung zugestellt ist.

§ 846. Die Zwangsvollstreckung in Ansprüche, welche die Herausgabe oder Leistung körperlicher Sachen zum Gegenstand haben, erfolgt nach den §§ 829 bis 845 unter Berücksichtigung der nachstehenden Vorschriften.

§ 847. (1) Bei der Pfändung eines Anspruchs, der eine bewegliche körperliche Sache betrifft, ist anzuordnen, daß die Sache an einen vom Gläubiger zu beauftragenden Gerichtsvollzieher herauszugeben sei.

(2) Auf die Verwertung der Sache sind die Vorschriften über die Verwertung gepfändeter Sachen anzuwenden.

§ 847a. (1) Bei der Pfändung eines Anspruchs, der ein eingetragenes Schiff betrifft, ist anzuordnen, daß das Schiff an einen vom Vollstreckungsgericht zu bestellenden Treuhänder herauszugeben ist.

(2) Ist der Anspruch auf Übertragung des Eigentums gerichtet, so vertritt der Treuhänder den Schuldner bei der Übertragung des Eigentums. Mit dem Übergang des Eigentums auf den Schuldner erlangt der Gläubiger eine Schiffshypothek für seine Forderung. Der Treuhänder hat die Eintragung der Schiffshypothek in das Schiffsregister zu bewilligen.

(3) Die Zwangsvollstreckung in das Schiff wird nach den für die Zwangsvollstreckung in unbewegliche Sachen geltenden Vorschriften bewirkt.

(4) Die vorstehenden Vorschriften gelten entsprechend, wenn der Anspruch ein Schiffsbauwerk betrifft, das im Schiffsbauregister eingetragen ist oder in dieses Register eingetragen werden kann.

§ 848. (1) Bei Pfändung eines Anspruchs, der eine unbewegliche Sache betrifft, ist anzuordnen, daß die Sache an einen auf Antrag des Gläubigers vom Amtsgericht[1]) der belegenen Sache zu bestellenden Sequester herauszugeben sei.

(2) Ist der Anspruch auf Übertragung des Eigentums gerichtet, so hat die Auflassung an den Sequester als Vertreter des Schuldners zu erfolgen. Mit dem Übergang des Eigentums auf den Schuldner erlangt der Gläubiger eine Sicherungshypothek für seine Forderung. Der Sequester hat die Eintragung der Sicherungshypothek zu bewilligen.

(3) Die Zwangsvollstreckung in die herausgegebene Sache wird nach den für die Zwangsvollstreckung in unbewegliche Sachen geltenden Vorschriften bewirkt.

---

[1]) Siehe Fußnote zu § 109.

§ 849. Eine Überweisung der im § 846 bezeichneten Ansprüche an Zahlungs Statt ist unzulässig.

§ 850. Das in Geld zahlbare Einkommen der Beamten, Angestellten und Arbeiter aus Dienst- oder Arbeitsverhältnissen sowie ähnliche Bezüge unterliegen der Pfändung nur in dem durch die Verordnung zur einheitlichen Regelung des Pfändungsschutzes für Arbeitseinkommen (Lohnpfändungsverordnung) vom 30. Oktober 1940 (Reichsgesetzbl. I S. 1451)[1]) festgesetzten Umfang.

§§ 850a bis **850h.** (Weggefallen.)

§ 851. (1) Eine Forderung ist in Ermangelung besonderer Vorschriften der Pfändung nur insoweit unterworfen, als sie übertragbar ist.

(2) Eine nach § 399 des Bürgerlichen Gesetzbuchs nicht übertragbare Forderung kann insoweit gepfändet und zur Einziehung überwiesen werden, als der geschuldete Gegenstand der Pfändung unterworfen ist.

§ 852. (1) Der Pflichtteilsanspruch ist der Pfändung nur unterworfen, wenn er durch Vertrag anerkannt oder rechtshängig geworden ist.

(2) Das gleiche gilt für den nach § 528 des Bürgerlichen Gesetzbuchs dem Schenker zustehenden Anspruch auf Herausgabe des Geschenkes.

§ 853. Ist eine Geldforderung für mehrere Gläubiger gepfändet, so ist der Drittschuldner berechtigt und auf Verlangen eines Gläubigers, dem die Forderung überwiesen wurde, verpflichtet, unter Anzeige der Sachlage und unter Aushändigung der ihm zugestellten Beschlüsse an das Amtsgericht, dessen Beschluß ihm zuerst zugestellt ist, den Schuldbetrag zu hinterlegen.

§ 854. (1) Ist ein Anspruch, der eine bewegliche körperliche Sache betrifft, für mehrere Gläubiger gepfändet, so ist der Drittschuldner berechtigt und auf Verlangen eines Gläubigers, dem der Anspruch überwiesen wurde, verpflichtet, die Sache unter Anzeige der Sachlage und unter Aushändigung der ihm zugestellten Beschlüsse dem Gerichtsvollzieher herauszugeben, der nach dem ihm zuerst zugestellten Beschluß zur Empfangnahme der Sache ermächtigt ist. Hat der Gläubiger einen solchen Gerichtsvollzieher nicht bezeichnet, so wird dieser auf Antrag des Drittschuldners von dem Amtsgericht[2]) des Ortes ernannt, wo die Sache herauszugeben ist.

(2) Ist der Erlös zur Deckung der Forderungen nicht ausreichend und verlangt der Gläubiger, für den die zweite oder eine spätere Pfändung erfolgt ist, ohne Zustimmung der übrigen beteiligten Gläubiger eine andere Verteilung als nach der Reihenfolge der Pfändungen, so hat der Gerichtsvollzieher die Sachlage unter Hinterlegung des Erlöses dem Amtsgericht anzuzeigen, dessen Beschluß dem Drittschuldner zuerst zugestellt ist.

---

[1]) Abgedr. unter XII B.

[2]) Siehe Fußnote zu § 109.

Dieser Anzeige sind die Schriftstücke beizufügen, die sich auf das Verfahren beziehen.

(3) In gleicher Weise ist zu verfahren, wenn die Pfändung für mehrere Gläubiger gleichzeitig bewirkt ist.

§ 855. Betrifft der Anspruch eine unbewegliche Sache, so ist der Drittschuldner berechtigt und auf Verlangen eines Gläubigers, dem der Anspruch überwiesen wurde, verpflichtet, die Sache unter Anzeige der Sachlage und unter Aushändigung der ihm zugestellten Beschlüsse an den von dem Amtsgericht[1]) der belegenen Sache ernannten oder auf seinen Antrag zu ernennenden Sequester herauszugeben.

§ 855a. (1) Betrifft der Anspruch ein eingetragenes Schiff, so ist der Drittschuldner berechtigt und auf Verlangen eines Gläubigers, dem der Anspruch überwiesen wurde, verpflichtet, das Schiff unter Anzeige der Sachlage und unter Aushändigung der Beschlüsse dem Treuhänder herauszugeben, der in dem ihm zuerst zugestellten Beschluß bestellt ist.

(2) Abs. 1 gilt sinngemäß, wenn der Anspruch ein Schiffsbauwerk betrifft, das im Schiffsbauregister eingetragen ist oder in dieses Register eingetragen werden kann.

§ 856. (1) Jeder Gläubiger, dem der Anspruch überwiesen wurde, ist berechtigt, gegen den Drittschuldner Klage auf Erfüllung der nach den Vorschriften der §§ 853 bis 855 diesem obliegenden Verpflichtungen zu erheben.

(2) Jeder Gläubiger, für den der Anspruch gepfändet ist, kann sich dem Kläger in jeder Lage des Rechtsstreits als Streitgenosse anschließen.

(3) Der Drittschuldner hat bei dem Prozeßgericht zu beantragen, daß die Gläubiger, welche die Klage nicht erhoben und dem Kläger sich nicht angeschlossen haben, zum Termin zur mündlichen Verhandlung geladen werden.

(4) Die Entscheidung, die in dem Rechtsstreit über den in der Klage erhobenen Anspruch erlassen wird, ist für und gegen sämtliche Gläubiger wirksam.

(5) Der Drittschuldner kann sich gegenüber einem Gläubiger auf die ihm günstige Entscheidung nicht berufen, wenn der Gläubiger zum Termin zur mündlichen Verhandlung nicht geladen worden ist.

§ 857. (1) Für die Zwangsvollstreckung in andere Vermögensrechte, die nicht Gegenstand der Zwangsvollstreckung in das unbewegliche Vermögen sind, gelten die vorstehenden Vorschriften entsprechend.

(2) Ist ein Drittschuldner nicht vorhanden, so ist die Pfändung mit dem Zeitpunkt als bewirkt anzusehen, in welchem dem Schuldner das Gebot, sich jeder Verfügung über das Recht zu enthalten, zugestellt ist.

---

[1]) Siehe Fußnote zu § 109.

(3) Ein unveräußerliches Recht ist in Ermangelung besonderer Vorschriften der Pfändung insoweit unterworfen, als die Ausübung einem anderen überlassen werden kann.

(4) Das Gericht kann bei der Zwangsvollstreckung in unveräußerliche Rechte, deren Ausübung einem anderen überlassen werden kann, besondere Anordnungen erlassen. Es kann insbesondere bei der Zwangsvollstreckung in Nutzungsrechte eine Verwaltung anordnen; in diesem Falle wird die Pfändung durch Übergabe der zu benutzenden Sache an den Verwalter bewirkt, sofern sie nicht durch Zustellung des Beschlusses bereits vorher bewirkt ist.

(5) Ist die Veräußerung des Rechtes selbst zulässig, so kann auch diese Veräußerung von dem Gericht angeordnet werden.

(6) Auf die Zwangsvollstreckung in eine Reallast, eine Grundschuld oder eine Rentenschuld sind die Vorschriften über die Zwangsvollstreckung in eine Forderung, für die eine Hypothek besteht, entsprechend anzuwenden.

§ 858. (1) Für die Zwangsvollstreckung in die Schiffspart (§§ 489 ff. des Handelsgesetzbuchs) gilt § 857 mit folgenden Abweichungen:

(2) Als Vollstreckungsgericht ist das Amtsgericht zuständig, bei dem das Register für das Schiff geführt wird.

(3) Die Pfändung bedarf der Eintragung in das Schiffsregister; die Eintragung erfolgt auf Grund des Pfändungsbeschlusses. Der Pfändungsbeschluß soll dem Korrespondentreeder zugestellt werden; wird der Beschluß diesem vor der Eintragung zugestellt, so gilt die Pfändung ihm gegenüber mit der Zustellung als bewirkt.

(4) Verwertet wird die gepfändete Schiffspart im Wege der Veräußerung. Dem Antrag auf Anordnung der Veräußerung ist ein Auszug aus dem Schiffsregister beizufügen, der alle das Schiff und die Schiffspart betreffenden Eintragungen enthält; der Auszug darf nicht älter als eine Woche sein.

(5) Ergibt der Auszug aus dem Schiffsregister, daß die Schiffspart mit einem Pfandrecht belastet ist, das einem andern als dem betreibenden Gläubiger zusteht, so ist die Hinterlegung des Erlöses anzuordnen. Der Erlös wird in diesem Fall nach den Vorschriften der §§ 873 bis 882 verteilt; Forderungen, für die ein Pfandrecht an der Schiffspart eingetragen ist, sind nach dem Inhalt des Schiffsregisters in den Teilungsplan aufzunehmen.

§ 859. (1) Der Anteil eines Gesellschafters an dem Gesellschaftsvermögen einer nach § 705 des Bürgerlichen Gesetzbuchs eingegangenen Gesellschaft ist der Pfändung unterworfen. Der Anteil eines Gesellschafters an den einzelnen zu dem Gesellschaftsvermögen gehörenden Gegenständen ist der Pfändung nicht unterworfen.

(2) Die gleichen Vorschriften gelten für den Anteil eines Miterben an dem Nachlaß und an den einzelnen Nachlaßgegenständen.

§ 860. (1) Bei dem Güterstand der allgemeinen Gütergemeinschaft, der Errungenschaftsgemeinschaft oder der Fahrnisgemeinschaft ist der Anteil eines der Ehegatten an dem Gesamtgut und an den einzelnen dazu gehörenden Gegenständen der Pfändung nicht unterworfen. Das gleiche gilt bei der fortgesetzten Gütergemeinschaft von den Anteilen des überlebenden Ehegatten und der Abkömmlinge.

(2) Nach der Beendigung der Gemeinschaft ist der Anteil an dem Gesamtgut zugunsten der Gläubiger des Anteilsberechtigten der Pfändung unterworfen.

§ 861. (1) Das Recht, das bei dem Güterstand der Verwaltung und Nutznießung dem Ehemann an dem eingebrachten Gut zusteht, ist der Pfändung nicht unterworfen. Die von dem Ehemann erworbenen Früchte des eingebrachten Gutes sind der Pfändung nicht unterworfen, soweit sie zur Erfüllung der in den §§ 1384 bis 1387 des Bürgerlichen Gesetzbuchs bestimmten Verpflichtungen des Ehemannes, zur Erfüllung der ihm seiner Ehefrau, seiner früheren Ehefrau oder seinen Verwandten gegenüber gesetzlich obliegenden Unterhaltspflicht und zur Bestreitung seines standesmäßigen Unterhalts erforderlich sind.

(2) Der Widerspruch kann auch von der Ehefrau nach § 766 geltend gemacht werden.

§ 862. (1) Das Recht, das dem Vater oder der Mutter kraft der elterlichen Nutznießung an dem Vermögen des Kindes zusteht, ist der Pfändung nicht unterworfen. Das gleiche gilt von den ihnen nach den §§ 1655, 1656 des Bürgerlichen Gesetzbuchs zustehenden Ansprüchen, solange sie nicht fällig sind.

(2) Auf die Pfändung der von dem Vater oder der Mutter kraft der elterlichen Nutznießung erworbenen Früchte gelten die Vorschriften des § 861 Abs. 1 Satz 2 entsprechend mit der Maßgabe, daß die in den §§ 1655, 1656 des Bürgerlichen Gesetzbuchs bezeichneten Ansprüche, wenn sie fällig sind, den erworbenen Früchten gleichstehen.

(3) Der Widerspruch kann auch von dem Kinde nach § 766 geltend gemacht werden.

§ 863. (1) Ist der Schuldner als Erbe nach § 2338 des Bürgerlichen Gesetzbuchs durch die Einsetzung eines Nacherben beschränkt, so sind die Nutzungen der Erbschaft der Pfändung nicht unterworfen, soweit sie zur Erfüllung der dem Schuldner seinem Ehegatten, seinem früheren Ehegatten oder seinen Verwandten gegenüber gesetzlich obliegenden Unterhaltspflicht und zur Bestreitung seines standesmäßigen Unterhalts erforderlich sind. Das gleiche gilt, wenn der Schuldner nach § 2338 des Bürgerlichen Gesetzbuchs durch die Ernennung eines Testamentsvollstreckers beschränkt ist, für seinen Anspruch auf den jährlichen Reinertrag.

(2) Die Pfändung ist unbeschränkt zulässig, wenn der Anspruch eines Nachlaßgläubigers oder ein auch dem Nacherben oder dem Testamentsvollstrecker gegenüber wirksames Recht geltend gemacht wird.

(3) Diese Vorschriften gelten entsprechend, wenn der Anteil eines Abkömmlings an dem Gesamtgut der fortgesetzten Gütergemeinschaft nach § 1523 Abs. 2 des Bürgerlichen Gesetzbuchs einer Beschränkung der im Abs. 1 bezeichneten Art unterliegt.

Zweiter Titel
Zwangsvollstreckung in das unbewegliche Vermögen

§ 864. (1) Der Zwangsvollstreckung in das unbewegliche Vermögen unterliegen außer den Grundstücken die Berechtigungen, für welche die sich auf Grundstücke beziehenden Vorschriften gelten, die im Schiffsregister eingetragenen Schiffe und die Schiffsbauwerke, die im Schiffsbauregister eingetragen sind oder in dieses Register eingetragen werden können.

(2) Die Zwangsvollstreckung in den Bruchteil eines Grundstücks, einer Berechtigung der im Abs. 1 bezeichneten Art oder eines Schiffes oder Schiffsbauwerks ist nur zulässig, wenn der Bruchteil in dem Anteil eines Miteigentümers besteht oder wenn sich der Anspruch des Gläubigers auf ein Recht richtet, mit dem der Bruchteil als solcher belastet ist.

§ 865. (1) Die Zwangsvollstreckung in das unbewegliche Vermögen umfaßt auch die Gegenstände, auf die sich bei Grundstücken und Berechtigungen die Hypothek, bei Schiffen oder Schiffsbauwerken die Schiffshypothek erstreckt.

(2) Diese Gegenstände können, soweit sie Zubehör sind, nicht gepfändet werden. Im übrigen unterliegen sie der Zwangsvollstreckung in das bewegliche Vermögen, solange nicht ihre Beschlagnahme im Wege der Zwangsvollstreckung in das unbewegliche Vermögen erfolgt ist.

§ 866. (1) Die Zwangsvollstreckung in ein Grundstück[1]) erfolgt durch Eintragung einer Sicherungshypothek für die Forderung, durch Zwangsversteigerung und durch Zwangsverwaltung[2]).

(2) Der Gläubiger kann verlangen, daß eine dieser Maßregeln allein oder neben den übrigen ausgeführt wird.

(3) Eine Sicherungshypothek (Abs. 1) darf nur für einen Betrag von mehr als dreihundert Deutsche Mark eingetragen werden; Zinsen bleiben dabei unberücksichtigt, soweit sie als Nebenforderung geltend gemacht sind. Auf Grund mehrerer demselben Gläubiger zustehender Schuldtitel kann eine einheitliche Sicherungshypothek eingetragen werden.

---

[1]) Für Reichsheimstätten Beschränkungen nach § 20 des Reichsheimstättengesetzes vom 10. 5. 1920 i. d. F. der Bekm. vom 25. 11. 1937 (RGBl. I S. 1291).
[2]) Siehe auch Fußnote zu § 750.

§ 867. (1) Die Sicherungshypothek wird auf Antrag des Gläubigers in das Grundbuch eingetragen; die Eintragung ist auf dem vollstreckbaren Titel zu vermerken. Mit der Eintragung entsteht die Hypothek. Das Grundstück haftet auch für die dem Schuldner zur Last fallenden Kosten der Eintragung.

(2) Sollen mehrere Grundstücke des Schuldners mit der Hypothek belastet werden, so ist der Betrag der Forderung auf die einzelnen Grundstücke zu verteilen; die Größe der Teile bestimmt der Gläubiger.

§ 868. (1) Wird durch eine vollstreckbare Entscheidung die zu vollstreckende Entscheidung oder ihre vorläufige Vollstreckbarkeit aufgehoben oder die Zwangsvollstreckung für unzulässig erklärt oder deren Einstellung angeordnet, so erwirbt der Eigentümer des Grundstücks die Hypothek.

(2) Das gleiche gilt, wenn durch eine gerichtliche Entscheidung die einstweilige Einstellung der Vollstreckung und zugleich die Aufhebung der erfolgten Vollstreckungsmaßregeln angeordnet wird oder wenn die zur Abwendung der Vollstreckung nachgelassene Sicherheitsleistung oder Hinterlegung erfolgt.

§ 869. Die Zwangsversteigerung und die Zwangsverwaltung werden durch ein besonderes Gesetz geregelt[1]).

§ 870. Auf die Zwangsvollstreckung in eine Berechtigung, für welche die sich auf Grundstücke beziehenden Vorschriften gelten, sind die Vorschriften über die Zwangsvollstreckung in Grundstücke entsprechend anzuwenden.

§ 870a. (1) Die Zwangsvollstreckung in ein eingetragenes Schiff oder in ein Schiffsbauwerk, das im Schiffsbauregister eingetragen ist oder in dieses Register eingetragen werden kann, erfolgt durch Eintragung einer Schiffshypothek für die Forderung oder durch Zwangsversteigerung.

(2) § 866 Abs. 2, 3, § 867 gelten entsprechend.

(3) Wird durch eine vollstreckbare Entscheidung die zu vollstreckende Entscheidung oder ihre vorläufige Vollstreckbarkeit aufgehoben oder die Zwangsvollstreckung für unzulässig erklärt oder deren Einstellung angeordnet, so erlischt die Schiffshypothek; § 57 Abs. 3 des Gesetzes über Rechte an eingetragenen Schiffen und Schiffsbauwerken vom 15. November 1940 (Reichsgesetzbl. I S. 1499) ist anzuwenden. Das gleiche gilt, wenn durch eine gerichtliche Entscheidung die einstweilige Einstellung der Zwangsvollstreckung und zugleich die Aufhebung der erfolgten Vollstreckungsmaßregeln angeordnet wird oder wenn die zur Abwendung der Vollstreckung nachgelassene Sicherheitsleistung oder Hinterlegung erfolgt.

---

[1]) Ges. über die Zwangsversteigerung und die Zwangsverwaltung vom 24. 3. 1897 (RGBl. S. 97) i. d. F. d. Bekm. vom 20. 5. 1898 (RGBl. S. 713, 750).

§ 871. Unberührt bleiben die landesgesetzlichen Vorschriften, nach denen, wenn ein anderer als der Eigentümer einer Eisenbahn oder Kleinbahn den Betrieb der Bahn kraft eigenen Nutzungsrechts ausübt, das Nutzungsrecht und gewisse dem Betriebe gewidmete Gegenstände in Ansehung der Zwangsvollstreckung zum unbeweglichen Vermögen gehören und die Zwangsvollstreckung abweichend von den Vorschriften des Bundesrechts geregelt ist.

Dritter Titel
Verteilungsverfahren

§ 872. Das Verteilungsverfahren tritt ein, wenn bei der Zwangsvollstreckung in das bewegliche Vermögen ein Geldbetrag hinterlegt ist, der zur Befriedigung der beteiligten Gläubiger nicht hinreicht.

§ 873. Das zuständige Amtsgericht (§§ 827, 853, 854) hat nach Eingang der Anzeige über die Sachlage an jeden der beteiligten Gläubiger die Aufforderung zu erlassen, binnen zwei Wochen eine Berechnung der Forderung an Kapital, Zinsen, Kosten und sonstigen Nebenforderungen einzureichen.

§ 874. (1) Nach Ablauf der zweiwöchigen Fristen wird von dem Gericht ein Teilungsplan angefertigt.

(2) Der Betrag der Kosten des Verfahrens ist von dem Bestand der Masse vorweg in Abzug zu bringen.

(3) Die Forderung eines Gläubigers, der bis zur Anfertigung des Teilungsplanes der an ihn gerichteten Aufforderung nicht nachgekommen ist, wird nach der Anzeige und deren Unterlagen berechnet. Eine nachträgliche Ergänzung der Forderung findet nicht statt.

§ 875. (1) Das Gericht hat zur Erklärung über den Teilungsplan sowie zur Ausführung der Verteilung einen Termin zu bestimmen. Der Teilungsplan muß spätestens drei Tage vor dem Termin auf der Geschäftsstelle zur Einsicht der Beteiligten niedergelegt werden.

(2) Die Ladung des Schuldners zu dem Termin ist nicht erforderlich, wenn sie durch Zustellung im Ausland oder durch öffentliche Zustellung erfolgen müßte.

§ 876. Wird in dem Termin ein Widerspruch gegen den Plan nicht erhoben, so ist dieser zur Ausführung zu bringen. Erfolgt ein Widerspruch, so hat sich jeder dabei beteiligte Gläubiger sofort zu erklären. Wird der Widerspruch von den Beteiligten als begründet anerkannt oder kommt anderweit eine Einigung zustande, so ist der Plan demgemäß zu berichtigen.

Wenn ein Widerspruch sich nicht erledigt, so wird der Plan insoweit ausgeführt, als er durch den Widerspruch nicht betroffen wird.

§ 877. (1) Gegen einen Gläubiger, der in dem Termin weder erschienen ist noch vor dem Termin bei dem Gericht Widerspruch erhoben hat, wird angenommen, daß er mit der Ausführung des Planes einverstanden sei.

(2) Ist ein in dem Termin nicht erschienener Gläubiger bei dem Widerspruch beteiligt, den ein anderer Gläubiger erhoben hat, so wird angenommen, daß er diesen Widerspruch nicht als begründet anerkenne.

§ 878. (1) Der widersprechende Gläubiger muß ohne vorherige Aufforderung binnen einer Frist von einem Monat, die mit dem Terminstag beginnt, dem Gericht nachweisen, daß er gegen die beteiligten Gläubiger Klage erhoben habe. Nach fruchtlosem Ablauf dieser Frist wird die Ausführung des Planes ohne Rücksicht auf den Widerspruch angeordnet.

(2) Die Befugnis des Gläubigers, der dem Plan widersprochen hat, ein besseres Recht gegen den Gläubiger, der einen Geldbetrag nach dem Plan erhalten hat, im Wege der Klage geltend zu machen, wird durch die Versäumung der Frist und durch die Ausführung des Planes nicht ausgeschlossen.

§ 879. (1) Die Klage ist bei dem Verteilungsgericht und, wenn der Streitgegenstand zur Zuständigkeit der Amtsgerichte nicht gehört, bei dem Landgericht zu erheben, in dessen Bezirk das Verteilungsgericht seinen Sitz hat.

(2) Das Landgericht ist für sämtliche Klagen zuständig, wenn seine Zuständigkeit nach dem Inhalt der erhobenen und in dem Termin nicht zur Erledigung gelangten Widersprüche auch nur bei einer Klage begründet ist, sofern nicht die sämtlichen beteiligten Gläubiger vereinbaren, daß das Verteilungsgericht über alle Widersprüche entscheiden solle.

§ 880. In dem Urteil, durch das über einen erhobenen Widerspruch entschieden wird, ist zugleich zu bestimmen, an welche Gläubiger und in welchen Beträgen der streitige Teil der Masse auszuzahlen sei. Wird dies nicht für angemessen erachtet, so ist die Anfertigung eines neuen Planes und ein anderweites Verteilungsverfahren in dem Urteil anzuordnen.

§ 881. Das Versäumnisurteil gegen einen widersprechenden Gläubiger ist dahin zu erlassen, daß der Widerspruch als zurückgenommen anzusehen sei.

§ 882. Auf Grund des erlassenen Urteils wird die Auszahlung oder das anderweite Verteilungsverfahren von dem Verteilungsgericht angeordnet.

Dritter Abschnitt

Zwangsvollstreckung zur Erwirkung der Herausgabe von Sachen und zur Erwirkung von Handlungen oder Unterlassungen

§ 883. (1) Hat der Schuldner eine bewegliche Sache oder eine Menge bestimmter beweglicher Sachen herauszugeben, so sind sie von dem Gerichtsvollzieher ihm wegzunehmen und dem Gläubiger zu übergeben.

(2) Wird die herauszugebende Sache nicht vorgefunden, so ist der Schuldner verpflichtet, auf Antrag des Gläubigers den Offenbarungseid dahin zu leisten:

daß er die Sache nicht besitze, auch nicht wisse, wo die Sache sich befinde.

(3) Das Gericht kann eine der Lage der Sache entsprechende Änderung der vorstehenden Eidesnorm beschließen.

§ 884. Hat der Schuldner eine bestimmte Menge vertretbarer Sachen oder Wertpapiere zu leisten, so gilt die Vorschrift des § 883 Abs. 1 entsprechend.

§ 885. (1) Hat der Schuldner eine unbewegliche Sache oder ein eingetragenes Schiff oder Schiffsbauwerk herauszugeben, zu überlassen oder zu räumen, so hat der Gerichtsvollzieher den Schuldner aus dem Besitz zu setzen und den Gläubiger in den Besitz einzuweisen.

(2) Bewegliche Sachen, die nicht Gegenstand der Zwangsvollstreckung sind, werden von dem Gerichtsvollzieher weggeschafft und dem Schuldner oder, wenn dieser abwesend ist, einem Bevollmächtigten des Schuldners oder einer zu seiner Familie gehörigen oder in dieser Familie dienenden erwachsenen Person übergeben oder zur Verfügung gestellt.

(3) Ist weder der Schuldner noch eine der bezeichneten Personen anwesend, so hat der Gerichtsvollzieher die Sachen auf Kosten des Schuldners in das Pfandlokal zu schaffen oder anderweit in Verwahrung zu bringen.

(4) Verzögert der Schuldner die Abforderung, so kann das Vollstreckungsgericht den Verkauf der Sachen und die Hinterlegung des Erlöses anordnen.

§ 886. Befindet sich eine herauszugebende Sache im Gewahrsam eines Dritten, so ist dem Gläubiger auf dessen Antrag der Anspruch des Schuldners auf Herausgabe der Sache nach den Vorschriften zu überweisen, welche die Pfändung und Überweisung einer Geldforderung betreffen.

§ 887. (1) Erfüllt der Schuldner die Verpflichtung nicht, eine Handlung vorzunehmen, deren Vornahme durch einen Dritten erfolgen kann, so ist der Gläubiger von dem Prozeßgericht des ersten Rechtszuges auf Antrag zu ermächtigen, auf Kosten des Schuldners die Handlung vornehmen zu lassen.

(2) Der Gläubiger kann zugleich beantragen, den Schuldner zur Vorauszahlung der Kosten zu verurteilen, die durch die Vornahme der Handlung entstehen werden, unbeschadet des Rechts auf eine Nachforderung, wenn die Vornahme der Handlung einen größeren Kostenaufwand verursacht.

(3) Auf die Zwangsvollstreckung zur Erwirkung der Herausgabe oder Leistung von Sachen sind die vorstehenden Vorschriften nicht anzuwenden.

§ 888. (1) Kann eine Handlung durch einen Dritten nicht vorgenommen werden, so ist, wenn sie ausschließlich von dem Willen des Schuldners abhängt, auf Antrag von dem Prozeßgericht des ersten Rechtszuges zu erkennen, daß der Schuldner zur Vornahme der Handlung durch Geldstrafen oder durch Haft anzuhalten sei. Das Höchstmaß der Geldstrafe ist unbeschränkt.

(2) Diese Vorschrift kommt im Falle der Verurteilung zur Eingehung einer Ehe, im Falle der Verurteilung zur Herstellung des ehelichen Lebens und im Falle der Verurteilung zur Leistung von Diensten aus einem Dienstvertrag nicht zur Anwendung.

§ 888a. Ist im Falle des § 510b der Beklagte zur Zahlung einer Entschädigung verurteilt, so ist die Zwangsvollstreckung auf Grund der Vorschriften der §§ 887, 888 ausgeschlossen.

§ 889. (1) Ist der Schuldner auf Grund der Vorschriften des bürgerlichen Rechts zur Leistung eines Offenbarungseides verurteilt, so wird der Eid vor dem Prozeßgericht des ersten Rechtszuges geleistet. Auf die Abnahme des Eides sind die Vorschriften der §§ 478 bis 484 anzuwenden.

(2) Erscheint der Schuldner in dem zur Eidesleistung bestimmten Termin nicht oder verweigert er die Eidesleistung, so ist nach § 888 zu verfahren. Ist der Schuldner zur Erzwingung der Eidesleistung in Haft genommen, so sind die Vorschriften des § 902 anzuwenden.

§ 890. (1) Handelt der Schuldner der Verpflichtung zuwider, eine Handlung zu unterlassen oder die Vornahme einer Handlung zu dulden, so ist er wegen einer jeden Zuwiderhandlung auf Antrag des Gläubigers von dem Prozeßgericht des ersten Rechtszuges zu einer Geldstrafe oder zur Strafe der Haft bis zu sechs Monaten zu verurteilen. Das Maß der Gesamtstrafe darf zwei Jahre Haft nicht übersteigen. Das Höchstmaß der Geldstrafe ist unbeschränkt.

(2) Der Verurteilung muß eine Strafandrohung vorausgehen, die, wenn sie in dem die Verpflichtung aussprechenden Urteil nicht enthalten ist, auf Antrag von dem Prozeßgericht des ersten Rechtszuges erlassen wird.

(3) Auch kann der Schuldner auf Antrag des Gläubigers zur Bestellung einer Sicherheit für den durch fernere Zuwiderhandlungen entstehenden Schaden auf bestimmte Zeit verurteilt werden.

§ 891. Die nach den §§ 887 bis 890 zu erlassenden Entscheidungen können ohne mündliche Verhandlung ergehen. Vor der Entscheidung ist der Schuldner zu hören.

§ 892. Leistet der Schuldner Widerstand gegen die Vornahme einer Handlung, die er nach den Vorschriften der §§ 887, 890 zu dulden hat, so kann der Gläubiger zur Beseitigung des Widerstandes einen Gerichtsvollzieher zuziehen, der nach den Vorschriften des § 758 Abs. 3 und des § 759 zu verfahren hat.

§ 893. (1) Durch die Vorschriften dieses Abschnitts wird das Recht des Gläubigers nicht berührt, die Leistung des Interesses zu verlangen.

(2) Den Anspruch auf Leistung des Interesses hat der Gläubiger im Wege der Klage bei dem Prozeßgericht des ersten Rechtszuges geltend zu machen.

§ 894. (1) Ist der Schuldner zur Abgabe einer Willenserklärung verurteilt, so gilt die Erklärung als abgegeben, sobald das Urteil die Rechtskraft erlangt hat. Ist die Willenserklärung von einer Gegenleistung abhängig gemacht, so tritt diese Wirkung ein, sobald nach den Vorschriften der §§ 726, 730 eine vollstreckbare Ausfertigung des rechtskräftigen Urteils erteilt ist.

(2) Die Vorschrift des ersten Absatzes ist im Falle der Verurteilung zur Eingehung einer Ehe nicht anzuwenden.

§ 895. Ist durch ein vorläufig vollstreckbares Urteil der Schuldner zur Abgabe einer Willenserklärung verurteilt, auf Grund deren eine Eintragung in das Grundbuch, das Schiffsregister oder das Schiffsbauregister erfolgen soll, so gilt die Eintragung einer Vormerkung oder eines Widerspruchs als bewilligt. Die Vormerkung oder der Widerspruch erlischt, wenn das Urteil durch eine vollstreckbare Entscheidung aufgehoben wird.

§ 896. Soll auf Grund eines Urteils, das eine Willenserklärung des Schuldners ersetzt, eine Eintragung in ein öffentliches Buch oder Register vorgenommen werden, so kann der Gläubiger an Stelle des Schuldners die Erteilung der im § 792 bezeichneten Urkunden verlangen, soweit er dieser Urkunden zur Herbeiführung der Eintragung bedarf.

§ 897. (1) Ist der Schuldner zur Übertragung des Eigentums oder zur Bestellung eines Rechtes an einer beweglichen Sache verurteilt, so gilt die Übergabe der Sache als erfolgt, wenn der Gerichtsvollzieher die Sache zum Zwecke der Ablieferung an den Gläubiger wegnimmt.

(2) Das gleiche gilt, wenn der Schuldner zur Bestellung einer Hypothek, Grundschuld oder Rentenschuld oder zur Abtretung oder Belastung einer Hypothekenforderung, Grundschuld oder Rentenschuld verurteilt ist, für die Übergabe des Hypotheken-, Grundschuld- oder Rentenschuldbriefs.

§ 898. Auf einen Erwerb, der sich nach den §§ 894, 897 vollzieht, sind die Vorschriften des bürgerlichen Rechts zugunsten derjenigen, die Rechte von einem Nichtberechtigten herleiten, anzuwenden.

Vierter Abschnitt

Offenbarungseid und Haft

§ 899. Für die Abnahme des Offenbarungseides[1]) in den Fällen der §§ 807, 883 ist das Amtsgericht, in dessen Bezirk der Schuldner im Inland seinen Wohnsitz oder in Ermangelung eines solchen seinen Aufenthaltsort hat, als Vollstreckungsgericht zuständig.

§ 900. (1) Das Verfahren beginnt mit dem Antrag des Gläubigers auf Bestimmung eines Termins zur Leistung des Offenbarungseides. Dem Antrag sind der Vollstreckungstitel und die sonstigen Urkunden, aus denen sich die Verpflichtung des Schuldners zur Leistung des Eides ergibt, beizufügen.

(2) Die Ladung zu dem Termin zur Leistung des Offenbarungseides ist dem Schuldner selbst zuzustellen, auch wenn er einen Prozeßbevollmächtigten bestellt hat; einer Mitteilung an den Prozeßbevollmächtigten bedarf es nicht. Dem Gläubiger ist die Terminsbestimmung nach Maßgabe des § 357 Abs. 2 mitzuteilen. Seine Anwesenheit in dem Termin ist nicht erforderlich.

(3) Bestreitet der Schuldner die Verpflichtung zur Leistung des Eides, so ist von dem Gericht durch Beschluß über den Widerspruch zu entscheiden. Die Eidesleistung erfolgt erst nach Eintritt der Rechtskraft der Entscheidung; das Vollstreckungsgericht kann jedoch die Eidesleistung vor Eintritt der Rechtskraft anordnen, wenn bereits ein früherer Widerspruch rechtskräftig verworfen ist.

§ 901. Gegen den Schuldner, der in dem zur Leistung des Offenbarungseides bestimmten Termin nicht erscheint oder die Leistung des Eides ohne Grund verweigert, hat das Gericht zur Erzwingung der Eidesleistung auf Antrag die Haft anzuordnen.

§ 902. (1) Der verhaftete Schuldner kann zu jeder Zeit bei dem Amtsgericht des Haftorts beantragen, ihm den Eid abzunehmen. Dem Antrag ist ohne Verzug stattzugeben.

(2) Nach Leistung des Eides wird der Schuldner aus der Haft entlassen und der Gläubiger hiervon in Kenntnis gesetzt.

§ 903. (1) Ein Schuldner, der den im § 807 erwähnten Offenbarungseid geleistet hat, ist zur nochmaligen Leistung des Eides auch einem anderen

---

[1]) Siehe Fußnote zu § 807.

Gläubiger gegenüber nur verpflichtet, wenn glaubhaft gemacht wird, daß er später Vermögen erworben habe.

(2) Diese Vorschrift ist nicht anzuwenden, wenn seit der Eidesleistung fünf Jahre verstrichen sind.

§ 904. Die Haft ist unstatthaft:

1. gegen Mitglieder des Bundestages[1]), eines Landtages oder einer zweiten Kammer während der Tagung, sofern nicht die Versammlung die Vollstreckung genehmigt;
2. (weggefallen);
3. gegen den Schiffer, die Schiffsmannschaft und alle übrigen auf einem Seeschiff angestellten Personen, wenn das Schiff zum Abgehen fertig (segelfertig) ist.

§ 905. Die Haft wird unterbrochen:

1. gegen Mitglieder des Bundestages[1]), eines Landtages oder einer zweiten Kammer für die Dauer der Tagung, wenn die Versammlung die Freilassung verlangt;
2. (weggefallen).

§ 906. Gegen einen Schuldner, dessen Gesundheit durch die Vollstreckung der Haft einer nahen und erheblichen Gefahr ausgesetzt wird, darf, solange dieser Zustand dauert, die Haft nicht vollstreckt werden.

§ 907. Die Haft wird in einem Raum vollstreckt, in dem nicht zugleich Untersuchungs- oder Strafgefangene sich befinden.

§ 908. Das Gericht hat bei Anordnung der Haft einen Haftbefehl zu erlassen, in dem der Gläubiger, der Schuldner und der Grund der Verhaftung zu bezeichnen sind.

§ 909. Die Verhaftung des Schuldners erfolgt durch einen Gerichtsvollzieher. Der Haftbefehl muß bei der Verhaftung dem Schuldner vorgezeigt und auf Begehren abschriftlich mitgeteilt werden.

§ 910. Vor der Verhaftung eines Beamten, eines Geistlichen oder eines Lehrers an öffentlichen Unterrichtsanstalten ist der vorgesetzten Dienstbehörde von dem Gerichtsvollzieher Anzeige zu machen. Die Verhaftung darf erst erfolgen, nachdem die vorgesetzte Behörde für die dienstliche Vertretung des Schuldners gesorgt hat. Die Behörde ist verpflichtet, ohne Verzug die erforderlichen Anordnungen zu treffen und den Gerichtsvollzieher hiervon in Kenntnis zu setzen.

---

[1]) Zu vgl. Art. 46 Abs. 4 GrdGes. — abgedr. unter VI A —.

§ 911. Der Gläubiger hat die Kosten, die durch die Haft entstehen, einschließlich der Verpflegungskosten von Monat zu Monat vorauszuzahlen. Die Aufnahme des Schuldners in das Gefängnis ist unstatthaft, wenn nicht mindestens für einen Monat die Zahlung geleistet ist. Wird die Zahlung nicht spätestens bis zum Mittag des letzten Tages erneuert, für den sie geleistet ist, so wird der Schuldner von Amts wegen aus der Haft entlassen. Gegen den Schuldner, der aus diesem Grund oder ohne sein Zutun auf Antrag des Gläubigers entlassen ist, findet auf Antrag desselben Gläubigers eine Erneuerung der Haft nicht statt.

§ 912. (Weggefallen.)

§ 913. Die Haft darf die Dauer von sechs Monaten nicht übersteigen. Nach Ablauf der sechs Monate wird der Schuldner von Amts wegen aus der Haft entlassen.

§ 914. (1) Ein Schuldner, gegen den wegen Verweigerung des im § 807 erwähnten Offenbarungseides eine Haft von sechs Monaten vollstreckt ist, kann auch auf Antrag eines anderen Gläubigers von neuem zur Leistung dieses Eides durch Haft nur angehalten werden, wenn glaubhaft gemacht wird, daß der Schuldner später Vermögen erworben habe.

(2) Diese Vorschrift ist nicht anzuwenden, wenn seit der Beendigung der Haft fünf Jahre verstrichen sind.

§ 915. (1) Das Vollstreckungsgericht hat ein Verzeichnis der Personen zu führen, die vor ihm den im § 807 erwähnten Offenbarungseid geleistet haben oder gegen die wegen Verweigerung des Eides die Haft angeordnet ist. Die Vollstreckung einer Haft ist in dem Verzeichnis zu vermerken, wenn sie sechs Monate gedauert hat.

(2) Sind seit dem Schluß des Jahres, in dem die Eintragung in das Verzeichnis bewirkt ist, fünf Jahre verstrichen, so ist die Eintragung dadurch zu löschen, daß der Name unkenntlich gemacht oder das Verzeichnis vernichtet wird.

(3) Die Einsicht des Verzeichnisses ist jedem gestattet; auch hat die Geschäftsstelle auf Antrag über das Bestehen oder Nichtbestehen einer Eintragung Auskunft zu erteilen.

Fünfter Abschnitt

Arrest und einstweilige Verfügung

§ 916. (1) Der Arrest findet zur Sicherung der Zwangsvollstreckung in das bewegliche oder unbewegliche Vermögen wegen einer Geldforderung oder wegen eines Anspruchs statt, der in eine Geldforderung übergehen kann.

(2) Die Zulässigkeit des Arrestes wird nicht dadurch ausgeschlossen, daß der Anspruch betagt oder bedingt ist, es sei denn, daß der bedingte Anspruch wegen der entfernten Möglichkeit des Eintritts der Bedingung einen gegenwärtigen Vermögenswert nicht hat.

§ 917. (1) Der dingliche Arrest findet statt, wenn zu besorgen ist, daß ohne dessen Verhängung die Vollstreckung des Urteils vereitelt oder wesentlich erschwert werden würde.

(2) Als ein zureichender Arrestgrund ist es anzusehen, wenn das Urteil im Ausland vollstreckt werden müßte.

§ 918. Der persönliche Sicherheitsarrest findet nur statt, wenn er erforderlich ist, um die gefährdete Zwangsvollstreckung in das Vermögen des Schuldners zu sichern.

§ 919. Für die Anordnung des Arrestes ist sowohl das Gericht der Hauptsache als das Amtsgericht zuständig, in dessen Bezirk der mit Arrest zu belegende Gegenstand oder die in ihrer persönlichen Freiheit zu beschränkende Person sich befindet.

§ 920. (1) Das Gesuch soll die Bezeichnung des Anspruchs unter Angabe des Geldbetrages oder des Geldwertes sowie die Bezeichnung des Arrestgrundes enthalten.

(2) Der Anspruch und der Arrestgrund sind glaubhaft zu machen.

(3) Das Gesuch kann vor der Geschäftsstelle zu Protokoll erklärt werden.

§ 921. (1) Die Entscheidung kann ohne mündliche Verhandlung ergehen.

(2) Das Gericht kann, auch wenn der Anspruch oder der Arrestgrund nicht glaubhaft gemacht ist, den Arrest anordnen, sofern wegen der dem Gegner drohenden Nachteile Sicherheit geleistet wird. Es kann die Anordnung des Arrestes von einer Sicherheitsleistung abhängig machen, selbst wenn der Anspruch und der Arrestgrund glaubhaft gemacht sind.

§ 922. (1) Die Entscheidung über das Gesuch ergeht im Falle einer mündlichen Verhandlung durch Endurteil, andernfalls durch Beschluß.

(2) Den Beschluß, durch den ein Arrest angeordnet wird, hat die Partei, die den Arrest erwirkt hat, zustellen zu lassen.

(3) Der Beschluß, durch den das Arrestgesuch zurückgewiesen oder vorherige Sicherheitsleistung für erforderlich erklärt wird, ist dem Gegner nicht mitzuteilen.

§ 923. In dem Arrestbefehl ist ein Geldbetrag festzustellen, durch dessen Hinterlegung die Vollziehung des Arrestes gehemmt und der Schuldner zu dem Antrag auf Aufhebung des vollzogenen Arrestes berechtigt wird.

§ 924. (1) Gegen den Beschluß, durch den ein Arrest angeordnet wird, findet Widerspruch statt.

(2) Die widersprechende Partei hat in dem Widerspruch die Gründe dazulegen, die sie für die Aufhebung des Arrestes geltend machen will. Das Gericht hat Termin zur mündlichen Verhandlung von Amts wegen zu bestimmen. Ist das Arrestgericht ein Amtsgericht, so ist der Widerspruch unter Angabe der Gründe, die für die Aufhebung des Arrestes geltend gemacht werden sollen, schriftlich oder zum Protokoll der Geschäftsstelle zu erheben.

(3) Durch Erhebung des Widerspruchs wird die Vollziehung des Arrestes nicht gehemmt. Das Gericht kann aber eine einstweilige Anordnung nach § 707 treffen.

§ 925. (1) Wird Widerspruch erhoben, so ist über die Rechtmäßigkeit des Arrestes durch Endurteil zu entscheiden.

(2) Das Gericht kann den Arrest ganz oder teilweise bestätigen, abändern oder aufheben, auch die Bestätigung, Abänderung oder Aufhebung von einer Sicherheitsleistung abhängig machen.

§ 926. (1) Ist die Hauptsache nicht anhängig, so hat das Arrestgericht auf Antrag ohne mündliche Verhandlung anzuordnen, daß die Partei, die den Arrestbefehl erwirkt hat, binnen einer zu bestimmenden Frist Klage zu erheben habe.

(2) Wird dieser Anordnung nicht Folge geleistet, so ist auf Antrag die Aufhebung des Arrestes durch Endurteil auszusprechen.

§ 927. (1) Auch nach der Bestätigung des Arrestes kann wegen veränderter Umstände, insbesondere wegen Erledigung des Arrestgrundes oder auf Grund des Erbietens zur Sicherheitsleistung die Aufhebung des Arrestes beantragt werden.

(2) Die Entscheidung ist durch Endurteil zu erlassen; sie ergeht durch das Gericht, das den Arrest angeordnet hat, und wenn die Hauptsache anhängig ist, durch das Gericht der Hauptsache.

§ 928. Auf die Vollziehung des Arrestes sind die Vorschriften über die Zwangsvollstreckung entsprechend anzuwenden, soweit nicht die nachfolgenden Paragraphen abweichende Vorschriften enthalten[1]).

§ 929. (1) Arrestbefehle bedürfen der Vollstreckungsklausel nur, wenn die Vollziehung für einen anderen als den in dem Befehl bezeichneten Gläubiger oder gegen einen anderen als den in dem Befehl bezeichneten Schuldner erfolgen soll.

(2) Die Vollziehung des Arrestbefehls ist unstatthaft, wenn seit dem

[1]) Gesetz über die Unzulässigkeit der Sicherungsbeschlagnahme von Luftfahrzeugen vom 17. 3. 1935 (RGBl. I S. 385).

Tage, an dem der Befehl verkündet oder der Partei, auf deren Gesuch er erging, zugestellt ist, ein Monat verstrichen ist.

(3) Die Vollziehung ist vor der Zustellung des Arrestbefehls an den Schuldner zulässig. Sie ist jedoch ohne Wirkung, wenn die Zustellung nicht innerhalb einer Woche nach der Vollziehung und vor Ablauf der für diese im vorhergehenden Absatz bestimmten Frist erfolgt.

§ 930. (1) Die Vollziehung des Arrestes in bewegliches Vermögen wird durch Pfändung bewirkt. Die Pfändung erfolgt nach denselben Grundsätzen wie jede andere Pfändung und begründet ein Pfandrecht mit den im § 804 bestimmten Wirkungen. Für die Pfändung einer Forderung ist das Arrestgericht[1]) als Vollstreckungsgericht zuständig.

(2) Gepfändetes Geld und ein im Verteilungsverfahren auf den Gläubiger fallender Betrag des Erlöses werden hinterlegt.

(3) Das Vollstreckungsgericht kann auf Antrag anordnen, daß eine bewegliche körperliche Sache, wenn sie der Gefahr einer beträchtlichen Wertverringerung ausgesetzt ist oder wenn ihre Aufbewahrung unverhältnismäßige Kosten verursachen würde, versteigert und der Erlös hinterlegt werde.

§ 931. (1) Die Vollziehung des Arrestes in ein eingetragenes Schiff oder Schiffsbauwerk wird durch Pfändung nach den Vorschriften über die Pfändung beweglicher Sachen mit folgenden Abweichungen bewirkt:

(2) Die Pfändung begründet ein Pfandrecht an dem gepfändeten Schiff oder Schiffsbauwerk; das Pfandrecht gewährt dem Gläubiger im Verhältnis zu anderen Rechten dieselben Rechte wie eine Schiffshypothek.

(3) Die Pfändung wird auf Antrag des Gläubigers vom Arrestgericht als Vollstreckungsgericht angeordnet; das Gericht hat zugleich das Registergericht um die Eintragung einer Vormerkung zur Sicherung des Arrestpfandrechts in das Schiffsregister oder Schiffsbauregister zu ersuchen; die Vormerkung erlischt, wenn die Vollziehung des Arrestes unstatthaft wird.

(4) Der Gerichtsvollzieher hat bei der Vornahme der Pfändung das Schiff oder Schiffsbauwerk in Bewachung und Verwahrung zu nehmen.

(5) Ist zur Zeit der Arrestvollziehung die Zwangsversteigerung des Schiffes oder Schiffsbauwerks eingeleitet, so gilt die in diesem Verfahren erfolgte Beschlagnahme des Schiffes oder Schiffsbauwerks als erste Pfändung im Sinne des § 826; die Abschrift des Pfändungsprotokolls ist dem Vollstreckungsgericht einzureichen.

(6) Das Arrestpfandrecht wird auf Antrag des Gläubigers in das Schiffsregister oder Schiffsbauregister eingetragen; der nach § 923 festgestellte Geldbetrag ist als der Höchstbetrag zu bezeichnen, für den das Schiff oder Schiffsbauwerk haftet. Im übrigen gelten der § 867 und der § 870a Abs. 3 entsprechend, soweit nicht vorstehend etwas anderes bestimmt ist.

---

[1]) Siehe Fußnote zu § 109.

§ 932. (1) Die Vollziehung des Arrestes in ein Grundstück oder in eine Berechtigung, für welche die sich auf Grundstücke beziehenden Vorschriften gelten, erfolgt durch Eintragung einer Sicherungshypothek für die Forderung; der nach § 923 festgestellte Geldbetrag ist als der Höchstbetrag zu bezeichnen, für den das Grundstück oder die Berechtigung haftet.

(2) Im übrigen gelten die Vorschriften der §§ 867, 868.

(3) Der Antrag auf Eintragung der Hypothek gilt im Sinne des § 929 Abs. 2, 3 als Vollziehung des Arrestbefehls.

§ 933. Die Vollziehung des persönlichen Sicherheitsarrestes richtet sich, wenn sie durch Haft erfolgt, nach den Vorschriften der §§ 904 bis 913 und wenn sie durch sonstige Beschränkung der persönlichen Freiheit erfolgt, nach den vom Arrestgericht zu treffenden besonderen Anordnungen, für welche die Beschränkungen der Haft maßgebend sind. In den Haftbefehl ist der nach § 923 festgestellte Geldbetrag aufzunehmen.

§ 934. (1) Wird der in dem Arrestbefehl festgestellte Geldbetrag hinterlegt, so wird der vollzogene Arrest von dem Vollstreckungsgericht[1]) aufgehoben.

(2) Das Vollstreckungsgericht kann die Aufhebung des Arrestes auch anordnen, wenn die Fortdauer besondere Aufwendungen erfordert und die Partei, auf deren Gesuch der Arrest verhängt wurde, den nötigen Geldbetrag nicht vorschießt.

(3) Die in diesem Paragraphen erwähnten Entscheidungen können ohne mündliche Verhandlung ergehen.

(4) Gegen den Beschluß, durch den der Arrest aufgehoben wird, findet sofortige Beschwerde statt.

§ 935. Einstweilige Verfügungen in bezug auf den Streitgegenstand sind zulässig, wenn zu besorgen ist, daß durch eine Veränderung des bestehenden Zustandes die Verwirklichung des Rechtes einer Partei vereitelt oder wesentlich erschwert werden könnte.

§ 936. Auf die Anordnung einstweiliger Verfügungen und das weitere Verfahren sind die Vorschriften über die Anordnung von Arresten und über das Arrestverfahren entsprechend anzuwenden, soweit nicht die nachfolgenden Paragraphen abweichende Vorschriften enthalten.

§ 937. (1) Für den Erlaß einstweiliger Verfügungen ist das Gericht der Hauptsache zuständig.

(2) Die Entscheidung kann in dringenden Fällen ohne mündliche Verhandlung ergehen.

§ 938. (1) Das Gericht bestimmt nach freiem Ermessen, welche Anordnungen zur Erreichung des Zweckes erforderlich sind.

---

[1]) *Siehe Fußnote zu § 109.*

(2) Die einstweilige Verfügung kann auch in einer Sequestration sowie darin bestehen, daß dem Gegner eine Handlung geboten oder verboten, insbesondere die Veräußerung, Belastung oder Verpfändung eines Grundstücks oder eines eingetragenen Schiffes oder Schiffsbauwerks untersagt wird.

§ 939. Nur unter besonderen Umständen kann die Aufhebung einer einstweiligen Verfügung gegen Sicherheitsleistung gestattet werden.

§ 940. Einstweilige Verfügungen sind auch zum Zwecke der Regelung eines einstweiligen Zustandes in bezug auf ein streitiges Rechtsverhältnis zulässig, sofern diese Regelung, insbesondere bei dauernden Rechtsverhältnissen zur Abwendung wesentlicher Nachteile oder zur Verhinderung drohender Gewalt oder aus anderen Gründen nötig erscheint.

§ 941. Hat auf Grund der einstweiligen Verfügung eine Eintragung in das Grundbuch, das Schiffsregister oder das Schiffsbauregister zu erfolgen, so ist das Gericht befugt, das Grundbuchamt oder die Registerbehörde um die Eintragung zu ersuchen.

§ 942. (1) In dringenden Fällen kann das Amtsgericht, in dessen Bezirk sich der Streitgegenstand befindet, eine einstweilige Verfügung erlassen unter Bestimmung einer Frist, innerhalb der die Ladung des Gegners zur mündlichen Verhandlung über die Rechtmäßigkeit der einstweiligen Verfügung bei dem Gericht der Hauptsache zu beantragen ist.

(2) Die einstweilige Verfügung, auf Grund deren eine Vormerkung oder ein Widerspruch gegen die Richtigkeit des Grundbuchs, des Schiffsregisters oder des Schiffsbauregisters eingetragen werden soll, kann von dem Amtsgericht erlassen werden, in dessen Bezirk das Grundstück belegen ist oder der Heimathafen oder der Heimatort des Schiffes oder der Bauort des Schiffsbauwerks sich befindet, auch wenn der Fall nicht für dringlich erachtet wird; liegt der Heimathafen des Schiffes nicht im Inland, so kann die einstweilige Verfügung vom Amtsgericht in Hamburg erlassen werden. Die Bestimmung der im Abs. 1 bezeichneten Frist hat nur auf Antrag des Gegners zu erfolgen.

(3) Nach fruchtlosem Ablauf der Frist hat das Amtsgericht auf Antrag die erlassene Verfügung aufzuheben.

(4) Die in diesem Paragraphen erwähnten Entscheidungen des Amtsgerichts können ohne mündliche Verhandlung ergehen.

§ 943. (1) Als Gericht der Hauptsache im Sinne der Vorschriften dieses Abschnitts ist das Gericht des ersten Rechtszuges und, wenn die Hauptsache in der Berufungsinstanz anhängig ist, das Berufungsgericht anzusehen.

(2) Das Gericht der Hauptsache ist für die nach § 109 zu treffenden Anordnungen ausschließlich zuständig, wenn die Hauptsache anhängig ist oder anhängig gewesen ist.

§ 944. In dringenden Fällen kann der Vorsitzende über die in diesem Abschnitt erwähnten Gesuche, sofern deren Erledigung eine mündliche Verhandlung nicht erfordert, anstatt des Gerichts entscheiden.

§ 945. Erweist sich die Anordnung eines Arrestes oder einer einstweiligen Verfügung als von Anfang an ungerechtfertigt oder wird die angeordnete Maßregel auf Grund des § 926 Abs. 2 oder des § 942 Abs. 3 aufgehoben, so ist die Partei, welche die Anordnung erwirkt hat, verpflichtet, dem Gegner den Schaden zu ersetzen, der ihm aus der Vollziehung der angeordneten Maßregel oder dadurch entsteht, daß er Sicherheit leistet, um die Vollziehung abzuwenden oder die Aufhebung der Maßregel zu erwirken.

Neuntes Buch

Aufgebotsverfahren[1])

§ 946. (1) Eine öffentliche gerichtliche Aufforderung zur Anmeldung von Ansprüchen oder Rechten findet mit der Wirkung, daß die Unterlassung der Anmeldung einen Rechtsnachteil zur Folge hat, nur in den durch das Gesetz bestimmten Fällen statt.

(2) Für das Aufgebotsverfahren ist das durch das Gesetz bestimmte Gericht zuständig.

§ 947. (1) Der Antrag kann schriftlich oder zum Protokoll der Geschäftsstelle gestellt werden. Die Entscheidung kann ohne mündliche Verhandlung ergehen.

(2) Ist der Antrag zulässig, so hat das Gericht das Aufgebot zu erlassen. In das Aufgebot ist insbesondere aufzunehmen:

1. die Bezeichnung des Antragstellers;
2. die Aufforderung, die Ansprüche und Rechte spätestens im Aufgebotstermin anzumelden;
3. die Bezeichnung der Rechtsnachteile, die eintreten, wenn die Anmeldung unterbleibt;
4. die Bestimmung eines Aufgebotstermins.

§ 948. (1) Die öffentliche Bekanntmachung des Aufgebots erfolgt durch Anheftung an die Gerichtstafel und durch einmalige Einrückung in den Bundesanzeiger, sofern nicht das Gesetz für den betreffenden Fall eine abweichende Anordnung getroffen hat.

(2) Das Gericht kann anordnen, daß die Einrückung noch in andere Blätter und zu mehreren Malen erfolge.

§ 949. Auf die Gültigkeit der öffentlichen Bekanntmachung hat es keinen Einfluß, wenn das anzuheftende Schriftstück von dem Ort der An-

[1]) Außerdem: Gesetz über die Kraftloserklärung von Hypotheken-, Grundschuld- und Rentenschuldbriefen in besonderen Fällen vom 18. 4. 1950 (BGBl. S. 88).

heftung zu früh entfernt ist oder wenn im Falle wiederholter Bekanntmachung die vorgeschriebenen Zwischenfristen nicht eingehalten sind.

§ 950. Zwischen dem Tage, an dem die Einrückung oder die erste Einrückung des Aufgebots in den Bundesanzeiger erfolgt ist, und dem Aufgebotstermin muß, sofern das Gesetz nicht eine abweichende Anordnung enthält, ein Zeitraum (Aufgebotsfrist) von mindestens sechs Wochen liegen.

§ 951. Eine Anmeldung, die nach dem Schluß des Aufgebotstermins, jedoch vor Erlaß des Ausschlußurteils erfolgt, ist als rechtzeitig anzusehen.

§ 952. (1) Das Ausschlußurteil ist in öffentlicher Sitzung auf Antrag zu erlassen.

(2) Einem in der Sitzung gestellten Antrag wird ein Antrag gleichgeachtet, der vor dem Aufgebotstermin schriftlich gestellt oder zum Protokoll der Geschäftsstelle erklärt worden ist.

(3) Vor Erlaß des Urteils kann eine nähere Ermittlung, insbesondere die Versicherung der Wahrheit einer Behauptung des Antragstellers an Eides Statt angeordnet werden.

(4) Gegen den Beschluß, durch den der Antrag auf Erlaß des Ausschlußurteils zurückgewiesen wird, sowie gegen Beschränkungen und Vorbehalte, die dem Ausschlußurteil beigefügt sind, findet sofortige Beschwerde statt.

§ 953. Erfolgt eine Anmeldung, durch die das von dem Antragsteller zur Begründung des Antrags behauptete Recht bestritten wird, so ist nach Beschaffenheit des Falles entweder das Aufgebotsverfahren bis zur endgültigen Entscheidung über das angemeldete Recht auszusetzen oder in dem Ausschlußurteil das angemeldete Recht vorzubehalten.

§ 954. Wenn der Antragsteller weder in dem Aufgebotstermin erschienen ist noch vor dem Termin den Antrag auf Erlaß des Ausschlußurteils gestellt hat, so ist auf seinen Antrag ein neuer Termin zu bestimmen. Der Antrag ist nur binnen einer vom Tage des Aufgebotstermins laufenden Frist von sechs Monaten zulässig.

§ 955. Wird zur Erledigung des Aufgebotsverfahrens ein neuer Termin bestimmt, so ist eine öffentliche Bekanntmachung des Termins nicht erforderlich.

§ 956. Das Gericht kann die öffentliche Bekanntmachung des wesentlichen Inhalts des Ausschlußurteils durch einmalige Einrückung in den Bundesanzeiger anordnen.

§ 957. (1) Gegen das Ausschlußurteil findet ein Rechtsmittel nicht statt.

(2) Das Ausschlußurteil kann bei dem Landgericht, in dessen Bezirk

das Aufgebotsgericht seinen Sitz hat, mittels einer gegen den Antragsteller zu erhebenden Klage angefochten werden:

1. wenn ein Fall nicht vorlag, in dem das Gesetz das Aufgebotsverfahren zuläßt;
2. wenn die öffentliche Bekanntmachung des Aufgebots oder eine in dem Gesetz vorgeschriebene Art der Bekanntmachung unterblieben ist;
3. wenn die vorgeschriebene Aufgebotsfrist nicht gewahrt ist;
4. wenn der erkennende Richter von der Ausübung des Richteramts kraft Gesetzes ausgeschlossen war;
5. wenn ein Anspruch oder ein Recht ungeachtet der Anmeldung nicht dem Gesetz gemäß in dem Urteil berücksichtigt ist;
6. wenn die Voraussetzungen vorliegen, unter denen die Restitutionsklage wegen einer strafbaren Handlung stattfindet.

§ 958. (1) Die Anfechtungsklage ist binnen der Notfrist eines Monats zu erheben. Die Frist beginnt mit dem Tage, an dem der Kläger Kenntnis von dem Ausschlußurteil erhalten hat, in dem Falle jedoch, wenn die Klage auf einem der im § 957 Nr. 4, 6 bezeichneten Anfechtungsgründe beruht und dieser Grund an jenem Tage noch nicht zur Kenntnis des Klägers gelangt war, erst mit dem Tage, an dem der Anfechtungsgrund dem Kläger bekannt geworden ist.

(2) Nach Ablauf von zehn Jahren, von dem Tage der Verkündung des Ausschlußurteils an gerechnet, ist die Klage unstatthaft.

§ 959. Das Gericht kann die Verbindung mehrerer Aufgebote anordnen, auch wenn die Voraussetzungen des § 147 nicht vorliegen.

§§ 960 bis **976.** (Weggefallen.)

§ 977. Für das Aufgebotsverfahren zum Zwecke der Ausschließung des Eigentümers eines Grundstücks nach § 927 des Bürgerlichen Gesetzbuchs gelten die nachfolgenden besonderen Vorschriften.

§ 978. Zuständig ist das Gericht, in dessen Bezirk das Grundstück belegen ist.

§ 979. Antragsberechtigt ist derjenige, der das Grundstück seit der im § 927 des Bürgerlichen Gesetzbuchs bestimmten Zeit im Eigenbesitz hat.

§ 980. Der Antragsteller hat die zur Begründung des Antrags erforderlichen Tatsachen vor der Einleitung des Verfahrens glaubhaft zu machen.

§ 981. In dem Aufgebot ist der bisherige Eigentümer aufzufordern, sein Recht spätestens im Aufgebotstermin anzumelden, widrigenfalls seine Ausschließung erfolgen werde.

§ 981 a. Für das Aufgebotsverfahren zum Zwecke der Ausschließung des Eigentümers eines eingetragenen Schiffes oder Schiffsbauwerks nach § 6 des Gesetzes über Rechte an eingetragenen Schiffen und Schiffsbauwerken vom 15. November 1940 (Reichsgesetzbl. I S. 1499) gelten die §§ 979 bis 981 entsprechend. Zuständig ist das Gericht, bei dem das Register für das Schiff oder Schiffsbauwerk geführt wird.

§ 982. Für das Aufgebotsverfahren zum Zwecke der Ausschließung eines Hypotheken-, Grundschuld- oder Rentenschuldgläubigers auf Grund der §§ 1170, 1171 des Bürgerlichen Gesetzbuchs gelten die nachfolgenden besonderen Vorschriften.

§ 983. Zuständig ist das Gericht, in dessen Bezirk das belastete Grundstück belegen ist.

§ 984. (1) Antragsberechtigt ist der Eigentümer des belasteten Grundstücks.

(2) Im Falle des § 1170 des Bürgerlichen Gesetzbuchs ist auch ein im Range gleich- oder nachstehender Gläubiger, zu dessen Gunsten eine Vormerkung nach § 1179 des Bürgerlichen Gesetzbuchs eingetragen ist, und bei einer Gesamthypothek, Gesamtgrundschuld oder Gesamtrentenschuld außerdem derjenige antragsberechtigt, der auf Grund eines im Range gleich- oder nachstehenden Rechtes Befriedigung aus einem der belasteten Grundstücke verlangen kann, sofern der Gläubiger oder der sonstige Berechtigte für seinen Anspruch einen vollstreckbaren Schuldtitel erlangt hat.

§ 985. Der Antragsteller hat vor der Einleitung des Verfahrens glaubhaft zu machen, daß der Gläubiger unbekannt ist.

§ 986. (1) Im Falle des § 1170 des Bürgerlichen Gesetzbuchs hat der Antragsteller vor der Einleitung des Verfahrens auch glaubhaft zu machen, daß nicht eine das Aufgebot ausschließende Anerkennung des Rechtes des Gläubigers erfolgt ist.

(2) Ist die Hypothek für die Forderung aus einer Schuldverschreibung auf den Inhaber bestellt oder der Grundschuld- oder Rentenschuldbrief auf den Inhaber ausgestellt, so hat der Antragsteller glaubhaft zu machen, daß die Schuldverschreibung oder der Brief bis zum Ablauf der im § 801 des Bürgerlichen Gesetzbuchs bezeichneten Frist nicht vorgelegt und der Anspruch nicht gerichtlich geltend gemacht worden ist. Ist die Vorlegung oder die gerichtliche Geltendmachung erfolgt, so ist die im Abs. 1 vorgeschriebene Glaubhaftmachung erforderlich.

(3) Zur Glaubhaftmachung genügt in den Fällen der Abs. 1, 2 die Versicherung des Antragstellers an Eides Statt, unbeschadet der Befugnis des Gerichts, anderweitige Ermittlungen anzuordnen.

(4) In dem Aufgebot ist als Rechtsnachteil anzudrohen, daß der Gläubiger mit seinem Recht ausgeschlossen werde.

(5) Wird das Aufgebot auf Antrag eines nach § 984 Abs. 2 Antragsberechtigten erlassen, so ist es dem Eigentümer des Grundstücks von Amts wegen mitzuteilen.

§ 987. (1) Im Falle des § 1171 des Bürgerlichen Gesetzbuchs hat der Antragsteller sich vor der Einleitung des Verfahrens zur Hinterlegung des dem Gläubiger gebührenden Betrages zu erbieten.

(2) In dem Aufgebot ist als Rechtsnachteil anzudrohen, daß der Gläubiger nach der Hinterlegung des ihm gebührenden Betrages seine Befriedigung statt aus dem Grundstück nur noch aus dem hinterlegten Betrag verlangen könne und sein Recht auf diesen erlösche, wenn er sich nicht vor dem Ablauf von dreißig Jahren nach dem Erlaß des Ausschlußurteils bei der Hinterlegungsstelle melde.

(3) Hängt die Fälligkeit der Forderung von einer Kündigung ab, so erweitert sich die Aufgebotsfrist um die Kündigungsfrist.

(4) Das Ausschlußurteil darf erst dann erlassen werden, wenn die Hinterlegung erfolgt ist.

§ 987a. Für das Aufgebotsverfahren zum Zwecke der Ausschließung eines Schiffshypothekengläubigers auf Grund der §§ 66, 67 des Gesetzes über Rechte an eingetragenen Schiffen und Schiffsbauwerken vom 15. November 1940 (Reichsgesetzbl. I S. 1499) gelten die §§ 984 bis 987 entsprechend; an die Stelle der §§ 1170, 1171, 1179 des Bürgerlichen Gesetzbuchs treten die §§ 66, 67, 58 des genannten Gesetzes. Zuständig ist das Gericht, bei dem das Register für das Schiff oder Schiffsbauwerk geführt wird.

§ 988. Die Vorschriften des § 983, des § 984 Abs. 1, des § 985, des § 986 Abs. 1 bis 4 und der §§ 987, 987a gelten entsprechend für das Aufgebotsverfahren zum Zwecke der in den §§ 887, 1104, 1112 des Bürgerlichen Gesetzbuchs, § 13 des Gesetzes über Rechte an eingetragenen Schiffen und Schiffsbauwerken vom 15. November 1940 (Reichsgesetzbl. I S. 1499) für die Vormerkung, das Vorkaufsrecht und die Reallast bestimmten Ausschließung des Berechtigten. Antragsberechtigt ist auch, wer auf Grund eines im Range gleich oder nachstehenden Rechtes Befriedigung aus dem Grundstück oder dem Schiff oder Schiffsbauwerk verlangen kann, sofern er für seinen Anspruch einen vollstreckbaren Schuldtitel erlangt hat. Das Aufgebot ist dem Eigentümer des Grundstücks oder des Schiffes oder Schiffsbauwerks von Amts wegen mitzuteilen.

§ 989. Für das Aufgebotsverfahren zum Zwecke der Ausschließung von Nachlaßgläubigern auf Grund des § 1970 des Bürgerlichen Gesetzbuchs gelten die nachfolgenden besonderen Vorschriften.

§ 990. Zuständig ist das Amtsgericht, dem die Verrichtungen des Nachlaßgerichts obliegen. Sind diese Verrichtungen einer anderen Behörde als einem Amtsgericht übertragen, so ist das Amtsgericht zuständig, in dessen Bezirk die Nachlaßbehörde ihren Sitz hat.

§ 991. (1) Antragsberechtigt ist jeder Erbe, sofern er nicht für die Nachlaßverbindlichkeiten unbeschränkt haftet.

(2) Zu dem Antrag sind auch ein Nachlaßpfleger und ein Testamentsvollstrecker berechtigt, wenn ihnen die Verwaltung des Nachlasses zusteht.

(3) Der Erbe und der Testamentsvollstrecker können den Antrag erst nach der Annahme der Erbschaft stellen.

§ 992. Dem Antrag ist ein Verzeichnis der bekannten Nachlaßgläubiger mit Angabe ihres Wohnortes beizufügen.

§ 993. (1) Das Aufgebot soll nicht erlassen werden, wenn die Eröffnung des Nachlaßkonkurses beantragt ist.

(2) Durch die Eröffnung des Nachlaßkonkurses wird das Aufgebotsverfahren beendigt.

§ 994. (1) Die Aufgebotsfrist soll höchstens sechs Monate betragen.

(2) Das Aufgebot soll den Nachlaßgläubigern, die dem Nachlaßgericht angezeigt sind und deren Wohnort bekannt ist, von Amts wegen zugestellt werden. Die Zustellung kann durch Aufgabe zur Post erfolgen.

§ 995. In dem Aufgebot ist den Nachlaßgläubigern, die sich nicht melden, als Rechtsnachteil anzudrohen, daß sie, unbeschadet des Rechtes, vor den Verbindlichkeiten aus Pflichtteilsrechten, Vermächtnissen und Auflagen berücksichtigt zu werden, von dem Erben nur insoweit Befriedigung verlangen können, als sich nach Befriedigung der nicht ausgeschlossenen Gläubiger noch ein Überschuß ergibt.

§ 996. (1) Die Anmeldung einer Forderung hat die Angabe des Gegenstandes und des Grundes der Forderung zu enthalten. Urkundliche Beweisstücke sind in Urschrift oder in Abschrift beizufügen.

(2) Das Gericht hat die Einsicht der Anmeldungen jedem zu gestatten, der ein rechtliches Interesse glaubhaft macht.

§ 997. (1) Sind mehrere Erben vorhanden, so kommen der von einem Erben gestellte Antrag und das von ihm erwirkte Ausschlußurteil, unbeschadet der Vorschriften des Bürgerlichen Gesetzbuchs über die unbeschränkte Haftung, auch den anderen Erben zustatten. Als Rechtsnachteil ist den Nachlaßgläubigern, die sich nicht melden, auch anzudrohen, daß jeder Erbe nach der Teilung des Nachlasses nur für den seinem Erbteil entsprechenden Teil der Verbindlichkeit haftet.

(2) Das Aufgebot mit Androhung des im Abs. 1 Satz 2 bestimmten Rechtsnachteils kann von jedem Erben auch dann beantragt werden, wenn er für die Nachlaßverbindlichkeiten unbeschränkt haftet.

§ 998. Im Falle der Nacherbfolge ist die Vorschrift des § 997 Abs. 1 Satz 1 auf den Vorerben und den Nacherben entsprechend anzuwenden.

§ 999. Ist eine Ehefrau die Erbin und gehört der Nachlaß zum eingebrachten Gut oder zum Gesamtgut, so kann sowohl die Ehefrau als der Ehemann das Aufgebot beantragen, ohne daß die Zustimmung des anderen Teiles erforderlich ist. Das gleiche gilt, wenn der Nachlaß zum Gesamtgut gehört, auch nach der Beendigung der Gemeinschaft. Der von dem einen Ehegatten gestellte Antrag und das von ihm erwirkte Ausschlußurteil kommen auch dem anderen Ehegatten zustatten.

§ 1000. (1) Hat der Erbe die Erbschaft verkauft, so kann sowohl der Käufer als der Erbe das Aufgebot beantragen. Der von dem einen Teil gestellte Antrag und das von ihm erwirkte Ausschlußurteil kommen, unbeschadet der Vorschriften des Bürgerlichen Gesetzbuchs über die unbeschränkte Haftung, auch dem anderen Teil zustatten.

(2) Diese Vorschriften gelten entsprechend, wenn jemand eine durch Vertrag erworbene Erbschaft verkauft oder sich zur Veräußerung einer ihm angefallenen oder anderweit von ihm erworbenen Erbschaft in sonstiger Weise verpflichtet hat.

§ 1001. Die Vorschriften der §§ 990 bis 996, 999, 1000 sind im Falle der fortgesetzten Gütergemeinschaft auf das Aufgebotsverfahren zum Zwecke der nach dem § 1489 Abs. 2 und dem § 1970 des Bürgerlichen Gesetzbuchs zulässigen Ausschließung von Gesamtgutsgläubigern entsprechend anzuwenden.

§ 1002. (1) Für das Aufgebotsverfahren zum Zwecke der Ausschließung von Schiffsgläubigern auf Grund des § 765 des Handelsgesetzbuchs und des § 110 des Gesetzes, betreffend die privatrechtlichen Verhältnisse der Binnenschiffahrt, gelten die nachfolgenden besonderen Vorschriften.

(2) Zuständig ist das Gericht, in dessen Bezirk sich der Heimathafen oder der Heimatort des Schiffes befindet.

(3) Unterliegt das Schiff der Eintragung in das Schiffsregister, so kann der Antrag erst nach der Eintragung der Veräußerung des Schiffes gestellt werden.

(4) Der Antragsteller hat die ihm bekannten Forderungen von Schiffsgläubigern anzugeben.

(5) Die Aufgebotsfrist muß mindestens drei Monate betragen.

(6) In dem Aufgebot ist den Schiffsgläubigern, die sich nicht melden, als Rechtsnachteil anzudrohen, daß ihre Pfandrechte erlöschen, sofern nicht ihre Forderungen dem Antragsteller bekannt sind.

§ 1003. Für das Aufgebotsverfahren zum Zwecke der Kraftloserklärung einer Urkunde gelten die nachfolgenden besonderen Vorschriften.

§ 1004. (1) Bei Papieren, die auf den Inhaber lauten oder die durch Indossament übertragen werden können und mit einem Blankoindossament versehen sind, ist der bisherige Inhaber des abhanden gekommenen oder vernichteten Papiers berechtigt, das Aufgebotsverfahren zu beantragen.

(2) Bei anderen Urkunden ist derjenige zu dem Antrag berechtigt, der das Recht aus der Urkunde geltend machen kann.

§ 1005. (1) Für das Aufgebotsverfahren ist das Gericht des Ortes zuständig, den die Urkunde als den Erfüllungsort bezeichnet. Enthält die Urkunde eine solche Bezeichnung nicht, so ist das Gericht zuständig, bei dem der Aussteller seinen allgemeinen Gerichtsstand hat, und in Ermangelung eines solchen Gerichts dasjenige, bei dem der Aussteller zur Zeit der Ausstellung seinen allgemeinen Gerichtsstand gehabt hat.

(2) Ist die Urkunde über ein im Grundbuch eingetragenes Recht ausgestellt, so ist das Gericht der belegenen Sache ausschließlich zuständig.

§ 1006. (1) Die Erledigung der Anträge, das Aufgebot zum Zwecke der Kraftloserklärung eines auf den Inhaber lautenden Papiers zu erlassen, kann von der Landesjustizverwaltung für mehrere Amtsgerichtsbezirke einem Amtsgericht übertragen werden. Auf Verlangen des Antragstellers wird der Antrag durch das nach § 1005 zuständige Gericht erledigt.

(2) Wird das Aufgebot durch ein anderes als das nach § 1005 zuständige Gericht erlassen, so ist das Aufgebot auch durch Anheftung an die Gerichtstafel des letzteren Gerichts öffentlich bekanntzumachen.

(3) Unberührt bleiben die landesgesetzlichen Vorschriften, durch die für das Aufgebotsverfahren zum Zwecke der Kraftloserklärung von Schuldverschreibungen auf den Inhaber, die ein deutsches Land oder früherer Bundesstaat oder eine ihm angehörende Körperschaft, Stiftung oder Anstalt des öffentlichen Rechts ausgestellt oder für deren Bezahlung ein deutsches Land oder früherer Bundesstaat die Haftung übernommen hat, ein bestimmtes Amtsgericht für ausschließlich zuständig erklärt wird.

§ 1007. Der Antragsteller hat zur Begründung des Antrags:

1. entweder eine Abschrift der Urkunde beizubringen oder den wesentlichen Inhalt der Urkunde und alles anzugeben, was zu ihrer vollständigen Erkennbarkeit erforderlich ist;
2. den Verlust der Urkunde sowie diejenigen Tatsachen glaubhaft zu machen, von denen seine Berechtigung abhängt, das Aufgebotsverfahren zu beantragen;
3. sich zur Versicherung der Wahrheit seiner Angaben an Eides Statt zu erbieten.

§ 1008. In dem Aufgebot ist der Inhaber der Urkunde aufzufordern, spätestens im Aufgebotstermin seine Rechte bei dem Gericht anzumelden und die Urkunde vorzulegen. Als Rechtsnachteil ist anzudrohen, daß die Urkunde für kraftlos erklärt werde.

§ 1009. (1) Die öffentliche Bekanntmachung des Aufgebots erfolgt durch Anheftung an die Gerichtstafel und in dem Lokal der Börse, wenn eine solche am Sitz des Aufgebotsgerichts besteht, sowie durch einmalige Einrückung in den Bundesanzeiger.

(2) Das Gericht kann anordnen, daß die Einrückung noch in andere Blätter und zu mehreren Malen erfolge.

(3) Betrifft das Aufgebot ein auf den Inhaber lautendes Papier und ist in der Urkunde vermerkt oder in den Bestimmungen, unter denen die erforderliche staatliche Genehmigung erteilt worden ist, vorgeschrieben, daß die öffentliche Bekanntmachung durch bestimmte andere Blätter zu erfolgen habe, so muß die Bekanntmachung auch durch Einrückung in diese Blätter erfolgen. Das gleiche gilt bei Schuldverschreibungen, die von einem deutschen Land oder früheren Bundesstaat ausgegeben sind, wenn die öffentliche Bekanntmachung durch bestimmte Blätter landesgesetzlich vorgeschrieben ist.

§ 1010. (1) Bei Wertpapieren, für die von Zeit zu Zeit Zins-, Renten- oder Gewinnanteilscheine ausgegeben werden, ist der Aufgebotstermin so zu bestimmen, daß bis zu dem Termin der erste einer seit der Zeit des glaubhaft gemachten Verlustes ausgegebenen Reihe von Zins-, Renten- oder Gewinnanteilscheinen fällig geworden ist und seit seiner Fälligkeit sechs Monate abgelaufen sind.

(2) Vor Erlaß des Ausschlußurteils hat der Antragsteller ein nach Ablauf dieser sechsmonatigen Frist ausgestelltes Zeugnis der betreffenden Behörde, Kasse oder Anstalt beizubringen, daß die Urkunde seit der Zeit des glaubhaft gemachten Verlustes ihr zur Ausgabe neuer Scheine nicht vorgelegt sei und daß die neuen Scheine an einen anderen als den Antragsteller nicht ausgegeben seien.

§ 1011. (1) Bei Wertpapieren, für die Zins-, Renten- oder Gewinnanteilscheine zuletzt für einen längeren Zeitraum als vier Jahre ausgegeben sind, genügt es, wenn der Aufgebotstermin so bestimmt wird, daß bis zu dem Termin seit der Zeit des glaubhaft gemachten Verlustes von den zuletzt ausgegebenen Scheinen solche für vier Jahre fällig geworden und seit der Fälligkeit des letzten derselben sechs Monate abgelaufen sind. Scheine für Zeitabschnitte, für die keine Zinsen, Renten oder Gewinnanteile gezahlt werden, kommen nicht in Betracht.

(2) Vor Erlaß des Ausschlußurteils hat der Antragsteller ein nach Ablauf dieser sechsmonatigen Frist ausgestelltes Zeugnis der betreffenden Behörde, Kasse oder Anstalt beizubringen, daß die für die bezeichneten vier Jahre und später etwa fällig gewordenen Scheine ihr von einem anderen als dem Antragsteller nicht vorgelegt seien. Hat in der Zeit seit dem Erlaß des Aufgebots eine Ausgabe neuer Scheine stattgefunden, so muß das Zeugnis auch die im § 1010 Abs. 2 bezeichneten Angaben enthalten.

§ 1012. Die Vorschriften der §§ 1010, 1011 sind insoweit nicht anzuwenden, als die Zins-, Renten- oder Gewinnanteilscheine, deren Fälligkeit nach diesen Vorschriften eingetreten sein muß, von dem Antragsteller vorgelegt werden. Der Vorlegung der Scheine steht es gleich, wenn das Zeugnis der betreffenden Behörde, Kasse oder Anstalt beigebracht wird, daß die fällig gewordenen Scheine ihr von dem Antragsteller vorgelegt worden seien.

§ 1013. Bei Wertpapieren, für die Zins-, Renten- oder Gewinnanteilscheine ausgegeben sind, aber nicht mehr ausgegeben werden, ist, wenn nicht die Voraussetzungen der §§ 1010, 1011 vorhanden sind, der Aufgebotstermin so zu bestimmen, daß bis zu dem Termin seit der Fälligkeit des letzten ausgegebenen Scheines sechs Monate abgelaufen sind.

§ 1014. Ist in einer Schuldurkunde eine Verfallzeit angegeben, die zur Zeit der ersten Einrückung des Aufgebots in den Bundesanzeiger noch nicht eingetreten ist, und sind die Voraussetzungen der §§ 1010 bis 1013 nicht vorhanden, so ist der Aufgebotstermin so zu bestimmen, daß seit dem Verfalltag sechs Monate abgelaufen sind.

§ 1015. Die Aufgebotsfrist muß mindestens sechs Monate betragen. Der Aufgebotstermin darf nicht über ein Jahr hinaus bestimmt werden; solange ein so naher Termin nicht bestimmt werden kann, ist das Aufgebot nicht zulässig.

§ 1016. Meldet der Inhaber der Urkunde vor dem Aufgebotstermin seine Rechte unter Vorlegung der Urkunde an, so hat das Gericht den Antragsteller hiervon zu benachrichtigen und ihm die Einsicht der Urkunde innerhalb einer zu bestimmenden Frist zu gestatten. Auf Antrag des Inhabers der Urkunde ist zu ihrer Vorlegung ein Termin zu bestimmen.

§ 1017. (1) In dem Ausschlußurteil ist die Urkunde für kraftlos zu erklären.

(2) Das Ausschlußurteil ist seinem wesentlichen Inhalt nach durch den Bundesanzeiger bekanntzumachen. Die Vorschriften des § 1009 Abs. 3 gelten entsprechend.

(3) In gleicher Weise ist nach eingetretener Rechtskraft das auf die Anfechtungsklage ergangene Urteil, soweit dadurch die Kraftloserklärung aufgehoben wird, bekanntzumachen.

§ 1018. (1) Derjenige, der das Ausschlußurteil erwirkt hat, ist dem durch die Urkunde Verpflichteten gegenüber berechtigt, die Rechte aus der Urkunde geltend zu machen.

(2) Wird das Ausschlußurteil infolge einer Anfechtungsklage aufgehoben, so bleiben die auf Grund des Urteils von dem Verpflichteten bewirkten Leistungen auch Dritten, insbesondere dem Anfechtungskläger, gegenüber wirksam, es sei denn, daß der Verpflichtete zur Zeit der Leistung die Aufhebung des Ausschlußurteils gekannt hat.

§ 1019. (1) Bezweckt das Aufgebotsverfahren die Kraftloserklärung eines auf den Inhaber lautenden Papiers, so hat das Gericht auf Antrag an den Aussteller sowie an die in dem Papier und die von dem Antragsteller bezeichneten Zahlstellen das Verbot zu erlassen, an den Inhaber des Papiers eine Leistung zu bewirken, insbesondere neue Zins-, Renten- oder Gewinnanteilscheine oder einen Erneuerungsschein auszugeben (Zahlungssperre); mit dem Verbot ist die Benachrichtigung von der Einleitung des Aufgebotsverfahrens zu verbinden. Das Verbot ist in gleicher Weise wie das Aufgebot öffentlich bekanntzumachen.

(2) Das an den Aussteller erlassene Verbot ist auch den Zahlstellen gegenüber wirksam, die nicht in dem Papier bezeichnet sind.

(3) Die Einlösung der vor dem Verbot ausgegebenen Zins-, Renten- oder Gewinnanteilscheine wird von dem Verbot nicht betroffen.

§ 1020. Ist die sofortige Einleitung des Aufgebotsverfahrens nach § 1015 Satz 2 unzulässig, so hat das Gericht die Zahlungssperre auf Antrag schon vor der Einleitung des Verfahrens zu verfügen, sofern die übrigen Erfordernisse für die Einleitung vorhanden sind. Auf den Antrag sind die Vorschriften des § 947 Abs. 1 anzuwenden. Das Verbot ist durch Anheftung an die Gerichtstafel und durch einmalige Einrückung in den Bundesanzeiger öffentlich bekanntzumachen.

§ 1021. Wird die Zahlungssperre angeordnet, bevor seit der Zeit des glaubhaft gemachten Verlustes Zins-, Renten- oder Gewinnanteilscheine ausgegeben worden sind, so ist die Beibringung des im § 1010 Abs. 2 vorgeschriebenen Zeugnisses nicht erforderlich.

§ 1022. (1) Wird das in Verlust gekommene Papier dem Gericht vorgelegt oder wird das Aufgebotsverfahren in anderer Weise ohne Erlaß eines Ausschlußurteils erledigt, so ist die Zahlungssperre von Amts wegen aufzuheben. Das gleiche gilt, wenn die Zahlungssperre vor der Einleitung des Aufgebotsverfahrens angeordnet worden ist und die Einleitung nicht binnen sechs Monaten nach der Beseitigung des ihr entgegenstehenden Hindernisses beantragt wird. Ist das Aufgebot oder die Zahlungssperre öffentlich bekanntgemacht worden, so ist die Erledigung des Verfahrens oder die Aufhebung der Zahlungssperre von Amts wegen durch den Bundesanzeiger bekanntzumachen.

(2) Im Falle der Vorlegung des Papiers ist die Zahlungssperre erst aufzuheben, nachdem dem Antragsteller die Einsicht nach Maßgabe des § 1016 gestattet worden ist.

(3) Gegen den Beschluß, durch den die Zahlungssperre aufgehoben wird, findet sofortige Beschwerde statt.

§ 1023. Bezweckt das Aufgebotsverfahren die Kraftloserklärung einer Urkunde der im § 808 des Bürgerlichen Gesetzbuchs bezeichneten Art, so gelten die Vorschriften des § 1006, des § 1009 Abs. 3, des § 1017 Abs. 2

Satz 2 und der §§ 1019 bis 1022 entsprechend. Die Landesgesetze können über die Veröffentlichung des Aufgebots und der im § 1017 Abs. 2, 3 und in den §§ 1019, 1020, 1022 vorgeschriebenen Bekanntmachungen sowie über die Aufgebotsfrist abweichende Vorschriften erlassen.

§ 1024. (1) Bei Aufgeboten, die auf Grund der §§ 887, 927, 1104, 1112, 1162, 1170, 1171, 1269 des Bürgerlichen Gesetzbuchs sowie auf Grund des § 765 des Handelsgesetzbuchs und des § 110 des Gesetzes, betreffend die privatrechtlichen Verhältnisse der Binnenschiffahrt, ergehen, können die Landesgesetze die Art der Veröffentlichung des Aufgebots und des Ausschlußurteils sowie die Aufgebotsfrist anders bestimmen, als in den §§ 948, 950, 956 vorgeschrieben ist.

(2) Bei Aufgeboten, die auf Grund des § 1162 des Bürgerlichen Gesetzbuchs ergehen, können die Landesgesetze die Art der Veröffentlichung des Aufgebots, des Ausschlußurteils und des im § 1017 Abs. 3 bezeichneten Urteils sowie die Aufgebotsfrist auch anders bestimmen, als in den §§ 1009, 1014, 1015, 1017 vorgeschrieben ist.

Zehntes Buch

Schiedsrichterliches Verfahren

§ 1025. (1) Die Vereinbarung, daß die Entscheidung einer Rechtsstreitigkeit durch einen oder mehrere Schiedsrichter erfolgen solle, hat insoweit rechtliche Wirkung, als die Parteien berechtigt sind, über den Gegenstand des Streites einen Vergleich zu schließen.

(2) Der Schiedsvertrag ist unwirksam, wenn eine Partei ihre wirtschaftliche oder soziale Überlegenheit dazu ausgenutzt hat, den anderen Teil zu seinem Abschluß oder zur Annahme von Bestimmungen zu nötigen, die ihr im Verfahren, insbesondere hinsichtlich der Ernennung oder Ablehnung der Schiedsrichter, ein Übergewicht über den anderen Teil einräumen.

§ 1026. Ein Schiedsvertrag über künftige Rechtsstreitigkeiten hat keine rechtliche Wirkung, wenn er nicht auf ein bestimmtes Rechtsverhältnis und die aus ihm entspringenden Rechtsstreitigkeiten sich bezieht.

§ 1027.[1]) (1) Der Schiedsvertrag muß ausdrücklich geschlossen werden und bedarf der Schriftform; andere Vereinbarungen als solche, die sich auf das schiedsgerichtliche Verfahren beziehen, darf die Urkunde nicht enthalten. Der Mangel der Form wird durch die Einlassung auf die schiedsgerichtliche Verhandlung zur Hauptsache geheilt.

(2) Die Vorschrift des Abs. 1 ist nicht anzuwenden, wenn der Schiedsvertrag für beide Teile ein Handelsgeschäft ist und keine der Parteien zu

[1]) Hierzu: Gesetz über die schiedsgerichtliche Erledigung privatrechtlicher Streitigkeiten des Reichs und der Länder vom 10. 10. 1933 (RGBl. I S. 722).

den im § 4 des Handelsgesetzbuchs bezeichneten Gewerbetreibenden gehört.

(3) Soweit der Schiedsvertrag nach Abs. 2 der Schriftform nicht bedarf, kann jede Partei die Errichtung einer schriftlichen Urkunde über den Vertrag verlangen.

§ 1028. Ist in dem Schiedsvertrag eine Bestimmung über die Ernennung der Schiedsrichter nicht enthalten, so wird von jeder Partei ein Schiedsrichter ernannt.

§ 1029. (1) Steht beiden Parteien die Ernennung von Schiedsrichtern zu, so hat die betreibende Partei dem Gegner den Schiedsrichter schriftlich mit der Aufforderung zu bezeichnen, binnen einer einwöchigen Frist seinerseits ein Gleiches zu tun.

(2) Nach fruchtlosem Ablauf der Frist wird auf Antrag der betreibenden Partei der Schiedsrichter von dem zuständigen Gericht ernannt.

§ 1030. Eine Partei ist an die durch sie erfolgte Ernennung eines Schiedsrichters dem Gegner gegenüber gebunden, sobald dieser die Anzeige von der Ernennung erhalten hat.

§ 1031. Wenn ein nicht in dem Schiedsvertrag ernannter Schiedsrichter stirbt oder aus einem anderen Grund wegfällt oder die Übernahme oder die Ausführung des Schiedsrichteramts verweigert, so hat die Partei, die ihn ernannt hat, auf Aufforderung des Gegners binnen einer einwöchigen Frist einen anderen Schiedsrichter zu bestellen. Nach fruchtlosem Ablauf der Frist wird auf Antrag der betreibenden Partei der Schiedsrichter von dem zuständigen Gericht ernannt.

§ 1032. (1) Ein Schiedsrichter kann aus denselben Gründen und unter denselben Voraussetzungen abgelehnt werden, die zur Ablehnung eines Richters berechtigen.

(2) Die Ablehnung kann außerdem erfolgen, wenn ein nicht in dem Schiedsvertrag ernannter Schiedsrichter die Erfüllung seiner Pflichten ungebührlich verzögert.

(3) Minderjährige, Taube, Stumme und Personen, denen die bürgerlichen Ehrenrechte aberkannt sind, können abgelehnt werden.

§ 1033. Der Schiedsvertrag tritt außer Kraft, sofern nicht für den betreffenden Fall durch eine Vereinbarung der Parteien Vorsorge getroffen ist:

1. wenn bestimmte Personen in dem Vertrag zu Schiedsrichtern ernannt sind und ein Schiedsrichter stirbt oder aus einem anderen Grund wegfällt oder die Übernahme des Schiedsrichteramts verweigert oder von dem mit ihm geschlossenen Vertrag zurücktritt oder die Erfüllung seiner Pflichten ungebührlich verzögert;
2. wenn die Schiedsrichter den Parteien anzeigen, daß sich unter ihnen Stimmengleichheit ergeben habe.

§ 1034. (1) Bevor der Schiedsspruch erlassen wird, haben die Schiedsrichter die Parteien zu hören und das dem Streite zugrunde liegende Sachverhältnis zu ermitteln, soweit sie die Ermittlung für erforderlich halten. Rechtsanwälte dürfen als Prozeßbevollmächtigte nicht zurückgewiesen werden; entgegenstehende Vereinbarungen sind unwirksam. Personen, die nach § 157 von dem mündlichen Verhandeln vor Gericht ausgeschlossen sind, dürfen zurückgewiesen werden.

(2) Im übrigen wird das Verfahren, soweit nicht die Parteien eine Vereinbarung getroffen haben, von den Schiedsrichtern nach freiem Ermessen bestimmt.

§ 1035. (1) Die Schiedsrichter können Zeugen und Sachverständige vernehmen, die freiwillig vor ihnen erscheinen.

(2) Zur Beeidigung eines Zeugen oder eines Sachverständigen oder einer Partei sind die Schiedsrichter nicht befugt.

§ 1036. (1) Eine von den Schiedsrichtern für erforderlich erachtete richterliche Handlung, zu deren Vornahme sie nicht befugt sind, ist auf Antrag einer Partei, sofern der Antrag für zulässig erachtet wird, von dem zuständigen Gericht vorzunehmen.

(2) Dem Gericht, das die Vernehmung oder Beeidigung eines Zeugen oder eines Sachverständigen angeordnet hat, stehen auch die Entscheidungen zu, die im Falle der Verweigerung des Zeugnisses oder des Gutachtens erforderlich werden.

§ 1037. Die Schiedsrichter können das Verfahren fortsetzen und den Schiedsspruch erlassen, auch wenn die Unzulässigkeit des schiedsrichterlichen Verfahrens behauptet, insbesondere wenn geltend gemacht wird, daß ein rechtsgültiger Schiedsvertrag nicht bestehe, daß der Schiedsvertrag sich auf den zu entscheidenden Streit nicht beziehe, oder daß ein Schiedsrichter zu den schiedsrichterlichen Verrichtungen nicht befugt sei.

§ 1038. Ist der Schiedsspruch von mehreren Schiedsrichtern zu erlassen, so ist die absolute Mehrheit der Stimmen entscheidend, sofern nicht der Schiedsvertrag ein anderes bestimmt.

§ 1039. Der Schiedsspruch ist unter Angabe des Tages der Abfassung von den Schiedsrichtern zu unterschreiben, den Parteien in einer von den Schiedsrichtern unterschriebenen Ausfertigung zuzustellen und unter Beifügung der Beurkundung der Zustellung auf der Geschäftsstelle des zuständigen Gerichts niederzulegen.

§ 1040. Der Schiedsspruch hat unter den Parteien die Wirkungen eines rechtskräftigen gerichtlichen Urteils.

§ 1041. (1) Die Aufhebung des Schiedsspruchs kann beantragt werden:
1. wenn dem Schiedsspruch ein gültiger Schiedsvertrag nicht zugrunde liegt oder der Schiedsspruch sonst auf einem unzulässigen Verfahren beruht;
2. wenn die Anerkennung des Schiedsspruchs gegen die guten Sitten oder die öffentliche Ordnung verstoßen würde;
3. wenn die Partei in dem Verfahren nicht nach Vorschrift der Gesetze vertreten war, sofern sie nicht die Prozeßführung ausdrücklich oder stillschweigend genehmigt hat;
4. wenn der Partei in dem Verfahren das rechtliche Gehör nicht gewährt war;
5. wenn der Schiedsspruch nicht mit Gründen versehen ist;
6. wenn die Voraussetzungen vorliegen, unter denen in den Fällen der Nr. 1 bis 6 des § 580 die Restitutionsklage stattfindet.

(2) Die Aufhebung des Schiedsspruchs findet aus dem unter Nr. 5 erwähnten Grunde nicht statt, wenn die Parteien ein anderes vereinbart haben.

§ 1042. (1) Aus dem Schiedsspruch findet die Zwangsvollstreckung nur statt, wenn er für vollstreckbar erklärt ist.

(2) Der Antrag ist unter Aufhebung des Schiedsspruchs abzulehnen, wenn einer der im § 1041 bezeichneten Aufhebungsgründe vorliegt.

§ 1042a. (1) Über den Antrag auf Vollstreckbarerklärung kann ohne mündliche Verhandlung durch Beschluß entschieden werden; vor der Entscheidung ist der Gegner zu hören. Im Falle einer mündlichen Verhandlung wird durch Endurteil entschieden.

(2) Wird ein Aufhebungsgrund geltend gemacht, so ist, sofern nicht die alsbaldige Ablehnung des Antrags gerechtfertigt erscheint, mündliche Verhandlung anzuordnen.

§ 1042b. (1) Dem Antrag soll die für die Zustellung erforderliche Zahl von Abschriften beigefügt werden.

(2) Wird die mündliche Verhandlung angeordnet, so ist der Termin den Parteien von Amts wegen bekanntzumachen. Im Verfahren vor den Landgerichten soll die Bekanntmachung die Aufforderung gemäß § 215 enthalten.

§ 1042c. (1) Der Beschluß, durch den der Schiedsspruch für vollstreckbar erklärt wird, ist für vorläufig vollstreckbar zu erklären.

(2) Gegen den Beschluß findet Widerspruch statt. Wird Widerspruch erhoben, so ist über die Vollstreckbarerklärung des Schiedsspruchs durch Endurteil zu entscheiden. Die Vorschriften der §§ 707, 717 gelten entsprechend.

(3) Der Beschluß, durch den der Antrag auf Vollstreckbarerklärung abgelehnt wird, unterliegt der sofortigen Beschwerde.

§ 1042d. (1) Der Widerspruch ist innerhalb einer mit der Zustellung beginnenden Notfrist von zwei Wochen durch Einreichung einer Widerspruchsschrift einzulegen. § 339 Abs. 2 gilt entsprechend. Die Widerspruchsschrift soll zugleich dasjenige enthalten, was zur Vorbereitung der mündlichen Verhandlung erforderlich ist.

(2) Der Termin zur mündlichen Verhandlung ist den Parteien von Amts wegen bekanntzumachen. Mit der Bekanntmachung ist der Gegenpartei die Widerspruchsschrift von Amts wegen zuzustellen. Die erforderliche Zahl von Abschriften soll die Partei mit der Widerspruchsschrift einreichen.

§ 1043. (1) Ist der Schiedsspruch rechtskräftig für vollstreckbar erklärt, so kann seine Aufhebung nur aus den im § 1041 Abs. 1 Nr. 6 bezeichneten Gründen und nur dann beantragt werden, wenn glaubhaft gemacht wird, daß die Partei ohne ihr Verschulden außerstande gewesen ist, den Aufhebungsgrund in dem früheren Verfahren geltend zu machen.

(2) Die Klage ist innerhalb einer Notfrist von einem Monat zu erheben. Die Frist beginnt mit dem Tage, an dem die Partei von dem Aufhebungsgrund Kenntnis erhalten hat, jedoch nicht vor eingetretener Rechtskraft der Entscheidung über die Vollstreckbarerklärung. Nach Ablauf von zehn Jahren, von dem Tage der Rechtskraft der Entscheidung an gerechnet, ist die Klage unstatthaft.

(3) Wird der Schiedsspruch aufgehoben, so ist zugleich die Vollstreckbarerklärung aufzuheben.

§ 1044. (1) Ein ausländischer Schiedsspruch, der nach dem für ihn maßgebenden Recht verbindlich geworden ist, wird, soweit nicht Staatsverträge ein anderes bestimmen, in dem für inländische Schiedssprüche vorgeschriebenen Verfahren für vollstreckbar erklärt. § 1039 ist nicht anzuwenden.

(2) Der Antrag auf Vollstreckbarerklärung ist abzulehnen:

1. wenn der Schiedsspruch rechtsunwirksam ist; für die Rechtswirksamkeit des Schiedsspruchs ist, soweit nicht Staatsverträge ein anderes bestimmen, das für das Schiedsverfahren geltende Recht maßgebend;
2. wenn die Anerkennung des Schiedsspruchs gegen die guten Sitten oder die öffentliche Ordnung verstoßen würde, insbesondere wenn der Spruch eine Partei zu einer Handlung verurteilt, deren Vornahme nach den deutschen Gesetzen verboten ist;
3. wenn die Partei nicht ordnungsmäßig vertreten war, sofern sie nicht die Prozeßführung ausdrücklich oder stillschweigend genehmigt hat;
4. wenn der Partei in dem Verfahren das rechtliche Gehör nicht gewährt war.

(3) An die Stelle der Aufhebung des Schiedsspruchs tritt die Feststellung, daß er im Inland nicht anzuerkennen ist.

(4) Wird der Schiedsspruch, nachdem er für vollstreckbar erklärt worden ist, im Ausland aufgehoben, so kann im Wege der Klage die Aufhebung der Vollstreckbarerklärung beantragt werden. Auf die Klage sind die Vor-

schriften des § 1043 Abs. 2, 3 mit der Maßgabe entsprechend anzuwenden, daß die Notfrist mit der Kenntnis der Partei von der rechtskräftigen Aufhebung des Schiedsspruchs beginnt.

§ 1044a. (1) Hat sich der Schuldner in einem schiedsrichterlichen Vergleich der sofortigen Zwangsvollstreckung unterworfen, so findet die Zwangsvollstreckung aus dem Vergleich statt, wenn er für vollstreckbar erklärt ist. Der Vergleich darf nur für vollstreckbar erklärt werden, wenn er unter Angabe des Tages seines Zustandekommens von den Schiedsrichtern und den Parteien unterschrieben und auf der Geschäftsstelle des zuständigen Gerichts niedergelegt ist.

(2) Die Vollstreckbarerklärung ist abzulehnen, wenn der Vergleich der Rechtswirksamkeit entbehrt oder seine Anerkennung gegen die guten Sitten oder die öffentliche Ordnung verstoßen würde.

(3) Die Vorschriften der §§ 1042a bis 1042d gelten entsprechend; die Geltendmachung der Rechtsunwirksamkeit des Vergleichs steht der Geltendmachung von Aufhebungsgründen gegen einen Schiedsspruch gleich.

§ 1045. (1) Für die gerichtlichen Entscheidungen über die Ernennung oder die Ablehnung eines Schiedsrichters oder über das Erlöschen eines Schiedsvertrags oder über die Anordnung der von den Schiedsrichtern für erforderlich erachteten richterlichen Handlungen ist das Amtsgericht oder das Landgericht zuständig, das in dem Schiedsvertrag als solches bezeichnet ist, und in Ermangelung einer derartigen Bezeichnung das Amtsgericht oder das Landgericht, das für die gerichtliche Geltendmachung des Anspruchs zuständig sein würde.

(2) Die Entscheidung kann ohne mündliche Verhandlung ergehen. Vor der Entscheidung ist der Gegner zu hören.

(3) Gegen die Entscheidung findet sofortige Beschwerde statt.

§ 1046. Das im § 1045 Abs. 1 bezeichnete Gericht ist auch für die Vollstreckbarerklärung von Schiedssprüchen und schiedsrichterlichen Vergleichen sowie für Klagen zuständig, welche die Unzulässigkeit des schiedsrichterlichen Verfahrens, die Aufhebung eines Schiedsspruchs oder der Vollstreckbarerklärung eines solchen oder die Rechtsunwirksamkeit eines schiedsrichterlichen Vergleichs zum Gegenstand haben.

§ 1047. Unter mehreren nach den §§ 1045, 1046 zuständigen Gerichten ist und bleibt das Gericht zuständig, an das eine Partei oder das Schiedsgericht (§ 1039) sich zuerst gewendet hat.

§ 1048. Für Schiedsgerichte, die in gesetzlich statthafter Weise durch letztwillige oder andere nicht auf Vereinbarung beruhende Verfügungen angeordnet werden, gelten die Vorschriften dieses Buches entsprechend.

II.

Gesetz, betreffend die Einführung der Zivilprozeßordnung

vom 30. Januar 1877 (RGBl. S. 244),
abgeändert durch Ges. vom 17. 5. 1898 (RGBl. S. 332), Ges. vom 22. 5. 1910 (RGBl. S. 767), Ges. vom 20. 2. 1911 (RGBl. S. 59) und Bundesges. vom 12. 9. 1950 (BGBl. S. 455)

§ 1. Die Zivilprozeßordnung tritt im ganzen Umfange des Reichs gleichzeitig mit dem Gerichtsverfassungsgesetz in Kraft[1]).

§ 2. Das Kostenwesen in bürgerlichen Rechtsstreitigkeiten wird für den ganzen Umfang des Reichs durch eine Gebührenordnung geregelt[2]).

§ 3. Die Zivilprozeßordnung findet auf alle bürgerlichen Rechtsstreitigkeiten Anwendung, welche vor die ordentlichen Gerichte gehören.

Insoweit die Gerichtsbarkeit in bürgerlichen Rechtsstreitigkeiten, für welche besondere Gerichte zugelassen sind, durch die Landesgesetzgebung den ordentlichen Gerichten übertragen wird, kann dieselbe ein abweichendes Verfahren gestatten.

§ 4. Für bürgerliche Rechtsstreitigkeiten, für welche nach dem Gegenstand oder der Art des Anspruchs der Rechtsweg zulässig ist, darf aus dem Grunde, weil als Partei der Fiskus, eine Gemeinde oder eine andere öffentliche Korporation beteiligt ist, der Rechtsweg durch die Landesgesetzgebung nicht ausgeschlossen werden.

§ 5. (Gegenstandslos.[3]))

§ 6. (Gegenstandslos.[4]))

---

[1]) ZPO. und GVG. sind am 1. 10. 1879 in Kraft getreten.
[2]) Für das in der ZPO. geordnete Verfahren ist das Kostenwesen geregelt im GKG., ZeuguSachverstGebO., RAnwGebO., ArmenAnwGes., GerVollzGebO.
[3]) Art. 109 WeimRV. hob die öffentlich-rechtlichen Vorrechte des Standes auf.
[4]) Das Änderungsges. vom 27. 10. 1933 (RGBl. I S. 780) änderte § 549 ZPO. dahin, daß die Aufzählung des revisiblen Rechts wegfiel.

§ 7. Ist in einem Land auf Grund des § 8 des Einführungsgesetzes zum Gerichtsverfassungsgesetz für bürgerliche Rechtsstreitigkeiten ein oberstes Landesgericht errichtet[1]), so wird das Rechtsmittel der Revision bei diesem Gericht eingelegt. Die Vorschriften der §§ 553, 553a der Zivilprozeßordnung gelten entsprechend.

Das oberste Landesgericht entscheidet ohne mündliche Verhandlung endgültig über die Zuständigkeit für die Verhandlung und Entscheidung der Revision. Erklärt es sich für zuständig, so ist der Termin zur mündlichen Verhandlung von Amts wegen zu bestimmen und den Parteien bekanntzumachen. Erklärt es sich dagegen für unzuständig, weil der Bundesgerichtshof zuständig sei, so sind diesem die Prozeßakten zu übersenden.

Die Entscheidung des obersten Landesgerichts über die Zuständigkeit ist auch für den Bundesgerichtshof bindend. Der Termin zur mündlichen Verhandlung vor dem Bundesgerichtshof ist von Amts wegen zu bestimmen und den Parteien bekanntzumachen.

Die Fristbestimmung im § 555 der Zivilprozeßordnung bemißt sich nach dem Zeitpunkt der Bekanntmachung des Termins zur mündlichen Verhandlung an den Revisionsbeklagten.

Wird der Beschluß des obersten Landesgerichts, durch den der Bundesgerichtshof für zuständig erklärt wird, dem Revisionskläger erst nach Beginn der Frist für die Revisionsbegründung zugestellt, so beginnt mit der Zustellung des Beschlusses der Lauf der Frist für die Revisionsbegründung von neuem.

Die vorstehenden Vorschriften sind auf das Rechtsmittel der Beschwerde gegen Entscheidungen der Oberlandesgerichte in den Fällen des § 519b Abs. 2 der Zivilprozeßordnung entsprechend anzuwenden.

§ 8. Der Bestellung eines bei dem obersten Landesgericht oder bei dem Bundesgerichtshof zugelassenen Rechtsanwalts bedarf es erst, nachdem das oberste Landesgericht über die Zuständigkeit entschieden hat. Für die dieser Entscheidung vorhergehenden Handlungen können die Parteien sich auch durch jeden bei einem Land- oder Oberlandesgericht zugelassenen Rechtsanwalt vertreten lassen.

Die Zustellung der Abschrift der Revisionsschrift an den Revisionsbeklagten und die Bekanntmachung des Termins zur mündlichen Verhandlung an die Parteien erfolgt gemäß § 210a der Zivilprozeßordnung.

§ 9. Die Bestimmung des zuständigen Gerichts erfolgt, falls es sich um die Zuständigkeit solcher Gerichte handelt, welche verschiedenen deutschen *Bundesstaaten* angehören und nicht im Bezirk eines gemeinschaftlichen Oberlandesgerichts ihren Sitz haben, durch das *Reichsgericht*[2]) auch dann, wenn in einem dieser Länder ein oberstes Landesgericht für bürgerliche Rechtsstreitigkeiten errichtet ist[3]).

---

[1]) In Bayern: Gesetz Nr. 124 über die Wiedererrichtung des Bayerischen Obersten Landesgerichts vom 11. 5. 1948 (GVBl. S. 83).

[2]) Jetzt „Bundesgerichtshof" (Art. 8 Nr. 88 des Bundesges. vom 12. 9. 1950 — BGBl. S. 455 —).

[3]) Hierzu: Art. V Reichsges. vom 22. 5. 1910 (RGBl. S. 767): Ermächtigung an Länder mit mehreren OLGen zur Übertragung an ein OLG.

§ 10. (Gegenstandslos.[1]))

§ 11. Die Landesgesetze können bei Aufgeboten, deren Zulässigkeit auf landesgesetzlichen Vorschriften beruht, die Anwendung der Bestimmungen der Zivilprozeßordnung über das Aufgebotsverfahren ausschließen oder diese Bestimmungen durch andere Vorschriften ersetzen.

§ 12. Gesetz im Sinne der Zivilprozeßordnung und dieses Gesetzes ist jede Rechtsnorm.

§ 13. Die prozeßrechtlichen Vorschriften der Reichsgesetze werden durch die Zivilprozeßordnung nicht berührt.

(Abs. 2 bis 4 gegenstandslos.)

§ 14. Die prozeßrechtlichen Vorschriften der Landesgesetze treten für alle bürgerlichen Rechtsstreitigkeiten, deren Entscheidung in Gemäßheit des § 3 nach den Vorschriften der Zivilprozeßordnung zu erfolgen hat, außer Kraft, soweit nicht in der Zivilprozeßordnung auf sie verwiesen oder soweit nicht bestimmt ist, daß sie nicht berührt werden.

Außer Kraft treten insbesondere:

1. die Vorschriften über die bindende Kraft des strafgerichtlichen Urteils für den Zivilrichter;
2. die Vorschriften, welche in Ansehung gewisser Rechtsverhältnisse einzelne Arten von Beweismitteln ausschließen oder nur unter Beschränkungen zulassen;
3. die Vorschriften, nach welchen unter bestimmten Voraussetzungen eine Tatsache als mehr oder minder wahrscheinlich anzunehmen ist;
4. die Vorschriften über die Bewilligung von Moratorien, über die Urteilsfristen und über die Befugnisse des Gerichts, dem Schuldner bei der Verurteilung Zahlungsfristen zu gewähren;
5. die Vorschriften, nach welchen eine Nebenforderung als aberkannt gilt, wenn über dieselbe nicht entschieden ist.

§ 15. Unberührt bleiben:

1. die landesgesetzlichen Vorschriften über die Einstellung des Verfahrens für den Fall, daß ein Kompetenzkonflikt zwischen den Gerichten und den Verwaltungsbehörden oder Verwaltungsgerichten entsteht;
2. die landesgesetzlichen Vorschriften über das Verfahren bei Streitigkeiten, welche die Zwangsenteignung und die Entschädigung wegen derselben betreffen;
3. die landesgesetzlichen Vorschriften über die Zwangsvollstreckung wegen Geldforderungen gegen den Fiskus, eine Körperschaft, Stiftung oder Anstalt des öffentlichen Rechts oder eine unter der Verwaltung

---

[1]) Die beschränkte Entmündigung des franz. Rechts ist durch Art. 55 EG.BGB. abgeschafft.

einer öffentlichen Behörde stehende Körperschaft oder Stiftung, soweit nicht dingliche Rechte verfolgt werden;

4. die landesgesetzlichen Vorschriften, nach welchen auf die Zwangsvollstreckung gegen einen Rechtsnachfolger des Schuldners, soweit sie in das zu einem Lehen mit Einschluß eines allodifizierten Lehens, zu einem Stammgute, Familienfideikommiß oder Anerbengute gehörende Vermögen stattfinden soll, die Vorschriften über die Zwangsvollstreckung gegen einen Erben des Schuldners entsprechende Anwendung finden.

§ 16. Unberührt bleiben:

1. die Vorschriften des bürgerlichen Rechts über die Beweiskraft der Beurkundung des bürgerlichen Standes in Ansehung der Erklärungen, welche über Geburten und Sterbefälle von den zur Anzeige gesetzlich verpflichteten Personen abgegeben werden;
2. die Vorschriften des bürgerlichen Rechts über die Verpflichtung zur Leistung des Offenbarungseides;
3. die Vorschriften des bürgerlichen Rechts, nach welchen in bestimmten Fällen einstweilige Verfügungen erlassen werden können.

§ 17. Die Beweiskraft eines Schuldscheins oder einer Quittung ist an den Ablauf einer Zeitfrist nicht gebunden.

Abweichende Vorschriften des bürgerlichen Rechts über die zur Eintragung in das Grund- oder Hypothekenbuch bestimmten Schuldurkunden bleiben unberührt, soweit sie die Verfolgung des dinglichen Rechts betreffen.

§ 18. (Gegenstandslos.)

§ 19. Rechtskräftig im Sinne dieses Gesetzes sind Endurteile, welche mit einem ordentlichen Rechtsmittel nicht mehr angefochten werden können.

Als ordentliche Rechtsmittel im Sinne des vorstehenden Absatzes sind diejenigen Rechtsmittel anzusehen, welche an eine von dem Tage der Verkündung oder Zustellung des Urteils laufende Notfrist gebunden sind.

§§ 20 bis **23.** (Gegenstandslos.)

§ 24. Unter Zustimmung des Bundesrats kann durch Anordnung des Reichskanzlers bestimmt werden, daß gegen einen ausländischen Staat sowie dessen Angehörige und ihre Rechtsnachfolger ein Vergeltungsrecht zur Anwendung gebracht wird.

III.

Gerichtsverfassungsgesetz

vom 27. Januar 1877 (RGBl. S. 41) in der Fassung des Bundesgesetzes vom 12. 9. 1950 (BGBl. S. 455, 513)

Inhaltsübersicht zum Gerichtsverfassungsgesetz

		§§
I. Titel:	Richteramt	1— 11
II. „ :	Gerichtsbarkeit	12— 21
III. „ :	Amtsgerichte	22— 27
IV. „ :	Schöffengerichte	28— 58
V. „ :	Landgerichte	59— 78
VI. „ :	Schwurgerichte	79— 92
VII. „ :	Kammern für Handelssachen	93—114
VIII. „ :	Oberlandesgerichte	115—122
IX. „ :	Bundesgerichtshof	123—140
X. „ :	Staatsanwaltschaft	141—152
XI. „ :	Geschäftsstelle	153
XII. „ :	Zustellungs- und Vollstreckungsbeamte	154—155
XIII. „ :	Rechtshilfe	156—168
XIV. „ :	Öffentlichkeit und Sitzungspolizei	169—183
XV. „ :	Gerichtssprache	184—191
XVI. „ :	Beratung und Abstimmung	192—198
XVII. „ :	Gerichtsferien	199—202

Erster Titel

Richteramt

§ 1. Die richterliche Gewalt wird durch unabhängige, nur dem Gesetz unterworfene Gerichte ausgeübt[1]).

§ 2[2]). (1) Die Fähigkeit zum Richteramt wird durch die Ablegung zweier Prüfungen erlangt.

---

[1]) Hierzu vgl. Art. 92 GrdGes.

[2]) Übergangsvorschrift in Art. 8 Nr. 90, 91 des Wiedervereinheitlichungsgesetzes — abgedr. unter V —.

(2) Der ersten Prüfung muß ein mindestens dreijähriges Studium der Rechtswissenschaft auf einer Universität vorangehen. Von dem dreijährigen Zeitraum sind mindestens drei Halbjahre dem Studium auf einer deutschen Universität zu widmen.

(3) Zwischen der ersten und der zweiten Prüfung muß eine Ausbildungszeit von mindestens drei und einem halben Jahr und höchstens vier Jahren liegen. Mindestens dreißig Monate sind zum Dienst bei den Gerichten, Staatsanwaltschaften, Notaren und Rechtsanwälten zu verwenden; der Rest der Ausbildungszeit ist mindestens zur Hälfte bei Verwaltungsbehörden, Körperschaften oder Anstalten des öffentlichen Rechts, im übrigen in einer dem Ausbildungszweck dienenden Weise zu verwenden.

§ 3[2]. (1) Wer in einem deutschen Land die erste Prüfung bestanden hat, kann in jedem anderen Land zur Vorbereitung für den Justizdienst und zur zweiten Prüfung zugelassen werden.

(2) Die in einem deutschen Land auf die Vorbereitung verwendete Zeit kann in jedem anderen Land angerechnet werden.

§ 4. Zum Richteramt befähigt ist ferner jeder ordentliche öffentliche Lehrer des Rechts an einer deutschen Universität.

§ 5. Wer in einem deutschen Land die Fähigkeit zum Richteramt erlangt hat, ist, soweit dieses Gesetz keine Ausnahme bestimmt, zu jedem Richteramt innerhalb Deutschlands befähigt.

§ 6. Die Richter werden auf Lebenszeit ernannt.

§ 7. Die Richter beziehen in ihrer richterlichen Eigenschaft ein festes Gehalt mit Ausschluß von Gebühren.

§ 8. (1) Richter können wider ihren Willen nur kraft richterlicher Entscheidung und nur aus den Gründen und unter den Formen, die die Gesetze bestimmen, dauernd oder zeitweise ihres Amts enthoben oder an eine andere Stelle oder in den Ruhestand versetzt werden. Die Gesetzgebung kann Altersgrenzen festsetzen, bei deren Erreichung Richter in den Ruhestand treten[1].

(2) Die vorläufige Amtsenthebung, die kraft Gesetzes eintritt, wird hierdurch nicht berührt.

(3) Bei einer Veränderung in der Einrichtung der Gerichte oder ihrer Bezirke kann die unfreiwillige Versetzung an ein anderes Gericht oder die Entfernung aus dem Amt unter Belassung des vollen Gehalts durch die Landesjustizverwaltung verfügt werden.

§ 8a. (Weggefallen.)

[1]) Zu vgl. § 68 des Deutschen Beamtengesetzes (Bundesfassung BGBl. 1950 S. 281); in der brit. Zone: VO. über die Altersgrenze der Richter vom 30. 3. 1948 (VOBl. BZ. S. 73).

§ 9. Wegen vermögensrechtlicher Ansprüche der Richter aus ihrem Dienstverhältnis, insbesondere auf Gehalt, Wartegeld oder Ruhegehalt, darf der Rechtsweg nicht ausgeschlossen werden.

§ 10. (1) Nach näherer landesgesetzlicher Bestimmung können Gerichtsreferendare mit der Wahrnehmung einzelner richterlicher Geschäfte betraut werden. Der Auftrag ist in jedem Fall durch den Richter aktenkundig zu machen.

(2) Bei Amtsgerichten und Landgerichten kann, wer zum Richteramt befähigt ist, als Hilfsrichter verwendet werden, ohne gemäß § 6 zum Richter auf Lebenszeit ernannt zu sein[1]).

(3) Unberührt bleiben die Vorschriften über die Übertragung richterlicher Geschäfte auf den Rechtspfleger[2]).

§ 11. Auf Handelsrichter, Schöffen und Geschworene sind die Vorschriften der §§ 2 bis 9 nicht anzuwenden.

Zweiter Titel
Gerichtsbarkeit

§ 12. Die ordentliche streitige Gerichtsbarkeit wird durch Amtsgerichte, Landgerichte, Oberlandesgerichte und durch den Bundesgerichtshof (das Obere Bundesgericht für das Gebiet der ordentlichen Gerichtsbarkeit)[3]) ausgeübt[4]).

§ 13. Vor die ordentlichen Gerichte gehören alle bürgerlichen Rechtsstreitigkeiten und Strafsachen, für die nicht entweder die Zuständigkeit von Verwaltungsbehörden oder Verwaltungsgerichten begründet ist oder auf Grund von Vorschriften des Bundesrechts besondere Gerichte bestellt oder zugelassen sind.

§ 13a[5]). (Weggefallen.)

§ 14. Als besondere Gerichte werden zugelassen:

1. Gerichte der Schiffahrt[6]) für die in den Staatsverträgen bezeichneten Angelegenheiten;
2. Gemeindegerichte für die Verhandlung und Entscheidung von bürgerlichen Rechtsstreitigkeiten, deren Streitwert einhundert Deutsche Mark nicht übersteigt. Gegen die Entscheidung der Gemeindege-

---

[1]) Übergangsvorschrift in Art. 8 Nr. 92 des Wiedervereinheitlichungsgesetzes — abgedr. unter V —.
[2]) REntV. — abgedr. unter VII —.
[3]) Hierzu vgl. Art. 96 GrdGes.
[4]) Zur Wahrung der Rechtseinheit des Bundesrechts: Oberstes Bundesgericht (Art. 95 GrdGes.).
[5]) Hierzu Art. 8 Nr. 93 des Wiedervereinheitlichungsgesetzes — abgedr. unter V —.
[6]) Schiffahrts- und Rheinschiffahrtsgerichte zu vgl. unter VIII.

richte muß innerhalb einer gesetzlich zu bestimmenden Frist sowohl dem Kläger wie dem Beklagten die Berufung auf den ordentlichen Rechtsweg zustehen. Der Gerichtsbarkeit des Gemeindegerichts dürfen als Kläger oder Beklagte nur Personen unterworfen werden, die in der Gemeinde den Wohnsitz, eine Niederlassung oder im Sinne der §§ 16, 20 der Zivilprozeßordnung den Aufenthalt haben.

§ 15. (Weggefallen.)

§ 16. Ausnahmegerichte sind unstatthaft. Niemand darf seinem gesetzlichen Richter entzogen werden[1]).

§ 17. (1) Die Gerichte entscheiden über die Zulässigkeit des Rechtswegs.

(2) Die Landesgesetzgebung[2]) kann jedoch die Entscheidung von Streitigkeiten zwischen den Gerichten und den Verwaltungsbehörden oder Verwaltungsgerichten über die Zulässigkeit des Rechtswegs besonderen Behörden nach Maßgabe der folgenden Vorschriften übertragen:

1. Die Mitglieder werden für die Dauer des zur Zeit ihrer Ernennung von ihnen bekleideten Amts oder, falls sie zu dieser Zeit ein Amt nicht bekleiden, auf Lebenszeit ernannt. Sie können nur unter denselben Voraussetzungen wie die Mitglieder des Bundesgerichtshofes ihres Amtes enthoben werden.
2. Mindestens die Hälfte der Mitglieder muß dem Bundesgerichtshof oder dem Obersten Landesgericht oder einem Oberlandesgericht angehören. Bei Entscheidungen dürfen Mitglieder nur in der gesetzlich bestimmten Anzahl mitwirken. Diese Anzahl muß eine ungerade sein und mindestens fünf betragen.
3. Das Verfahren ist gesetzlich zu regeln. Die Entscheidung ergeht in öffentlicher Sitzung nach Ladung der Parteien.
4. Sofern die Zulässigkeit des Rechtswegs durch rechtskräftiges Urteil des Gerichts feststeht, ohne daß zuvor auf die Entscheidung der besonderen Behörde angetragen war, bleibt die Entscheidung des Gerichts maßgebend.

§ 18. Die deutsche Gerichtsbarkeit erstreckt sich nicht auf die Leiter und Mitglieder der bei der Bundesrepublik Deutschland beglaubigten diplomatischen Vertretungen. Sie erstreckt sich auch nicht auf andere Personen, die nach den allgemein anerkannten Regeln des Völkerrechts oder nach einem Staatsvertrag von der deutschen Gerichtsbarkeit befreit sind.

---

[1]) Hierzu vgl. Art. 101 GrdGes.

[2]) In der brit. Zone: Bundesgerichtshof (kraft Art. 8 Nr. 88 des Wiedervereinheitlichungsges. vom 12. 9. 1950 — BGBl. S. 455 —) nach § 28 Abs. 2 brit. MilRegVO. 165. In Bayern: BayObLG. nach § 8 Ges. Nr. 124 vom 11. 5. 1948 (GVBl. S. 83).

§ 19. Für die Familienmitglieder, das Geschäftspersonal der im § 18 genannten Personen und für ihre Bediensteten, die nicht Deutsche sind, gilt die Vorschrift des § 18 entsprechend.

§ 20. Durch die Vorschriften der §§ 18, 19 werden die Vorschriften über den ausschließlichen dinglichen Gerichtsstand in bürgerlichen Rechtsstreitigkeiten nicht berührt.

§ 21. Die in der Bundesrepublik Deutschland angestellten Konsuln sind der inländischen Gerichtsbarkeit unterworfen, sofern nicht in Verträgen der Bundesrepublik mit anderen Mächten Vereinbarungen über die Befreiung der Konsuln von der inländischen Gerichtsbarkeit getroffen sind.

Dritter Titel

Amtsgerichte

§ 22. (1) Den Amtsgerichten stehen Einzelrichter vor.

(2) Ein Amtsrichter kann zugleich Mitglied oder Direktor bei dem übergeordneten Landgericht sein.

(3) Die allgemeine Dienstaufsicht kann von der Landesjustizverwaltung dem Präsidenten des übergeordneten Landgerichts übertragen werden. Geschieht dies nicht, so ist, wenn das Amtsgericht mit mehreren Richtern besetzt ist, einem von ihnen von der Landesjustizverwaltung die allgemeine Dienstaufsicht zu übertragen; ist die Zahl der Richter höher als fünfzehn, so kann die Dienstaufsicht zwischen mehreren von ihnen geteilt werden.

(4) Jeder Amtsrichter erledigt die ihm obliegenden Geschäfte, soweit dieses Gesetz nichts anderes bestimmt, als Einzelrichter.

§ 22a. (1) Bei den mit einem Präsidenten besetzten Amtsgerichten wird ein Präsidium gebildet.

(2) Das Präsidium besteht aus dem Amtsgerichtspräsidenten als Vorsitzenden, den Amtsgerichtsdirektoren, den Oberamtsrichtern und den beiden dem Dienstalter nach, bei gleichem Dienstalter der Geburt nach ältesten Amtsrichtern.

(3) Das Präsidium entscheidet nach Stimmenmehrheit; bei Stimmengleichheit gibt die Stimme des Amtsgerichtspräsidenten den Ausschlag.

§ 22b. (1) Bei den mit mehreren Amtsrichtern besetzten Amtsgerichten werden die Geschäfte vor Beginn des Geschäftsjahres auf seine Dauer verteilt. In gleicher Weise wird die Vertretung der Amtsrichter in Behinderungsfällen geregelt.

(2) Die getroffene Anordnung kann im Laufe des Geschäftsjahres nur geändert werden, wenn dies wegen Überlastung, Wechsels oder dauernder Behinderung eines Richters erforderlich ist.

§ 22c. (1) Die im § 22b bezeichneten Anordnungen werden bei den mit einem Präsidenten besetzten Amtsgerichten von dem Präsidium des Amtsgerichts getroffen. Das gleiche gilt für andere zum Bezirk des übergeordneten Landgerichts gehörige Amtsgerichte, über die der Amtsgerichtspräsident an Stelle des Landgerichtspräsidenten die Dienstaufsicht ausübt. Der Amtsgerichtspräsident bestimmt die Abteilung, die er übernimmt.

(2) Bei den übrigen Amtsgerichten werden die im § 22b bezeichneten Anordnungen von dem Präsidium des Landgerichts getroffen.

(3) Sofern eine Entscheidung des Präsidiums nicht rechtzeitig ergehen kann, werden die im § 22b bezeichneten Anordnungen bei dem mit einem Präsidenten besetzten und bei anderen seiner Dienstaufsicht unterstehenden Amtsgerichten von dem Amtsgerichtspräsidenten, bei den übrigen Amtsgerichten von dem Landgerichtspräsidenten getroffen. Die Anordnung ist dem Präsidium unverzüglich vorzulegen. Sie bleibt in Kraft, solange das Präsidium nicht anderweit beschließt.

§ 22d. Die Gültigkeit der Handlung eines Amtsrichters wird nicht dadurch berührt, daß die Handlung nach der Geschäftsverteilung von einem anderen Richter wahrzunehmen gewesen wäre.

§ 23. Die Zuständigkeit der Amtsgerichte umfaßt in bürgerlichen Rechtsstreitigkeiten, soweit sie nicht ohne Rücksicht auf den Wert des Streitgegenstandes den Landgerichten zugewiesen sind:

1. Streitigkeiten über vermögensrechtliche Ansprüche, deren Gegenstand an Geld oder Geldeswert die Summe von eintausend Deutsche Mark nicht übersteigt;
2. ohne Rücksicht auf den Wert des Streitgegenstandes:

   a) Streitigkeiten zwischen dem Vermieter und dem Mieter oder Untermieter von Wohnräumen oder anderen Räumen oder zwischen dem Mieter und dem Untermieter solcher Räume wegen Überlassung, Benutzung oder Räumung sowie wegen Zurückhaltung der von dem Mieter oder dem Untermieter in die Mieträume eingebrachten Sachen;

   b) Streitigkeiten zwischen Reisenden und Wirten, Fuhrleuten, Schiffern, Flößern oder Auswanderungsexpedienten in den Einschiffungshäfen, die über Wirtszechen, Fuhrlohn, Überfahrtsgelder, Beförderung der Reisenden und ihrer Habe und über Verlust und Beschädigung der letzteren, sowie Streitigkeiten zwischen Reisenden und Handwerkern, die aus Anlaß der Reise entstanden sind;

   c) Streitigkeiten wegen Viehmängel;

   d) Streitigkeiten wegen Wildschadens[1]);

   e) alle Ansprüche auf Erfüllung einer durch Ehe oder Verwandtschaft begründeten gesetzlichen Unterhaltspflicht;

   f) Ansprüche aus einem außerehelichen Beischlaf;

---

[1]) Zu vgl. § 50 der VO. zur Ausführung des Reichsjagdgesetzes vom 27. 3. 1935 (RGBl. I S. 431) und Art. 3 der VO. über *die Rechtshilfe im Ehrengerichtsverfahren der deutschen Jägerschaft und* über den Gerichtsstand in Wild- und Jagdschadensachen vom 10. 7. 1935 (RGBl. I S. 912).

g) Ansprüche aus einem mit der Überlassung eines Grundstücks in Verbindung stehenden Leibgedings-, Leibzuchts-, Altenteils- oder Auszugvertrag[1];

h) das Aufgebotsverfahren.

§§ 24 bis 26. (Strafsachen.)

§ 26a. (Weggefallen.)

§ 27. Im übrigen wird die Zuständigkeit und der Geschäftskreis der Amtsgerichte durch die Vorschriften dieses Gesetzes und der Prozeßordnungen bestimmt.

Vierter Titel
Schöffengerichte

§§ 28 bis 58.

Fünfter Titel
Landgerichte

§ 59. (1) Die Landgerichte werden mit einem Präsidenten und der erforderlichen Anzahl von Direktoren und Mitgliedern besetzt. Von der Ernennung eines Direktors kann abgesehen werden, wenn der Präsident den Vorsitz in den Kammern allein führen kann.

(2) Die Direktoren und die Mitglieder können gleichzeitig Amtsrichter im Bezirk des Landgerichts sein.

§ 60. Bei den Landgerichten werden Zivil- und Strafkammern gebildet.

§ 61. (Strafsachen.)

§ 62. (1) Den Vorsitz in den Kammern führen der Präsident und die Direktoren. Den Vorsitz in der kleinen Strafkammer (§ 76 Abs. 2) kann auch ein ständiges Mitglied des Landgerichts führen, das vom Präsidium für die Dauer eines Geschäftsjahres bestimmt wird.

(2) Vor Beginn des Geschäftsjahres bestimmt der Präsident die Kammer, der er sich anschließt. Über die Verteilung des Vorsitzes in den übrigen Kammern entscheiden der Präsident und die Direktoren nach Stimmenmehrheit; bei Stimmengleichheit gibt die Stimme des Präsidenten den Ausschlag.

---

[1]) Zu vgl. Ges. über die anderweitige Festsetzung von Geldleistungen aus Altenteilsverträgen vom 18. 8. 1923 (RGBl. I S. 815).

§ 63. (1) Vor Beginn des Geschäftsjahres werden auf seine Dauer die Geschäfte unter die Kammern derselben Art verteilt und die ständigen Mitglieder der einzelnen Kammern sowie für den Fall ihrer Verhinderung die regelmäßigen Vertreter bestimmt. Jeder Richter kann zum Mitglied mehrerer Kammern bestimmt werden.

(2) Die Anordnung kann im Laufe des Geschäftsjahres nur geändert werden, wenn dies wegen Überlastung einer Kammer oder infolge Wechsels oder dauernder Verhinderung einzelner Mitglieder des Gerichts erforderlich wird.

§ 64. (1) Die im § 63 bezeichneten Anordnungen trifft das Präsidium.

(2) Das Präsidium wird durch den Präsidenten als Vorsitzenden, die Direktoren und das dem Dienstalter nach, bei gleichem Dienstalter das der Geburt nach älteste Mitglied gebildet; ist kein Direktor ernannt, so besteht das Präsidium aus dem Präsidenten und den beiden ältesten Mitgliedern.

(3) Sind bei einem Landgericht zu Beginn des Geschäftsjahres mehr als zehn Direktoren angestellt, so gelten folgende besondere Vorschriften: Das Präsidium wird durch den Präsidenten als Vorsitzenden, seinen ständigen Vertreter (§ 66 Abs. 2), die acht dem Dienstalter nach, bei gleichem Dienstalter der Geburt nach ältesten Direktoren und drei Mitglieder gebildet, die von der Gesamtheit der Mitglieder des Landgerichts für die Dauer des Geschäftsjahres gewählt werden.

(4) Das Präsidium entscheidet nach Stimmenmehrheit; bei Stimmengleichheit gibt die Stimme des Präsidenten den Ausschlag.

§ 64a. (Weggefallen.)

§ 65. Der Präsident kann bestimmen, daß einzelne Untersuchungen von dem Untersuchungsrichter, dessen Bestellung mit dem Ablauf des Geschäftsjahres erlischt, zu Ende geführt werden, sowie daß in einzelnen Sachen, in denen während des Geschäftsjahres eine Verhandlung bereits stattgefunden hat, die Kammer in ihrer früheren Zusammensetzung auch nach Ablauf des Geschäftsjahres verhandle und entscheide.

§ 66. (1) Bei Verhinderung des ordentlichen Vorsitzenden führt den Vorsitz in der Kammer das von dem Präsidium vor Beginn des Geschäftsjahres zum regelmäßigen Vertreter bestellte Mitglied der Kammer; ist ein solcher Vertreter nicht bestellt oder ist auch er verhindert, so führt das Mitglied der Kammer, das dem Dienstalter nach, bei gleichem Dienstalter der Geburt nach das älteste ist, den Vorsitz.

(2) Der Präsident wird in seinen übrigen durch dieses Gesetz bestimmten Geschäften, wenn ein Direktor zu seinem ständigen Vertreter ernannt ist, durch diesen, sonst durch den Direktor vertreten, der dem Dienstalter nach, bei gleichem Dienstalter der Geburt nach der älteste ist. Ist kein Direktor ernannt, so wird der Präsident, wenn nicht ein Mitglied des

Landgerichts zu seinem ständigen Vertreter ernannt ist, durch das Mitglied vertreten, das dem Dienstalter nach, bei gleichem Dienstalter der Geburt nach das älteste ist.

§ 67. Bei Verhinderung des regelmäßigen Vertreters eines Mitgliedes wird ein zeitweiliger Vertreter durch den Präsidenten bestimmt.

§ 68. Die Vorschriften der §§ 62 bis 67 sind auf die Kammern für Handelssachen nicht anzuwenden.

§ 69. Innerhalb der Kammer verteilt der Vorsitzende die Geschäfte auf die Mitglieder.

§ 70[1]. (1) Soweit die Vertretung eines Mitgliedes nicht durch ein Mitglied desselben Gerichts möglich ist, wird sie auf den Antrag des Präsidiums durch die Landesjustizverwaltung geordnet.

(2) Die Beiordnung eines nicht auf Lebenszeit ernannten Richters darf, wenn sie auf eine bestimmte Zeit erfolgte, vor Ablauf dieser Zeit, wenn sie auf unbestimmte Zeit erfolgte, solange das Bedürfnis, durch das sie veranlaßt wurde, fortdauert, nicht widerrufen werden. Ist mit der Vertretung eine Entschädigung verbunden, so ist diese für die ganze Dauer im voraus festzustellen.

(3) Unberührt bleiben die landesgesetzlichen Vorschriften, nach denen richterliche Geschäfte nur von auf Lebenszeit ernannten Richtern wahrgenommen werden können, sowie die, welche die Vertretung durch auf Lebenszeit ernannte Richter regeln.

§ 71[2]. (1) Vor die Zivilkammern, einschließlich der Kammern für Handelssachen, gehören alle bürgerlichen Rechtsstreitigkeiten, die nicht den Amtsgerichten zugewiesen sind.

(2) Die Landgerichte sind ohne Rücksicht auf den Wert des Streitgegenstandes ausschließlich zuständig:

1. für die Ansprüche, die auf Grund der Beamtengesetze gegen den Fiskus erhoben werden;
2. für die Ansprüche gegen Richter und Beamte wegen Überschreitung ihrer amtlichen Befugnisse oder wegen pflichtwidriger Unterlassung von Amtshandlungen.

(3) Der Landesgesetzgebung bleibt überlassen, Ansprüche gegen den Staat oder eine Körperschaft des öffentlichen Rechts wegen Verfügungen der Verwaltungsbehörden sowie Ansprüche wegen öffentlicher Abgaben ohne Rücksicht auf den Wert des Streitgegenstandes den Landgerichten ausschließlich zuzuweisen.

---

[1]) Übergangsvorschrift in Art. 8 Nr. 82 des Wiedervereinheitlichungsgesetzes — abgedr. unter V —.
[2]) Hierzu vgl. Art. 19 Abs. 4, 34 GrdGes.

§ 72. Die Zivilkammern, einschließlich der Kammern für Handelssachen, sind die Berufungs- und Beschwerdegerichte in den vor den Amtsgerichten verhandelten bürgerlichen Rechtsstreitigkeiten.

§ 73. (Strafsachen.)

§ 73a. (Weggefallen.)

§ 74. (Strafsachen.)

§ 75. Die Zivilkammern sind, soweit nicht nach den Vorschriften der Prozeßgesetze an Stelle der Kammer der Einzelrichter zu entscheiden hat, mit drei Mitgliedern einschließlich des Vorsitzenden besetzt.

§§ 76 bis **78.** (Strafsachen.)

Sechster Titel
Schwurgerichte

§§ 79 bis **92.**

Siebenter Titel
Kammern für Handelssachen

§ 93. (1) Soweit die Landesjustizverwaltung ein Bedürfnis als vorhanden annimmt, können bei den Landgerichten für deren Bezirke oder für örtlich abgegrenzte Teile davon Kammern für Handelssachen gebildet werden.
(2) Solche Kammern können ihren Sitz innerhalb des Landgerichtsbezirks auch an Orten haben, an denen das Landgericht seinen Sitz nicht hat.

§ 94. Ist bei einem Landgericht eine Kammer für Handelssachen gebildet, so tritt für Handelssachen diese Kammer an die Stelle der Zivilkammern nach Maßgabe der folgenden Vorschriften.

§ 95. Handelssachen im Sinne dieses Gesetzes sind die bürgerlichen Rechtsstreitigkeiten, in denen durch die Klage ein Anspruch geltend gemacht wird:
1. gegen einen Kaufmann im Sinne des Handelsgesetzbuches aus Geschäften, die für beide Teile Handelsgeschäfte sind;
2. aus einem Wechsel im Sinne des Wechselgesetzes oder aus einer der im § 363 des Handelsgesetzbuchs bezeichneten Urkunden;
3. auf Grund des Scheckgesetzes;

4. aus einem der nachstehend bezeichneten Rechtsverhältnisse:
   a) aus dem Rechtsverhältnis zwischen den Mitgliedern einer Handelsgesellschaft oder zwischen dieser und ihren Mitgliedern oder zwischen dem stillen Gesellschafter und dem Inhaber des Handelsgeschäfts, sowohl während des Bestehens als auch nach Auflösung des Gesellschaftsverhältnisses, und aus dem Rechtsverhältnis zwischen den Vorstehern oder den Liquidatoren einer Handelsgesellschaft und der Gesellschaft oder deren Mitgliedern;
   b) aus dem Rechtsverhältnis, welches das Recht zum Gebrauch der Handelsfirma betrifft;
   c) aus den Rechtsverhältnissen, die sich auf den Schutz der Warenbezeichnungen, Muster und Modelle beziehen;
   d) aus dem Rechtsverhältnis, das durch den Erwerb eines bestehenden Handelsgeschäfts unter Lebenden zwischen dem bisherigen Inhaber und dem Erwerber entsteht;
   e) aus dem Rechtsverhältnis zwischen einem Dritten und dem, der wegen mangelnden Nachweises der Prokura oder Handlungsvollmacht haftet;
   f) aus den Rechtsverhältnissen des Seerechts, insbesondere aus denen, die sich auf die Reederei, auf die Rechte und Pflichten des Reeders oder Schiffseigners, des Korrespondentreeders und der Schiffsbesatzung, auf die Bodmerei und die Haverei, auf den Schadensersatz im Falle des Zusammenstoßes von Schiffen, auf die Bergung und Hilfeleistung und auf die Ansprüche der Schiffsgläubiger beziehen;
5. auf Grund des Gesetzes gegen den unlauteren Wettbewerb vom 7. Juni 1909 (Reichsgesetzbl. S. 499);
6. aus den §§ 45 bis 48 des Börsengesetzes (Reichsgesetzbl. 1908 S. 215).

§ 96. (1) Der Rechtsstreit wird vor der Kammer für Handelssachen verhandelt, wenn der Kläger dies in der Klageschrift beantragt hat.

(2) Ist ein Rechtsstreit nach den Vorschriften der §§ 276, 506 der Zivilprozeßordnung vom Amtsgericht an das Landgericht zu verweisen, so hat der Kläger den Antrag auf Verhandlung vor der Kammer für Handelssachen in der mündlichen Verhandlung vor dem Amtsgericht zu stellen.

§ 97. (1) Wird vor der Kammer für Handelssachen eine nicht vor sie gehörige Klage zur Verhandlung gebracht, so ist der Rechtsstreit auf Antrag des Beklagten an die Zivilkammer zu verweisen.

(2) Gehört die Klage oder die im Falle des § 506 der Zivilprozeßordnung erhobene Widerklage als Klage nicht vor die Kammer für Handelssachen, so ist diese auch von Amts wegen befugt, den Rechtsstreit an die Zivilkammer zu verweisen, solange nicht eine Verhandlung zur Hauptsache erfolgt und darauf ein Beschluß verkündet ist. Die Verweisung von Amts wegen kann nicht aus dem Grund erfolgen, daß der Beklagte nicht Kaufmann ist.

§ 98. (1) Wird vor der Zivilkammer eine vor die Kammer für Handelssachen gehörige Klage zur Verhandlung gebracht, so ist der Rechtsstreit auf Antrag des Beklagten an die Kammer für Handelssachen zu verweisen. Ein Beklagter, der nicht in das Handelsregister eingetragen ist, kann den Antrag nicht darauf stützen, daß er Kaufmann ist.

(2) Der Antrag ist zurückzuweisen, wenn die im Falle des § 506 der Zivilprozeßordnung erhobene Widerklage als Klage vor die Kammer für Handelssachen nicht gehören würde.

(3) Zu einer Verweisung von Amts wegen ist die Zivilkammer nicht befugt.

(4) Die Zivilkammer ist zur Verwerfung des Antrags auch dann befugt, wenn der Kläger ihm zugestimmt hat.

§ 99. (1) Wird in einem bei der Kammer für Handelssachen anhängigen Rechtsstreit die Klage nach § 280 der Zivilprozeßordnung durch den Antrag auf Feststellung eines Rechtsverhältnisses erweitert oder eine Widerklage erhoben und gehört die erweiterte Klage oder die Widerklage als Klage nicht vor die Kammer für Handelssachen, so ist der Rechtsstreit auf Antrag des Gegners an die Zivilkammer zu verweisen.

(2) Unter der Beschränkung des § 97 Abs. 2 ist die Kammer zu der Verweisung auch von Amts wegen befugt. Diese Befugnis tritt auch dann ein, wenn durch eine Klageänderung ein Anspruch geltend gemacht wird, der nicht vor die Kammer für Handelssachen gehört.

§ 100. Die §§ 96 bis 99 sind auf das Verfahren im zweiten Rechtszuge vor den Kammern für Handelssachen entsprechend anzuwenden.

§ 101. (1) Der Antrag auf Verweisung des Rechtsstreits an eine andere Kammer ist nur vor der Verhandlung des Antragstellers zur Sache zulässig.

(2) Über den Antrag ist vorab zu verhandeln und zu entscheiden.

§ 102. Die Entscheidung über Verweisung eines Rechtsstreits an die Zivilkammer oder an die Kammer für Handelssachen ist nicht anfechtbar. Erfolgt die Verweisung an eine andere Kammer, so ist diese Entscheidung für die Kammer, an die der Rechtsstreit verwiesen wird, bindend. Der Termin zur weiteren mündlichen Verhandlung wird von Amts wegen bestimmt und den Parteien bekanntgemacht.

§ 103. Bei der Kammer für Handelssachen kann ein Anspruch nach § 64 der Zivilprozeßordnung nur dann geltend gemacht werden, wenn der Rechtsstreit nach den Vorschriften der §§ 94, 95 vor die Kammer für Handelssachen gehört.

§ 104. (1) Wird die Kammer für Handelssachen als Beschwerdegericht mit einer vor sie nicht gehörenden Beschwerde befaßt, so ist die Beschwerde von Amts wegen an die Zivilkammer zu verweisen. Ebenso hat die Zivilkammer, wenn sie als Beschwerdegericht in einer Handelssache mit einer Beschwerde befaßt wird, diese von Amts wegen an die Kammer für Handelssachen zu verweisen. Die Vorschriften des § 102 Satz 1, 2 sind entsprechend anzuwenden.

(2) Eine Beschwerde kann nicht an eine andere Kammer verwiesen werden, wenn bei der Kammer, die mit der Beschwerde befaßt wird, die Hauptsache anhängig ist oder diese Kammer bereits eine Entscheidung in der Hauptsache erlassen hat.

§ 105. (1) Die Kammern für Handelssachen entscheiden in der Besetzung mit einem Mitglied des Landgerichts als Vorsitzenden und zwei Handelsrichtern, soweit nicht nach den Vorschriften der Prozeßgesetze an Stelle der Kammer der Einzelrichter zu entscheiden hat.

(2) Sämtliche Mitglieder der Kammer für Handelssachen haben gleiches Stimmrecht.

(3) In Streitigkeiten, die sich auf das Rechtsverhältnis zwischen Reeder oder Schiffer und Schiffsmannschaft beziehen, kann die Entscheidung im ersten Rechtszug durch den Vorsitzenden allein erfolgen.

§ 106. Im Falle des § 93 Abs. 2 kann ein Amtsrichter Vorsitzender der Kammer für Handelssachen sein.

§ 107. (1) Das Amt der Handelsrichter ist ein Ehrenamt.

(2) Die Handelsrichter, die weder ihren Wohnsitz noch ihre gewerbliche Niederlassung am Sitz der Kammer für Handelssachen haben, erhalten Tage- und Übernachtungsgelder sowie Ersatz der verauslagten Fahrtkosten nach den für Landgerichtsräte geltenden Vorschriften.

(3) Handelsrichtern, die ihren Wohnsitz oder ihre gewerbliche Niederlassung am Sitz der Kammer für Handelssachen haben, werden die notwendigen Fahrtkosten erstattet, wenn ihr Weg zum Gericht mehr als zwei Kilometer beträgt.

§ 108. Die Handelsrichter werden auf gutachtlichen Vorschlag der Industrie- und Handelskammern für die Dauer von drei Jahren ernannt; eine wiederholte Ernennung ist nicht ausgeschlossen.

§ 109. (1) Zum Handelsrichter kann jeder Deutsche ernannt werden, der das dreißigste Lebensjahr vollendet hat und als Kaufmann, als Vorstand einer Aktiengesellschaft, als Geschäftsführer einer Gesellschaft mit beschränkter Haftung oder als Vorstand einer sonstigen juristischen Person in das Handelsregister eingetragen ist oder eingetragen war.

(2) Zum Handelsrichter soll nur ernannt werden, wer in dem Bezirk der Kammer für Handelssachen wohnt oder, wenn er als Kaufmann in das Handelsregister eingetragen ist, dort eine Handelsniederlassung hat; bei Personen, die als Vorstand einer Aktiengesellschaft, als Geschäftsführer

einer Gesellschaft mit beschränkter Haftung oder als Vorstand einer sonstigen juristischen Person in das Handelsregister eingetragen sind, genügt es, wenn die Gesellschaft oder juristische Person eine Niederlassung in dem Bezirk hat.

(3) Personen, die infolge gerichtlicher Anordnung in der Verfügung über ihr Vermögen beschränkt sind, können nicht zu Handelsrichtern ernannt werden.

§ 110. An Seeplätzen können Handelsrichter auch aus dem Kreise der Schiffahrtskundigen ernannt werden.

§ 111. Die Handelsrichter sind vor ihrem Amtsantritt auf die Erfüllung der Obliegenheiten des ihnen übertragenen Amtes eidlich zu verpflichten.

§ 112. Die Handelsrichter haben während der Dauer ihres Amts in Beziehung auf dasselbe alle Rechte und Pflichten eines Richters.

§ 113. (1) Ein Handelsrichter ist seines Amtes zu entheben, wenn er eine der für die Ernennung erforderlichen Eigenschaften nachträglich verliert.

(2) Es entscheidet der erste Zivilsenat des Oberlandesgerichts nach Anhörung des Beteiligten.

§ 114. Über Gegenstände, zu deren Beurteilung eine kaufmännische Begutachtung genügt, sowie über das Bestehen von Handelsgebräuchen kann die Kammer für Handelssachen auf Grund eigener Sachkunde und Wissenschaft entscheiden.

Achter Titel

Oberlandesgerichte

§ 115. Die Oberlandesgerichte werden mit einem Präsidenten und der erforderlichen Anzahl von Senatspräsidenten und Räten besetzt.

§ 115a. (Weggefallen.)

§ 116. (1) Bei den Oberlandesgerichten werden Zivil- und Strafsenate gebildet.

(2) Durch Anordnung der Landesjustizverwaltung können außerhalb des Sitzes des Oberlandesgerichts für den Bezirk eines oder mehrerer Landgerichte Zivil- oder Strafsenate gebildet und ihnen für diesen Bezirk die gesamte Tätigkeit des Zivil- oder Strafsenats des Oberlandesgerichts oder ein Teil dieser Tätigkeit zugewiesen werden.

§ 117. Die Vorschriften der §§ 62 bis 69 und des § 70 Abs. 1 sind mit der Maßgabe anzuwenden, daß zu dem Präsidium stets die beiden ältesten Mitglieder des Gerichts zuzuziehen sind.

§ 118. Zu Hilfsrichtern dürfen nur auf Lebenszeit ernannte Richter berufen werden[1]).

§ 119. Die Oberlandesgerichte sind in bürgerlichen Rechtsstreitigkeiten zuständig für die Verhandlung und Entscheidung über die Rechtsmittel:
1. der Berufung gegen die Endurteile der Landgerichte;
2. der Beschwerde gegen Entscheidungen der Landgerichte.

§§ 120 bis **121.** (Strafsachen.)

§ 122. (1) Die Senate der Oberlandesgerichte entscheiden, soweit nicht nach den Vorschriften der Prozeßgesetze an Stelle des Senats der Einzelrichter zu entscheiden hat, in der Besetzung von drei Mitgliedern mit Einschluß des Vorsitzenden.
(2) (Strafsachen.)

Neunter Titel
Bundesgerichtshof[2])

§ 123. Sitz des Bundesgerichtshofes ist Karlsruhe.

§ 124. Der Bundesgerichtshof wird mit einem Präsidenten und der erforderlichen Zahl von Senatspräsidenten und Bundesrichtern besetzt.

§ 125. (1) Die Mitglieder des Bundesgerichtshofes werden durch den Bundesminister der Justiz gemeinsam mit dem Richterwahlausschuß gemäß dem Richterwahlgesetz berufen und vom Bundespräsidenten ernannt[3]).
(2) Zum Mitglied des Bundesgerichtshofes kann nur berufen werden, wer die Fähigkeit zum Richteramt in einem deutschen Land erlangt und das fünfunddreißigste Lebensjahr vollendet hat.

§ 126. (Weggefallen.)

§ 127. (Weggefallen.)

§ 128. (Weggefallen.)

---
[1]) Übergangsvorschrift in Art. 8 Nr. 82 des Wiedervereinheitlichungsgesetzes — abgedr. unter V —.
[2]) Hierzu vgl. Art. 96 Abs. 1 GrdGes., § 12 GVG.
[3]) Hierzu vgl. Art. 60, 96 Abs. 2, 95 Abs. 3 GrdGes.; Richterwahlges. vom 25. 8. 1950 (BGBl. S. 368).

§ 129. (Weggefallen.)

§ 130. (1) Bei dem Bundesgerichtshof werden Zivil- und Strafsenate gebildet. Ihre Zahl bestimmt der Bundesminister der Justiz.

(2) Der Bundesminister der Justiz wird ermächtigt, Zivil- und Strafsenate auch außerhalb des Sitzes des Bundesgerichtshofes zu bilden.

§ 131. Die Vorschriften der §§ 62 bis 69 sind mit der Maßgabe anzuwenden, daß das Präsidium aus dem Präsidenten, den Senatspräsidenten und den vier dem Dienstalter nach, bei gleichem Dienstalter der Geburt nach ältesten Mitgliedern des Gerichts besteht.

§ 131 a. (Weggefallen.)

§ 132. (1) Beim Bundesgerichtshof wird ein Großer Senat für Zivilsachen und ein Großer Senat für Strafsachen gebildet.

(2) Jeder Große Senat besteht aus dem Präsidenten und acht Mitgliedern.

(3) Die Mitglieder und ihre Vertreter werden durch das Präsidium des Bundesgerichtshofes für die Dauer von zwei Geschäftsjahren bestellt.

(4) Die Vereinigten Großen Senate bestehen aus dem Präsidenten und sämtlichen Mitgliedern der Großen Senate.

(5) Den Vorsitz in den Großen Senaten und den Vereinigten Großen Senaten führt der Präsident des Bundesgerichtshofes, im Falle seiner Verhinderung sein Vertreter. In den Fällen des § 136 können die Präsidenten der beteiligten Senate, in den Fällen des § 137 der Präsident des erkennenden Senats oder ein von ihnen bestimmtes Mitglied ihres Senats an den Sitzungen des Großen Senats oder der Vereinigten Großen Senate mit den Befugnissen eines Mitgliedes teilnehmen. Bei Stimmengleichheit gibt die Stimme des Vorsitzenden den Ausschlag.

§ 133[1]**.** In bürgerlichen Rechtsstreitigkeiten ist der Bundesgerichtshof zuständig für die Verhandlung und Entscheidung über die Rechtsmittel:

1. der Revision gegen die Endurteile der Oberlandesgerichte sowie gegen die Endurteile der Landgerichte im Falle des § 566a der Zivilprozeßordnung;
2. der Beschwerde gegen Entscheidungen der Oberlandesgerichte in den Fällen des § 519b Abs. 2 der Zivilprozeßordnung.

§§ 134 bis **135.** (Strafsachen.)

§ 136. (1) Will in einer Rechtsfrage ein Zivilsenat von der Entscheidung eines anderen Zivilsenats oder des Großen Senats für Zivilsachen oder

---

[1]) Hierzu § 8 EG.GVG.; in Bayern: Ges. Nr. 124 über die Wiedererrichtung des BayObLG. vom 11. 5. 1948 (GVBl. S. 83).

ein Strafsenat von der Entscheidung eines anderen Strafsenats oder des Großen Senats für Strafsachen abweichen, so entscheidet im ersten Fall der Große Senat für Zivilsachen, im zweiten Fall der Große Senat für Strafsachen.

(2) Die Vereinigten Großen Senate entscheiden, wenn ein Zivilsenat von der Entscheidung eines Strafsenats oder des Großen Senats für Strafsachen, oder ein Strafsenat von der Entscheidung eines Zivilsenats oder des Großen Senats für Zivilsachen oder ein Senat von der früher eingeholten Entscheidung der Vereinigten Großen Senate abweichen will.

§ 137. Der erkennende Senat kann in einer Frage von grundsätzlicher Bedeutung die Entscheidung des Großen Senats herbeiführen, wenn nach seiner Auffassung die Fortbildung des Rechts oder die Sicherung einer einheitlichen Rechtsprechung es erfordert.

§ 138. (1) Die großen Senate und die Vereinigten Großen Senate entscheiden ohne mündliche Verhandlung nur über die Rechtsfrage.

(2) Vor der Entscheidung des Großen Senats für Strafsachen oder der Vereinigten Großen Senate sowie in Ehe- und Entmündigungssachen und in Rechtsstreitigkeiten, welche die Feststellung des Rechtsverhältnisses zwischen Eltern und Kindern oder die Anfechtung einer Todeserklärung[1]) zum Gegenstand haben, ist der Oberbundesanwalt zu hören. Der Oberbundesanwalt kann auch in der Sitzung seine Auffassung darlegen.

(3) Die Entscheidung ist in der vorliegenden Sache für den erkennenden Senat bindend.

(4) Erfordert die Entscheidung der Sache eine erneute mündliche Verhandlung vor dem erkennenden Senat, so sind die Beteiligten unter Mitteilung der ergangenen Entscheidung der Rechtsfrage zu der Verhandlung zu laden.

§ 139. Die Senate des Bundesgerichtshofes entscheiden in der Besetzung von fünf Mitgliedern mit Einschluß des Vorsitzenden.

§ 140. Der Geschäftsgang wird durch eine Geschäftsordnung geregelt, die das Plenum beschließt; sie bedarf der Bestätigung durch den Bundesrat.

Zehnter Titel
Staatsanwaltschaft

§§ 141 bis 152.

---

[1]) Seit Ges. vom 4. 7. 1939 (RGBl. I S. 1186) nicht mehr Aufgebots-, sondern Verfahren der freiw. Gerichtsbarkeit.

Elfter Titel

Geschäftsstelle

§ 153. Bei jedem Gericht wird eine Geschäftsstelle eingerichtet, die mit der erforderlichen Zahl von Urkundsbeamten besetzt wird. Die Geschäftseinrichtung bei dem Bundesgerichtshof wird durch den Bundesminister der Justiz, bei den Landesgerichten durch die Landesjustizverwaltung bestimmt.

Zwölfter Titel

Zustellungs- und Vollstreckungsbeamte

§ 154. Die Dienst- und Geschäftsverhältnisse der mit den Zustellungen, Ladungen und Vollstreckungen zu betrauenden Beamten (Gerichtsvollzieher) werden bei dem Bundesgerichtshof durch den Bundesminister der Justiz, bei den Landesgerichten durch die Landesjustizverwaltung bestimmt.

§ 155. Der Gerichtsvollzieher ist von der Ausübung seines Amts kraft Gesetzes ausgeschlossen:

I. in bürgerlichen Rechtsstreitigkeiten:
 1. wenn er selbst Partei oder gesetzlicher Vertreter einer Partei ist oder zu einer Partei in dem Verhältnis eines Mitberechtigten, Mitverpflichteten oder Schadensersatzpflichtigen steht;
 2. wenn sein Ehegatte Partei ist, auch wenn die Ehe nicht mehr besteht;
 3. wenn eine Person Partei ist, mit der er in gerader Linie verwandt, verschwägert oder durch Annahme an Kindes Statt verbunden, in der Seitenlinie bis zum dritten Grad verwandt oder bis zum zweiten Grad verschwägert ist, auch wenn die Ehe, durch welche die Schwägerschaft begründet ist, nicht mehr besteht;

II. in Strafsachen:

......

Dreizehnter Titel

Rechtshilfe[1])

§ 156. Die Gerichte haben sich in bürgerlichen Rechtsstreitigkeiten und in Strafsachen Rechtshilfe zu leisten.

§ 157. Das Ersuchen um Rechtshilfe ist an das Amtsgericht zu richten, in dessen Bezirk die Amtshandlung vorgenommen werden soll[2]).

[1]) Hierzu vgl. Art. 35, 44 Abs. 3 GrdGes.

[2]) Ermächtigung zur Zusammenfassung: Neunter Teil § 4 der NotVO. vom 1. 12. 1930 (RGBl. I S. 517).

§ 158. (1) Das Ersuchen darf nicht abgelehnt werden.

(2) Das Ersuchen eines nicht im Rechtszuge vorgesetzten Gerichts ist jedoch abzulehnen, wenn die vorzunehmende Handlung nach dem Recht des ersuchten Gerichts verboten ist. Ist das ersuchte Gericht örtlich nicht zuständig, so gibt es das Ersuchen an das zuständige Gericht ab.

§ 159. (1) Wird das Ersuchen abgelehnt oder wird der Vorschrift des § 158 Abs. 2 zuwider dem Ersuchen stattgegeben, so entscheidet das Oberlandesgericht, zu dessen Bezirk das ersuchte Gericht gehört. Die Entscheidung ist nur anfechtbar, wenn sie die Rechtshilfe für unzulässig erklärt und das ersuchende und das ersuchte Gericht den Bezirken verschiedener Oberlandesgerichte angehören. Über die Beschwerde entscheidet der Bundesgerichtshof.

(2) Die Entscheidungen ergehen auf Antrag der Beteiligten oder des ersuchenden Gerichts ohne mündliche Verhandlung.

§ 160. Vollstreckungen, Ladungen und Zustellungen werden nach Vorschrift der Prozeßordnungen bewirkt ohne Rücksicht darauf, ob sie in dem Land, dem das Prozeßgericht angehört, oder in einem anderen deutschen Land vorzunehmen sind.

§ 161. Gerichte, Staatsanwaltschaften und Geschäftsstellen der Gerichte können wegen Erteilung eines Auftrags an einen Gerichtsvollzieher die Mitwirkung der Geschäftsstelle des Amtsgerichts in Anspruch nehmen, in dessen Bezirk der Auftrag ausgeführt werden soll. Der von der Geschäftsstelle beauftragte Gerichtsvollzieher gilt als unmittelbar beauftragt.

§ 162. Hält sich ein zu einer Freiheitsstrafe Verurteilter außerhalb des Bezirks der Strafvollstreckungsbehörde auf, so kann diese Behörde die Staatsanwaltschaft des Landgerichts, in dessen Bezirk sich der Verurteilte befindet, um die Vollstreckung der Strafe ersuchen.

§ 163. Soll eine Freiheitsstrafe in dem Bezirk eines anderen Gerichts vollstreckt oder ein in dem Bezirk eines anderen Gerichts befindlicher Verurteilter zum Zwecke der Strafverbüßung ergriffen und abgeliefert werden, so ist die Staatsanwaltschaft bei dem Landgericht des Bezirks um die Ausführung zu ersuchen.

§ 164. (1) Kosten und Auslagen der Rechtshilfe werden von der ersuchenden Behörde nicht erstattet.

(2) Gebühren oder andere öffentliche Abgaben, denen die von der ersuchenden Behörde übersendeten Schriftstücke (Urkunden, Protokolle) nach dem Recht der ersuchten Behörde unterliegen, bleiben außer Ansatz.

§ 165. (1) Für die Höhe der den geladenen Zeugen und Sachverständigen gebührenden Beträge sind die Vorschriften maßgebend, die bei dem Gericht gelten, vor das geladen wurde.

(2) Sind die Beträge nach dem Recht des Aufenthaltsorts der geladenen Personen höher, so können die höheren Beträge gefordert werden.

(3) Bei weiterer Entfernung des Aufenthaltsorts der geladenen Personen ist ihnen auf Antrag ein Vorschuß zu bewilligen.

§ 166. Ein Gericht darf Amtshandlungen außerhalb seines Bezirks ohne Zustimmung des Amtsgerichts des Ortes nur vornehmen, wenn Gefahr im Verzug ist. In diesem Falle ist dem Amtsgericht des Ortes Anzeige zu machen.

§ 167. (1) Die Polizeibeamten eines deutschen Landes sind ermächtigt, die Verfolgung eines Flüchtigen auf das Gebiet eines anderen deutschen Landes fortzusetzen und den Flüchtigen dort zu ergreifen.

(2) Der Ergriffene ist unverzüglich an das nächste Gericht oder die nächste Polizeibehörde des Landes, in dem er ergriffen wurde, abzuführen.

§ 168. Die in einem deutschen Land bestehenden Vorschriften über die Mitteilung von Akten einer öffentlichen Behörde an ein Gericht dieses Landes sind auch dann anzuwenden, wenn das ersuchende Gericht einem anderen deutschen Land angehört.

Vierzehnter Titel

Öffentlichkeit und Sitzungspolizei

§ 169. Die Verhandlung vor dem erkennenden Gericht, einschließlich der Verkündung der Urteile und Beschlüsse, ist öffentlich.

§ 170. Die Verhandlung in Ehesachen ist nicht öffentlich.

§ 171. (1) In dem auf die Klage wegen Anfechtung oder Wiederaufhebung der Entmündigung einer Person wegen Geisteskrankheit oder wegen Geistesschwäche eingeleiteten Verfahren (§§ 664, 679 der Zivilprozeßordnung) ist die Öffentlichkeit während der Vernehmung des Entmündigten auszuschließen, auch kann auf Antrag einer der Parteien die Öffentlichkeit der Verhandlung überhaupt ausgeschlossen werden.

(2) Das Verfahren wegen Entmündigung oder Wiederaufhebung der Entmündigung (§§ 645 bis 663, 675 bis 678 der Zivilprozeßordnung) ist nicht öffentlich.

§ 171 a. (Strafsachen.)

§ 172. In allen Sachen kann durch das Gericht für die Verhandlung oder für einen Teil davon die Öffentlichkeit ausgeschlossen werden, wenn sie eine Gefährdung der öffentlichen Ordnung, insbesondere der Staatssicherheit, eine Gefährdung der Sittlichkeit oder die Gefährdung eines wichtigen Geschäfts- oder Betriebsgeheimnisses besorgen läßt.

§ 173. (1) Die Verkündung des Urteils erfolgt in jedem Falle öffentlich.

(2) Durch einen besonderen Beschluß des Gerichts kann unter den Voraussetzungen des § 172 auch für die Verkündung der Urteilsgründe oder eines Teiles davon die Öffentlichkeit ausgeschlossen werden.

§ 174. (1) Über die Ausschließung der Öffentlichkeit ist in nicht öffentlicher Sitzung zu verhandeln, wenn ein Beteiligter es beantragt oder das Gericht es für angemessen erachtet. Der Beschluß, der die Öffentlichkeit ausschließt, muß öffentlich verkündet werden. Bei der Verkündung ist in den Fällen der §§ 172, 173 anzugeben, aus welchem Grund die Öffentlichkeit ausgeschlossen worden ist.

(2) Ist die Öffentlichkeit wegen Gefährdung der Staatssicherheit oder eines Geschäfts- oder Betriebsgeheimnisses ausgeschlossen, so kann das Gericht den anwesenden Personen die Geheimhaltung von Tatsachen, die durch die Verhandlung, durch die Anklageschrift oder durch andere amtliche Schriftstücke des Prozesses zu ihrer Kenntnis gelangen, zur Pflicht machen[1]). Der Beschluß ist in das Sitzungsprotokoll aufzunehmen. Er ist anfechtbar. Die Beschwerde hat keine aufschiebende Wirkung.

§ 175. (1) Der Zutritt zu öffentlichen Verhandlungen kann unerwachsenen und solchen Personen versagt werden, die sich nicht im Besitz der bürgerlichen Ehrenrechte befinden, oder die in einer der Würde des Gerichts nicht entsprechenden Weise erscheinen.

(2) Zu nicht öffentlichen Verhandlungen kann der Zutritt einzelnen Personen vom Gericht gestattet werden. Einer Anhörung der Beteiligten bedarf es nicht.

(3) Die Ausschließung der Öffentlichkeit steht der Anwesenheit der die Dienstaufsicht führenden Beamten der Justizverwaltung bei den Verhandlungen vor dem erkennenden Gericht nicht entgegen.

§ 176. Die Aufrechthaltung der Ordnung in der Sitzung obliegt dem Vorsitzenden.

§ 177. Parteien, Beschuldigte, Zeugen, Sachverständige oder bei der Verhandlung nicht beteiligte Personen, die den zur Aufrechterhaltung der Ordnung erlassenen Befehlen nicht gehorchen, können auf Beschluß des Gerichts aus dem Sitzungszimmer entfernt, auch zur Haft abgeführt und während einer in dem Beschluß zu bestimmenden Zeit, die vierundzwanzig Stunden nicht übersteigen darf, festgehalten werden.

§ 178. Das Gericht kann gegen Parteien, Beschuldigte, Zeugen, Sachverständige oder bei der Verhandlung nicht beteiligte Personen, die sich

---

[1]) Für Veröffentlichungen in der Presse: Art. III des Ges. vom 5. 4. 1888 (RGBl. S. 133). i.d.F. des Zweiten Teiles Art. III der NotVO. vom 9. 3. 1932 (RGBl. I S. 121).

in der Sitzung einer Ungebühr schuldig machen, vorbehaltlich der strafgerichtlichen Verfolgung, eine Ordnungsstrafe in Geld[1]) oder bis zu drei Tagen Haft[2]) festsetzen und sofort vollstrecken lassen.

§ 179. Die Vollstreckung der vorstehend bezeichneten Ordnungsstrafen hat der Vorsitzende unmittelbar zu veranlassen.

§ 180. Die in den §§ 176 bis 179 bezeichneten Befugnisse stehen auch einem einzelnen Richter bei der Vornahme von Amtshandlungen außerhalb der Sitzung zu.

§ 181. (1) Ist in den Fällen der §§ 178, 180 eine Ordnungsstrafe festgesetzt, so kann gegen die Entscheidung binnen der Frist von einer Woche nach ihrer Bekanntmachung Beschwerde eingelegt werden, sofern sie nicht von dem Bundesgerichtshof oder einem Oberlandesgericht getroffen ist.

(2) Die Beschwerde hat in dem Falle des § 178 keine aufschiebende Wirkung, in dem Falle des § 180 aufschiebende Wirkung.

(3) Über die Beschwerde entscheidet das Oberlandesgericht.

§ 182. Ist eine Ordnungsstrafe wegen Ungebühr festgesetzt oder eine Person zur Haft abgeführt oder eine bei der Verhandlung beteiligte Person entfernt worden, so ist der Beschluß des Gerichts und dessen Veranlassung in das Protokoll aufzunehmen.

§ 183. Wird eine strafbare Handlung in der Sitzung begangen, so hat das Gericht den Tatbestand festzustellen und der zuständigen Behörde das darüber aufgenommene Protokoll mitzuteilen. In geeigneten Fällen ist die vorläufige Festnahme des Täters zu verfügen.

Fünfzehnter Titel
Gerichtssprache

§ 184. Die Gerichtssprache ist deutsch.

§ 185. (1) Wird unter Beteiligung von Personen verhandelt, die der deutschen Sprache nicht mächtig sind, so ist ein Dolmetscher zuzuziehen. Ein Nebenprotokoll in der fremden Sprache wird nicht geführt; jedoch sollen Aussagen und Erklärungen in fremder Sprache, wenn und soweit der Richter dies mit Rücksicht auf die Wichtigkeit der Sache für erforderlich erachtet, auch in der fremden Sprache in das Protokoll oder in eine Anlage niedergeschrieben werden. In den dazu geeigneten Fällen soll dem Protokoll eine durch den Dolmetscher zu beglaubigende Übersetzung beigefügt werden.

---

[1]) VO. über Vermögensstrafen und Bußen vom 6. 2. 1924 (RGBl. I S. 44).
[2]) Hierzu vgl. Art. 46 Abs. 4 GrdGes.

(2) Die Zuziehung eines Dolmetschers kann unterbleiben, wenn die beteiligten Personen sämtlich der fremden Sprache mächtig sind.

§ 186. Zur Verhandlung mit tauben oder stummen Personen ist, sofern nicht eine schriftliche Verständigung erfolgt, eine Person als Dolmetscher zuzuziehen, mit deren Hilfe die Verständigung in anderer Weise erfolgen kann.

§ 187. (1) Ob einer Partei, die taub ist, bei der mündlichen Verhandlung der Vortrag zu gestatten sei, bleibt dem Ermessen des Gerichts überlassen.

(2) Dasselbe gilt in Anwaltsprozessen von einer Partei, die der deutschen Sprache nicht mächtig ist.

§ 188. Personen, die der deutschen Sprache nicht mächtig sind, leisten Eide in der ihnen geläufigen Sprache.

§ 189. (1) Der Dolmetscher hat einen Eid dahin zu leisten:

daß er treu und gewissenhaft übertragen werde.

(2) Ist der Dolmetscher für Übertragungen der betreffenden Art im allgemeinen beeidigt, so genügt die Berufung auf den geleisteten Eid.

§ 190. Der Dienst des Dolmetschers kann von dem Urkundsbeamten der Geschäftsstelle wahrgenommen werden. Einer besonderen Beeidigung bedarf es nicht.

§ 191. Auf den Dolmetscher sind die Vorschriften über Ausschließung und Ablehnung der Sachverständigen entsprechend anzuwenden. Es entscheidet das Gericht oder der Richter, von dem der Dolmetscher zugezogen ist.

Sechzehnter Titel

Beratung und Abstimmung

§ 192. (1) Bei Entscheidungen dürfen Richter nur in der gesetzlich bestimmten Anzahl mitwirken.

(2) Bei Verhandlungen von längerer Dauer kann der Vorsitzende die Zuziehung von Ergänzungsrichtern anordnen, die der Verhandlung beizuwohnen und im Falle der Verhinderung eines Richters für ihn einzutreten haben.

(3) (Strafsachen.)

§ 193. Bei der Beratung und Abstimmung dürfen außer den zur Entscheidung berufenen Richtern nur die bei demselben Gericht zu ihrer juristischen Ausbildung beschäftigten Personen zugegen sein, soweit der Vorsitzende deren Anwesenheit gestattet.

§ 194. (1) Der Vorsitzende leitet die Beratung, stellt die Fragen und sammelt die Stimmen.

(2) Meinungsverschiedenheiten über den Gegenstand, die Fassung und die Reihenfolge der Fragen oder über das Ergebnis der Abstimmung entscheidet das Gericht.

§ 195. Kein Richter, Schöffe oder Geschworener darf die Abstimmung über eine Frage verweigern, weil er bei der Abstimmung über eine vorhergegangene Frage in der Minderheit geblieben ist.

§ 196. (1) Das Gericht entscheidet, soweit das Gesetz nicht ein anderes bestimmt, mit der absoluten Mehrheit der Stimmen.

(2) Bilden sich in Beziehung auf Summen, über die zu entscheiden ist, mehr als zwei Meinungen, deren keine die Mehrheit für sich hat, so werden die für die größte Summe abgegebenen Stimmen den für die zunächst geringere abgegebenen so lange hinzugerechnet, bis sich eine Mehrheit ergibt.

(3) (Strafsachen.)

§ 197. Die Richter stimmen nach dem Dienstalter, bei gleichem Dienstalter nach dem Lebensalter, Handelsrichter, Schöffen und Geschworene nach dem Lebensalter; der jüngere stimmt vor dem älteren. Die Schöffen und Geschworenen stimmen vor den Richtern. Wenn ein Berichterstatter ernannt ist, so stimmt er zuerst. Zuletzt stimmt der Vorsitzende.

§ 198. (Strafsachen.)

Siebzehnter Titel

Gerichtsferien

§ 199. Die Gerichtsferien beginnen am 15. Juli und enden am 15. September.

§ 200. (1) Während der Ferien werden nur in Feriensachen Termine abgehalten und Entscheidungen erlassen.

(2) Feriensachen sind:

1. Strafsachen;
2. Arrestsachen und die eine einstweilige Verfügung betreffenden Sachen;
3. Meß- und Marktsachen;
4. Streitigkeiten zwischen dem Vermieter und dem Mieter oder Untermieter von Wohnräumen oder anderen Räumen oder zwischen dem Mieter und dem Untermieter solcher Räume wegen Überlassung, Benutzung oder Räumung sowie wegen Zurückhaltung der von dem Mieter oder dem Untermieter in die Mieträume eingebrachten Sachen;

5. Ansprüche aus dem außerehelichen Beischlaf;
6. Wechselsachen;
7. Regreßansprüche aus einem Scheck;
8. Bausachen, wenn über Fortsetzung eines angefangenen Baues gestritten wird.

(3) In dem Verfahren vor den Amtsgerichten hat das Gericht auf Antrag auch andere Sachen als Feriensachen zu bezeichnen. Werden in einer Sache, die durch Beschluß des Gerichts als Feriensache bezeichnet ist, in einem Termin zur mündlichen Verhandlung einander widersprechende Anträge gestellt, so ist der Beschluß aufzuheben, sofern die Sache nicht besonderer Beschleunigung bedarf.

(4) In dem Verfahren vor den Landgerichten sowie in dem Verfahren in den höheren Instanzen soll das Gericht auf Antrag auch solche Sachen, die nicht unter die Vorschrift des Abs. 1 fallen, soweit sie besonderer Beschleunigung bedürfen, als Feriensachen bezeichnen. Die Bezeichnung kann vorbehaltlich der Entscheidung des Gerichts durch den Vorsitzenden erfolgen.

§ 201. Zur Erledigung der Feriensachen können bei den Landgerichten Ferienkammern, bei den Oberlandesgerichten und dem Bundesgerichtshof Feriensenate gebildet werden.

§ 202. Auf das Kostenfestsetzungsverfahren, das Mahnverfahren, das Zwangsvollstreckungsverfahren, das Konkursverfahren und das Vergleichsverfahren zur Abwendung des Konkurses sind die Ferien ohne Einfluß.

IV.

Ergänzende Vorschriften zur Gerichtsverfassung

A. Einführungsgesetz zum Gerichtsverfassungsgesetz.

vom 27. Januar 1877 (RGBl. S. 77), abgeändert durch Ges. vom 12. 6. 1889 (RGBl. S. 95), 17. 5. 1898 (RGBl. S. 252), 22. 5. 1910 (RGBl. S. 767), 20. 2. 1911 (RGBl. S. 59) und Bundesges. vom 12. 9. 1950 (BGBl. S. 455).

§ 1. Das Gerichtsverfassungsgesetz tritt im ganzen Umfange des Reichs an einem durch Kaiserliche Verordnung mit Zustimmung des Bundesrats festzusetzenden Tage, spätestens am 1. Oktober 1879, gleichzeitig mit der im § 2 des Einführungsgesetzes der Zivilprozeßordnung vorgesehenen Gebührenordnung in Kraft.

§ 2. Die Vorschriften des Gerichtsverfassungsgesetzes finden nur auf die ordentliche streitige Gerichtsbarkeit und deren Ausübung Anwendung.

§ 3. Die Gerichtsbarkeit in bürgerlichen Rechtsstreitigkeiten und Strafsachen, für welche besondere Gerichte zugelassen sind, kann den ordentlichen Landesgerichten durch die Landesgesetzgebung übertragen werden. Die Übertragung darf nach anderen als den durch das Gerichtsverfassungsgesetz vorgeschriebenen Zuständigkeitsnormen erfolgen.

Auch kann die Gerichtsbarkeit letzter Instanz in den vorerwähnten Sachen auf Antrag des betreffenden Bundesstaates mit Zustimmung des Bundesrats durch Kaiserliche Verordnung dem Reichsgerichte übertragen werden.

Insoweit für bürgerliche Rechtsstreitigkeiten ein von den Vorschriften der Zivilprozeßordnung abweichendes Verfahren gestattet ist, kann die Zuständigkeit der ordentlichen Landesgerichte durch die Landesgesetzgebung nach anderen als den durch das Gerichtsverfassungsgesetz vorgeschriebenen Normen bestimmt werden.

§ 4. Durch die Vorschriften des Gerichtsverfassungsgesetzes über die Zuständigkeit der Behörden wird die Landesgesetzgebung nicht gehindert, den betreffenden Landesbehörden jede andere Art der Gerichtsbarkeit, sowie Geschäfte der Justizverwaltung zu übertragen. Andere Gegenstände der Verwaltung dürfen den ordentlichen Gerichten nicht übertragen werden.

§ 5. (Gegenstandslos.[1])

§ 6. (Weggefallen.[2])

§ 7. (Strafsachen.)

§ 8. Durch die Gesetzgebung eines Landes, in dem mehrere Oberlandesgerichte errichtet werden, kann die Verhandlung und Entscheidung der zur Zuständigkeit des Bundesgerichtshofes gehörenden Revisionen in bürgerlichen Rechtsstreitigkeiten einem obersten Landesgericht zugewiesen werden[3]).

Diese Vorschrift findet jedoch auf bürgerliche Rechtsstreitigkeiten, in denen für die Entscheidung Bundesrecht in Betracht kommt, keine Anwendung, es sei denn, daß es sich im wesentlichen um Rechtsnormen handelt, die in den Landesgesetzen enthalten sind.

§ 9. (Strafsachen.)

§ 10. Die allgemeinen sowie die in den §§ 124, 130, 131 und 181 Abs. 1 enthaltenen besonderen Vorschriften des Gerichtsverfassungsgesetzes finden auf die obersten Landesgerichte als Behörde der ordentlichen Gerichtsbarkeit entsprechende Anwendung; ferner sind die Vorschriften der §§ 132, 136 bis 138 des Gerichtsverfassungsgesetzes mit der Maßgabe entsprechend anzuwenden, daß durch Landesgesetz die Bildung eines einzigen Großen Senats angeordnet werden kann, der aus dem Präsidenten und mindestens acht Mitgliedern zu bestehen hat und an die Stelle der Großen Senate für Zivilsachen und für Strafsachen sowie der Vereinigten Großen Senate tritt.

Die Besetzung der Senate bestimmt sich in Strafsachen, in Grundbuchsachen und in Angelegenheiten der freiwilligen Gerichtsbarkeit nach den Vorschriften über die Oberlandesgerichte, im übrigen nach den Vorschriften über den Bundesgerichtshof.

§ 11. Die landesgesetzlichen Bestimmungen, durch welche die strafrechtliche oder zivilrechtliche Verfolgung öffentlicher Beamten wegen der in Ausübung oder in Veranlassung der Ausübung ihres Amts vorgenommenen Handlungen an besondere Voraussetzungen gebunden ist, treten außer Kraft.

Unberührt bleiben die landesgesetzlichen Vorschriften, durch welche die Verfolgung der Beamten entweder im Falle des Verlangens einer vorgesetzten Behörde oder unbedingt an die Vorentscheidung einer besonderen Behörde gebunden ist, mit der Maßgabe:

---

[1]) Die öffentlich-rechtlichen Vorrechte des Standes sind durch Art. 109 WeimRV. abgeschafft worden.
[2]) Aufgehoben durch Bundesgesetz vom 12. 9. 1950 (BGBl. S. 455) Art. 1 Nr. 80.
[3]) Geschehen in Bayern: Gesetz Nr. 124 über die Wiedererrichtung des Bayerischen Obersten Landesgerichts vom 11. 5. 1948 (GVBl. S. 83).

1. daß die Vorentscheidung auf die Feststellung beschränkt ist, ob der Beamte sich einer Überschreitung seiner Amtsbefugnisse oder der Unterlassung einer ihm obliegenden Amtshandlung schuldig gemacht habe;
2. daß in den Ländern, in welchen ein oberster Verwaltungsgerichtshof besteht, die Vorentscheidung diesem, in den anderen Ländern dem *Reichsgericht*[1]) zusteht.

§ 12. (Weggefallen.[2]))

§§ 13 bis **16.** (Gegenstandslos.)

§ 17. *Auf Antrag eines Bundesstaates und mit Zustimmung des Bundesrats kann durch Kaiserliche Verordnung die Verhandlung und Entscheidung der im* § 17 *des Gerichtsverfassungsgesetzes bezeichneten Streitigkeiten dem Reichsgerichte zugewiesen werden.*

(Abs. 2 gegenstandslos.)

§§ 18 bis **22.** (Gegenstandslos.)

B. Gesetz über die Zuständigkeit der Gerichte bei Änderungen der Gerichtseinteilung

vom 6. Dezember 1933 (RGBl. I S. 1037)

Artikel 1

Für die Erledigung von bürgerlichen Rechtsstreitigkeiten einschließlich des Konkurses und des Vergleichsverfahrens sowie von Strafsachen gelten bei Aufhebung von Gerichten der Länder und bei Änderung ihrer Bezirke folgende Vorschriften:

§ 1. Wird der Bezirk eines Gerichts geändert, so wird dadurch die Zuständigkeit des Gerichts für die bei ihm anhängigen Sachen nicht berührt. Das Gericht bleibt auch weiterhin für die Angelegenheiten zuständig, bei denen sich die Zuständigkeit nach einem bei ihm anhängigen oder anhängig gewesenen Verfahren bestimmt (Kostenfestsetzungsverfahren, Verfahren nach Zurückverweisung, Wiederaufnahme des Verfahrens, Vollstreckungsgegenklage, Entscheidungen über die Strafvollstreckung u. dgl.).

---

[1]) Jetzt „Bundesgerichtshof" (Art. 8 Nr. 88 des Bundesges. vom 12. 9. 1950 — BGBl. S. 455 —).
[2]) Gestrichen durch § 1 des Ges. vom 12. 6. 1889 (RGBl. S. 95).

§ 2. Wird ein Gericht aufgehoben und sein gesamter Bezirk dem Bezirk eines anderen Gerichts zugelegt, so tritt dieses Gericht in jeder Hinsicht an die Stelle des aufgehobenen Gerichts.

§ 3. Wird ein Gericht aufgehoben und sein Bezirk auf die Bezirke mehrerer Gerichte aufgeteilt, so bestimmt die Landesjustizverwaltung im Wege allgemeiner Anordnung, welches Gericht oder welche Gerichte die anhängigen Sachen zu erledigen haben und für die im § 1 Satz 2 bezeichneten Angelegenheiten zuständig sind. Ist eine solche Anordnung nicht getroffen, so geht die Zuständigkeit auf die Gerichte über, zu dessen Bezirk der Sitz des aufgehobenen Gerichts gelegt ist.

§ 4. (Strafsachen.)

§ 5. Wird ein Gericht einem anderen übergeordneten Gericht unterstellt, so ist für die Entscheidung über Rechtsmittel, die sich gegen eine vor Inkrafttreten der Änderung erlassene Entscheidung richten, das Gericht zuständig, das dem erkennenden Gericht vor dem Inkrafttreten der Änderung übergeordnet war. Ebenso ist für die Entscheidung über Rechtsmittel, die sich gegen die Entscheidung eines aufgehobenen Gerichts richten, das Gericht zuständig, das dem aufgehobenen Gericht übergeordnet war.

Ist das übergeordnete Gericht, das für die Entscheidung über die Rechtsmittel nach Abs. 1 zuständig sein würde, aufgehoben, so gilt folgendes:

1. Ist der gesamte Bezirk des übergeordneten Gerichts dem Bezirk eines anderen Gerichts zugelegt, so tritt dieses Gericht an die Stelle des aufgehobenen Gerichts.
2. Ist der Bezirk des aufgehobenen übergeordneten Gerichts auf die Bezirke mehrerer Gerichte aufgeteilt, so bestimmt die Landesjustizverwaltung im Wege allgemeiner Anordnung, welches Gericht oder welche Gerichte für die Entscheidung über die Rechtsmittel zuständig sind. Ist eine solche Anordnung nicht getroffen, so ist für die Entscheidung das Gericht zuständig, dessen Bezirk der Sitz des aufgehobenen übergeordneten Gerichts zugeteilt ist.

§ 6. Ist im Falle des § 5 ein Rechtsmittel bei einem nach dieser Vorschrift nicht zuständigen Gericht eingelegt, so wird dadurch die Zulässigkeit des Rechtsmittels nicht berührt. Die Sache ist von Amts wegen an das zuständige Gericht abzugeben; der Abgabebeschluß ist für das in dem Beschluß bezeichnete Gericht bindend.

§ 7. Die Landesjustizverwaltung kann bei der Aufhebung einzelner Gerichte oder der Änderung ihrer Bezirke im Wege allgemeiner Anordnung eine von den Vorschriften des § 1 und des § 5 Abs. 1 abweichende Regelung treffen.

§ 8. Geht auf Grund des § 2 oder des § 3 ein Rechtsstreit auf ein anderes Oberlandesgericht oder Landgericht über, so bleiben die zu Prozeßbevollmächtigten bestellten Rechtsanwälte zur Fortführung der Vertretung befugt, wenn sie bei einem anderen Gericht als Rechtsanwälte zugelassen bleiben oder neu zugelassen werden.

Wird ein Oberlandesgericht aufgehoben, so sind die Landgerichtsanwälte, die zugleich bei diesem Oberlandesgericht zugelassen waren, auf Antrag zugleich bei dem Oberlandesgericht zuzulassen, dem das Landgericht nunmehr unterstellt wird. Die Vorschriften der §§ 14a, 15 der Rechtsanwaltsordnung und des § 2 Satz 2 des Gesetzes über die Zulassung zur Rechtsanwaltschaft vom 7. April 1933 (Reichsgesetzbl. I S. 188) bleiben unberührt.

Artikel 2

Die bei der Aufhebung von Gerichten oder der Änderung von Gerichtsbezirken erforderlichen Vorschriften auf dem Gebiete der freiwilligen Gerichtsbarkeit und der den Gerichten sonst zugewiesenen Aufgaben werden von der Landesjustizverwaltung erlassen, soweit nicht Reichs- oder Landesgesetze bereits eine Regelung enthalten. Für die Rechtsmittel gilt die Vorschrift des Artikels 1 § 6 entsprechend.

Artikel 3

Die Landesjustizverwaltung kann ferner Handelsrichter, Schöffen und Geschworene, Arbeitsrichter und Landesarbeitsrichter sowie sonstige nichtrichterliche Gerichtsbeisitzer, die bei den aufgehobenen oder bei den von der Änderung betroffenen Gerichten vorhanden sind, für den Rest ihrer Amtszeit anderen Gerichten zuweisen.

Artikel 4

Vorschriften, die die Landesjustizverwaltungen über die Zuständigkeit der Gerichte bei Änderungen der Gerichtseinteilung vor Inkrafttreten dieses Gesetzes erlassen haben, bleiben wirksam.

Die Vorschriften der Verordnung über Maßnahmen bei Aufhebung oder Zusammenlegung von Gerichten vom 29. Februar 1932 (Reichsgesetzbl. I S. 99) werden aufgehoben.

Artikel 5

Wird ein Gericht des *Reichs* aufgehoben oder sein Bezirk geändert, so erläßt der zuständige *Reichsminister* die erforderlichen Vorschriften.

V.

Wiedervereinheitlichung

Gesetz zur Wiederherstellung der Rechtseinheit auf dem Gebiete der Gerichtsverfassung, der bürgerlichen Rechtspflege, des Strafverfahrens und des Kostenrechts

vom 12. September 1950 (BGBl. S. 455)

Artikel 1

Änderung von Vorschriften über die Gerichtsverfassung

Artikel 2

Änderung von Vorschriften über das Zivilprozeßrecht

Artikel 8

Schlußvorschriften

I. Inkrafttreten

Das Gesetz tritt am 1. Oktober 1950 in Kraft.

II. Aufhebung von Vorschriften

Folgende Vorschriften werden aufgehoben, soweit sie nicht bereits außer Kraft getreten sind:

1. § 3 Nr. 1, §§ 4 bis 8, §§ 18 bis 20 der Bekanntmachung zur Entlastung der Gerichte in der Fassung vom 13. Mai 1924 (Reichsgesetzbl. I S. 552), der Verordnung vom 11. Dezember 1924 (Reichsgesetzbl. I S. 772), der Verordnung vom 19. Juni 1925 (Reichsgesetzbl. I S. 88), des Artikels VI Abs. 2 Nr. 2 des Gesetzes vom 28. Januar 1927 (Reichsgesetzbl. I S. 53) und des Sechsten Teils Kap. I § 10 Abs. 2 der Verordnung vom 6. Oktober 1931 (Reichsgesetzbl. I S. 537);

2. Art. I § 2 des Gesetzes betreffend die Erstattung von Rechtsanwaltsgebühren in Armensachen und Änderung des Gerichtskostengesetzes vom 20. Dezember 1928 (Reichsgesetzbl. I S. 411);
3. die §§ 1 bis 11 des I. Kapitels und Kapitel II des Sechsten Teils der Dritten Verordnung des Reichspräsidenten zur Sicherung von Wirtschaft und Finanzen und zur Bekämpfung politischer Ausschreitungen vom 6. Oktober 1931 (Reichsgesetzbl. I S. 537);
4. Kapitel I und Kapitel III Artikel 1 und 2 des Ersten Teils der Verordnung des Reichspräsidenten über Maßnahmen auf dem Gebiete der Rechtspflege und Verwaltung vom 14. Juni 1932 (Reichsgesetzbl. I S. 285);
5. (Strafsachen);
6. das Gesetz zur Verhütung mißbräuchlicher Ausnutzung von Vollstreckungsmöglichkeiten vom 13. Dezember 1934 (Reichsgesetzbl. I S. 1234);
7. die §§ 5, 6, 10, 11 und 20 der Verordnung zur einheitlichen Regelung der Gerichtsverfassung vom 20. März 1935 (Reichsgesetzbl. I S. 403);
8. das Gesetz zur Änderung von Vorschriften des Strafverfahrens und des Gerichtsverfassungsgesetzes vom 28. Juni 1935 (Reichsgesetzbl. I S. 844);
9. (Freiw. Gerichtsbarkeit);
10. das Gesetz über die Geschäftsverteilung bei den Gerichten vom 24. November 1937 (Reichsgesetzbl. I S. 1286);
11. die Verordnung über Maßnahmen auf dem Gebiete der Gerichtsverfassung und der Rechtspflege vom 1. September 1939 (Reichsgesetzbl. I S. 1658);
12. die Zweite Verordnung zur Durchführung der Verordnung über Maßnahmen auf dem Gebiete der Gerichtsverfassung und der Rechtspflege vom 4. Oktober 1939 (Reichsgesetzbl. I S. 1994);
13. die Verordnung über weitere Maßnahmen auf dem Gebiete der Zwangsvollstreckung (Lockerungsverordnung) vom 31. Oktober 1939 (Reichsgesetzbl. I S. 2139);
14. (Kriegsausgleichsverfahren);
15.—17. (Strafsachen);
18. die Verordnung zur Änderung der Vereinfachungsverordnung (Zweite Vereinfachungsverordnung — 2. VereinfV.) vom 18. September 1940 (Reichsgesetzbl. I S. 1253);
19. die Verordnung zur Vereinfachung und Vereinheitlichung des Zustellungsrechts (ZustV.) vom 9. Oktober 1940 (Reichsgesetzbl. I S. 1340);
20. das Gesetz über die Mitwirkung des Staatsanwalts in bürgerlichen Rechtssachen vom 15. Juli 1941 (Reichsgesetzbl. I S. 383);
21. die Verordnung zur weiteren Vereinfachung der Gerichtsverfassung, der bürgerlichen Rechtspflege und des Kostenrechts (Dritte Vereinfachungsverordnung — 3. VereinfV.) vom 16. Mai 1942 (Reichs-

gesetzbl. I S. 333) und die Allgemeine Verfügung Nr. 258 vom 14. Juli 1943 (Deutsche Justiz S. 370);

22.—24. (Strafsachen);

25. die Verordnung zur weiteren Vereinfachung der bürgerlichen Rechtspflege (Vierte Vereinfachungsverordnung — 4. VereinfV.) vom 12. Januar 1943 (Reichsgesetzbl. I S. 7);

26. § 7 der Verordnung über die Angleichung familienrechtlicher Vorschriften vom 6. Februar 1943 (Reichsgesetzbl. I S. 80);

27. die Verordnung über Kriegsmaßnahmen auf dem Gebiete der bürgerlichen Rechtspflege (Kriegsmaßnahmenverordnung) vom 12. Mai 1943 (Reichsgesetzbl. I S. 290);

28. (Freiwill. Gerichtsbarkeit);

29. die Durchführungsverordnung zur Kriegsmaßnahmenverordnung und zur Kriegs-Beschwerdeverordnung vom 12. Mai 1943 (Reichsgesetzblatt I S. 292);

30.—33. (Strafsachen);

34. die Verordnung zur Anpassung der Reichszivilprozeßordnung an die Strafrechtsangleichungsverordnung vom 26. Oktober 1943 (Reichsgesetzbl. I S. 631);

35. (Freiw. Gerichtsbarkeit);

36. (Strafsachen);

37. die Verordnung über die Wiederaufnahme rechtskräftig entschiedener Abstammungssachen vom 27. Januar 1944 (Reichsgesetzbl. I S. 52);

38. (Kostenrecht);

39. die Verordnung über außerordentliche Maßnahmen auf dem Gebiete des bürgerlichen Rechts, der bürgerlichen Rechtspflege und des Kostenrechts aus Anlaß des totalen Krieges (Zweite Kriegsmaßnahmenverordnung) vom 27. September 1944 (Reichsgesetzbl. I S. 229);

40. (Strafsachen);

41. die Verordnung über die Wiedereröffnung der Gerichte des Oberlandesgerichtsbezirks Kiel und die vorläufige Regelung des Verfahrens in Strafsachen, in bürgerlichen Rechtsstreitigkeiten und in Angelegenheiten der freiwilligen Gerichtsbarkeit vom 1. Dezember 1945 (SchlHA 1946 S. 8);

42. die Verordnung über Rechtsmittel in bürgerlichen Rechtsstreitigkeiten vom 28. Januar 1946 (Gesetzblatt der freien Hansestadt Bremen S. 9) und das Gesetz über Rechtsmittel in der streitigen und freiwilligen Gerichtsbarkeit — Rechtsmittelgesetz — in der vom 1. Mai 1949 an geltenden Fassung (Bayerisches Gesetz- und Verordnungsblatt 1949 S. 83; Gesetz- und Verordnungsblatt für das Land Hessen 1949 S. 25; Regierungsblatt der Regierung Württemberg-Baden 1949 S. 58);

43.—46. (Strafsachen);

47. der § 1 Abs. 2 und die §§ 2 bis 10 der hessischen Verordnung über die Errichtung eines Oberlandesgerichtes für Groß-Hessen vom

23. Mai 1946 (GVBl. S. 137) einschließlich des Gesetzes zur Ergänzung und Änderung dieser Verordnung vom 25. März 1950 (GVBl. S. 55);

48.—51. (Strafsachen);

52. die Rechtsanordnungen über Gerichtsverfassung und Verfahren in den Ländern Baden (Amtsblatt der Landesverwaltung Baden 1946 S. 44), Württemberg-Hohenzollern (Amtsblatt des Staatssekretariats für das französisch besetzte Gebiet Württembergs und Hohenzollern 1946 S. 230) und in dem bayerischen Kreis Lindau (Amtlicher Anzeiger für den bayerischen Kreis Lindau Nr. 50 vom 1. Juli 1947) — mit Ausnahme des § 31 — und die Landesverordnung über Gerichtsverfassung und Verfahren vom 11. April 1947 im Lande Rheinland-Pfalz (Gesetz- und Verordnungsblatt der Landesregierung Rheinland-Pfalz S. 155) in der Fassung der Bekanntmachung vom 1. Dezember 1949 (GVBl. der Landesregierung Rheinland-Pfalz S. 599) mit Ausnahme der §§ 6a und 31;

53.—56. (Strafsachen);

57. die Verordnung über das Berufungsverfahren in bürgerlichen Rechtsstreitigkeiten vom 9. Juni 1947 (Verordnungsblatt für die Britische Zone S. 76);

58. die Verordnung über Untersuchungen zur Feststellung der Abstammung vom 17. Juni 1947 (Verordnungsblatt für die Britische Zone S. 93);

59. die Verordnung über die Besetzung der Zivilkammern und der Kammern für Handelssachen bei den Landgerichten vom 20. Juni 1947 (Verordnungsblatt für die Britische Zone S. 103);

60. (Konkurs);

61.—64. (Strafsachen);

65. die Verordnung zur Durchführung der Militärregierungsverordnung Nr. 98 über die Errichtung eines Obersten Gerichtshofes für die Britische Zone vom 17. November 1947 in der Fassung der Verordnung vom 13. Januar 1948 (Verordnungsblatt für die Britische Zone 1947 S. 149 und 1948 S. 10) und die Verordnung zur Ausführung der Durchführungsverordnung über die Errichtung eines Obersten Gerichtshofes für die Britische Zone vom 6. Februar 1948 (Verordnungsblatt für die Britische Zone S. 40);

66. (Kostenrecht);

67.—69. (Strafsachen);

70. die Verordnung zur Änderung von Vorschriften auf dem Gebiete der Gerichtsverfassung, der bürgerlichen Rechtspflege und des Kostenrechts vom 27. Januar 1948 (Verordnungsblatt für die Britische Zone S. 13);

71. (Strafsachen);

72. der zweite Abschnitt der württ.-hohenz. Verordnung über die Neugliederung der Amtsgerichtsbezirke und die Zuständigkeit der Friedensrichter vom 27. Februar 1948 (Reg.-Bl. S. 60);

73. (Kostenrecht);

74.—75. (Strafsachen);
76. die §§ 24 bis 27 der Verordnung zur Ausführung des Ehegesetzes vom 20. Februar 1946 (Kontrollratsgesetz Nr. 16) vom 12. Juli 1948 (Verordnungsblatt für die Britische Zone S. 210);
77. (Kostenrecht);
78. (Strafsachen);
79. (Kostenrecht);
80.—82. (Strafsachen);
83. die Verordnung über die Zuziehung von Hilfsrichtern zum Obersten Gerichtshof für die Britische Zone vom 15. März 1949 (Verordnungsblatt für die Britische Zone S. 74);
84. (Strafsachen);
85.—86. (Kostenrecht);
87. (Strafsachen).

III. Übergangsvorschriften

Für die Überleitung gelten folgende Vorschriften:

88. Soweit in gesetzlichen Vorschriften dem Reichsgericht oder dem Obersten Gerichtshof für die Britische Zone Aufgaben zugewiesen sind, tritt an die Stelle dieser Gerichte der Bundesgerichtshof.

    Der Bundesgerichtshof ist ferner zuständig, wenn ihm durch eine Gesetzgebung außerhalb des Geltungsbereichs dieses Gesetzes Zuständigkeiten in Übereinstimmung mit diesem Gesetz übertragen sind.

89. Bis zum Inkrafttreten einer Bundesrechtsanwaltsordnung gelten für die Zulassung der Rechtsanwälte bei dem Bundesgerichtshof die folgenden Vorschriften:

    Die Zulassung als Rechtsanwalt bei dem Bundesgerichtshof und die Bestellung eines Vertreters erfolgt durch den Bundesminister der Justiz nach Anhörung der Vereinigung der Anwaltskammervorstände im Bundesgebiet.

    Als Rechtsanwalt kann nur zugelassen werden, wer das 35. Lebensjahr vollendet hat.

    Ein Rechtsanwalt bei dem Bundesgerichtshof darf nicht zugleich bei einem anderen Gericht zugelassen sein.

    Die bei dem Bundesgerichtshof zugelassenen Rechtsanwälte dürfen vor einem anderen Gericht nicht auftreten. Der Bundesminister der Justiz kann jedoch für das Auftreten vor bestimmten Gerichten allgemein Ausnahmen zulassen.

    Der Prozeßbevollmächtigte kann die Vertretung, die ihm zusteht, auf einen bei dem Bundesgerichtshof nicht zugelassenen Rechtsanwalt nicht übertragen.

    Die Anwaltskammer bei dem Bundesgerichtshof wird durch die Rechtsanwälte gebildet, die bei ihm zugelassen sind.

Auf die Rechtsanwaltschaft bei dem Bundesgerichtshof sind im übrigen die §§ 1 bis 121 der Rechtsanwaltsordnung für die Britische Zone vom 10. März 1949 (Verordnungsblatt für die Britische Zone S. 80) mit der Maßgabe sinngemäß anzuwenden, daß an die Stelle der Landesjustizverwaltung der Bundesminister der Justiz und an die Stelle des Oberlandesgerichts der Bundesgerichtshof tritt.

90. Die Landesjustizverwaltung kann die Teilnahme an wissenschaftlichen Lehrgängen in einem Kriegsgefangenenlager auf die Studienzeit (§ 2 Abs. 2 des Gerichtsverfassungsgesetzes) anrechnen.

Dasselbe gilt für das Studium an einer anderen Hochschule als einer Universität, soweit es in die Zeit bis zu zwei Jahren nach Inkrafttreten dieses Gesetzes fällt.

91. Die Landesjustizverwaltung kann eine von § 2 Abs. 3 des Gerichtsverfassungsgesetzes abweichende Regelung des Vorbereitungsdienstes, die bis zum 31. Dezember 1949 ausgesprochen ist, aufrechterhalten.

Ebenso kann eine von den Vorschriften des § 2 Abs. 3 des Gerichtsverfassungsgesetzes abweichende Beschäftigung, die bis zum Inkrafttreten dieses Gesetzes mit Zustimmung der Landesjustizverwaltung abgeleistet worden ist, auf den Vorbereitungsdienst angerechnet werden.

Die für den Vorbereitungsdienst der Kriegsheimkehrer bestehenden Rechtsvorschriften bleiben unberührt.

92. Die Landesjustizverwaltung kann bis zum 31. Dezember 1951 in den Fällen eines dringenden dienstlichen Bedürfnisses Richter innerhalb des Bezirks eines Oberlandesgerichts an jedes ordentliche Gericht für eine von vornherein bestimmte Zeit vorübergehend abordnen.

93. Unberührt bleiben Gesetze eines Landes, die auf Grund des im Artikel 1 Nr. 11 aufgehobenen § 13a des Gerichtsverfassungsgesetzes ergangen sind.

Das Land kann künftig diese Gesetze ändern, aber die Zuständigkeit der Friedensgerichte nicht erweitern.

94. Die Geschäftsverteilung, die auf Grund der bisher geltenden Vorschriften getroffen ist, bleibt für das Geschäftsjahr 1950 in Kraft. Jedoch bestimmen sich die nach dem Inkrafttreten dieses Gesetzes zu treffenden Anordnungen nach den Vorschriften dieses Gesetzes.

95.—97. (Strafsachen.)

98. In den Ländern Bremen und Hessen tritt § 118 des Gerichtsverfassungsgesetzes erst achtzehn Monate nach Inkrafttreten dieses Gesetzes in Kraft.

99. Sind bei Inkrafttreten dieses Gesetzes Handelssachen bei einer Zivilkammer anhängig, so sind sie auf Antrag einer Partei an die Kammer für Handelssachen zu verweisen. Der Antrag ist nicht mehr zulässig, wenn der Antragsteller nach dem Inkrafttreten dieses Gesetzes vor der Zivilkammer zur Sache verhandelt hat.

100. Der Nebensitz Karlsruhe des Oberlandesgerichtes Stuttgart gilt bis zum 31. Dezember 1951 im Sinne des Gerichtsverfassungsgesetzes und der Verfahrensgesetze als selbständiges Oberlandesgericht.

101. Entscheidungen in bürgerlichen Rechtsstreitigkeiten, die nach dem Inkrafttreten dieses Gesetzes ergehen, können von den Gerichten in der bisherigen Besetzung erlassen werden, wenn sie auf einer Verhandlung beruhen, die vor dem Inkrafttreten dieses Gesetzes stattgefunden hat.

102. Ablehnungsgesuche, über die bei Inkrafttreten dieses Gesetzes noch nicht entschieden ist, haben die bisher zuständigen Stellen an die nunmehr zuständigen Gerichte abzugeben.

103. Die Vorschrift des § 128 Abs. 2 der Zivilprozeßordnung ist im arbeitsgerichtlichen Verfahren des ersten Rechtszuges nicht anzuwenden.

104. In Sachen, in denen die Klage, der Güteantrag oder das Gesuch um Erlaß des Zahlungsbefehls vor dem Inkrafttreten dieses Gesetzes bei dem Amtsgericht eingegangen ist, richtet sich die Zuständigkeit nach den bisher geltenden Vorschriften.

105. Auf Güteverfahren, die im Zeitpunkt des Inkrafttretens dieses Gesetzes anhängig oder bereits abgeschlossen sind, finden die bisher geltenden Vorschriften weiterhin Anwendung.

106. Die Vorschriften des § 510c der Zivilprozeßordnung sind auf die in dem Mieterschutzgesetz geregelten bürgerlichen Rechtsstreitigkeiten und das arbeitsgerichtliche Verfahren nicht anzuwenden.

107. Die Zulässigkeit eines Rechtsmittels gegen die vor dem Inkrafttreten dieses Gesetzes verkündeten oder von Amts wegen zugestellten Entscheidungen richtet sich nach den bisher geltenden Vorschriften.

108. Auf eine vor dem Inkrafttreten dieses Gesetzes eingelegte Berufung sind an Stelle der §§ 516, 518, 519 der Zivilprozeßordnung in der Fassung dieses Gesetzes die bisher geltenden Vorschriften weiterhin anzuwenden, wenn die Berufungsfrist bei Inkrafttreten dieses Gesetzes bereits abgelaufen ist. In diesem Falle gelten die Vorschriften des § 529 Abs. 3 und des § 626 der Zivilprozeßordnung in der Fassung dieses Gesetzes entsprechend, wenn der Berufungskläger das neue Vorbringen nicht innerhalb der Berufungsfrist mitgeteilt hat.

109. Die Anerkennung von Entscheidungen, durch die im Ausland eine Ehe für nichtig erklärt, aufgehoben, dem Bande nach oder unter Aufrechterhaltung des Ehebandes geschieden oder durch die das Bestehen oder Nichtbestehen einer Ehe zwischen den Parteien festgestellt ist, steht die Vorschrift des § 606 Abs. 1 der Zivilprozeßordnung nicht entgegen, wenn der Ehemann deutscher Staatsangehöriger ist und die Anerkennung der von einer ausländischen Behörde getroffenen Entscheidung beantragt.

Diese Vorschrift tritt spätestens am 31. Dezember 1952 außer Kraft.

110. Verfahren, die bei dem Obersten Gerichtshof für die Britische Zone anhängig sind, gehen mit dem Inkrafttreten dieses Gesetzes in der Lage, in der sie sich befinden, auf den Bundesgerichtshof über.

Für das Verfahren bei Rechtsbeschwerden in Landwirtschaftssachen gelten die Vorschriften der Verordnung über die Rechtsbeschwerde in Landwirtschaftssachen vom 15. Oktober 1948 (Verordnungsblatt für die Britische Zone S. 313), die Verordnung zur Ausführung der Verordnung über die Rechtsbeschwerde in Landwirtschaftssachen vom 22. Dezember 1948 (Verordnungsblatt für die Britische Zone S. 384) und die in der Verordnung vom 15. Oktober 1948 angeführten Vorschriften der Verfahrensordnung für Landwirtschaftssachen vom 2. Dezember 1947 (Verordnungsblatt für die Britische Zone S. 157) einstweilen weiter. Die bei dem Obersten Gerichtshof für die Britische Zone ernannten Obersten Landwirtschaftsrichter treten in gleicher Eigenschaft zum Bundesgerichtshof über.

Revisionen und Beschwerden in bürgerlichen Rechtsstreitigkeiten sowie Rechtsbeschwerden in Landwirtschaftssachen, die bis zum Inkrafttreten dieses Gesetzes bei dem Obersten Gerichtshof für die Britische Zone hätten eingelegt werden können, sind nach dem Inkrafttreten dieses Gesetzes bei dem Bundesgerichtshof einzulegen. Dies gilt entsprechend in Verfahren der freiwilligen Gerichtsbarkeit und in Strafsachen.

111. Für Verfahren, die im Zeitpunkt des Inkrafttretens dieses Gesetzes bei dem Bayerischen Obersten Landesgericht anhängig sind, bleibt dieses Gericht nach den bisher geltenden Vorschriften zuständig, auch soweit nach den Vorschriften dieses Gesetzes der Bundesgerichtshof zuständig wäre.

112.—119. (Strafsachen.)

120.—122. (Freiw. Gerichtsbarkeit.)

123. Soweit in anderen Gesetzen und Verordnungen auf die durch dieses Gesetz aufgehobenen oder abgeänderten Vorschriften verwiesen ist, treten die entsprechenden Vorschriften dieses Gesetzes an ihre Stelle.

Artikel 9

Bekanntmachung des Wortlauts des Gerichtsverfassungsgesetzes, der Zivilprozeßordnung und der Strafprozeßordnung

Das Gerichtsverfassungsgesetz, die Zivilprozeßordnung und die Strafprozeßordnung gelten vom Tage des Inkrafttretens dieses Gesetzes ab in der aus den Anlagen 1 bis 3 ersichtlichen Fassung[1]).

[1]) Der in diesem Buche unter I und III abgedruckte Gesetzeswortlaut beruht hierauf.

VI.

Verfassungsrechtliches

A. Grundgesetz für die Bundesrepublik Deutschland

vom 23. Mai 1949 (BGBl. S. 1)
(Auszug)

Präambel

Im Bewußtsein seiner Verantwortung vor Gott und den Menschen, von dem Willen beseelt, seine nationale und staatliche Einheit zu wahren und als gleichberechtigtes Glied in einem vereinten Europa dem Frieden der Welt zu dienen, hat das deutsche Volk in den Ländern Baden, Bayern, Bremen, Hamburg, Hessen, Niedersachsen, Nordrhein-Westfalen, Rheinland-Pfalz, Schleswig-Holstein, Württemberg-Baden und Württemberg-Hohenzollern, um dem staatlichen Leben für eine Übergangszeit eine neue Ordnung zu geben, kraft seiner verfassunggebenden Gewalt dieses Grundgesetz der Bundesrepublik Deutschland beschlossen.

Es hat auch für jene Deutschen gehandelt, denen mitzuwirken versagt war.

Das gesamte deutsche Volk bleibt aufgefordert, in freier Selbstbestimmung die Einheit und Freiheit Deutschlands zu vollenden.

I. Die Grundrechte

Artikel 1

(3) Die nachfolgenden Grundrechte binden Gesetzgebung, Verwaltung und Rechtsprechung als unmittelbar geltendes Recht.

Artikel 19

(4) Wird jemand durch die öffentliche Gewalt in seinen Rechten verletzt, so steht ihm der Rechtsweg offen. Soweit eine andere Zuständigkeit nicht begründet ist, ist der ordentliche Rechtsweg gegeben.

II. Der Bund und die Länder

Artikel 25

Die allgemeinen Regeln des Völkerrechts sind Bestandteil des Bundesrechts. Sie gehen den Gesetzen vor und erzeugen Rechte und Pflichten unmittelbar für die Bewohner des Bundesgebietes.

Artikel 31

Bundesrecht bricht Landesrecht.

Artikel 33

(1) Jeder Deutsche hat in jedem Land die gleichen staatsbürgerlichen Rechte und Pflichten.

Artikel 34

Verletzt jemand in Ausübung eines ihm anvertrauten öffentlichen Amtes die ihm einem Dritten gegenüber obliegende Amtspflicht, so trifft die Verantwortlichkeit grundsätzlich den Staat oder die Körperschaft, in deren Dienst er steht. Bei Vorsatz oder grober Fahrlässigkeit bleibt der Rückgriff vorbehalten. Für den Anspruch auf Schadenersatz und für den Rückgriff darf der ordentliche Rechtsweg nicht ausgeschlossen werden.

Artikel 35

Alle Behörden des Bundes und der Länder leisten sich gegenseitig Rechts- und Amtshilfe.

III. Der Bundestag

Artikel 44

(1) Der Bundestag hat das Recht und auf Antrag eines Viertels seiner Mitglieder die Pflicht, einen Untersuchungsausschuß einzusetzen, der in öffentlicher Verhandlung die erforderlichen Beweise erhebt. Die Öffentlichkeit kann ausgeschlossen werden.

(2) Auf Beweiserhebungen finden die Vorschriften über den Strafprozeß sinngemäß Anwendung. Das Brief-, Post- und Fernmeldegeheimnis bleibt unberührt.

(3) Gerichte und Verwaltungsbehörden sind zur Rechts- und Amtshilfe verpflichtet.

(4) Die Beschlüsse der Untersuchungsausschüsse sind der richterlichen Erörterung entzogen. In der Würdigung und Beurteilung des der Untersuchung zugrunde liegenden Sachverhaltes sind die Gerichte frei.

Artikel 46

(1) Ein Abgeordneter darf zu keiner Zeit wegen seiner Abstimmung oder wegen einer Äußerung, die er im Bundestage oder in einem seiner Ausschüsse getan hat, gerichtlich oder dienstlich verfolgt oder sonst außerhalb des Bundestages zur Verantwortung gezogen werden. Dies gilt nicht für verleumderische Beleidigungen.

(2) Wegen einer mit Strafe bedrohten Handlung darf ein Abgeordneter nur mit Genehmigung des Bundestages zur Verantwortung gezogen oder

verhaftet werden, es sei denn, daß er bei Begehung der Tat oder im Laufe des folgenden Tages festgenommen wird.

(3) Die Genehmigung des Bundestages ist ferner bei jeder anderen Beschränkung der persönlichen Freiheit eines Abgeordneten oder zur Einleitung eines Verfahrens gegen einen Abgeordneten gemäß Artikel 18 erforderlich.

(4) Jedes Strafverfahren und jedes Verfahren gemäß Artikel 18 gegen einen Abgeordneten, jede Haft und jede sonstige Beschränkung seiner persönlichen Freiheit sind auf Verlangen des Bundestages auszusetzen.

Artikel 47

Die Abgeordneten sind berechtigt, über Personen, die ihnen in ihrer Eigenschaft als Abgeordnete oder denen sie in dieser Eigenschaft Tatsachen anvertraut haben, sowie über diese Tatsachen selbst das Zeugnis zu verweigern. Soweit dieses Zeugnisverweigerungsrecht reicht, ist die Beschlagnahme von Schriftstücken unzulässig.

V. Der Bundespräsident

Artikel 60

(1) Der Bundespräsident ernennt und entläßt die Bundesrichter und die Bundesbeamten, soweit gesetzlich nichts anderes bestimmt ist.

(4) Die Absätze 2 bis 4 des Artikels 46 finden auf den Bundespräsidenten entsprechende Anwendung.

VII. Die Gesetzgebung des Bundes

Artikel 70

(1) Die Länder haben das Recht der Gesetzgebung, soweit dieses Grundgesetz nicht dem Bund Gesetzgebungsbefugnisse verleiht.

(2) Die Abgrenzung der Zuständigkeit zwischen Bund und Ländern bemißt sich nach den Vorschriften dieses Grundgesetzes über die ausschließliche und die konkurrierende Gesetzgebung.

Artikel 71

Im Bereiche der ausschließlichen Gesetzgebung des Bundes haben die Länder die Befugnis zur Gesetzgebung nur, wenn und soweit sie hierzu in einem Bundesgesetz ausdrücklich ermächtigt werden.

Artikel 72

(1) Im Bereiche der konkurrierenden Gesetzgebung haben die Länder die Befugnis zur Gesetzgebung, solange und soweit der Bund von seinem Gesetzgebungsrecht keinen Gebrauch macht.

(2) Der Bund hat in diesem Bereich das Gesetzgebungsrecht, soweit ein Bedürfnis nach bundesgesetzlicher Regelung besteht, weil

1. eine Angelegenheit durch die Gesetzgebung einzelner Länder nicht wirksam geregelt werden kann oder
2. die Regelung einer Angelegenheit durch ein Landesgesetz die Interessen anderer Länder oder der Gesamtheit beeinträchtigen könnte oder
3. die Wahrung der Rechts- oder Wirtschaftseinheit, insbesondere die Wahrung der Einheitlichkeit der Lebensverhältnisse über das Gebiet eines Landes hinaus sie erfordert.

Artikel 74

Die konkurrierende Gesetzgebung erstreckt sich auf folgende Gebiete:

(1) das bürgerliche Recht, das Strafrecht und den Strafvollzug, die Gerichtsverfassung, das gerichtliche Verfahren, die Rechtsanwaltschaft, das Notariat und die Rechtsberatung.

IX. Die Rechtsprechung

Artikel 92

Die rechtsprechende Gewalt ist den Richtern anvertraut. Sie wird durch das Bundesverfassungsgericht, durch das Oberste Bundesgericht, durch die in diesem Grundgesetz vorgesehenen Bundesgerichte und durch die Gerichte der Länder ausgeübt.

Artikel 93

(1) Das Bundesverfassungsgericht[1]) entscheidet:

5. in den übrigen in diesem Grundgesetz vorgesehenen Fällen.

Artikel 94

(1) Das Bundesverfassungsgericht besteht aus Bundesrichtern und anderen Mitgliedern. Die Mitglieder des Bundesverfassungsgerichtes werden je zur Hälfte vom Bundestage und vom Bundesrate gewählt. Sie dürfen weder dem Bundestage, dem Bundesrate, der Bundesregierung noch entsprechenden Organen eines Landes angehören.

(2) Ein Bundesgesetz regelt seine Verfassung und das Verfahren und bestimmt, in welchen Fällen seine Entscheidungen Gesetzeskraft haben[1]).

Artikel 95

(1) Zur Wahrung der Einheit des Bundesrechts wird ein Oberstes Bundesgericht errichtet.

(2) Das Oberste Bundesgericht entscheidet in Fällen, deren Entscheidung

---

[1]) Gesetz über das Bundesverfassungsgericht vom 12. 3. 51 — abgedr. unter VI B —.

für die Einheitlichkeit der Rechtsprechung der oberen Bundesgerichte von grundsätzlicher Bedeutung ist.

(3) Über die Berufung der Richter des Obersten Bundesgerichts entscheidet der Bundesjustizminister gemeinsam mit einem Richterwahlausschuß, der aus den Landesjustizministern und einer gleichen Anzahl von Mitgliedern besteht, die vom Bundestage gewählt werden.

(4) Im übrigen werden die Verfassung des Obersten Bundesgerichts und sein Verfahren durch Bundesgesetz geregelt.

Artikel 96

(1) Für das Gebiet der ordentlichen, der Verwaltungs-, der Finanz-, der Arbeits- und Sozialgerichtsbarkeit sind obere Bundesgerichte zu errichten.

(2) Auf die Richter der oberen Bundesgerichte findet Artikel 95 Absatz 3 mit der Maßgabe Anwendung, daß an die Stelle des Bundesjustizministers und der Landesjustizminister die für das jeweilige Sachgebiet zuständigen Minister treten. Ihre Dienstverhältnisse sind durch besonderes Bundesgesetz zu regeln.

Artikel 97

(1) Die Richter sind unabhängig und nur dem Gesetze unterworfen.

(2) Die hauptamtlich und planmäßig endgültig angestellten Richter können wider ihren Willen nur kraft richterlicher Entscheidung und nur aus Gründen und unter den Formen, welche die Gesetze bestimmen, vor Ablauf ihrer Amtszeit entlassen oder dauernd oder zeitweise ihres Amtes enthoben oder an eine andere Stelle oder in den Ruhestand versetzt werden. Die Gesetzgebung kann Altersgrenzen festsetzen, bei deren Erreichung auf Lebenszeit angestellte Richter in den Ruhestand treten. Bei Veränderung der Einrichtung der Gerichte oder ihrer Bezirke können Richter an ein anderes Gericht versetzt oder aus dem Amte entfernt werden, jedoch nur unter Belassung des vollen Gehaltes.

Artikel 98

(1) Die Rechtsstellung der Bundesrichter ist durch besonderes Bundesgesetz zu regeln.

(2) Wenn ein Bundesrichter im Amte oder außerhalb des Amtes gegen die Grundsätze des Grundgesetzes oder gegen die verfassungsmäßige Ordnung eines Landes verstößt, so kann das Bundesverfassungsgericht[1]) mit Zweidrittelmehrheit auf Antrag des Bundestages anordnen, daß der Richter in ein anderes Amt oder in den Ruhestand zu versetzen ist. Im Falle eines vorsätzlichen Verstoßes kann auf Entlassung erkannt werden.

---

[1]) Siehe Fußnote zu Art. 93.

(3) Die Rechtsstellung der Richter in den Ländern ist durch besondere Landesgesetze zu regeln. Der Bund kann Rahmenvorschriften erlassen.

(4) Die Länder können bestimmen, daß über die Anstellung der Richter in den Ländern der Landesjustizminister gemeinsam mit einem Richterwahlausschuß entscheidet.

(5) Die Länder können für Landesrichter eine Absatz 2 entsprechende Regelung treffen. Geltendes Landesverfassungsrecht bleibt unberührt. Die Entscheidung über eine Richteranklage steht dem Bundesverfassungsgericht zu.

Artikel 100[1]

(1) Hält ein Gericht ein Gesetz, auf dessen Gültigkeit es bei der Entscheidung ankommt, für verfassungswidrig, so ist das Verfahren auszusetzen und, wenn es sich um die Verletzung der Verfassung eines Landes handelt, die Entscheidung des für Verfassungsstreitigkeiten zuständigen Gerichtes des Landes, wenn es sich um die Verletzung dieses Grundgesetzes handelt, die Entscheidung des Bundesverfassungsgerichtes[2] einzuholen. Dies gilt auch, wenn es sich um die Verletzung dieses Grundgesetzes durch Landesrecht oder um die Unvereinbarkeit eines Landesgesetzes mit einem Bundesgesetz handelt.

(2) Ist in einem Rechtsstreit zweifelhaft, ob eine Regel des Völkerrechts Bestandteil des Bundesrechts ist und ob sie unmittelbar Rechte und Pflichten für den einzelnen erzeugt (Artikel 25), so hat das Gericht die Entscheidung des Bundesverfassungsgerichtes[2] einzuholen.

(3) . . . . .

Artikel 101

(1) Ausnahmegerichte sind unzulässig. Niemand darf seinem gesetzlichen Richter entzogen werden.

(2) Gerichte für besondere Sachgebiete können nur durch Gesetz errichtet werden.

Artikel 103

(1) Vor Gericht hat jedermann Anspruch auf rechtliches Gehör.

Artikel 123

(1) Recht aus der Zeit vor dem Zusammentritt des Bundestages gilt fort, soweit es dem Grundgesetz nicht widerspricht.

---

[1]) Das Deutche Obergericht für das Vereinigte Wirtschaftsgebiet in Köln besteht nicht mehr. Es war errichtet auf Grund der Proklam. Nr. 8 der amerik. MilReg. und der Vo. Nr. 127 der brit. MilReg. Einzelheiten waren in der 2. AusfVO., in der Geschäftsordnung vom 8. 4. 1949 (WiGBl. S. 59) und in der Verfahrensordnung vom 8. 4. 1949 (WiGBl. S. 59) geregelt. Das Gesetz Nr. 38 der Hochkommission vom 21. 9. 1950 (ABlHK. S. 845) beseitigte seine Tätigkeit. Dazu VO. zur Überleitung der anhängigen Verfahren vom 23. 4. 1951 (BGBl. S. 289).

[2]) Siehe Fußnote zu Art. 93.

Artikel 124

Recht, das Gegenstände der ausschließlichen Gesetzgebung des Bundes betrifft, wird innerhalb seines Geltungsbereiches Bundesrecht.

Artikel 125

Recht, das Gegenstände der konkurrierenden Gesetzgebung des Bundes betrifft, wird innerhalb seines Geltungsbereiches Bundesrecht,

1. soweit es innerhalb einer oder mehrerer Besatzungszonen einheitlich gilt;
2. soweit es sich um Recht handelt, durch das nach dem 8. Mai 1945 früheres Reichsrecht abgeändert worden ist.

Artikel 126

Meinungsverschiedenheiten über das Fortgelten von Recht als Bundesrecht entscheidet das Bundesverfassungsgericht.[1]

Artikel 132[2]

(1) Beamte und Richter, die im Zeitpunkte des Inkrafttretens dieses Grundgesetzes auf Lebenszeit angestellt sind, können binnen sechs Monaten nach dem ersten Zusammentritt des Bundestages in den Ruhestand oder Wartestand oder in ein Amt mit niedrigerem Diensteinkommen versetzt werden, wenn ihnen die persönliche oder fachliche Eignung für ihr Amt fehlt. Auf Angestellte, die in einem unkündbaren Dienstverhältnis stehen, findet diese Vorschrift entsprechende Anwendung. Bei Angestellten, deren Dienstverhältnis kündbar ist, können über die tarifmäßige Regelung hinausgehende Kündigungsfristen innerhalb der gleichen Frist aufgehoben werden.

(2) Diese Bestimmung findet keine Anwendung auf Angehörige des öffentlichen Dienstes, die von den Vorschriften über die „Befreiung vom Nationalsozialismus und Militarismus" nicht betroffen oder die anerkannte Verfolgte des Nationalsozialismus sind, sofern nicht ein wichtiger Grund in ihrer Person vorliegt.

(3) Den Betroffenen steht der Rechtsweg gemäß Artikel 19 Absatz 4 offen.

(4) Das Nähere bestimmt eine Verordnung der Bundesregierung, die der Zustimmung des Bundesrates bedarf.

Artikel 137

(1) Die Wählbarkeit von Beamten, Angestellten des öffentlichen Dienstes und Richtern im Bund, in den Ländern und den Gemeinden kann gesetzlich beschränkt werden.

---

[1]) Siehe Fußnote zu Art. 93.

[2]) Hierzu: VO. über Maßnahmen gegen dienstlich ungeeignete Beamte und Angestellte vom 17. 2. 1950 (BGBl. S. 34); Anordnung über die Zuständigkeit für Maßnahmen nach Artikel 132 des Grundgesetzes vom 17. 2. 1950 (BGBl. S. 36).

B. Gesetz über das Bundesverfassungsgericht

vom 12. März 1951 (BGBl. S. 243)

(Auszug)

I. Teil

Verfassung und Zuständigkeit des Bundesverfassungsgerichts

§ 13. Das Bundesverfassungsgericht entscheidet in den vom Grundgesetz bestimmten Fällen, und zwar

6. bei Meinungsverschiedenheiten oder Zweifeln über die förmliche oder sachliche Vereinbarkeit von Bundesrecht oder Landesrecht mit dem Grundgesetz oder die Vereinbarkeit von Landesrecht mit sonstigem Bundesrecht auf Antrag der Bundesregierung, einer Landesregierung oder eines Drittels der Mitglieder des Bundestags (Artikel 93 Abs. 1 Nr. 2 des Grundgesetzes),
9. über Richteranklagen gegen Bundesrichter und Landesrichter (Artikel 98 Abs. 2 und 5 des Grundgesetzes),
11. über die Vereinbarkeit eines Bundesgesetzes oder eines Landesgesetzes mit dem Grundgesetz oder die Vereinbarkeit eines Landesgesetzes oder sonstigen Landesrechts mit einem Bundesgesetz auf Antrag eines Gerichts (Artikel 100 Abs. 1 des Grundgesetzes),
12. bei Zweifeln darüber, ob eine Regel des Völkerrechts Bestandteil des Bundesrechts ist und ob sie unmittelbar Rechte und Pflichten für den einzelnen erzeugt, auf Antrag des Gerichts (Artikel 100 Abs. 2 des Grundgesetzes),
14. bei Meinungsverschiedenheiten über das Fortgelten von Recht als Bundesrecht (Artikel 126 des Grundgesetzes).

§ 14. (1) Der Erste Senat des Bundesverfassungsgerichts ist zuständig in den Fällen des § 13 Nr. 1 bis 3, 6, 11, 14 sowie für Verfassungsbeschwerden (§§ 90 bis 96), der Zweite Senat in den Fällen des § 13 Nr. 4, 5, 7 bis 9,12.

II. Teil

Allgemeine Verfahrensvorschriften

§ 22. (1) Die Beteiligten können sich in jeder Lage des Verfahrens durch einen bei einem deutschen Gericht zugelassenen Rechtsanwalt oder durch einen Lehrer des Rechts an einer deutschen Universität vertreten lassen; in der mündlichen Verhandlung vor dem Bundesverfassungsgericht müssen sie sich in dieser Weise vertreten lassen. Gesetzgebende Körperschaften und Teile von ihnen, die in der Verfassung oder in der

Geschäftsordnung mit eigenen Rechten ausgestattet sind, können sich auch durch ihre Mitglieder vertreten lassen. Der Bund, die Länder und ihre Verfassungsorgane können sich außerdem durch ihre Beamten vertreten lassen, soweit sie die Befähigung zum Richteramt besitzen. Das Bundesverfassungsgericht kann auch eine andere Person als Beistand eines Beteiligten zulassen.

(2) Die Vollmacht ist schriftlich zu erteilen. Sie muß sich ausdrücklich auf das Verfahren beziehen.

(3) Ist ein Bevollmächtigter bestellt, so sind alle Mitteilungen des Gerichts an ihn zu richten.

§ 23. (1) Anträge, die das Verfahren einleiten, sind schriftlich beim Bundesverfassungsgericht einzureichen. Sie sind zu begründen; die erforderlichen Beweismittel sind anzugeben.

(2) Der Vorsitzende stellt den Antrag dem Antragsgegner und den übrigen Beteiligten unverzüglich mit der Aufforderung zu, sich binnen einer zu bestimmenden Frist dazu zu äußern.

(3) Der Vorsitzende kann jedem Beteiligten aufgeben, binnen einer zu bestimmenden Frist die erforderliche Anzahl von Abschriften seiner Schriftsätze für das Gericht und für die übrigen Beteiligten nachzureichen.

§ 24. Formwidrige, unzulässige, verspätete oder offensichtlich unbegründete Anträge und Anträge von offensichtlich Nichtberechtigten können durch einstimmigen Beschluß des Gerichts, der keiner weiteren Begründung bedarf, verworfen werden.

§ 25. (1) Das Bundesverfassungsgericht entscheidet, soweit nichts anderes bestimmt ist, auf Grund mündlicher Verhandlung, es sei denn, daß alle Beteiligten ausdrücklich auf sie verzichten.

(2) Die Entscheidung auf Grund mündlicher Verhandlung ergeht als Urteil, die Entscheidung ohne mündliche Verhandlung als Beschluß.

(3) Teil- und Zwischenentscheidungen sind zulässig.

(4) Die Entscheidungen des Bundesverfassungsgerichts ergehen „im Namen des Volkes".

§ 27. Alle Gerichte und Verwaltungsbehörden leisten dem Bundesverfassungsgericht Rechts- und Amtshilfe. Sie legen ihm Akten und Urkunden über ihre oberste Dienstbehörde vor.

§ 31. (1) Die Entscheidungen des Bundesverfassungsgerichts binden die Verfassungsorgane des Bundes und der Länder sowie alle Gerichte und Behörden.

(2) In den Fällen des § 13 Nr. 6, 11, 12 und 14 hat die Entscheidung des Bundesverfassungsgerichts Gesetzeskraft. Die Entscheidungsformel ist durch den Bundesminister der Justiz im Bundesgesetzblatt zu veröffentlichen.

III. Teil
Besondere Verfahrensvorschriften

Fünfter Abschnitt
Verfahren in den Fällen des § 13 Nr. 9

§§ 58—62

Zehnter Abschnitt
Verfahren in den Fällen des § 13 Nr. 6

§ 76. Der Antrag der Bundesregierung, einer Landesregierung oder eines Drittels der Mitglieder des Bundestags gemäß Artikel 93 Abs. 1 Nr. 2 des Grundgesetzes ist nur zulässig, wenn einer der Antragsberechtigten Bundes- oder Landesrecht

1. wegen einer förmlichen oder sachlichen Unvereinbarkeit mit dem Grundgesetz oder dem sonstigen Bundesrecht für nichtig hält oder
2. für gültig hält, nachdem ein Gericht, eine Verwaltungsbehörde oder ein Organ des Bundes oder eines Landes das Recht als unvereinbar mit dem Grundgesetz oder sonstigem Bundesrecht nicht angewendet hat.

§ 78. Kommt das Bundesverfassungsgericht zu der Überzeugung, daß Bundesrecht mit dem Grundgesetz oder Landesrecht mit dem Grundgesetz oder dem sonstigen Bundesrecht unvereinbar ist, so stellt es in seiner Entscheidung die Nichtigkeit fest. Sind weitere Bestimmungen des gleichen Gesetzes aus denselben Gründen mit dem Grundgesetz oder sonstigem Bundesrecht unvereinbar, so kann sie das Bundesverfassungsgericht gleichfalls für nichtig erklären.

§ 79. (1) Gegen ein rechtskräftiges Strafurteil, das auf einer gemäß § 78 für nichtig erklärten Norm beruht, ist die Wiederaufnahme des Verfahrens nach den Vorschriften der Strafprozeßordnung zulässig.

(2) Im übrigen bleiben vorbehaltlich der Vorschrift des § 95 Abs. 2 oder einer besonderen gesetzlichen Regelung die nicht mehr anfechtbaren Entscheidungen, die auf einer gemäß § 78 für nichtig erklärten Norm beruhen, unberührt. Die Vollstreckung aus einer solchen Entscheidung ist unzulässig. Soweit die Zwangsvollstreckung nach den Vorschriften der Zivilprozeßordnung durchzuführen ist, gilt die Vorschrift des § 767 der Zivilprozeßordnung entsprechend. Ansprüche aus ungerechtfertigter Bereicherung sind ausgeschlossen.

Elfter Abschnitt

Verfahren in den Fällen des § 13 Nr. 11

§ 80. (1) Sind die Voraussetzungen des Artikels 100 Abs. 1 des Grundgesetzes gegeben, so holen die oberen Bundesgerichte unmittelbar, die übrigen Gerichte über das zuständige obere Bundesgericht, soweit es sich um Landesrecht handelt, über das zuständige oberste Gericht des Landes, die Entscheidung des Bundesverfassungsgerichts ein.

(2) Die Begründung muß angeben, inwiefern von der Gültigkeit der Rechtsvorschrift die Entscheidung des Gerichts abhängig ist und mit welcher übergeordneten Rechtsnorm sie unvereinbar ist. Die Akten sind beizufügen.

(3) Der Antrag des Gerichts ist unabhängig von der Rüge der Nichtigkeit der Rechtsvorschrift durch einen Prozeßbeteiligten.

§ 81. Das Bundesverfassungsgericht entscheidet nur über die Rechtsfrage.

§ 82. (1) Die Vorschriften der §§ 77 und 78 Satz 2 gelten entsprechend.

(2) Die in § 77 genannten Verfassungsorgane können in jeder Lage des Verfahrens beitreten.

(3) Das Bundesverfassungsgericht gibt auch den Beteiligten des Verfahrens vor dem Gericht, das den Antrag gestellt hat, Gelegenheit zur Äußerung; es lädt sie zur mündlichen Verhandlung und erteilt den anwesenden Prozeßbevollmächtigten das Wort.

Zwölfter Abschnitt

Verfahren in den Fällen des § 13 Nr. 12

§ 83. (1) Das Bundesverfassungsgericht stellt in den Fällen des Artikels 100 Abs. 2 des Grundgesetzes in seiner Entscheidung fest, ob die Regel des Völkerrechts Bestandteil des Bundesrechts ist und ob sie unmittelbar Rechte und Pflichten für den einzelnen erzeugt.

§ 84. Die Vorschriften der §§ 80 und 82 Abs. 3 gelten entsprechend.

Vierzehnter Abschnitt

Verfahren in den Fällen des § 13 Nr. 14

§ 86. (1) Antragsberechtigt sind der Bundestag, der Bundesrat, die Bundesregierung und die Landesregierungen.

(2) Wenn in einem gerichtlichen Verfahren streitig und erheblich ist, ob ein Gesetz als Bundesrecht fortgilt, so hat das Gericht in sinngemäßer Anwendung des § 80 die Entscheidung des Bundesverfassungsgerichts einzuholen.

§ 88. Die Vorschrift des § 82 gilt entsprechend.

§ 89. Das Bundesverfassungsgericht spricht aus, ob das Gesetz ganz oder teilweise in dem gesamten Bundesgebiet oder einem bestimmten Teil des Bundesgebiets als Bundesrecht fortgilt.

§ 107. Dieses Gesetz tritt am Tage nach seiner Verkündung[1]) in Kraft.

[1]) Verkündet am 16. 4. 1951.

VII.

Entlastung

Entlastung der Richter durch Beamte des gehobenen Justizdienstes (Reichs-Entlastungsverfügung)*)

AV. d. RJM. vom 3. Juli 1943 (3015 — I. a[11] 1501). — Deutsche Justiz S. 339 —

Um eine einheitliche Rechtsgrundlage für die Entlastung der Richter durch Rechtspfleger zu schaffen, bestimme ich auf Grund des Artikels VI des Reichsgesetzes zur Entlastung der Gerichte vom 11. März 1921 (Reichsgesetzbl. S. 229), des § 1 des Zweiten Gesetzes zur Überleitung der Rechtspflege auf das Reich vom 5. Dezember 1934 (Reichsgesetzbl. I S. 1214) sowie des § 1 Abs. 3 der Grundbuchordnung, § 125 Abs. 3 des Reichsgesetzes über die Angelegenheiten der freiwilligen Gerichtsbarkeit in der Fassung der Verordnung vom 10. August 1937 (Reichsgesetzbl. I S. 900) und der §§ 2, 65 der Schiffsregisterverordnung vom 19. Dezember 1940 (Reichsgesetzbl. I S. 1591):

I. Allgemeine Bestimmungen

§ 1. (1) Richterliche Geschäfte können nach Maßgabe dieser Verfügung durch Beamte, welche die Prüfung für den gehobenen Justizdienst bestanden haben, als Rechtspfleger selbständig wahrgenommen werden.

(2) Soweit nach den bisher geltenden Vorschriften auch anderen als den in Abs. 1 bezeichneten Beamten die Wahrnehmung richterlicher Geschäfte übertragen werden konnte, behält es hierbei einstweilen sein Bewenden.

(3) Die dienstliche Stellung dieser Beamten (Abs. 1 und 2) und ihre Pflicht zur Wahrnehmung der sonstigen Dienstgeschäfte bleiben unberührt.

§ 2. (1) Richterliche Geschäfte werden durch den Rechtspfleger selbständig wahrgenommen, soweit für das betreffende Gericht eine Entlastung der Richter angeordnet ist.

(2) Die Entlastung wird hiermit angeordnet:

a) bei den Amtsgerichten hinsichtlich der in den §§ 11 bis 14, 17, 20, 23, 24 bezeichneten Geschäfte.

---

*) Abkürzung: REntV.

b) bei den Landgerichten und Oberlandesgerichten hinsichtlich der Geschäfte aus § 11 Buchst. c, d, g und h.

(3) Der Oberlandesgerichtspräsident kann für ein Amtsgericht die Entlastung auf Grund der in den §§ 16, 18, 21, 26 erteilten Ermächtigung in erweitertem Umfang anordnen.

§ 3. (1) Der Rechtspfleger hat die ihm übertragenen Sachen dem Richter vorzulegen, wenn

a) die Vorlegung in dieser Verfügung ausdrücklich angeordnet ist (§§ 15, 19, 20 Buchst. g, 22),
b) sich bei ihrer Bearbeitung rechtliche Schwierigkeiten ergeben,
c) er von einer ihm bekannten Stellungnahme des Richters abweichen will,
d) die Änderung einer Entscheidung oder Verfügung des Rechtspflegers verlangt wird,
e) eine Mitteilung oder eine Anfrage an eine ausländische Behörde oder ein Bericht an den *Reichs*minister der Justiz erforderlich ist.

(2) Die weitere Bearbeitung der vorgelegten Sachen übernimmt der Richter. In den Fällen des Abs. 1 Buchst. a bis c kann der Richter sich jedoch darauf beschränken, zu bestimmen, wie zu einer Rechtsfrage Stellung zu nehmen ist; diese Bestimmung ist für den Rechtspfleger bindend.

§ 4. (1) Die Übertragung eines Geschäfts auf den Rechtspfleger erstreckt sich auf alle Maßnahmen, die zu dessen Erledigung notwendig sind. Insbesondere hat der Rechtspfleger in Angelegenheiten der freiwilligen Gerichtsbarkeit die für seine Entschließung erforderlichen Unterlagen durch Befragung von Beteiligten, Anhörung von Zeugen und Sachverständigen, Heranziehung von Akten und durch sonstige Ermittlungen zu beschaffen. Insoweit kann er auch um Rechtshilfe ersuchen. Über die Beeidigung von Zeugen, Sachverständigen und Dolmetschern entscheidet stets der Richter; er nimmt auch den Eid ab. Zur Androhung und Verhängung von Ordnungsstrafen ist der Rechtspfleger nicht befugt.

(2) Der Rechtspfleger entscheidet auch über ein Armenrechtsgesuch, wenn das Gesuch ausschließlich ein übertragenes Geschäft (z. B. ausschließlich den Erlaß eines Zahlungsbefehls) betrifft.

(3) In Angelegenheiten, die ausschließlich ein übertragenes Geschäft betreffen, ist der Rechtspfleger auch befugt, die Nichterhebung von Gerichtskosten nach § 6 GKG. oder § 15 KostO. anzuordnen.

§ 5. (1) Der Rechtspfleger ist für die ordnungsmäßige Erledigung der übertragenen Geschäfte verantwortlich, insbesondere dafür, daß er sich der selbständigen oder weiteren selbständigen Wahrnehmung von Geschäften enthält, wenn sie ihm nach dieser AV. nicht zusteht oder wenn er die Sache dem Richter vorzulegen hat.

(2) Nimmt der Rechtspfleger ein Geschäft wahr, das ihm nicht übertragen ist oder das er dem Richter vorzulegen hat, so ist das Geschäft

gültig, wenn es zu denjenigen gehört, die in dieser AV. als für die Übertragung geeignet bezeichnet sind oder von dem Oberlandesgerichtspräsidenten als geeignet bezeichnet werden können.

§ 6. Im Schriftverkehr und bei der Aufnahme von Urkunden in übertragenen Angelegenheiten ist das betreffende Gericht anzugeben und der Unterschrift die Amtsbezeichnung des Beamten und seine Eigenschaft als Rechtspfleger beizufügen.

§ 7. Eingänge, welche ausschließlich übertragene Geschäfte betreffen, sind von der Geschäftsstelle unmittelbar dem Rechtspfleger vorzulegen.

§ 8. (1) Die Verteilung der übertragenen Geschäfte unter mehrere Rechtspfleger sowie die Vertretung regelt der Geschäftsverteilungsplan.

(2) Bei der Geschäftsverteilung ist darauf Rücksicht zu nehmen, daß die zur Wahrnehmung von richterlichen Geschäften berufenen Beamten die hierzu erforderlichen Rechtskenntnisse und praktischen Erfahrungen besitzen.

§ 9. (1) Sind bei einem Gericht zur Wahrnehmung übertragener Geschäfte geeignete Beamte nicht vorhanden, so kann der Oberlandesgerichtspräsident anordnen:

a) daß auch Eingänge, welche lediglich übertragene Geschäfte betreffen, durch die Geschäftsstelle dem Richter vorzulegen sind. Der Richter kann sich die Erledigung dieser Eingänge im Einzelfalle ganz oder teilweise vorbehalten. Er kann sich darauf beschränken, zu bestimmen, wie zu einer Rechtsfrage Stellung zu nehmen ist; diese Bestimmung ist für den Rechtspfleger bindend.

   Bei der Prüfung, ob er sich eine Sache vorbehalten soll, darf sich der Richter auf die Einsichtnahme des Eingangs mit eingereichten Urkunden beschränken, es sei denn, daß sich aus ihnen ein Anlaß zu Zweifeln ergibt; bestehen hiernach keine Bedenken gegen die selbständige Wahrnehmung des Geschäfts durch den Rechtspfleger, so ist der Richter für dessen Ausführung nicht verantwortlich.

   Die Vorlegung der Eingänge macht der Richter aktenkundig, und zwar

   1. bei übertragenen Sachen, die er sich nicht vorbehalten will, durch ein „Ges." (Gesehen),
   2. bei übertragenen Sachen, die er sich vorbehalten will, durch ein „V." (Vorbehalt).

   Den Vermerken ist die Unterschrift oder das Namenszeichen mit Tagesangabe beizufügen;

b) daß die Entlastung eingeschränkt oder aufgehoben wird, falls die Maßnahme nach Buchstabe a nicht ausreichend erscheint.

(2) Der Oberlandesgerichtspräsident wird ermächtigt, die Entlastung auch dann einzuschränken oder aufzuheben, wenn ohne diese Maßnahme

der Richter nicht voll beschäftigt sein würde oder eine übermäßige Belastung des Rechtspflegers vorliegt.

§ 10. Die Gültigkeit eines vom Richter wahrgenommenen Geschäfts wird nicht dadurch berührt, daß es zu den übertragenen Geschäften gehört. Der Richter soll sich jedoch der Bearbeitung eines übertragenen Geschäfts enthalten, es sei denn, daß zwischen diesem und einem vom Richter wahrzunehmenden Geschäft ein so enger Zusammenhang besteht, daß eine getrennte Bearbeitung nicht sachdienlich wäre.

II. Zivilprozeßsachen

§ 11. Zur selbständigen Wahrnehmung sind geeignet:

a) die Entscheidung auf das Gesuch um Erlaß eines Zahlungsbefehls,
b) die Zurückweisung eines Gesuchs, einen Zahlungsbefehl für vorläufig vollstreckbar zu erklären; gelangt nach § 3 oder § 9 Abs. 1 Buchst. a die Sache an den Richter, so hat dieser nur darüber zu entscheiden, ob die Voraussetzungen zum Erlaß eines Vollstreckungsbefehls vorliegen. Auf Grund dieser Entscheidung liegt dem Rechtspfleger die weitere Erledigung ob,
c) die Erteilung der vollstreckbaren Ausfertigung in den Fällen der §§ 730 Abs. 1, 733 Abs. 1 ZPO. ohne Einholung einer Anordnung des Vorsitzenden[1]),
d) die Entscheidung, betreffend Rückgabe einer Sicherheit in den Fällen der §§ 109, 715 ZPO.,
e) die in bezug auf die Zwangsvollstreckung in Forderungen oder andere Vermögensrechte nach den §§ 828 bis 863 ZPO. von dem Vollstreckungsgericht oder in den Fällen der §§ 848, 854, 855 von einem anderen Amtsgerichte zu treffenden Entscheidungen und Anordnungen; hierunter fällt auch eine Pfändung auf Grund einer auf Geldzahlung lautenden einstweiligen Verfügung (§§ 936, 928, 828ff. ZPO.); dagegen nicht eine Pfändung zur Arrestvollziehung (§ 930 ZPO.),
f) die in den Fällen der §§ 771, 805 ZPO. vom Vollstreckungsgerichte nach § 769 Abs. 2 ZPO. zu treffenden Entscheidungen, soweit es sich nicht um die Zwangsvollstreckung in das unbewegliche Vermögen handelt,
g) die Anordnung, daß die Partei, welche einen Arrestbefehl oder eine einstweilige Verfügung erwirkt hat, binnen einer zu bestimmenden Frist Klage zu erheben habe (§§ 926 Abs. 1, 936 ZPO.),
h) die Entscheidung über Anträge auf Aufhebung eines vollzogenen Arrestes gegen Hinterlegung des in dem Arrestbefehl festgestellten Geldbetrages (§ 934 Abs. 1 ZPO.).

[1]) Nach der Neufassung der §§ 730 und 733 ZPO. durch das Wiedervereinheitlichungsgesetz ist eine Anordnung des Vorsitzers überhaupt nicht mehr vorgesehen.

X. Schlußvorschriften

§ 30. Die in sonstigen reichsrechtlichen Vorschriften enthaltenen Entlastungsbestimmungen bleiben unberührt.

§ 31. (1) Die von den früheren Landesjustizverwaltungen erlassenen Vorschriften über die Entlastung der Richter und Staatsanwälte durch Urkundsbeamte der Geschäftsstelle oder diesen gleichgestellte Beamte oder Angestellte treten mit Ablauf des 31. Juli 1943 außer Kraft, und zwar sowohl die zur Ausführung des Artikels VI des Reichsgesetzes zur Entlastung der Gerichte vom 11. März 1921 (Reichsgesetzbl. S. 229) als auch die zur Ausführung entsprechender bisher landesrechtlicher Gesetze oder Verordnungen ergangenen Bestimmungen.

(2) (Freiw. Gerichtsbarkeit.)

(3) Soweit in Rechts- oder Verwaltungsvorschriften auf die von den früheren Landesjustizverwaltungen erlassenen oder im Geltungsbereich dieser AV. auf die nach Abs. 2 außer Kraft tretenden Entlastungsbestimmungen Bezug genommen ist, tritt an deren Stelle jetzt diese AV.

§ 32. Diese AV. gilt in sämtlichen Oberlandesgerichtsbezirken .....
Sie tritt am 1. August 1943 in Kraft.

VIII.

Binnenschiffahrtssachen

A. Rhein[1])

a) Gesetz über die Rheinschiffahrtsgerichte

vom 5. September 1935 (RGBl. I S. 1142)[2])

§ 1. (1) Die Rheinschiffahrtsgerichtsbarkeit (Artikel 33 bis 36 der revidierten Rheinschiffahrtsakte vom 17. Oktober 1868, 4. Juni 1898) wird in erster Instanz den Amtsgerichten ....[3]) übertragen.

(2) Rheinschiffahrtsobergerichte bestehen bei den Oberlandesgerichten ....[3]).

§ 2. Die Rheinschiffahrtsgerichte haben sich in ihren Entscheidungen als solche zu bezeichnen und ein diese Eigenschaft ergebendes Dienstsiegel zu führen.

§ 3. Ist ein als Rheinschiffahrtsgericht bestelltes Amtsgericht mit mehreren Richtern besetzt, so sind bei der Geschäftsverteilung die Geschäfte des Rheinschiffahrtsgerichts einem von ihnen zu übertragen.

§ 4. Die Geschäfte der Staatsanwaltschaft werden von der Staatsanwaltschaft bei den als Rheinschiffahrtsgericht bestellten Gerichten wahrgenommen. Die Anträge und Verfügungen in Rheinschiffahrtssachen sind als solche zu bezeichnen.

§ 5. (1) In Zivil- und Strafsachen einschließlich der Vollstreckung finden die allgemeinen Vorschriften über das Verfahren in den zur Zuständigkeit der Amtsgerichte gehörenden bürgerlichen Rechtsstreitigkeiten und Strafsachen Anwendung.

---

[1]) Daneben Rheinschiffahrtsgerichte der Besatzungsmächte: in der brit. Zone: MilRegVO. Nr. 66 (MRABl. S. 360) nebst Verfahrensvorschriften vom 2. 1. 1947 (MRABl. S. 377), mit 1. Abänderung.

[2]) Wiederhergestellt durch Besatzungsrecht: amer. MilRegGes. Nr. 9, britMilRegVO. Nr. 65 (MRABl. S. 359).

[3]) Aufzählung durch die staatsrechtlichen Änderungen z. T. überholt.

(2) Hat die strafbare Handlung oder die einen Anspruch begründende Tatsache auf dem Strom zwischen zwei deutschen Ufern stattgefunden, so sind die Rheinschiffahrtsgerichte beider Ufer zuständig.

§ 6. Die Berufung an das Rheinschiffahrtsobergericht unterliegt weder in bürgerlichen Rechtsstreitigkeiten noch in Strafsachen der Beschränkung des Artikels 37 Abs. 1 der revidierten Rheinschiffahrtsakte.

§ 7. Die Berufung an die Zentralkommission (Artikel 37 der revidierten Rheinschiffahrtsakte) ist schriftlich oder zu Protokoll der Geschäftsstelle anzumelden. Die Zustellung der Anmeldung und der Rechtfertigung erfolgt von Amts wegen.

§ 8. Entscheidungen außerdeutscher Rheinschiffahrtsgerichte werden auf Grund einer vom Rheinschiffahrtsobergericht zu Köln mit der Vollstreckungsklausel (§ 724 der Zivilprozeßordnung, § 451 der Strafprozeßordnung) kostenfrei zu versehenden Ausfertigung vollstreckt.

§ 9. Die Strafverfolgung von Zuwiderhandlungen sowie Zivilansprüche, welche zur Zuständigkeit der Rheinschiffahrtsgerichte gehören, verjähren in einem Jahre.

§ 10. Geldstrafen sind für den Fall, daß sie nicht beigetrieben werden, nach den für Übertretungen geltenden Vorschriften in Haft umzuwandeln.

§ 11. Der *Reichsminister der Justiz* erläßt die zur Durchführung und Ergänzung dieses Gesetzes erforderlichen Rechts- und Verwaltungsvorschriften.

§ 12. Dieses Gesetz tritt mit dem 1. Oktober 1935 in Kraft.

b) Verordnung zur Durchführung des Gesetzes über die Rheinschiffahrtsgerichte

vom 25. September 1935 (RGBl. I S. 1167)

Artikel 1

Die Bezirke der Rheinschiffahrtsgerichte werden wie folgt bestimmt: ....[1]).

Artikel 2

(1) Über Berufungen und Beschwerden, die sich gegen Entscheidungen der Rheinschiffahrtsgerichte .... richten, entscheidet das Rhein-

[1]) Siehe Fußnote 3 zu § 1 RhSchGG.

schiffahrtsobergericht ....., über Berufungen und Beschwerden, die sich gegen Entscheidungen der Rheinschiffahrtsgerichte ..... richten, das Rheinschiffahrtsobergericht .....[1]).

(2) Das Rheinschiffahrtsobergericht Karlsruhe hält seine mündlichen Verhandlungen und seine Hauptverhandlungen in Strafsachen in Mannheim ab.

Artikel 3

(Übergangsbestimmungen.)

Artikel 4

Die Verjährung von Zivilansprüchen, die zur Zuständigkeit der Rheinschiffahrtsgerichte gehören, beginnt mit dem Schlusse des Jahres, in dem der Anspruch fällig geworden ist.

Artikel 5

(Inkrafttreten.)

B. Sonstige Binnengewässer

a) Gesetz über das Verfahren in Binnenschiffahrtssachen

vom 30. Januar 1937 (RGBl. I S. 97)

§ 1. (1) Die Vorschriften dieses Gesetzes gelten für bürgerliche Rechtsstreitigkeiten, die sich aus der Benutzung von Binnengewässern durch Schiffahrt und Flößerei ergeben und Ansprüche folgender Art zum Gegenstand haben (Binnenschiffahrtssachen):

1. Schadenersatzansprüche aus Zusammenstößen oder anderen Schiffahrtsunfällen sowie aus unerlaubten Handlungen, die sonst mit der Benutzung der Gewässer zusammenhängen;
2. Ansprüche auf Lotsenvergütungen;
3. Ansprüche aus Bergung und Hilfeleistung, namentlich auf Berge- und Hilfslohn.

(2) Das Gesetz gilt nicht für Binnengewässer, auf denen die Seewasserstraßenordnung vom 31. Oktober 1933 (Reichsgesetzbl. II S. 833) nebst Ergänzungen gilt.

§ 2. Für Binnenschiffahrtssachen sind im ersten Rechtszug ohne Rücksicht auf den Wert des Streitgegenstands die Amtsgerichte zuständig.

[1]) Siehe Fußnote 3 zu § 1 RhSchGG.

§ 3. (1) Vorbehaltlich einer abweichenden Vereinbarung über die Zuständigkeit ist zuständig[1]):

im Falle des § 1 Nr. 1 nur das Gericht, in dessen Bezirk sich der Vorfall ereignet hat;

im Fall des § 1 Nr. 2 nur das Gericht des Erfüllungsorts;

im Fall des § 1 Nr. 3 nur das Gericht, in dessen Bezirk die Bergung bewirkt oder die Hilfe geleistet worden ist.

(2) Hat sich die den Anspruch begründende Tatsache auf einem Binnengewässer zwischen zwei deutschen Ufern ereignet, so sind die Schiffahrtsgerichte beider Ufer zuständig.

§ 4. Der *Reichsminister der Justiz* erläßt die zur Durchführung und Ergänzung dieses Gesetzes erforderlichen Rechts- und Verwaltungsvorschriften. Er kann namentlich durch Verordnung die Verhandlung und Entscheidung von Binnenschiffahrtssachen einem Amtsgericht für den Bezirk mehrerer Amtsgerichte zuweisen; er kann ferner für das Verfahren in diesen Sachen, namentlich über die zulässigen Rechtsmittel und über die zur Entscheidung über die Rechtsmittel zuständigen Gerichte, besondere Vorschriften erlassen.

§ 5. (Überholt.)

§ 6. Dieses Gesetz tritt mit dem 1. Februar 1937 in Kraft.

b) Vierte Verordnung zur Durchführung des Gesetzes über das Verfahren in Binnenschiffahrtssachen

vom 26. Juni 1941 (RGBl. I S. 351)

Artikel 1

Die Amtsgerichte, denen auf Grund des § 4 Satz 2 Halbsatz 1 des Gesetzes über das Verfahren in Binnenschiffahrtssachen die Verhandlung und Entscheidung von Binnenschiffahrtssachen zugewiesen wird, führen bei der Verhandlung und Entscheidung der Binnenschiffahrtssachen die Bezeichnung „Schiffahrtsgerichte".

Artikel 2

Die Verhandlung und Entscheidung über Berufungen und Beschwerden (.....) gegen die Entscheidungen der Schiffahrtsgerichte wird den Oberlandesgerichten übertragen, die hierbei die Bezeichnung „Schiffahrtsobergerichte" führen.

[1]) In der brit. Zone: weitere Gerichtsstände eröffnet in der Verordnung vom 16. 8. 1948 (VOBl. BZ. S. 240, Drfb. S. 260).

Artikel 3

(1) (Örtl. Zuständigkeit.[1]))

(2) Die Gerichtsbarkeit der Schiffahrtsgerichte erstreckt sich auf die im Abs. 1 genannten Gewässer nicht, soweit sie zum Geltungsbereich der Seewasserstraßenordnung vom 31. Oktober 1933 (Reichsgesetzbl. II S. 833) nebst Ergänzungen gehören.

Artikel 4

Soweit in Artikel 3 die Grenzen für die Bezirke der Schiffahrtsgerichte durch Ortsnamen bezeichnet sind, sind die Gemeindegrenzen dieser Orte maßgebend.

Artikel 5

Ist ein zum Schiffahrtsgericht bestelltes Amtsgericht mit mehreren Richtern besetzt, so sind bei der Geschäftsverteilung die Geschäfte des Schiffahrtsgerichtes einem von ihnen zu übertragen.

Artikel 6

(1) Im Geltungsbereich der Reichszivilprozeßordnung ist gegen die Urteile der Schiffahrtsgerichte die Berufung ohne Rücksicht auf den Wert des Streitgegenstandes zulässig. § 20 der Bekanntmachung zur Entlastung der Gerichte vom 13. Mai 1924 (Reichsgesetzbl. I S. 552)[2]) findet keine Anwendung.

(2) ....

Artikel 7

Im Geltungsbereich der Reichszivilprozeßordnung wird die Zulässigkeit des Rechtsmittels nicht dadurch berührt, daß es statt bei dem Oberlandesgericht bei dem dem Amtsgerichte übergeordneten Landgericht eingelegt ist; die Sache wird von Amts wegen an das Oberlandesgericht abgegeben.

Artikel 8

(1) Das Oberlandesgericht Karlsruhe hält seine mündlichen Verhandlungen in Binnenschiffahrtssachen in Mannheim ab.

(2) Die bei dem Amtsgericht oder dem Landgericht Mannheim zugelassenen Rechtsanwälte sind zugleich bei dem Oberlandesgericht Karlsruhe, soweit es in Binnenschiffahrtssachen befindet, zugelassen.

Artikel 9

(Aufhebung vorangegangener Durchführungsverordnungen.)

Artikel 10

(Übergangsvorschrift.)

Artikel 11

Diese Verordnung tritt am 1. August 1941 in Kraft.

---

[1]) Durch die staatsrechtlichen Änderungen größtenteils überholt.
[2]) Jetzt: § 510c ZPO.

IX.

Patentstreitsachen

A. Patentgesetz

vom 5. Mai 1936 (RGBl. II S. 117) i. d. F. des Ersten Gesetzes zur Änderung und Überleitung von Vorschriften auf dem Gebiete des gewerblichen Rechtsschutzes vom 8. Juli 1949 (WiGBl. S. 175)

Fünfter Abschnitt

Verfahren in Patentstreitsachen

§ 51. (1) Für alle Klagen, durch die ein Anspruch aus einem der in diesem Gesetz geregelten Rechtsverhältnisse geltend gemacht wird (Patentstreitsachen), sind die Landgerichte ohne Rücksicht auf den Streitwert ausschließlich zuständig. Eine erweiterte Zulässigkeit von Rechtsmitteln nach den Vorschriften der §§ 511a Abs. 4, 547 Nr. 2 der Zivilprozeßordnung wird hierdurch nicht begründet.

(2) Die Landesjustizminister können die Patentstreitsachen für die Bezirke mehrerer Landgerichte einem von ihnen zuweisen[1]).

(3) Die Parteien können sich vor dem Gericht für Patentstreitsachen auch durch Rechtsanwälte vertreten lassen, die bei dem Landgericht zugelassen sind, vor das die Klage ohne die Regelung nach Abs. 2 gehören würde. Das Entsprechende gilt für die Vertretung vor dem Berufungsgericht.

(4) Die Mehrkosten, die einer Partei dadurch erwachsen, daß sie sich gemäß Abs. 3 durch einen nicht beim Prozeßgericht zugelassenen Rechtsanwalt vertreten läßt, sind nicht zu erstatten.

(5) Von den Kosten, die durch die Mitwirkung eines Patentanwalts in dem Rechtsstreit entstehen, sind die Gebühren bis zum Betrage einer Gebühr nach § 9 der Gebührenordnung für Rechtsanwälte und außerdem die notwendigen Auslagen des Patentanwalts zu erstatten.

§ 52. (1) In Patentstreitsachen haben die Gerichte dem Präsidenten des Bundespatentamts Abschriften von allen Schriftsätzen, Protokollen,

---

[1]) Verordnung über die Zuweisung von Patentstreitsachen an die Landgerichte vom 10. 9. 1936 (RGBl. II S. 299), in der brit. Zone geändert durch Verordnung vom 8. 10. 1946 (VOBl. BZ. S. 6).

Verfügungen und Entscheidungen zu übersenden. Die Parteien haben dem Gerichte die erforderlichen Abschriften ihrer Schriftsätze einzureichen.

(2) Der Präsident kann aus den Mitgliedern und Hilfsmitgliedern des Bundespatentamts, die besondere Sachkunde auf dem vom Rechtsstreit betroffenen engeren Gebiet der Technik besitzen, einen Vertreter bestellen, der befugt ist, dem Gericht schriftliche Erklärungen abzugeben, den Terminen beizuwohnen, in ihnen Ausführungen zu machen und Fragen an Parteien, Zeugen und Sachverständige zu richten. Schriftliche Erklärungen sind den Parteien durch das Gericht mitzuteilen.

(3) Das Gericht kann auf Antrag oder von Amts wegen den Präsidenten des Bundespatentamts ersuchen, einen Vertreter mit den im Abs. 2 bezeichneten Eigenschaften in die mündliche Verhandlung zu entsenden, wenn es annimmt, daß der Vertreter durch nähere Mitteilung über den Gang des Erteilungsverfahrens zur besseren Beurteilung des technischen Sachverhalts oder zu seiner richtigen rechtlichen Würdigung beitragen kann. In dem Ersuchen sind die Punkte anzugeben, die dem Gericht aufklärungsbedürftig erscheinen. Ist der Präsident der Auffassung, daß keine der als Vertreter in Betracht kommenden Personen in der Lage ist, Mitteilungen über den Gang des Erteilungsverfahrens aus eigener Wissenschaft zu machen, so kann er, statt einen Vertreter zu entsenden, zu dem Ersuchen schriftlich Stellung nehmen.

(4) Das Gericht kann den vom Präsidenten des Bundespatentamts bestimmten Vertreter zur Beratung zuziehen.

(5) (Weggefallen.)

§ 53. (1) Macht in einer Patentstreitsache eine Partei glaubhaft, daß die Belastung mit den Prozeßkosten nach dem vollen Streitwert ihre wirtschaftliche Lage erheblich gefährden würde, so kann das Gericht auf ihren Antrag anordnen, daß die Verpflichtung dieser Partei zur Zahlung von Gerichtskosten sich nach einem ihrer Wirtschaftslage angepaßten Teil des Streitwerts bemißt. Die Anordnung hat zur Folge, daß die begünstigte Partei die Gebühren ihres Rechtsanwalts ebenfalls nur nach diesem Teil des Streitwerts zu entrichten hat. Soweit ihr Kosten des Rechtsstreits auferlegt werden oder soweit sie diese übernimmt, hat sie die von dem Gegner entrichteten Gerichtsgebühren und die Gebühren seines Rechtsanwalts nur nach dem Teil des Streitwerts zu erstatten. Soweit die außergerichtlichen Kosten dem Gegner auferlegt oder von ihm übernommen werden, kann der Rechtsanwalt der begünstigten Partei seine Gebühren von dem Gegner nach dem für diesen geltenden Streitwert beitreiben.

(2) Der Antrag nach Abs. 1 kann vor der Geschäftsstelle des Gerichts zur Niederschrift erklärt werden. Er ist vor der Verhandlung zur Hauptsache anzubringen. Danach ist er nur zulässig, wenn der angenommene oder festgesetzte Streitwert später durch das Gericht heraufgesetzt wird. Vor der Entscheidung über den Antrag ist der Gegner zu hören.

§ 54. Wer eine Klage nach § 47 erhoben hat, kann gegen den Beklagten wegen derselben oder einer gleichartigen Handlung auf Grund eines anderen Patents nur dann eine weitere Klage erheben, wenn er ohne sein Verschulden nicht in der Lage war, auch dieses Patent in dem früheren Rechtsstreit geltend zu machen.

B. Patentanwaltsgesetz

vom 28. September 1933 (RGBl. I S. 669)

§ 9. (Abs. 3.) In Rechtsstreitigkeiten, in denen ein Anspruch aus einem der im Patentgesetz, im Gesetz betreffend den Schutz von Gebrauchsmustern und im Gesetz zum Schutz der Warenbezeichnungen geregelten Rechtsverhältnisse geltend gemacht wird, ist auf Antrag einer Partei ihrem Patentanwalt das Wort zu gestatten, ebenso im Berufungsverfahren vor dem Bundesgerichtshof. Die Vorschriften der Zivilprozeßordnung § 157 Abs. 1, 2 gelten insoweit für Patentanwälte nicht.

C. Gesetz über die Beiordnung von Patentanwälten in Armensachen

vom 5. Februar 1938 (RGBl. I S. 116)

§ 1. (1) Wird in einer Patentstreitsache (§ 51 des Patentgesetzes vom 5. Mai 1936 — Reichsgesetzbl. II S. 117), in einer Gebrauchsmusterstreitsache (§ 19 des Gebrauchsmustergesetzes vom 5. Mai 1936 — Reichsgesetzblatt II S. 130) oder in einer Warenzeichenstreitsache (§ 32 des Warenzeichengesetzes vom 5. Mai 1936 — Reichsgesetzbl. II S. 134) einer Partei das Armenrecht bewilligt, so kann ihr auf Antrag zu ihrer Beratung und zur Unterstützung des Rechtsanwalt sein Patentanwalt beigeordnet werden, wenn und soweit es zur sachgemäßen Rechtsverfolgung oder Rechtsverteidigung erforderlich erscheint.

(2) Die Vorschriften des § 115 Abs. 2, § 118 Abs. 1, § 119 Abs. 1, der §§ 121, 124, 125 Abs. 1, §§ 126, 127 der Zivilprozeßordnung gelten entsprechend.

§ 2. Auf die Erstattung der Gebühren und Auslagen des beigeordneten Patentanwalts finden die Vorschriften des Gesetzes, betreffend die Erstattung von Rechtsanwaltsgebühren in Armensachen, vom 20. Dezember 1928 (Reichsgesetzbl. I S. 411) und des weiteren Gesetzes über die Erstattung von Rechtsanwaltsgebühren in Armensachen vom 13. Dezember

1935 (Reichsgesetzbl. I S. 1469) sinngemäß Anwendung mit folgenden Maßgaben:

1. Der Patentanwalt erhält eine volle Gebühr und, wenn er eine mündliche Verhandlung oder einen Beweistermin wahrgenommen hat, insgesamt zwei volle Gebühren im Sinne der genannten Vorschriften.
2. Der dem Patentanwalt insgesamt zu ersetzende Gebührenbetrag darf den Betrag einer Gebühr nach § 9 der Gebührenordnung für Rechtsanwälte nicht übersteigen.
3. Reisekosten für die Wahrnehmung einer mündlichen Verhandlung oder eines Beweistermins werden nur ersetzt, wenn das Prozeßgericht vor dem Termin die Teilnahme des Patentanwalts für geboten erklärt hat.

X.

Urkunden- und Aktenwesen

A. Verordnung zur Vereinfachung des Verfahrens auf dem Gebiet des Beurkundungsrechts

vom 21. Oktober 1942 (RGBl. I S. 609)

§ 1. Beglaubigung von Lichtbildern

(1) Einer beglaubigten Abschrift steht ein Lichtbild gleich, wenn die zur Beglaubigung der Abschrift befugte Stelle bescheinigt, daß es ein vollständiges Lichtbild der Hauptschrift ist. Die Bescheinigung soll auf das Lichtbild oder ein besonderes, mit dem Lichtbild durch Schnur und Siegel zu verbindendes Blatt gesetzt sein, Ort und Tag der Ausstellung angeben und mit Unterschrift und Siegel oder Stempel versehen sein. Sie soll die Angabe enthalten, ob die Hauptschrift eine Urschrift, eine einfache oder beglaubigte Abschrift oder eine Ausfertigung ist; ist sie eine beglaubigte Abschrift oder Ausfertigung, so muß das Lichtbild den Beglaubigungsvermerk oder Ausfertigungsvermerk enthalten. Mängel der Hauptschrift, die nicht aus dem Lichtbild ersichtlich sind (z. B. Radierungen), sollen in der Bescheinigung angegeben werden.

(2) Ein Lichtbild einer Urkunde kann für die Erteilung einer Ausfertigung verwandt werden, wenn die ausfertigende Stelle bescheinigt, daß es ein vollständiges Lichtbild der Hauptschrift ist. Die Bescheinigung ist mit dem Ausfertigungsvermerk zu verbinden.

§ 2. Beweiskraft von Übersetzungen

(1) Die Übersetzung einer Urkunde, die in einer fremden Sprache abgefaßt ist, gilt als richtig und vollständig, wenn dies von einem Übersetzer bescheinigt wird, der dazu nach den Richtlinien des *Reichsministers der Justiz* ermächtigt ist. Die Bescheinigung soll auf die Übersetzung gesetzt sein, Ort und Tag der Übersetzung sowie die Stellung des Übersetzers angeben und mit seiner Unterschrift versehen sein.

(2) Der Gegenbeweis gegen die Richtigkeit oder Vollständigkeit der Übersetzung ist zulässig.

(3) Der Vorstandsbeamte des Amtsgerichts, in dessen Bezirk der Übersetzer seinen Wohnsitz hat, kann auf Antrag bestätigen, daß die Unterschrift von dem Übersetzer herrührt und daß er mit der Anfertigung derartiger Übersetzungen betraut ist. Für die Bestätigung wird eine Gebühr nach der Justizverwaltungskostenordnung vom 14. Februar 1940 (Reichsgesetzbl. I S. 357) Gebührenverzeichnis Nr. 2 Buchst. a erhoben.

(4) ....

§ 3. Erteilung von Ausfertigungen oder Abschriften von Übersetzungen

(1) Die Ausfertigung oder sonstige Abschrift einer in fremder Sprache abgefaßten Urkunde, die von einem Gericht oder Notar verwahrt wird, ist, wenn dies den Umständen nach angebracht erscheint, von einer Übersetzung zu erteilen, die § 2 Abs. I dieser Verordnung .... entspricht. Die Übersetzung verbleibt in diesem Fall zusammen mit der Urschrift in der Verwahrung des Gerichts oder Notars.

(2) Die Beteiligten können verlangen, daß die Ausfertigung oder sonstige Abschrift von der Urschrift erteilt wird, wenn dazu ein besonderer Anlaß besteht. Wird dieses Verlangen abgelehnt, so ist dagegen nur die Beschwerde im Dienstaufsichtswege gegeben.

§ 4. Telegrafische Übermittlung von Urkunden

(1) Eine Niederschrift des *Auswärtigen Amts* über die telegrafische Übermittlung des Inhalts einer von einem deutschen Konsul aufgenommenen Urkunde durch diesen Konsul steht im Rechtsverkehr einer Ausfertigung der Urkunde gleich, wenn sie eine mit der Angabe von Ort und Zeit der Ausstellung, Unterschrift und Siegel versehene Bescheinigung des *Auswärtigen Amts* enthält, daß ihr Inhalt dem von dem Konsul unter ausdrücklicher Versicherung der Vollständigkeit und Richtigkeit übermittelten Wortlaut der Urkunde entspreche und von ihm bestätigt worden sei.

(2) Unter derselben Voraussetzung steht eine Niederschrift des *Auswärtigen Amts* über die telegrafische Übermittlung des Inhalts einer von einem Konsul beglaubigten Urkunde einer Zweitschrift der Urkunde, eine Niederschrift über die telegrafische Übermittlung einer anderen dem Konsul vorgelegten Urkunde einer beglaubigten Abschrift der Urkunde im Rechtsverkehr gleich.

(3) Die Niederschrift muß im Fall des Abs. 1 als telegrafische Ausfertigung, im Fall des Abs. 2 Halbsatz 1 als telegrafische Zweitschrift, im Fall des Abs. 2 Halbsatz 2 als telegrafische Abschrift bezeichnet sein.

§ 5. Ausführungsvorschriften

Die Vorschriften zur Ausführung dieser Verordnung werden im Verwaltungswege erlassen.

§ 6. Inkrafttreten. Geltungsbereich

(1) Die Verordnung tritt mit dem Ablauf des siebenten Tages nach der Verkündung in Kraft.

(2) . . . .

B. Verordnung über die Ersetzung zerstörter oder abhanden gekommener gerichtlicher oder notarischer Urkunden

vom 18. Juni 1942 (RGBl. I S. 395)

§ 1. (1) Ist die Urschrift einer von einem Gericht oder einem Notar aufgenommenen oder ausgestellten Urkunde oder einer gerichtlichen Entscheidung ganz oder teilweise zerstört worden oder abhanden gekommen und besteht Anlaß, sie wiederherzustellen, so wird die Urschrift, wenn noch eine Ausfertigung oder beglaubigte Abschrift vorhanden ist, durch eine beglaubigte Abschrift dieser Ausfertigung oder beglaubigten Abschrift ersetzt.

(2) Auf der Ersatzurkunde ist zu vermerken, daß sie an die Stelle der zerstörten oder abhanden gekommenen Urschrift tritt. Der Vermerk kann mit dem Beglaubigungsvermerk verbunden werden. Er ist vom Gericht oder Notar unter Angabe von Ort und Zeit zu unterschreiben. Wird die Ersatzurkunde den Beteiligten ausgehändigt, so ist sie überdies mit dem Siegel oder Stempel des Gerichts oder Notars zu versehen.

§ 2. Das Gericht kann von Amts wegen oder auf Ersuchen eines Notars, bei dem ein Verfahren nach § 1 schwebt, dem Besitzer von Ausfertigungen oder beglaubigten Abschriften aufgeben, diese dem Gericht zur Einsicht vorzulegen.

§ 3. (1) Ist eine Ausfertigung oder beglaubigte Abschrift nicht vorhanden, so kann das Gericht oder der Notar den Inhalt der Urkunde durch Beschluß feststellen. Der Beschluß tritt an die Stelle der Urschrift.

(2) Das Gericht (der Notar) bestimmt das Verfahren nach freiem Ermessen. Vor der Beschlußfassung sollen regelmäßig einer oder mehrere Beteiligte gehört werden. Handelt es sich um einen bürgerlichen Rechtsstreit, so sind die Parteien zu hören. Hält der Notar die eidliche Vernehmung von Zeugen oder Sachverständigen oder Maßnahmen zur Erzwingung der Aussage für erforderlich, so kann er das Amtsgericht, in dessen Bezirk sich die Zeugen oder Sachverständigen aufhalten, oder ein anderes geeignetes Amtsgericht um die Vernehmung ersuchen. Dem Amtsgericht ist auch die Entscheidung darüber vorbehalten, ob die Verweigerung der Aussage oder der Abgabe eines Gutachtens gerechtfertigt ist.

§ 4. (1) Für die Ersetzung der Urschrift nach den §§ 1 und 3 ist das Gericht oder der Notar zuständig, von dem die Urkunde aufgenommen oder ausgestellt worden ist. An die Stelle eines ausgeschiedenen Notars tritt die Stelle, bei der die Akten des ausgeschiedenen Notars verwahrt werden.

(2) Hat ein Urkundsbeamter der Geschäftsstelle die Urkunde aufgenommen oder ausgestellt oder die Entscheidung erlassen, so ist er auch für die Ersetzung der Urschrift zuständig.

§ 5. (1) Im Falle des § 1 ist dem Antragsteller und nach dem Ermessen des Gerichts oder des Notars auch anderen Beteiligten eine Ausfertigung zuzustellen. In bürgerlichen Rechtsstreitigkeiten ist die Ausfertigung den Parteien zuzustellen.

(2) Im Falle des § 3 ist der Beschluß dem Antragsteller und den sonst Beteiligten, in bürgerlichen Rechtsstreitigkeiten den Parteien zuzustellen.

(3) Wer Beteiligter ist, bestimmt das Gericht oder der Notar nach freiem Ermessen.

§ 6. (1) Gegen die Ersetzung der Urschrift steht den Beteiligten, denen die Ausfertigung oder Entscheidung zugestellt worden ist (§ 5), die sofortige Beschwerde (.........) zu.

(2) Im übrigen kann jeder, der durch die Entscheidung des Gerichts (Notars) betroffen ist, die erneute Einleitung des Verfahrens beantragen. Lehnt das Gericht (der Notar) eine Änderung der neuen Urschrift ab, so steht dem Antragsteller die sofortige Beschwerde (..........) zu.

(3) Für das Beschwerdeverfahren (..........) gelten in bürgerlichen Rechtsstreitigkeiten die Vorschriften der Zivilprozeßordnung*en*, in Strafsachen die Vorschriften der Strafprozeßordnung*en*, in Angelegenheiten der freiwilligen Gerichtsbarkeit (..........) die Vorschriften des Reichsgesetzes über die Angelegenheiten der freiwilligen Gerichtsbarkeit (........). Richtet sich die Beschwerde gegen die Verfügung eines Notars, so entscheidet das Landgericht, in dessen Bezirk der Notar seinen Amtssitz hat. Richtet sich die Beschwerde gegen die Verfügung eines Urkundsbeamten der Geschäftsstelle, so ist innerhalb der Beschwerdefrist die Entscheidung des Gerichts nachzusuchen, zu dem der Urkundsbeamte der Geschäftsstelle gehört; das Gericht hat das Gesuch, wenn es ihm nicht entsprechen will, dem Beschwerdegericht vorzulegen.

(4) Gegen die Entscheidung des Beschwerdegerichts ist ein weiteres Rechtsmittel nicht zulässig.

§ 7. (1) Das Verfahren nach den §§ 1 und 3 ist gebührenfrei. Für die den Beteiligten zugestellten Ausfertigungen werden Schreibgebühren erhoben. Befand sich die Urschrift im Besitz eines Beteiligten und hat dieser den Verlust zu verantworten, so hat er für die Wiederherstellung die gleiche Gebühr wie für die erstmalige Aufnahme oder Ausstellung der Urkunde zu entrichten.

(2) Handelt es sich um eine Urkunde über Erklärungen der Beteiligten und ist eine Ersetzung der Urschrift nach § 1 nicht möglich, so werden für eine erneute Beurkundung des gleichen Vorgangs Gerichts- oder Notargebühren nur in Höhe eines Drittels erhoben. Dies gilt nicht, soweit die ursprünglichen Erklärungen in wesentlichen Punkten ergänzt oder geändert werden.

§ 8. Das Amtsgericht ist auch zuständig, Urkunden, die von Dienststellen der Wehrmacht im Bereich der freiwilligen Gerichtsbarkeit aufgenommen oder ausgestellt sind und sich in dauernder gerichtlicher Verwahrung befinden, in gleicher Weise wie Urkunden, die das Amtsgericht selbst aufgenommen oder ausgestellt hat, wiederherzustellen.

§ 9. Die Vorschriften zur Ausführung dieser Verordnung werden im Verwaltungswege erlassen.

§ 10. (Überholt.)

XI.

Verhältnis des Rechtsstreits zur Vertragshilfe und ähnlichem

A. Verordnung über die Vertragshilfe des Richters aus Anlaß des Krieges — Vertragshilfeverordnung — (VHV.)

vom 30. November 1939 (RGBl. I S. 2329) i. d. F. der Ergänzungsverordnungen vom 3. November 1941 (RGBl. I S. 684) und vom 11. Dezember 1942 (RGM. I S. 706)

Zweiter Abschnitt

Vertragshilfe in anderen Fällen

§ 6. Vertragshilfe zugunsten von Schuldnern, die von der Räumung oder Freimachung von Gebietsteilen oder von ähnlichen Kriegsauswirkungen betroffen werden

(1) Ist jemand

1. infolge der behördlich angeordneten Räumung oder Freimachung von gefährdeten Teilen des deutschen Reichsgebiets oder Wohngebäuden oder
2. infolge anderer auf den Auswirkungen des Krieges beruhender, unabwendbarer Ereignisse

gezwungen, seinen bisherigen Aufenthaltsort zu verlassen und kann er deshalb seine Zahlungsverpflichtungen aus Rechtsverhältnissen, die vor Verlassen dieses Aufenthaltsorts begründet sind, nicht rechtzeitig erfüllen, so kann der Richter auf Antrag des Schuldners die Fälligkeit dieser Verbindlichkeiten durch Bewilligung von Teilzahlungen oder Stundung entsprechend der Leistungsfähigkeit des Schuldners regeln. Die Fälligkeitsregelung des Richters ist unanfechtbar.

(2) (Landwirtschaft.)

(3) . . . .

Vierter Abschnitt
Ergänzende Vorschriften

§ 24. Verhältnis zum bürgerlichen Rechtsstreit

(1) Hängt die Entscheidung ganz oder teilweise davon ab, welche Entscheidung auf Grund dieser Verordnung im Vertragshilfeverfahren ergeht, so kann das Prozeßgericht anordnen, daß das Verfahren bis zur Entscheidung über den Vertragshilfeantrag ausgesetzt (......) wird.

(2) Wird über einen Anspruch, für den nach den §§ 2, 6, 7 eine Fälligkeitsregelung getroffen werden kann, ein Rechtsstreit anhängig, bevor der Schuldner einen solchen Vertragshilfeantrag gestellt hat, so kann der Schuldner den Antrag, ihm nach diesen Vorschriften Teilzahlungen oder Stundung zu bewilligen, beim Prozeßgericht anbringen. Die Möglichkeit, den Antrag bei einem anderen als dem Prozeßgericht anzubringen, entfällt. Auf das Verfahren und die Entscheidung über den Antrag des Schuldners ist die Verordnung über die Bewilligung von Zahlungsfristen in Rechtsstreitigkeiten vom 7. Oktober 1939 (Reichsgesetzbl. I S. 2004) sinngemäß anzuwenden, jedoch mit der Abweichung, daß die Stundung auch auf die Dauer von mehr als drei Monaten bewilligt werden kann.

(3) Wird über einen Anspruch, bei dem die Aufhebung von Rechtsnachteilen nach § 9 in Frage kommt, ein Rechtsstreit anhängig, bevor der Schuldner einen solchen Antrag beim Vertragshilfegericht gestellt hat, so kann der Schuldner den Antrag, die im § 9 vorgesehene Anordnung zu treffen, beim Prozeßgericht anbringen. Die Möglichkeit, den Antrag bei einem anderen als dem Prozeßgericht anzubringen, entfällt. Die Vorschriften der vorerwähnten Verordnung vom 7. Oktober 1939 gelten sinngemäß.

(4) Siegt im Falle des Abs. 3 eine Partei lediglich deshalb ob, weil eine Anordnung nach § 9 ergeht, so können die Kosten des Rechtsstreits der obsiegenden Partei ganz oder teilweise auferlegt werden.

§ 30. Hemmung[1]) von Verjährungsfristen[2])

§ 31. Hemmung sonstiger Fristen[2])

---

[1]) Außerdem: Schutzverordnung vom 4. 12. 1943 (RGBl. I S. 666).

[2]) Ebenso wie die in der brit. Zone erlassene VO. vom 13. 1. 1949 idF. der VO. vom 24. 8. 1949 (VOBl. BZ. S. 19, 367) aufgehoben durch § 5 des Ges. über den Ablauf der durch Kriegs- oder Nachkriegsvorschriften gehemmten Fristen vom 28. 12. 1950 (BGBl. S. 821).

B. Verordnung über die Behandlung der Ehewohnung und des Hausrats nach der Scheidung (Sechste Durchführungsverordnung zum Ehegesetz)

vom 21. Oktober 1944 (RGBl. I S. 256)[1])

1. Abschnitt
Allgemeine Vorschriften

§ 1. Aufgabe des Richters

(1) Können sich nach der Scheidung einer Ehe die bisherigen Ehegatten nicht darüber einigen, wer von ihnen die Ehewohnung künftig bewohnen und wer die Wohnungseinrichtung und den sonstigen Hausrat erhalten soll, so regelt auf Antrag der Richter die Rechtsverhältnisse an der Wohnung und am Hausrat.

(2) Die im Abs. 1 genannten Streitigkeiten werden ausschließlich nach den Vorschriften dieser Verordnung behandelt und entschieden.

4. Abschnitt
Verfahrensvorschriften

§ 13. Allgemeine Verfahrensvorschriften

(1) Das Verfahren ist eine Angelegenheit der freiwilligen Gerichtsbarkeit.

(2) bis (5) ....

§ 18. Rechtsstreit über Ehewohnung und Hausrat

(1) Macht ein Beteiligter Ansprüche hinsichtlich der Ehewohnung oder des Hausrats (§ 1) in einem Rechtsstreit geltend, so hat das Prozeßgericht die Sache insoweit an das nach § 11 zuständige Amtsgericht abzugeben. Der Abgabebeschluß kann nach Anhörung der Parteien auch ohne mündliche Verhandlung ergehen. Er ist für das in ihm bezeichnete Gericht bindend.

(2) Im Falle des Abs. 1 ist für die Berechnung der im § 12 bestimmten Frist der Zeitpunkt der Klageerhebung maßgebend.

§ 19. Einstweilige Anordnung in Ehesachen

(1) In Ehesachen kann das Prozeßgericht auf Antrag auch die Benutzung der Ehewohnung oder des Hausrats zwischen den Ehegatten einstweilen regeln. Hierbei sind die §§ 627 und 627c der Reichszivilprozeßordnung .... entsprechend anzuwenden.

[1]) In der brit. Zone geändert durch § 30 der VO. z. Ausf. d. Eheges. vom 12. 7. 1948 (VOBl. BZ. S. 210).

(2) Die Regelung bleibt im Falle der Scheidung bis zu einer anderweitigen Regelung nach den Vorschriften dieser Verordnung wirksam.

5. Abschnitt

Kostenvorschriften

§ 23. Kosten des Verfahrens vor dem Prozeßgericht.

Gibt das Prozeßgericht die Sache nach § 18 an das nach dieser Verordnung zuständige Amtsgericht ab, so ist das bisherige Verfahren vor dem Prozeßgericht für die Erhebung der Gerichts- und Rechtsanwaltskosten als Teil des Verfahrens vor dem übernehmenden Gericht zu behandeln.

6. Abschnitt

Schlußvorschriften

§ 25. Aufhebung und Nichtigerklärung der Ehe

Wird eine Ehe aufgehoben oder für nichtig erklärt, so gelten die §§ 1 bis 24 sinngemäß.

§ 27. Inkrafttreten. Geltungsbereich

Diese Verordnung tritt am 1. November 1944 in Kraft.

XII.

Vollstreckungsrecht

A.

a) Bekanntmachung über das Mindestgebot bei der Versteigerung gepfändeter Sachen

vom 8. Oktober 1914 (RGBl. S. 427)

§ 1. Soweit eine Zwangsvollstreckung in körperliche Sachen nach den Vorschriften der Zivilprozeßordnung stattfindet, ist der gewöhnliche Verkaufswert der gepfändeten Sachen vor der Versteigerung zu schätzen.

Die Schätzung erfolgt durch den Gerichtsvollzieher. Ist gemäß § 813 der Zivilprozeßordnung zur Pfändung ein Sachverständiger zugezogen, so hat dieser die Schätzung vorzunehmen. Mit der Schätzung gepfändeter Wertpapiere, die einen Börsen- oder Marktpreis nicht haben, hat der Gerichtsvollzieher einen kaufmännischen Sachverständigen zu beauftragen; *bei der Schätzung darf der gewöhnliche Verkaufswert solcher Wertpapiere, die in der letzten Woche vor dem 31. Juli 1914 noch einen Börsen- oder Marktpreis hatten, nicht unter dem letzten in dieser Woche amtlich notierten Markt- oder Börsenpreis festgestellt werden.* In anderen Fällen kann der Gerichtsvollzieher einen Sachverständigen mit der Schätzung beauftragen.

Die Schätzung soll tunlichst bei der Pfändung erfolgen. In diesem Falle ist ihr Ergebnis in das Protokoll aufzunehmen.

Für Kostbarkeiten bewendet es bei der Vorschrift im § 814 der Zivilprozeßordnung.

§ 2. Das Vollstreckungsgericht kann auf Antrag des Gläubigers oder des Schuldners die Schätzung durch einen Sachverständigen anordnen.

§ 3. Bei der Versteigerung der gepfändeten Sachen darf unbeschadet der Vorschrift im § 820 der Zivilprozeßordnung der Zuschlag nur auf ein Gebot erteilt werden, das mindestens die Hälfte des gewöhnlichen Verkaufswerts erreicht (Mindestgebot).

Bei Wertpapieren, die vor den auf Grund des Darlehnskassengesetzes vom 4. August 1914 (RGBl. S. 340) errichteten Darlehnskassen beliehen werden, darf das Mindestgebot nicht hinter dem Betrage zurückbleiben, zu dem die Darlehnskassen Wertpapiere dieser Art beleihen.

Der gewöhnliche Verkaufswert und das Mindestgebot sind bei dem Ausbieten bekanntzugeben.

§ 4. Wird der Zuschlag nicht erteilt, weil ein das Mindestgebot erreichendes Gebot nicht abgegeben ist, so bleibt das Pfandrecht des Gläubigers bestehen. Er kann jederzeit die Anberaumung eines neuen Versteigerungstermins oder die Anordnung anderweitiger Verwertung der gepfändeten Sachen gemäß § 825 der Zivilprozeßordnung beantragen. Wird die anderweitige Verwertung angeordnet, so gilt § 3 entsprechend.

§ 5. Diese Verordnung tritt nach Ablauf einer Woche seit dem Tage der Verkündung in Kraft. Den Zeitpunkt des Außerkrafttretens bestimmt *der Reichskanzler.*

b) Verordnung des Reichspräsidenten zur Ergänzung der Vorschriften über die Zwangsvollstreckung bei landwirtschaftlichen Betrieben und über das Sicherungsverfahren

vom 19. Februar 1932 (RGBl. I S. 71)

Artikel 1

Bei Arbeitnehmern in landwirtschaftlichen Betrieben, die Naturalvergütungen erhalten, sind die ihnen als Vergütung gelieferten Naturalien sowie das davon ernährte Vieh unpfändbar.

c) Verordnung über Maßnahmen auf dem Gebiete der Zwangsvollstreckung

vom 26. Mai 1933 (RGBl. I S. 302) i. d. F. des Gesetzes zur Änderung von Vorschriften über die Zwangsvollstreckung vom 20. Oktober 1934 (RGBl. I S. 1070)

I. Mindestgebot

§§ 1—4.

II. Einstweilige Einstellung von Zwangsversteigerungen

§§ 5—9c.

III. Zwangsverwaltung

§ 10.

IV. Zustellungen an Schuldner mit unbekanntem Wohnsitz

§ 11. (1) Bedarf es zur Einleitung der Zwangsvollstreckung in ein Grundstück der Zustellung eines Schuldtitels im Wege der öffentlichen Zustellung, so kann die Zustellung statt dessen an einen bei dem Grundbuchamte für das Grundstück bestellten Zustellungsbevollmächtigten erfolgen; ist ein solcher nicht bestellt oder ist ein inländischer Wohnsitz des Bestellten nicht bekannt, so hat das Vollstreckungsgericht auf Antrag des Gläubigers für das beabsichtigte Verfahren einen Zustellungsvertreter (§§ 6, 7 des Zwangsversteigerungsgesetzes) zu bestellen, an den der Schuldtitel zugestellt werden kann. Die Wirkung der Zustellung beschränkt sich auf die beabsichtigte Zwangsvollstreckung.

(2) Ist von dem Schuldner ein Zustellungsbevollmächtigter beim Grundbuchamte bestellt oder hat das Vollstreckungsgericht gemäß Abs. 1 einen Zustellungsvertreter bestellt, so kann ihnen auch der Beschluß, durch den die Zwangsversteigerung oder Zwangsverwaltung angeordnet oder der Beitritt eines Gläubigers zugelassen wird, mit Wirkung für den Schuldner zugestellt werden.

V. Einschränkung von Verfügungen über Miet- und Pachtzinsforderungen

§ 12. Die Vorschriften der §§ 573, 574, 1123, 1124 des Bürgerlichen Gesetzbuchs (Reichsgesetzbl. 1896 S. 195, 1915 S. 327) und des § 21 der Konkursordnung (Reichsgesetzbl. 1898 S. 612, 1915 S. 327) sind, soweit sie die Wirksamkeit von Verfügungen und Rechtsgeschäften in Ansehung von Miet- und Pachtzinsforderungen gegenüber dem Erwerber des Grundstücks, den Hypothekengläubigern und der Konkursmasse betreffen, mit der Änderung anzuwenden, daß die in ihnen erwähnten Verfügungen und Rechtsgeschäfte nur für den laufenden Kalendermonat und, wenn das nach den genannten Vorschriften maßgebende Ereignis (der Übergang des Eigentums, die Kenntnis von dem Eigentumsübergang, die Beschlagnahme oder die Konkurseröffnung) nach dem fünfzehnten Tage des Monats eingetreten ist, für den folgenden Kalendermonat wirksam sind.

VI. Besondere Vorschriften über landwirtschaftliche, forstwirtschaftliche und gärtnerische Grundstücke

1. Zwangsverwaltung

§§ 12a—17.

2. Einstweilige Einstellung von Zwangsversteigerungen

(ersetzt durch die Verordnung des Reichspräsidenten über den landwirtschaftlichen Vollstreckungsschutz vom 14. Februar 1933 [Reichsgesetzbl. I S. 63] und die dazu ergangenen Ausführungsverordnungen[1])).

[1]) Nunmehr: 2. Gesetz über den landwirtschaftlichen Vollstreckungsschutz vom 27. 12. 1933 (RGBl. I S. 1115) — abgedr. unter XII A d —.

VII. Zwangsvollstreckung in bewegliche Gegenstände

§ 18. (1) Die Durchführung der Zwangsvollstreckung wegen Geldforderungen in beweglichen Sachen unterliegt bis auf weiteres folgenden Beschränkungen:

(2) Vor der Verwertung gepfändeter Sachen ist dem Schuldner, soweit angängig, Gelegenheit zu geben, seine Schuld durch freiwillige Leistungen zu tilgen. Zu diesem Zwecke hat das Vollstreckungsgericht auf Antrag, wenn dies nach der Persönlichkeit und den wirtschaftlichen Verhältnissen des Schuldners und der Art der Schuld angemessen erscheint und nicht überwiegende Belange des Gläubigers entgegenstehen, unter Anordnung von Zahlungsfristen die Verwertung der Pfandstücke zeitweilig auszusetzen.

(3) Wird der im Abs. 2 Satz 2 bezeichnete Antrag nicht alsbald nach der Pfändung gestellt, so kann er ohne sachliche Prüfung zurückgewiesen werden, wenn das Vollstreckungsgericht der Überzeugung ist, daß der Schuldner den Antrag in der Absicht der Verschleppung oder aus grober Nachlässigkeit nicht früher gestellt hat.

(4) Anordnungen der im Abs. 2 Satz 2 bezeichneten Art können mehrmals ergehen und, soweit es nach Lage der Verhältnisse, insbesondere wegen nicht ordnungsmäßiger Erfüllung der Zahlungsauflagen, geboten erscheint, auf Antrag aufgehoben oder abgeändert werden.

(5) Vor den im Abs. 2 Satz 2 und im Abs. 4 bezeichneten Entscheidungen soll, soweit dies ohne erhebliche Verzögerung möglich ist, der Gegner gehört werden. Die für die Entscheidung wesentlichen tatsächlichen Verhältnisse bedürfen nur der Glaubhaftmachung. Das Gericht soll in geeigneten Fällen auf eine gütliche Abwicklung der Verbindlichkeit hinwirken und kann hierzu eine mündliche Verhandlung anordnen. Die Entscheidungen gemäß Abs. 2 Satz 2, Abs. 3, 4 sind unanfechtbar.

(6) Bei Zwangsvollstreckungen, die im Verwaltungszwangsverfahren erfolgen, stehen die dem Vollstreckungsgericht zugewiesenen Entscheidungen der Vollstreckungsbehörde zu.

§ 19. (1) Die Zwangsvollstreckung in Miet- und Pachtzinsen unterliegt bis auf weiteres folgenden Beschränkungen:

(2) Die Pfändung ist auf Antrag des Schuldners von dem Vollstreckungsgericht insoweit aufzuheben, als der Schuldner die Einkünfte aus den Miet- oder Pachtzinsen zur laufenden Unterhaltung des Grundstücks, zur Vornahme notwendiger Instandsetzungsarbeiten sowie zur Befriedigung von Ansprüchen braucht, die bei einer Zwangsvollstreckung in das Grundstück dem Anspruch des Gläubigers nach § 10 des Zwangsversteigerungsgesetzes vorgehen würden. Das gleiche gilt von der Pfändung von Barmitteln und Guthaben, die aus Miet- oder Pachtzinszahlungen herrühren und die der Schuldner zu den im Satz 1 bezeichneten Zwecken braucht.

(3) Die Vorschriften des § 18 Absätze 3 bis 6 gelten entsprechend. Ist von vornherein ersichtlich, daß die Voraussetzungen für die Aufhebung der Zwangsvollstreckung nach Abs. 2 vorliegen, so soll von der Pfändung abgesehen werden.

(4) Die Zulässigkeit der Abtretung und Aufrechnung wird durch die Vorschriften dieses Paragraphen nicht berührt.

§ 19a. (1) Die Zwangsvollstreckung in das bewegliche Vermögen des Schuldners wegen eines Anspruchs, der durch eine auf einem Grundstück lastende Hypothek oder Grundschuld gesichert ist, unterliegt bis auf weiteres folgenden weiteren Beschränkungen:

(2) Ist der Schuldner, ohne daß ihn ein Verschulden trifft, infolge Rückgangs der Miet- oder Pachtzinseinnahmen oder infolge Arbeitslosigkeit oder eines wesentlichen Rückgangs seines Arbeitseinkommens, seines Ruhegeldes, seiner Rente aus der Sozialversicherung oder Reichsversorgung oder ähnlicher Bezüge zu der Zahlung außerstande, so dürfen ihm durch die Zwangsvollstreckung nicht Mittel entzogen werden, die er zur Befriedigung seines und seiner Familie notwendigen Unterhalts, zur laufenden Unterhaltung des Grundstücks, zur Vornahme notwendiger Instandsetzungsarbeiten an dem Grundstück, zu Zahlungen auf die dem Anspruch des Gläubigers nach § 10 des Zwangsversteigerungsgesetzes vorgehenden auf dem Grundstück ruhenden Lasten oder zur Aufrechterhaltung eines von ihm betriebenen wirtschaftlichen Unternehmens dringend braucht. Die Vorschriften des § 18 Absätze 3 bis 6 gelten entsprechend. Ist von vornherein ersichtlich, daß die Voraussetzungen für die Aufhebung der Zwangsvollstreckung nach Satz 2 vorliegen, so soll von der Pfändung abgesehen werden.

(3) Die sich aus diesem Paragraphen ergebenden Beschränkungen der Zwangsvollstreckung greifen nicht Platz, soweit es sich um Ansprüche handelt, die aus notwendigen Instandsetzungsarbeiten am Grundstück, einschließlich Umbauten, oder zu diesem Zwecke gewährten Krediten entstanden sind.

(4) Die Zulässigkeit der Abtretung und Aufrechnung von Forderungen wird durch die Vorschriften dieses Paragraphen nicht berührt.

§ 19b. Die Vorschriften der §§ 18 bis 19a dieser Verordnung finden keine Anwendung, soweit die auf Grund der Verordnung des Reichspräsidenten über den landwirtschaftlichen Vollstreckungsschutz vom 14. Februar 1933 (Reichsgesetzbl. I S. 63) ergangenen Ausführungsverordnungen Platz greifen.

§ 19c. Gartenhäuser, Wohnlauben und ähnliche Wohnzwecken dienende Einrichtungen, die der Zwangsvollstreckung in das bewegliche Vermögen unterliegen, sind unpfändbar, wenn sie von dem Schuldner oder seiner Familie zur ständigen Unterkunft benutzt werden.

VIII. Offenbarungseid

§ 19d. (1) Die Verpflichtung eines Schuldners zur Leistung des Offenbarungseides gemäß § 807 der Zivilprozeßordnung unterliegt bis auf weiteres folgenden Beschränkungen:

(2) In dem gemäß § 900 der Zivilprozeßordnung bestimmten Termin kann der Schuldner die Leistung des Offenbarungseides dadurch abwenden, daß er die Versicherung abgibt, daß er nach bestem Wissen sein Vermögen so vollständig angegeben habe, als er dazu imstande sei. Das Gericht hat jedoch auf Antrag des Gläubigers die Eidesleistung anzuordnen, wenn dies zur Herbeiführung einer wahrheitsgemäßen Angabe des Vermögens notwendig erscheint; die Entscheidung unterliegt keiner Anfechtung. Der Schuldner ist in der Ladung zu dem Termin auf die Vorschriften in Satz 1 und 2 hinzuweisen.

(3) Ist der Termin infolge eines Widerspruchs (§ 900 Abs. 3 der Zivilprozeßordnung) erfolglos geblieben, so kann der Schuldner in dem späteren Termin die Eidesleistung durch Abgabe der Versicherung gemäß Abs. 2 Satz 1 nicht mehr abwenden. Dasselbe gilt, vorbehaltlich der Übergangsvorschrift im Artikel 7 Abs. 3 des Gesetzes über weitere Maßnahmen auf dem Gebiete der Zwangsvollstreckung vom 26. Mai 1933 (Reichsgesetzbl. I S. 298), bei einem Schuldner, gegen den die Haft angeordnet ist.

(4) Macht der Gläubiger, nachdem der Schuldner die im Absatz 2 Satz 1 bezeichnete Versicherung abgegeben hat, Umstände glaubhaft, die die Anordnung der Eidesleistung rechtfertigen könnten, so ist zur Entscheidung gemäß Abs. 2 Satz 2 und gegebenenfalls zur Abnahme des Eides ein neuer Termin zu bestimmen.

(5) Die Abgabe der Versicherung gemäß Abs. 2 Satz 1 hat vorbehaltlich der Vorschriften im Abs. 4 dieselben Wirkungen wie die Leistung des Offenbarungseides; eine Eintragung in das Schuldnerverzeichnis (§ 915 der Zivilprozeßordnung) findet jedoch nicht statt. Beruft sich der Schuldner einem anderen Gläubiger gegenüber darauf, daß er die Versicherung nach Abs. 2 Satz 1 bereits abgegeben habe, so gelten die Vorschriften im Abs. 4 dieses Paragraphen und im § 903 der Zivilprozeßordnung entsprechend.

(6) Soweit der Schuldner auf Grund einer dem § 807 der Zivilprozeßordnung gleichartigen Vorschrift eines anderen Gesetzes zur Leistung des Offenbarungseides verpflichtet ist, gelten die Vorschriften dieses Paragraphen mit der Maßgabe entsprechend, daß die im Abs. 2 Satz 2 bezeichnete Entscheidung der Behörde zusteht, die für die Abnahme des Offenbarungseides zuständig ist.

IX. Kosten und Übergangsvorschriften

§§ 20—21. (Zwangsversteigerung.)

§§ 22—23. (Übergangsvorschriften.)

§ 24. Ist ein Miet- oder Pachtverhältnis vor dem 10. Dezember 1931 begründet, so bleiben für die Wirksamkeit von Rechtsgeschäften, die zwischen dem Mieter oder Pächter und dem Vermieter oder Verpächter in Ansehung der Miet- und Pachtzinsforderung vorgenommen werden, die im § 12 bezeichneten Vorschriften in der bisherigen Fassung maßgebend, soweit es sich um den Miet- oder Pachtzins für die Zeit bis zu dem ersten Termin handelt, für den die Kündigung des Miet- und Pachtverhältnisses zulässig ist.

X. Schlußvorschriften

§ 25. Die *Reichs*regierung wird ermächtigt, zur Durchführung dieser Verordnung Rechtsverordnungen zu erlassen; sie kann auch, wenn sie dies für notwendig hält, ergänzende Vorschriften erlassen. Sie kann ferner das Außerkrafttreten der Vorschriften dieser Verordnung oder einzelner von ihnen anordnen und dabei die dazu notwendigen Übergangsbestimmungen erlassen.

d) Zweites Gesetz über den landwirtschaftlichen Vollstreckungsschutz

vom 27. Dezember 1933 (RGBl. I S. 1115)

Artikel 1

Vom 1. Januar 1934 an gelten für landwirtschaftliche, forstwirtschaftliche und gärtnerische Grundstücke und Betriebe die Vorschriften der Verordnung über Maßnahmen auf dem Gebiete der Zwangsvollstreckung vom 26. Mai 1933 (Reichsgesetzbl. I S. 302)[1]) nach Maßgabe der folgenden Bestimmungen.

Den landwirtschaftlichen Grundstücken stehen Landarbeitereigenheime sowie Grundstücke gleich, die einem landwirtschaftlichen, forstwirtschaftlichen oder gärtnerischen Nebenbetrieb oder der Fischerei dienen. Den landwirtschaftlichen Betrieben stehen Fischereibetriebe gleich.

§ 3. Die Zwangsvollstreckung in bewegliches Vermögen wegen eines Anspruchs, der durch eine auf einem Grundstück lastende Hypothek oder Grundschuld gesichert ist, unterliegt den im § 19a der Verordnung vom 26. Mai 1933 bestimmten Beschränkungen auch dann, wenn die Nichterfüllung der Verbindlichkeit auf außergewöhnlichen Verlusten durch Unwetter, Viehseuchen oder ähnliche Ereignisse beruht.

[1]) Abgedr. unter XII A c.

§ 4. Die Vorschriften der §§ 5 bis 7, 18 bis 19a der Verordnung vom 26. Mai 1933 finden keine Anwendung,

1. wenn aus einem der im § 3 Abs. 1 Nr. 1, 3 bis 6 des Gesetzes zur Regelung der landwirtschaftlichen Schuldverhältnisse vom 1. Juni 1933 (Reichsgesetzbl. I S. 331) bezeichneten Gründe die Eröffnung des Entschuldungsverfahrens rechtskräftig abgelehnt oder das Verfahren nach Artikel 2 Abs. 2 der Zweiten Verordnung zur Durchführung der landwirtschaftlichen Schuldenregelung vom 5. Juli 1933 (Reichsgesetzbl. I S. 450) rechtskräftig aufgehoben ist;
2. wenn ein Entschuldungsverfahren nach §§ 21, 44, 45 des Schuldenregelungsgesetzes rechtskräftig aufgehoben oder eingestellt ist;
3. wenn der Betrieb des Schuldners ohne Durchführung eines Entschuldungs- oder Zwangsvergleichsverfahrens nach § 81 des Schuldenregelungsgesetzes zum Entschuldungsbetrieb erklärt ist;
4. wenn nach Maßgabe der Osthilfegesetzgebung ein Entschuldungsantrag abgelehnt oder das Entschuldungsverfahren durchgeführt oder wegen Entschuldungsunfähigkeit oder Entschuldungsunwürdigkeit aufgehoben ist.

§ 5. Solange ein Verfahren nach der Gesetzgebung über die landwirtschaftliche Schuldenregelung oder nach der Osthilfegesetzgebung anhängig ist oder ein Antrag auf Eröffnung eines solchen Verfahrens schwebt, bestimmt sich der Vollstreckungsschutz nach den für diese Verfahren geltenden besonderen Vorschriften.

e) Verordnung zur Ergänzung der Vorschriften über das Offenbarungseidverfahren

vom 11. Mai 1938 (RGBl. I S. 520)

1. Auf den Antrag auf Abnahme des Offenbarungseides (§§ 807, 900 der Zivilprozeßordnung) hat das Vollstreckungsgericht vor der Terminsbestimmung von Amts wegen festzustellen, ob nach den bei ihm geführten Listen innerhalb der letzten fünf Jahre der Schuldner den Offenbarungseid geleistet oder die Versicherung nach § 19d der Zwangsvollstreckungsverordnung vom 26. Mai 1933 (Reichsgesetzbl. I S. 302) abgegeben hat oder gegen ihn die Haft zur Erzwingung der Eidesleistung angeordnet ist.

2. Von einer Eintragung ist dem Gläubiger Nachricht zu geben. Erledigt sich damit der Antrag durch Zurückweisung oder Zurücknahme oder dadurch, daß er von vornherein nur bedingt gestellt war, so wird nur die Auskunftsgebühr von einer Deutschen Mark (Verordnung des Reichspräsidenten über Maßnahmen auf dem Gebiete der Rechtspflege und Verwaltung vom 14. Juni 1932 — Reichsgesetzbl. I S. 285 — Erster Teil,

Kapitel II Artikel 2) erhoben. Betreibt der Gläubiger das Verfahren trotz der Eintragung weiter, so wird neben der Gebühr nach § 33 Nr. 5 des Gerichtskostengesetzes für die Benachrichtigung die Auskunftsgebühr nicht erhoben.

3. Findet sich in den Listen keine Eintragung über den Schuldner, so nimmt das Verfahren seinen Fortgang, ohne daß der Gläubiger benachrichtigt wird; eine Auskunftsgebühr entsteht nicht.

f) Verordnung zur Ergänzung der Vorschriften über den Pfändungsschutz bei der Fahrnisvollstreckung

vom 17. Juli 1939 (RGBl. I S. 1313)

Schweine dürfen nicht gepfändet werden, soweit sie zur Ernährung des Schuldners, seiner Familie oder von Haushaltangehörigen, die ihm im Haushalt oder in der Landwirtschaft helfen, erforderlich sind. Unzulässig ist auch die Pfändung der zur Fütterung und zur Streu auf vier Wochen erforderlichen Vorräte oder, soweit solche Vorräte nicht vorhanden sind, des zu ihrer Beschaffung erforderlichen Geldbetrages.

B.

a) Verordnung zur einheitlichen Regelung des Pfändungsschutzes für Arbeitseinkommen (LohnpfändungsV. 1940)

vom 30. Oktober 1940 (RGBl. I S. 1451)

§ 1. Arbeitseinkommen

(1) Arbeitseinkommen, das in Geld zahlbar ist, kann nur nach Maßgabe dieser Verordnung gepfändet werden.

(2) Arbeitseinkommen im Sinne dieser Verordnung sind die Dienst- und Versorgungsbezüge der Beamten *und Wehrmachtangehörigen*, Arbeits- und Dienstlöhne, Ruhegelder und ähnliche nach dem einstweiligen oder dauernden Ausscheiden aus dem Dienst- oder Arbeitsverhältnis gewährte fortlaufende Einkünfte, ferner Hinterbliebenenbezüge sowie sonstige Vergütungen für Dienstleistungen aller Art, die die Erwerbstätigkeit des Schuldners vollständig oder zu einem wesentlichen Teil in Anspruch nehmen.

(3) Die Pfändung des in Geld zahlbaren Arbeitseinkommens erfaßt alle Vergütungen, die dem Schuldner aus der Arbeits- oder Dienstleistung zustehen, ohne Rücksicht auf ihre Benennung oder Berechnungsart.

§ 2. Dem Arbeitseinkommen gleichgestellte Bezüge

Die in dieser Verordnung für das Arbeitseinkommen erlassenen Vorschriften gelten auch für die folgenden Bezüge, soweit sie in Geld zahlbar sind:

1. Bezüge, die ein Gefolgschaftsmitglied zum Ausgleich für Wettbewerbsbeschränkungen für die Zeit nach Beendigung seines Dienstverhältnisses beanspruchen kann;
2. Renten, die auf Grund von Versicherungsverträgen gewährt werden, wenn diese Verträge zur Versorgung des Versicherungsnehmers oder seiner unterhaltsberechtigten Angehörigen eingegangen sind.

§ 3. Unpfändbare Bezüge

Unpfändbar sind:

1. zur Hälfte die für die Leistung von Mehrarbeitsstunden gezahlten Teile des Arbeitseinkommens;
2. die für die Dauer eines Urlaubs über das Arbeitseinkommen hinaus gewährten Bezüge, Zuwendungen aus Anlaß eines besonderen Betriebsereignisses und Treugelder, soweit sie den Rahmen des Üblichen nicht übersteigen;
3. Aufwandsentschädigungen, Auslösungsgelder und sonstige soziale Zulagen für auswärtige Beschäftigung, das Entgelt für selbstgestelltes Arbeitsmaterial, Gefahrenzulagen und ähnliche, vom *Reichsminister der Justiz* zu bezeichnende Bezüge, soweit sie durch Gesetz oder Tarif-, Betriebs- oder Dienstordnung festgesetzt sind oder den Rahmen des Üblichen nicht übersteigen;
4. Weihnachtsvergütungen bis zum Betrage der Hälfte des monatlichen Arbeitseinkommens, höchstens aber bis zum Betrage von 150 DM;
5. Heirats- und Geburtsbeihilfen, sofern die Vollstreckung wegen anderer als der aus Anlaß der Heirat oder der Geburt entstandenen Ansprüche betrieben wird;
6. *bei besonderem Einsatz der Wehrmacht die folgenden auf Grund des Einsatz-Wehrmachtgebührnisgesetzes — EWGG — vom 28. August 1939 (Reichsgesetzbl. I S. 1531) und seiner Durchführungsbestimmungen an Angehörige der Wehrmacht gewährten Bezüge: Wehrsold, sämtliche Zulagen einschließlich Front- und Fliegerzulagen, freie Unterkunft, Verpflegung und Bekleidung, Bekleidungsentschädigung sowie Einkleidungs- und Ausrüstungsbeihilfen, ferner auch die den Gefolgschaftsmitgliedern der Wehrmacht bei besonderem Einsatz neben dem Arbeitseinkommen etwa gewährten besonderen Bezüge;*

7. Verstümmelungs- und Verwundetenzulagen und ähnliche Bezüge sowie die auf gesetzlicher Vorschrift beruhenden Ehrensolde;
8. Erziehungsgelder, Studienbeihilfen und ähnliche Bezüge;
9. Sterbe- und Gnadenbezüge.

§ 4. Bedingt pfändbare Bezüge

(1) Unpfändbar sind ferner:

1. Renten, die wegen einer Verletzung des Körpers oder der Gesundheit zu entrichten sind;
2. Unterhaltsrenten, die auf gesetzlicher Vorschrift beruhen, sowie die wegen Entziehung einer solchen Forderung zu entrichtenden Renten;
3. fortlaufende Einkünfte, die ein Schuldner aus Stiftungen oder sonst auf Grund der Fürsorge und Freigebigkeit eines Dritten oder auf Grund eines Altenteils oder Auszugsvertrags bezieht;
4. fortlaufende Bezüge aus Witwen-, Waisen-, Sterbe-, Hilfs- und Krankenkassen, die ausschließlich oder zu einem wesentlichen Teil zu Unterstützungszwecken gewährt werden.

(2) Diese Bezüge können nach den für Arbeitseinkommen geltenden Vorschriften gepfändet werden, wenn die Vollstreckung in das sonstige bewegliche Vermögen des Schuldners zu einer vollständigen Befriedigung des Gläubigers nicht geführt hat oder voraussichtlich nicht führen wird und wenn nach den Umständen des Falles, insbesondere nach der Art des beizutreibenden Anspruchs und der Höhe der Bezüge, die Pfändung der Billigkeit entspricht.

(3) Das Vollstreckungsgericht soll vor seiner Entscheidung die Beteiligten hören. Die Entscheidung unterliegt der sofortigen Beschwerde (........).

§ 5. Pfändungsschutz und Arbeitseinkommen

(1) Arbeitseinkommen unterliegt nicht der Pfändung

bei Auszahlung für Monate oder Bruchteile von Monaten in Höhe von	130 DM	monatlich,
bei Auszahlung für Wochen in Höhe von	30 DM	wöchentlich,
bei Auszahlung für Tage in Höhe von	5 DM	täglich

und, soweit es diese Beträge übersteigt, zu drei Zehntel des Mehrbetrags.

(2) Gewährt der Schuldner seinem Ehegatten, einem früheren Ehegatten, einem Verwandten oder einem unehelichen Kind Unterhalt, so erhöht sich der unpfändbare Teil des Mehrbetrags für jede Person, der Unterhalt gewährt wird, um ein weiteres Zehntel, mindestens um 15 DM monatlich (3,60 DM wöchentlich, 0,60 DM täglich), höchstens um 50 DM monatlich (12 DM wöchentlich, 2 DM täglich). Der hiernach unpfändbare Teil des Mehrbetrags darf jedoch neun Zehntel des Mehrbetrags bis zu 100 DM und acht Zehntel des weiteren Mehrbetrags nicht übersteigen.

§ 6. Unterhaltsansprüche

(1) Wegen der Unterhaltsansprüche, die Verwandten, Ehegatten, früheren Ehegatten oder unehelichen Kindern kraft Gesetzes zustehen, sind das Arbeitseinkommen und die im § 3 Nrn. 1, 2 und 4 genannten Bezüge ohne die im § 5 bezeichneten Beschränkungen pfändbar. Dem Schuldner ist jedoch so viel zu belassen, als er für seinen notwendigen Unterhalt und zur Erfüllung seiner laufenden gesetzlichen Unterhaltspflichten gegenüber den dem Gläubiger vorgehenden Berechtigten oder zur gleichmäßigen Befriedigung der dem Gläubiger gleichstehenden Berechtigten bedarf; von den im § 3 Nrn. 1, 2 und 4 genannten Bezügen hat ihm mindestens die Hälfte des nach § 3 unpfändbaren Betrages zu verbleiben. Der dem Schuldner hiernach verbleibende Teil seines Arbeitseinkommens darf den Betrag nicht übersteigen, der ihm nach den Vorschriften des § 5 gegenüber nicht bevorrechtigten Gläubigern zu verbleiben hätte. Für die Pfändung wegen der Rückstände, die länger als ein Jahr vor dem Antrag auf Erlaß des Pfändungsbeschlusses fällig geworden sind, gelten die Vorschriften dieses Absatzes insoweit nicht, als nach Lage der Verhältnisse nicht anzunehmen ist, daß der Schuldner sich seiner Zahlungspflicht absichtlich entzogen hat.

(2) Mehrere nach Abs. 1 Berechtigte sind mit ihren Ansprüchen in folgender Reihenfolge zu berücksichtigen, wobei mehrere gleich nahe Berechtigte untereinander gleichen Rang haben:

a) die minderjährigen unverheirateten Kinder, der Ehegatte und frühere Ehegatte. Das Verhältnis der minderjährigen unverheirateten Kinder und des Ehegatten zu einem früheren Ehegatten bestimmt das Vollstreckungsgericht nach billigem Ermessen;
b) die übrigen ehelichen Abkömmlinge, wobei diejenigen, die im Fall der gesetzlichen Erbfolge als Erben berufen sein würden, den übrigen vorgehen, sowie die unehelichen Kinder;
c) dic Verwandten aufsteigender Linie, wobei die näheren Grade den entfernteren vorgehen.

(3) Bei der Vollstreckung wegen der im Abs. 1 bezeichneten Ansprüche sowie wegen der aus Anlaß einer Verletzung des Körpers oder der Gesundheit zu zahlenden Renten kann zugleich mit der Pfändung wegen fälliger Ansprüche auch künftig fällig werdendes Arbeitseinkommen wegen der dann jeweils fällig werdenden Ansprüche gepfändet und überwiesen werden.

§ 7. Berechnung des pfändbaren Arbeitseinkommens

Für die Berechnung des pfändbaren Arbeitseinkommens gilt folgendes:

1. Nicht mitzurechnen sind die nach § 3 der Pfändung entzogenen Bezüge, ferner Beträge, die unmittelbar auf Grund steuerrechtlicher oder sozialrechtlicher Vorschriften zur Erfüllung gesetzlicher Verpflichtungen des Schuldners abzuführen sind. Diesen Beträgen können durch Bestimmung des *Reichsministers der Justiz* Beträge gleichgestellt werden, die der Schuldner zur Erfüllung ähnlicher Verpflichtungen laufend aufzubringen hat.

2. Mehrere Arbeitseinkommen sind vom Vollstreckungsgericht bei der Pfändung zusammenzurechnen. Der unpfändbare Grundbetrag ist in erster Linie dem Arbeitseinkommen zu entnehmen, das die wesentliche Grundlage der Lebenshaltung des Schuldners bildet.
3. Erhält der Schuldner neben seinem in Geld zahlbaren Einkommen auch Naturalleistungen, so sind Geld- und Naturalleistungen zusammenzurechnen. In diesem Fall ist der in Geld zahlbare Betrag insoweit pfändbar, als der nach § 5 unpfändbare Teil des Gesamteinkommens durch den Wert der dem Schuldner verbleibenden Naturalleistungen gedeckt ist.
4. Das der Pfändung unterliegende Arbeitseinkommen des Schuldners ist für die Berechnung des pfändbaren Teils bei Auszahlung für Monate auf einen durch 2 DM, bei Auszahlung für Wochen auf einen durch 0,50 DM und bei Auszahlung für Tage auf einen durch 0,10 DM teilbaren Betrag nach unten abzurunden.
5. Trifft eine Pfändung, eine Abtretung oder eine sonstige Verfügung wegen eines der im § 6 bezeichneten Ansprüche mit einer Pfändung wegen eines sonstigen Anspruchs zusammen, so sind auf die Unterhaltsansprüche zunächst die gemäß § 6 der Pfändung in erweitertem Umfang unterliegenden Teile des Arbeitseinkommens zu verrechnen. Die Verrechnung nimmt auf Antrag eines Beteiligten das Vollstreckungsgericht vor. Der Drittschuldner kann, solange ihm eine Entscheidung des Vollstreckungsgerichts nicht zugestellt ist, nach dem Inhalt der ihm bekannten Pfändungsbeschlüsse, Abtretungen und sonstigen Verfügungen mit befreiender Wirkung leisten.

§ 8. Pfändungsschutz in Ausnahmefällen

Das Vollstreckungsgericht kann dem Schuldner auf Antrag von dem nach den Bestimmungen der §§ 5 und 6 pfändbaren Teil seines Arbeitseinkommens ausnahmsweise einen Teil belassen, wenn dies mit Rücksicht
a) auf besondere Bedürfnisse des Schuldners aus persönlichen oder beruflichen Gründen oder
b) auf besonders umfangreiche gesetzliche Unterhaltspflichten des Schuldners

geboten ist und überwiegende Belange des Gläubigers nicht entgegenstehen.

§ 9. Änderung der Unpfändbarkeitsvoraussetzungen

Ändern sich die Voraussetzungen für die Bemessung des unpfändbaren Teils des Arbeitseinkommens, so hat das Vollstreckungsgericht auf Antrag des Schuldners oder des Gläubigers den Pfändungsbeschluß entsprechend zu ändern. Antragsberechtigt ist auch ein Dritter, dem der Schuldner kraft Gesetzes Unterhalt zu gewähren hat. Der Drittschuldner kann nach dem Inhalt des früheren Pfändungsbeschlusses mit befreiender Wirkung leisten, bis ihm der Änderungsbeschluß zugestellt wird.

§ 10. Mittelbares Arbeitseinkommen

(1) Hat sich der Empfänger der vom Schuldner geleisteten Arbeiten oder Dienste verpflichtet, Leistungen an einen Dritten zu bewirken, die nach Lage der Verhältnisse ganz oder teilweise eine Vergütung für die Leistung des Schuldners darstellen, so kann der Anspruch des Drittberechtigten insoweit auf Grund des Schuldtitels gegen den Schuldner gepfändet werden, wie wenn der Anspruch dem Schuldner zustände. Die Pfändung des Vergütungsanspruchs des Schuldners umfaßt ohne weiteres den Anspruch des Drittberechtigten. Der Pfändungsbeschluß ist dem Drittberechtigten ebenso wie dem Schuldner zuzustellen.

(2) Leistet der Schuldner einem Dritten in einem ständigen Verhältnis Arbeiten oder Dienste, die nach Art und Umfang üblicherweise vergütet werden, unentgeltlich oder gegen eine unverhältnismäßig geringe Vergütung, so gilt im Verhältnis des Gläubigers zu dem Empfänger der Arbeits- und Dienstleistungen eine angemessene Vergütung als geschuldet. Bei der Prüfung, ob diese Voraussetzungen vorliegen, sowie bei der Bemessung der Vergütung ist auf alle Umstände des Einzelfalls, insbesondere die Art der Arbeits- und Dienstleistung, die verwandtschaftlichen oder sonstigen Beziehungen zwischen dem Dienstberechtigten und dem Dienstverpflichteten und die wirtschaftliche Leistungsfähigkeit des Dienstberechtigten, Rücksicht zu nehmen.

§ 11. Sonderfälle

(1) Ist eine nicht wiederkehrend zahlbare Vergütung für persönlich geleistete Arbeiten oder Dienste gepfändet, so hat das Gericht dem Schuldner auf Antrag so viel zu belassen, als er während eines angemessenen Zeitraums für seinen notwendigen Unterhalt und den seines Ehegatten, seines früheren Ehegatten, seiner unterhaltsberechtigten Verwandten oder eines unehelichen Kindes bedarf. Bei der Entscheidung sind die wirtschaftlichen Verhältnisse des Schuldners, insbesondere seine sonstigen Verdienstmöglichkeiten, frei zu würdigen. Dem Schuldner ist nicht mehr zu belassen, als ihm nach freier Schätzung des Gerichts verbleiben würde, wenn sein Arbeitseinkommen aus laufendem Arbeits- oder Dienstlohn bestände. Der Antrag des Schuldners ist insoweit abzulehnen, als überwiegende Belange des Gläubigers entgegenstehen.

(2) Die Vorschriften des Abs. 1 gelten entsprechend für Vergütungen, die für die Gewährung von Wohngelegenheit oder eine sonstige Sachbenutzung geschuldet werden, wenn die Vergütung zu einem nicht unwesentlichen Teil als Entgelt für neben der Sachbenutzung gewährte Dienstleistungen anzusehen ist.

(3) Die Vorschriften des § 33 des Gesetzes über die Heimarbeit in der Fassung vom 30. Oktober 1939 (Reichsgesetzbl. I S. 2146) bleiben unberührt.

(4) Die Bestimmungen der Versicherungs-, Versorgungs- und sonstigen gesetzlichen Vorschriften über die Pfändung von Ansprüchen bestimmter Art bleiben unberührt.

§ 12. Überleitung bestehender Rechte

(1) Eine vor dem Inkrafttreten dieser Verordnung ausgebrachte Pfändung, die nach den Pfändungsgrenzen des bisher geltenden Rechts bemessen worden ist, beschränkt oder erweitert sich hinsichtlich der nach dem 30. November 1940 zu bewirkenden Leistungen auf die nach den neuen Vorschriften zulässige Höhe. Auf Antrag des Gläubigers oder des Schuldners hat das Vollstreckungsgericht oder die sonstige Vollstreckungsbehörde, die die Pfändung bewirkt hat, den Pfändungsbeschluß entsprechend zu berichtigen. Der Drittschuldner kann nach dem Inhalt des früheren Pfändungsbeschlusses mit befreiender Wirkung leisten, bis ihm der Berichtigungsbeschluß zugestellt wird.

(2) Bei Beurteilung der Wirksamkeit rechtsgeschäftlicher Verfügungen, insbesondere Abtretungen des Arbeitseinkommens, die vor Inkrafttreten dieser Verordnung erfolgt sind, sind die Vorschriften dieser Verordnung nur zugunsten des Schuldners anzuwenden. Der Drittschuldner kann jedoch auch in diesem Fall an den durch die Verfügung des Schuldners Berechtigten nach Maßgabe der bisherigen Vorschriften solange mit befreiender Wirkung leisten, bis ihm eine entgegenstehende vollstreckbare gerichtliche Entscheidung zugestellt wird oder eine Verzichterklärung des durch die Verfügung Berechtigten zugeht.

§ 13. Anpassungsvorschriften

(5) Soweit in Reichs- oder Landesgesetzen auf Vorschriften verwiesen ist, die durch diese Verordnung geändert werden, treten an ihre Stelle die entsprechenden Bestimmungen dieser Verordnung.

§ 14

....

§ 15. Durchführungsbestimmungen

(1) Der *Reichsminister der Justiz* erläßt die zur Durchführung und Ergänzung dieser Verordnung erforderlichen Vorschriften.

(2) ....

§ 16. Inkrafttreten

Diese Verordnung tritt am 1. Dezember 1940 in Kraft.

b) Bekanntmachung zu § 7 Nr. 1 der Lohnpfändungsverordnung 1940

vom 2. Mai 1941 (RGBl. I S. 238)

1. Bei der Berechnung des pfändbaren Arbeitseinkommens sind gemäß § 7 Nr. 1 Satz 2 LohnpfändungsV. 1940 abzuziehen die auf den Auszahlungszeitraum entfallenden
   a) Beiträge, die der Schuldner .... als Gefolgschaftsmitglied eines land- oder forstwirtschaftlichen Betriebes zum *Reichsnährstand* erbringt;
   b) Beiträge, die der Schuldner an eine Ersatzkasse oder an ein Unternehmen der privaten Krankenversicherung leistet, soweit sie den Rahmen des Üblichen nicht übersteigen.
2. Der Drittschuldner darf diese Beiträge schon dann berücksichtigen, wenn ihm die Verpflichtung zu ihrer Entrichtung glaubhaft gemacht worden ist.
3. Diese Bestimmung findet im gesamten Geltungsbereich der LohnpfändungsV. 1940 Anwendung auf die nach dem 31. Mai 1941 fällig werdenden Arbeitseinkommen.

XIII.
Besatzungsrecht

A. Gesetz Nr. 13
Gerichtsbarkeit auf den vorbehaltenen Gebieten

vom 25. November 1949 (ABl.HK. S. 51) i. d. F. des Ges. Nr. 28 vom 31. Mai 1950 (ABl.HK. S. 391)[1].

Artikel 1

Ohne ausdrückliche von dem Hohen Kommissar der Zone des Sitzes des betreffenden Gerichts allgemein oder in besonderen Fällen erteilte Genehmigung dürfen deutsche Gerichte Strafgerichtsbarkeit nicht ausüben:

a) I. über die Alliierten Streitkräfte,

II. über Personen, die bei der Alliierten Hohen Kommission, einem Hohen Kommissar oder dem Befehlshaber einer der Besatzungsstreitkräfte beglaubigt sind, und über ihre Familienangehörigen:

b) wenn eine Person beschuldigt wird, eine strafbare Handlung begangen zu haben:

I. gegen eine in Absatz a) dieses Artikels genannte Person oder gegen das Eigentum einer daselbst genannten Person oder Organisation,

---

[1]) hierzu Zonenrecht:

a) amerik.:
Direktive vom 28. 12. 1949 ABl.HK. S. 152,
Einstw. Direktive vom 24. 1. 1950 ABl.HK. S. 168,
Ges. Nr. 6 vom 11. 8. 1950 ABl.HK. S. 526,
Entscheidung Nr. 1 vom 8. 11. 1950 ABl.HK. S. 671.

b) brit.:
Anweisung Nr. 1 vom 22. 6. 1950 ABl.HK. S. 495,
Anweisung Nr. 2 vom 4. 10. 1950 ABl.HK. S. 619,
Anweisung Nr. 3 vom 29. 9. 1950 ABl.HK. S. 628.
Anweisung Nr. 4 vom 8. 3. 1851 A Bl. HK. S. 838.

c) franz.:
VO. Nr. 241 vom 1. 6. 1950 ABl.HK. S. 418,
Verfgg. Nr. 154 vom 1. 6. 1950 ABl.HK. S. 443.

II. gegen Rechtsvorschriften der Besatzungsbehörden,
III. bei der Erfüllung von Pflichten oder der Leistung von Diensten für die Alliierten Streitkräfte oder in Verbindung damit.

Artikel 2

Ohne eine ausdrückliche von dem Hohen Kommissar der Zone des Sitzes des betreffenden Gerichts allgemein oder in besonderen Fällen erteilte Ermächtigung dürfen deutsche Gerichte Gerichtsbarkeit in nicht strafrechtlichen Angelegenheiten nicht ausüben:

a) wenn einer der Beteiligten zu den in Artikel 1 a) Genannten gehört
b) wenn eine der zu entscheidenden Fragen eine Angelegenheit betrifft, die aus der Erfüllung von Pflichten oder der Leistung von Diensten für die Alliierten Streitkräfte oder in Verbindung damit entstanden ist.

Artikel 3

1. Kein deutsches Gericht darf eine Entscheidung fällen, welche die Gültigkeit oder Rechtmäßigkeit eines Gesetzes, einer Verordnung, Richtlinie, Entscheidung oder Anordnung verneint, die durch die Besatzungsbehörden oder eine von ihnen abgelöste Behörde veröffentlicht worden ist.

2. Wenn über das Bestehen, den Inhalt, die Rechtsgültigkeit oder den Zweck einer Anordnung der Besatzungsbehörden oder der Besatzungsstreitkräfte oder einer von ihnen abgelösten Behörde oder die Anwendbarkeit der Artikel 1 und 2 dieses Gesetzes auf eine Person oder einen Vermögensgegenstand zu entscheiden ist, haben die damit befassten deutschen Behörden das Verfahren sogleich auszusetzen und die Frage an die Besatzungsbehörden zu überweisen. Die zuständigen Besatzungsbehörden oder ein Besatzungsgericht, falls die Angelegenheit von ihnen einem solchen überwiesen worden ist, erteilen einen endgültigen Bescheid. Der Bescheid ist für die deutschen Behörden bindend.

Artikel 4

1. Verfahren und Entscheidungen deutscher Gerichte in Angelegenheiten, die ihrer Zuständigkeit entzogen sind, sind nichtig.

2. Ein Hoher Kommissar kann gerichtliche und außergerichtliche Entscheidungen und Verfügungen, die in seiner Zone unter Verletzung der Vorschriften des Artikels V oder VI des Militärregierungsgesetzes Nr. 2 oder des Artikels 2 der Verordnung Nr. 173 des französischen Oberbefehlshabers in Deutschland ergangen sind, mit rückwirkender Kraft für gültig erklären.

Artikel 5

Wenn die deutschen Behörden die Vorlage einer Urkunde, die sich im Besitz oder in der Verfügung einer in Artikel 1 a) genannten Person oder Organisation befindet, oder das Erscheinen einer solchen Person als Zeuge verlangen, so haben sie bei der durch den Rat der Alliierten Hohen Kommission hierfür bezeichneten Behörde einen Antrag zu stellen.

Artikel 6

Die Besatzungsbehörden können die Vorlage von Schriftstücken, Akten und anderen Urkunden deutscher Gerichte verlangen und jeder öffentlichen oder nicht öffentlichen Verhandlung vor einem deutschen Gericht beiwohnen, wenn nach ihrer Ansicht die Interessen der Besatzung berührt werden.

Artikel 7

1. Die Besatzungsbehörden können allgemein oder in besonderen Fällen einem deutschen Gericht jedes Verfahren entziehen, welches unmittelbar eine der in Paragraph 2 des Besatzungsstatuts genannten Personen oder Angelegenheit berührt.

2. Die Besatzungsbehörden können den Vollzug jeder Entscheidung eines deutschen Gerichts aussetzen, welche unmittelbar eine der in Paragraph 2 des Besatzungsstatuts oder Artikel 1 a) dieses Gesetzes genannten Personen oder Angelegenheiten berührt.

3. Die Besatzungsbehörden können die Maßnahmen treffen, die sie zur Erledigung der der Gerichtsbarkeit deutscher Gerichte gemäß Absatz 1 und 2 dieses Artikels entzogenen Fälle für erforderlich halten. Insbesondere können sie Fälle dieser Art den Besatzungsgerichten überweisen.

4. Ein gemäß diesem Artikel zuständiges Besatzungsgericht ist ermächtigt:
   a) Verfahren, Entscheidungen, Urteile und Vollstreckungsmaßnahmen des deutschen Gerichts zu bestätigen, aufzuheben oder abzuändern:
   b) die Verhandlung oder Wiederaufnahme eines Falles vor einem deutschen Gericht anzuordnen.

5. Urteile und Entscheidungen eines Besatzungsgerichts in Fällen, die einem deutschen Gericht entzogen sind, binden alle deutschen Gerichte und Behörden und unterliegen nicht der Nachprüfung durch deutsche Gerichte.

Artikel 8

In Fällen, die gemäß diesem Gesetz der Gerichtsbarkeit deutscher Gerichte nicht unterliegen, darf keine deutsche Behörde ohne eine ausdrückliche allgemein oder in besonderen Fällen erteilte Ermächtigung der Besatzungsbehörden Strafen auferlegen oder Zwangsmaßnahmen irgendwelcher Art treffen.

Artikel 9

1. Die den Besatzungsbehörden durch Artikel 3 Absatz 2 und Artikel 6, 7 und 8 dieses Gesetzes übertragenen Befugnisse werden ausgeübt:
   a) durch die Alliierte Hohe Kommission in Sachen, die vor einem Bundesgericht oder einer Bundesbehörde anstehen;

b) durch den Hohen Kommissar in Sachen, die vor anderen Gerichten oder Behörden in seiner Zone anstehen.

2. Die Alliierte Hohe Kommission und jeder Hohe Kommissar können die Ausübung der ihnen gemäß diesem Gesetz zustehenden Befugnisse einer hierfür bestimmten Person oder Behörde übertragen.

Artikel 10

In jeder strafrechtlichen und nicht strafrechtlichen Sache wird der Zeitraum, während dessen den deutschen Gerichten die Gerichtsbarkeit auf Grund von Rechtsvorschriften der Besatzungsbehörden oder der von ihnen abgelösten Behörden entzogen war, in die gesetzlich bestimmte Frist nicht eingerechnet, es sei denn, daß ein Besatzungsgericht während dieses Zeitraumes für eine solche Sache zuständig war.

Artikel 11

Jeder Hohe Kommissar kann die Maßnahmen treffen, die er zur Erledigung von Fällen, die gemäß diesem Gesetz nicht zur Zuständigkeit der deutschen Gerichte gehören, für erforderlich hält.

Artikel 12

Für das der Alliierten Hohen Kommission unmittelbar unterstellte Gebiet am Sitz der deutschen Bundesregierung übt die Alliierte Hohe Kommission oder die von ihr bestimmte Behörde die einem Hohen Kommissar nach diesem Gesetz zustehenden Befugnisse aus.

Artikel 13

Die Besatzungsbehörden können Vorschriften zur Durchführung dieses Gesetzes erlassen.

Artikel 14

1. Die Bestimmungen des Kontrollratsgesetzes Nr. 4 (Umgestaltung des deutschen Gerichtswesens) werden hiermit für das Gebiet der Bundesrepublik außer Anwendung gesetzt.

2. Die folgenden Rechtsvorschriften werden hiermit aufgehoben:

Gesetz Nr. 2 der Britischen Militärregierung (Deutsche Gerichte),

Verordnung Nr. 20 der Britischen Militärregierung (Zuwiderhandlungen gegen Rechtssatzungen der Militärregierung) und Durchführungsvorschriften dazu,

Verordnung Nr. 29 der Britischen Militärregierung (Beschränkung der Zuständigkeit deutscher Gerichte),

Verordnung Nr. 104 der Britischen Militärregierung (Rechtsgutachten des Berufungsgerichts der Kontroll-Kommission),

Verordnung Nr. 174 der Britischen Militärregierung (Auslegung der von der Militärregierung erlassenen Bestimmungen),
Artikel 119 der Verordnung Nr. 165 der Britischen Militärregierung und Anlage zur Verordnung (Verwaltungsgerichtsbarkeit in der Britischen Zone),
Artikel XXVIII der Verordnung Nr. 175 der Britischen Militärregierung und Anlage zur Verordnung (Wiedererrichtung von Finanzgerichten),
Verordnung Nr. 173 des französischen Oberbefehlshabers in Deutschland (Abgrenzung der Zuständigkeit zwischen Besatzungsgerichten und den deutschen Gerichten und Regelung der Kontrolle der deutschen Rechtspflege),
Gesetz Nr. 2 der Amerikanischen Militärregierung (abgeändert) und Vorschriften und Ermächtigungen auf Grund dieses Gesetzes (Deutsche Gerichte).

3. Angelegenheiten, in denen die Besatzungsbehörden vor dem Inkrafttreten dieses Gesetzes auf Grund einer durch dieses Gesetz aufgehobenen Rechtsvorschrift tätig geworden sind, können gemäß der aufgehobenen Rechtsvorschrift weiterbehandelt werden.

Artikel 15

Dieses Gesetz tritt am 1. Januar 1950 in Kraft.

B. Durchführungsverordnung Nr. 1 zu dem Gesetz Nr. 13 der Alliierten Hohen Kommission

vom 9. Februar 1950 (AB.HK. S. 104)

Erster Teil

Artikel 3 (2) des Gesetzes Nr. 13 der Alliierten Hohen Kommission

Artikel 1

1. Wenn bei einer Bundesbehörde eine in den Bereich des Artikels 3 (2) des Gesetzes Nr. 13 der Alliierten Hohen Kommission (Gerichtsbarkeit auf den vorbehaltenen Gebieten) fallende Frage zur Entscheidung vorliegt, so ist sie dem Alliierten Generalsekretariat, Bonn, Petersberg, vorzulegen.

2. Wenn eine solche Frage bei einer sonstigen deutschen Behörde zur Entscheidung vorliegt, so ist sie der von dem Hohem Kommissar der entsprechenden Zone bestimmten Besatzungsbehörde vorzulegen. Diese Behörde wird die darüber getroffene Entscheidung der deutschen Behörde mitteilen.

Artikel 2

1. Die Frage ist in einem Memorandum vorzulegen, das folgende Angaben enthalten muß:

a) Namen und Anschrift der deutschen Behörde, vor der die Frage schwebt;

b) die Umstände, unter denen die Frage aufgetaucht ist (z. B. in einem Rechtsstreit, in einem Verwaltungsverfahren usw.) und den Sachverhalt, der zu der Frage Veranlassung gegeben hat;

c) sofern es sich um eine Anordnung einer Besatzungsbehörde handelt, diese Anordnung oder deren einschlägige Bestimmungen; sofern es sich um die Anwendbarkeit der Artikel 1 und 2 des Gesetzes Nr. 13 der Alliierten Hohen Kommission auf eine bestimmte Person handelt, Namen, Anschrift und Rechtsstellung dieser Person; sofern es sich um die Anwendbarkeit der Artikel 1 und 2 des Gesetzes Nr. 13 der Alliierten Hohen Kommission auf bestimmtes Vermögen handelt, die Beschaffenheit und Lage dieses Eigentums, sowie Einzelheiten über seine gegenwärtigen und früheren Inhaber.

2. Wenn die Frage von einer Bundesbehörde vorgelegt wird, ist das Memorandum dem Alliierten Generalsekretariat in zehnfacher Ausfertigung mit Übersetzungen in englischer und französischer Sprache zu unterbreiten. Wenn die Frage von einer sonstigen Behörde vorgelegt wird, ist das Memorandum der von dem Hohen Kommissar der entsprechenden Zone bestimmten Behörde in fünffacher Ausfertigung zu unterbreiten.

Zweiter Teil

Artikel 5 des Gesetzes Nr. 13 der Alliierten Hohen Kommission

Artikel 3

1. Anträge deutscher Behörden in den Fällen des Artikels 5 des Gesetzes Nr. 13 der Alliierten Hohen Kommission sind auf Angaben zu stützen, aus denen deutlich hervorgeht, warum die Aussage des Zeugen oder die Vorlage der Urkunde verlangt wird und haben den Gegenstand zu bezeichnen, über den der Zeuge vernommen werden soll.

2. Die Art der Urkunde und die Stelle, in deren Gewahrsam sie sich befindet, beziehungsweise die Person des Zeugen, sind deutlich zu bezeichnen.

3. Die Besatzungsbehörden können von den deutschen Behörden, die den Antrag gestellt haben, die Mitteilung weiterer Einzelheiten verlangen.

Artikel 4

1. Wenn der Antrag von einer deutschen Bundesbehörde ausgeht, ist er dem Alliierten Generalsekretariat, Bonn, Petersberg, vorzulegen. Wenn der Antrag von einer sonstigen deutschen Behörde ausgeht, ist er der Besatzungsbehörde vorzulegen, die von dem Hohen Kommissar der Zone bestimmt wird, in der die deutsche Behörde zuständig ist.

2. Die Entscheidung ist der antragstellenden deutschen Behörde von der Besatzungsbehörde, welcher der Antrag vorgelegt worden ist, mitzuteilen.

3. Die Bewilligung eines Antrages kann auch bedingt erfolgen.

Dritter Teil

Zeitpunkt des Inkrafttretens

Artikel 5

Diese Durchführungsverordnung tritt mit Wirkung vom 1. Januar 1950 in Kraft.

Stichwörterverzeichnis

[Die Nebengesetze sind durch römische Ziffern wie im Inhaltsverzeichnis bezeichnet.]

A

Aberntung gepfändeter Früchte § 824

Abfassung des Urteils § 315

Abgeordnete als Zeugen § 382 Abs. 2 VI A Art. 47, Haft §§ 904, 905, VI A Art. 46

Abgesonderte Verhandlung bei Klaghäufung, Widerklage, Gegenforderung § 145, bei mehreren Angriffs- oder Verteidigungsmitteln § 146, über prozeßhindernde Einreden § 275, nach Grund und Betrag § 304, bei Wiederaufnahme § 590

Abhelfen einf. Beschw. § 571, nicht durch Untergericht bei sof. Beschw. § 577 Abs. 3

Abkürzung von Fristen §§ 134, 224ff.

Ablehnung des Richters §§ 42ff., 551 Nr. 2, 3, 579 Nr. 2, 3, des Urkundsbeamten § 49, des Sachverständigen §§ 406, 412, des Schiedsrichters §§ 1032, 1045, des Dolmetschers III § 191, des Rechtshilfeersuchens III §§ 158, 159

Abnehmen von Eiden §§ 478—484, im schiedsgerichtlichen Verfahren §§ 1035, 1036

Abschätzung von Pfandstücken § 814, XII Aa

Abschrift des Urteils § 317, des Berufungsurteils für das Erstgericht § 544, Beglaubigung § 170, von Schriftsätzen §§ 133, 496, öffentlicher Urkunden § 435, der Einspruchsschrift § 340a, der Berufungsschrift § 519a, der Berufungsbegründung § 519a, der Revisionsschrift § 553a, der Revisionsbegründung § 554, des Ersturteils bei Einlegung der Berufung § 519 Abs. 4, des angefochtenen Urteils bei Einlegung der Revision § 553a Abs. 1, aus den Streitakten § 299, aus den Vollstreckungsakten § 760, zur Zustellung durch Gerichtsvollzieher oder bei Vermittlung der Geschäftsstelle § 169, zur Geschäftsstelle § 133, der Zustellungsurkunde § 190, des zuzustellenden Schriftstücks § 170, von Übersetzungen X A § 3

Abstammungsrechtsstreit §§ 372a, 640ff.

Abstammungsuntersuchungen § 372a

Abstehen vom Urkundenrechtsstreit § 596

Abstimmung des Gerichts III §§ 192ff., des Schiedsgerichts § 1038, Schriftstücke nicht einzusehen § 299

Abtretung des streitigen Anspruchs § 265, vollstreckbare Ausfertigung für Rechtsnachfolger § 727, an Rechtsberater § 157 Abs. 1 S. 2, Wirkung des Urteils für und gegen Rechtsnachfolger § 325

Abweisung des säumigen Klägers § 330, im Urkundenrechtsstreit § 597, trotz Säumnis des Beklagten § 331, nach Verzicht § 306, in Ehesachen § 616, s. auch Zurückweisung

Abwendung der Vollstreckung durch Sicherheitsleistung §§ 713, 720, 817, 819, 839, 868, wesentlicher Nachteile § 940

Adoptivverhältnis s. angenommenes Kind

Ähnlichkeitsuntersuchungen s. Abstammungsuntersuchungen

Akten, Einsicht §§ 299, 760, Einforderung und Rücksendung §§ 544, 556, Mitteilung III § 168, Vermerk über

Terminsmitteilung § 497, Privatakten § 143, Rechtskraftzeugnis § 706
Aktenlage-Entscheidung §§ 251a, 331a
Aktiengesellschaften, Vorstandsmitglied als Handelsrichter III § 109
Alimente s. Unterhalt
Altenteil, Amtsgerichtszuständigkeit III § 23 Nr. 2g, Bezüge Pfändbarkeit XII Ba § 4 Nr. 3
Altersgrenzen für Richter III § 8 Abs. 1 S. 2, VI A Art. 47 Abs. 2
Amt des Richters III §§ 1ff., des Handelsrichters III §§ 107ff.
Amtsanwalt III §§ 142, 145
Amtsauskunft öffentlicher Behörden § 272b
Amtsbefugnisse, Überschreitung durch Beamte III § 71, IV § 11, VI A Art. 34
Amtsbezirk, Amtshandlungen außerhalb III §§ 166, 167
Amtsenthebung s. Enthebung vom Amt
Amtsgerichte, Sitzungsniederschrift § 510a, Widerspruch gegen Arrestbefehl § 924, Geschäftsverteilung III §§ 22ff., sachliche Zuständigkeit III §§ 23, 27, 157, 166, für Arreste § 919, einstweilige Verfügungen §§ 936, 942, Entmündigung §§ 645, 680, Wiederaufhebung der Entmündigung §§ 675, 676, 685, Einwendungen gegen vollstreckbare notarische Urkunden § 797, Mahnverfahren §§ 689, 696, Beweissicherung § 486, Vollstreckung § 764, amtsgerichtliches Verfahren §§ 495ff., Verweisung wegen Unzuständigkeit §§ 276, 506, 697, 700, Niederlegung auf der Geschäftsstelle als Form der Zustellung § 182
Amtsgerichtspräsident III §§ 22a, 22c
Amtshandlung, Unterlassung durch Beamte III § 71, IV § 11, VI A Art. 34
Amtspflichtverletzung des Richters, öffentl. Bediensteter III § 71, IV A § 11, VI A Art. 34, Wiederaufnahmegrund § 580 Nr. 5
Amtsrichter als Einzelrichter III § 22, zugl. Richter am Landgericht III §§ 22, 59, als Vorsitzer der Kammer für Handelssachen III § 106, Erlaubnis zur Feiertagszustellung § 188, Erlaubnis zur Feiertagszwangsvollstrekkung § 761, Verhinderung an Unterschrift § 163, Zuziehung von Urkundsbeamten § 165
Amtssitz der Behörden, Gerichtszuständigkeit § 17, Vernehmung von Beamten §§ 382, 402, s. auch Gerichtssitz
Amtsstelle, Zustellungen § 212b
Amtsverschwiegenheit von Beamten § 376, von Geistlichen § 383
Amtswegige Berücksichtigung von Tatsachen in Ehesachen § 622, Ermittlungen in Entmündigungssachen §§ 653, 680, Gerichtshandlungen §§ 3, 105, 139, 141ff., 238, 247, 275, 287, 319, 341, 367, 437, 497, 519b, 528, 554a, 574, 589, 620, 653, 911, 913, III §§ 97—99, 104, Ladung §§ 141, 214, 261b, 296, 389, 497, Terminsbestimmung §§ 340a, 366, 368, 370, 497, 520, 555, 924, Prüfung der Parteifähigkeit, der Prozeßfähigkeit, der gesetzl. Vertretung, der Streitermächtigung §§ 56, 335, Prüfung der Vollmacht §§ 88, 335, Zustellungen §§ 104, 208—213, 261b, 310 Abs. 2, 329, 340a, 496, 519a, 520, 553a, 554, 625, 659, 662, 678, 683, 693
Anberaumen s. Terminsbestimmung
Änderung der Kostenfestsetzung § 107, der Klage §§ 264, 268ff., 614, der Verhältnisse als Voraussetzung der Änderungsklage § 323, des Beweisbeschlusses § 360, des Urteils im Berufungsrechtsgang § 536, der Entscheidung des beauftragten oder ersuchten Richters oder des Urkundsbeamten §§ 576, 577, der Entscheidung durch Vorsitzer oder Gericht § 571, von einstweiligen Anordnungen § 770, des Arrestes § 925, der Umstände als Voraussetzung der Arreständerung oder -aufhebung § 927
Androhung der Säumnisfolgen §§ 231, 498, s. auch Strafandrohung
Anerkenntnis §§ 93, 307, in Ehesachen

§ 617, Kostenfolge §§ 93, 99, Protokollierung § 160
Anerkenntnisurteil §§ 307, 311, 313, durch Einzelrichter § 349, Vollstreckbarkeit § 708 Nr. 1
Anerkennung eines ausländischen Urteils §§ 328, 723, in Ehesachen § 606 Abs. 2, einer Urkunde §§ 439, 441, Klage darauf § 256, Vollmacht zur Anerkennung des Anspruchs §§ 81, 83, des Pflichtteilsanspruchs § 852, des Rechts des Gläubigers beim Aufgebot § 986.
Anfechtung der Entscheidung allein im Kostenpunkt § 99, der Ehelichkeit des Kindes § 641, der Entmündigung §§ 664ff., 684, des Ausschlußurteils §§ 957ff., ausgeschlossen §§ 10, 37, 46, 99, 127, 157, 174, 177, 225, 270, 276, 319, 320, 355, 406, 490, 506, 508, 534, 567, 691, 707, 718, III § 102
Anfechtungsklage ermöglicht Aussetzung § 153, gegen das Ausschlußurteil im Aufgebotsverfahren §§ 957, 958, 973ff., 1017, gegen Ehelichkeit eines Kindes § 641, gegen Entmündigung §§ 664, 684
Angehörige, Ersatzzustellung §§ 181, 185, im übr. s. Verwandte
Angenommenes Kind, Ausschluß als Gerichtsperson §§ 41 Nr. 3, 49, III § 155, Zeugnisweigerungsrecht §§ 383, 385
Angriffsmittel des Streitgehilfen §§ 67, 68, des Streitverkündeten § 74, Hervorhebung im Urteilstatbestand § 313, Kostenfolge bei Erfolglosigkeit §§ 96, 100, nachträgliches Vorbringen §§ 278, 279, 529, 534, selbständige §§ 146, 289, 461, 529, s. auch Zurückweisung
Anhängigkeit §§ 148, 271, 276, 600, 926, s. auch Rechtshängigkeit
Anheftung an die Gerichtstafel bei öffentlicher Zustellung §§ 204, 206, des Aufgebots §§ 948, 949, 1009, im Börsenlokal § 1009
Anhörung vor Auferlegung von Kosten § 102, des Gegners §§ 91a, 99, 225, 226, 844, 891, 1045, der Parteien §§ 360, 387, 622, 656, 834, 1034, 1041
Anlagen der Schriftsätze § 130, der Sitzungsniederschrift §§ 160, 163a, 297, 298
Anlaß zur Klagerhebung § 93
Anmeldung von Ansprüchen im Aufgebotsverfahren §§ 946, 947, 951, 953, 957, 996
Annahme, Weigerung bei Zustellung §§ 180, 186, 188, 191, der Erbschaft §§ 239, 778, 991, Verzug bei Zug-um-Zug-Leistung §§ 756, 765
Anordnung des Vorsitzers § 140, Parteivernehmung durch Beweisbeschluß § 450, einstweilige in Ehesachen §§ 627ff., XI B § 19, Haft § 908, der Klagerhebung nach Arresterlaß § 926, der Vollstreckungsklausel durch Vorsitzer § 730, der Vorlegung von Urkunden § 425, des Arrestes §§ 919, 921, einstweil. Verfügungen §§ 936ff., 942ff., prozeßleitende §§ 141ff., Übertragung auf das Untergericht § 575, vorbereitende § 272b, des Ruhens des Verfahrens §§ 251, 251a, der Aussetzung des Verfahrens § 247
Anschließung eines Pfändungsgläubigers an die Klage des Überweisungsgläubigers § 856
Anschlußberufung §§ 521ff.
Anschlußpfändung §§ 826, 827
Anspruch, Anerkenntnis §§ 93, 307, auf Schadenersatz §§ 302, 717, 945, Einwendungen bei der Vollstreckung §§ 767, 796, getrennte Verhandlung über Grund und Betrag §§ 304, 538, neuer im Berufungsrechtsgang § 529, Grund § 253, Hervorhebung im Urteilstatbestand § 313, Trennung bei Klaghäufung § 145, Verbindung mehrerer Prozesse §§ 147, 260, Verzicht § 306, Pfändung §§ 847f., 854f.
Anstalten, Gerichtsstand § 17
Anteil an einer Gesellschaft, an einem Nachlaß § 859, am Gesamtgut § 860
Antrag der Parteien §§ 130, 137, 253, 308, Ankündigung im Schriftsatz §§ 130, 272, im Berufungsrechtsgang §§ 519, 536f., im Revisionsrechtsgang §§ 554, 559, Protokollierung §§ 161, 500, 510a, 607, Verlesung §§ 297, 507, Bezugnahme auf Schriftsätze §§ 297, 507, Erweiterung §§ 268, 280, 506

Anwalt s. Rechtsanwalt
Anwaltsprozeß § 78, Besonderheiten §§ 87, 88, 129, 130, 137, 166, 168, 170, 215, 217, 244, III § 187
Anwaltszwang § 78
Anweisungen, Ansprüche, Zuständigkeit der Kammer für Handelssachen III § 95 Nr. 2
Anzeige des Drittschuldners an das Gericht §§ 853ff., 873, 874, des Gerichtsvollziehers an das Gericht §§ 827, 854, 873, 874, von der Bestellung eines gesetzlichen Vertreters §§ 241, 250, eines neuen Anwalts §§ 244, 250, von der Verhaftung eines Beamten § 910, von der Ernennung eines Schiedsrichters § 1030, bei Unterbrechung des Verfahrens §§ 241, 243, 520
Apotheke, Pfändbarkeit § 811 Nr. 9
Arbeiter, Gerichtsstand § 20, Lohnpfändung § 850, XII Ba, Gerätepfändung § 811 Nr. 5
Arbeitslohn, Pfändbarkeit § 850, XII Ba
Arbeitsverhältnis, Vollstreckbarkeit bei Streit aus § 709 Nr. 2, verschleiertes XII Ba § 10
Armenrecht §§ 114ff., Gesuch für Unterhaltsklage des unehelichen Kindes § 118, Vergleich im Armenrechtsprüfungsverfahren § 118a, Entziehung § 120, Ende mit Tod § 122, im Rechtsmittelverfahren § 119, Beschwerde §§ 127, 569
Armutszeugnis § 118
Arrest §§ 916ff., 943ff., Anordnung §§ 919, 944, dinglicher § 917, in unbewegliches Vermögen § 932, persönlicher §§ 918, 933, Vollziehung §§ 928ff., Widerspruch §§ 924, 925, Aufhebung §§ 926, 927, 934, Schadenersatz wegen Ungerechtfertigkeit § 945, vorl. Vollstreckbarkeit der Aufhebungsentscheidung § 708 Nr. 5, Vollmacht § 82
Arrestbefehl § 929
Arrestgericht §§ 919, 926, 930, 933
Arrestgrund §§ 917, 918, 920, Erledigung § 927
Arzt, als Sachv. §§ 623, 654, 655, Pfändbarkeit der Berufsgegenstände § 811 Nr. 7
Aufbewahrung der Beweissicherungsniederschrift § 492
Aufenthaltsort, Gerichtsstand §§ 16, 20, III § 14 Nr. 2, Vertreter für verklagten Prozeßunfähigen § 57, unbekannt §§ 203, 686, des Streitbevollmächtigten §§ 177, 210
Aufforderung an den Gegner zur Kostenberechnung § 106, zur Anwaltsbestellung §§ 215, 244, zur Mitteilung der Einwendungen und Beweismittel § 261a, des Gerichtsvollziehers bei der Vollstreckung § 763, an Drittschuldner §§ 840, 845, an Schuldner bei Verpfändung § 845, der Gläubiger zur Berechnung ihrer Forderungen §§ 873, 874, zur Anmeldung von Ansprüchen (Rechten) im Aufgebotsverfahren §§ 946, 964, 1008, zur Ernennung eines Schiedsrichters §§ 1029, 1031
Aufgabe zur Post §§ 175, 188, 192, 210a, 213, 244
Aufgeben des Rechts an einem Grundstück § 58
Aufgebot §§ 946ff., II § 11, Anmeldung § 951, Ausschlußurteil §§ 952ff., 1017, 1018, Bekanntmachung §§ 948ff., 1008ff., Verbindung § 959, Zulässigkeit §§ 946, 947, zwecks Ausschließung des Grundeigentümers §§ 977ff., des Schiffs- oder Schiffsbauwerkseigentümers § 981a, eines Hypotheken-, Grundschuld- oder Rentenschuldgläubigers §§ 982ff., eines Schiffshypothekengläubigers § 987a, eines Nachlaßgläubigers §§ 989ff., eines Schiffsgläubigers § 1002, zwecks Kraftloserklärung von Urkunden §§ 1003ff., von Inhaberpapieren §§ 1004, 1006, 1009, 1010, Zuständigkeit §§ 978, 981a, 983, 987a, 990, 1002, 1005, III § 23, Frist §§ 950, 957 Nr. 3, 987, 994, 1002, 1010ff., Termin §§ 947, 950, 951, 954, 981, 1008, 1010ff.
Aufhebung der Streitvollmacht § 86, der Streitkosten §§ 92, 93a, 98, der Trennung, Verbindung, Aussetzung § 150, der Ehe §§ 152, 155, 606, 612,

615, 616, des Termins § 227, der Säumnisfolgen § 232, des Konkursverfahrens § 240, des nichterfüllten Vertrages § 255, des Urteils unter Vorbehalt der Aufrechnung mit einer Gegenforderung § 302, des Versäumnisurteils § 343, der Strafen gegen ausgebliebene Zeugen § 381, des Berufungsurteils durch Revisionsgericht §§ 564f., des zugrundeliegenden Urteils § 580 Nr. 6, des Vorbehaltsurteils im Nachverfahren § 600, der Entmündigung §§ 672, 675ff., 685ff., der Vollstreckung §§ 707, 769, 771, 775, 776, 784, 868, des Überweisungsbeschlusses § 836, der vorläufigen Vollstreckbarkeit §§ 718, 868, des Arrestes §§ 708 Nr. 5, 926, 927, 934, 939, 939, 945, des Schiedsvertrags § 1033, des Schiedsspruchs §§ 1041, 1044

Aufhebungsklage, Ehe §§ 152, 155, 606, 612, 615, 616, Entmündigung §§ 679, 686, Schiedsspruch §§ 1043

Aufklärung des Sachverhalts, persönliches Erscheinen der Parteien § 141, Anordnungen im vorbereitenden Verfahren § 272b Abs. 2 Nr. 3

Auflage, Frist zur Vollziehung § 255 Abs. 2

Auflassung, Urteil auf Willenserklärung § 894, an den Sequester § 848

Aufnahme des unterbrochenen und ausgesetzten Verfahrens §§ 239ff.

Aufrechnung, Anordnung getrennter Verhandlung § 145, Vorbehaltsurteil § 302, im Berufungsrechtsgang § 529, s. auch Gegenforderung

Aufrechterhaltung der Ordnung in Sitzungen § 158, III § 176, des Versäumnisurteils § 343, der Ehe §§ 607, 622

Aufruf der Sache § 220

Aufschubwirkung der Beschwerde § 572, der Berufung und der Revision § 705

Auftrag an Gerichtsvollzieher zur Zustellung §§ 166ff., zur Zwangsvollstreckung §§ 753ff.

Aufwandsentschädigung, Unpfändbarkeit XII Ba § 3 Nr. 3

Augenschein zur Streitwertbemessung § 3, allgemein § 144, im vorbereitenden Verfahren § 272b Abs. 2 Nr. 5, Beweis §§ 371ff., Termin § 219, Niederschrift § 160, Beweissicherung § 485

Ausbleiben der Parteien §§ 141, 251a, 331a, 454, des Zeugen §§ 380f., des Schuldners im Offenbarungstermin § 901

Ausfertigung des Kostenfestsetzungsbeschlusses § 105, Zustellung §§ 170, 189, durch Geschäftsstelle § 299, des Urteils §§ 317, 319, 320, 496, abgekürzt § 317, vollständig § 552, des Beschlusses § 329, der Verfügung des beauftragten oder ersuchten Richters § 329, Vorlegen bei Berufungsgericht § 518, bei Revisionsgericht § 553a, vollstreckbare §§ 724ff., 733, 742, 744, 749, 775, 788 (Urteile), 797 (Urkunden), des Schiedsspruchs § 1039, von Übersetzungen X A § 3

Aushändigung als Zustellungsform § 212b

Auskunft von Behörden § 272b, über Urkundenechtheit § 437, von Zeugen §§ 272b, 377, über die dem Gläubiger überwiesenen Forderungen § 836, über Eintragungen im Schuldnerverzeichnis § 915, XII Ae

Auslagen des Rechtsanwalts §§ 91, 124, Befreiung bei Armenrecht §§ 115, 116, 120, des Zeugen § 401, für Rechtshilfe III § 164, Beschwerde § 567 Abs. 2

Ausland, Zustellungen §§ 199ff., 262, 339, 499, Beweisaufnahme §§ 363, 364, 369, Zwangsvollstreckung §§ 791, 917, kein Mahnverfahren § 688 Abs. 2, Arrestgrund § 917

Ausländer, Prozeßfähigkeit § 55, Sicherheitsleistung §§ 110, 111, Armenrecht § 114, Gerichtsstand in Ehesachen § 606, Entmündigung § 676

Ausländische Schiedssprüche § 1044

Ausländische Urkunden, Echtheitsbeweis § 438

Ausländische Urteile, Anerkennung §§ 328, 606 Abs. 2, Vollstreckbarkeit § 722

Auslassungen im Tatbestand § 320

Auslösungsgeld, Unpfändbarkeit XII Ba § 3 Nr. 3
Ausnahmegerichte III § 16, VI A Art. 101
Aussagen in Sitzungsniederschrift § 161, des Zeugen §§ 394ff., der Partei § 451, in Ehesachen § 619, s. auch Verweigerung
Ausschließung des Grundstückseigentümers § 977, des Schiffs- oder Schiffsbauwerkseigentümers § 981 a, des Grundpfandgläubigers § 982, des Schiffshypothekengläubigers § 987a, der sonstigen dinglich Berechtigten § 988, der Nachlaßgläubiger §§ 989ff., der Gesamtgutgläubiger § 1001, der Schiffsgläubiger § 1002, im Aufgebotsverfahren §§ 977ff.
Ausschluß des Richters §§ 41ff., 551, 579, 957, des Urkundsbeamten § 49, des Gerichtsvollziehers III § 155, des Dolmetschers III § 191, der Öffentlichkeit § 159, III §§ 171ff., mit Neuvorbringen §§ 279, 529
Ausschlußurteil im Aufgebotsverfahren §§ 952ff., 956, 1010, 1011, 1017, 1018, 1024, Anfechtungsklage §§ 957, 958, 1017
Aussetzung des Hauptrechtsstreits nach Einmischungsklage § 65, der Vollstreckung des Kostenfestsetzungsbeschlusses §§ 104, 107, der Verhandlung §§ 148ff., des Verfahrens §§ 151ff., 246ff., 620, der Vereidigung § 391, der Vollziehung der mit Beschwerde angefochtenen Entscheidung § 572, in Ehesachen § 620, der Restitutionsklage § 578, der Beschlußfassung über die Entmündigung § 681, des Aufgebotsverfahrens § 953, bei Zweifel an Verfassungsmäßigkeit eines Gesetzes VI A Art. 400, vor Entscheidung über Besatzungsrecht XIII A Art. 3
Aussicht auf Erfolg als Armenrechtsvoraussetzung § 114
Aussöhnung in Ehesachen, Sühneversuch §§ 608ff., Aussetzung § 620
Auswanderungsexpedienten, Streitigkeiten mit Reisenden § 709 Nr. 3, III § 23 Nr. 2b
Auszug aus Urkunden § 131, aus Gerichtsakten § 299, aus Urteilen § 317, aus Beschlüssen usw. § 329, aus Gerichtsvollzieherakten § 670, Auszugvertrag s. Altenteil

B

Bahneinheit § 871
Bargeld, Sicherheitsleistung § 108, Zwangsvollstreckung §§ 808, 815
Bayerisches Oberstes Landesgericht s. Oberste Landesgerichte
Beamte, Gerichtsstand im Ausland angestellter § 15, Zustellung für Behörden § 184, amtliche Auskunft § 272b, Ersuchen um Vorlegung von Urkunden §§ 272b, 432, als Zeugen § 376, als Sachverständige § 408, Pfändung von Uniformen usw. § 811 Nr. 7, Pfändung von Bargeld § 811 Nr. 8, Pfändung des Gehalts usw. § 850, XII Ba, Verhaftung im Offenbarungseidverfahren § 910, Rechtsweg für Ansprüche III § 71, s. auch Amtspflichtverletzung
Beantwortung der Klage § 272, der Berufung § 523, der Revision § 557
Beauftragter Richter, kein Anwaltszwang § 78 Abs. 2, im Armenrechtsprüfungsverfahren § 118a, mit Schriftführer § 165, Sonntagszustellung § 188, Befugnisse bei Termins- und Fristbestimmungen § 229, Geständnis § 288, Sühneversuch § 296, Verkündung § 329 Abs. 2, Änderung des Beweisbeschlusses § 360, Verweigerung einer Frage der Partei an den Zeugen § 398 Abs. 2, allgemeine Befugnisse bei Beweisaufnahme § 400, Beweisaufnahme §§ 361, 365, 366, 370, 389, 398, Beschwerde §§ 576, 577, Parteivernehmung in Ehesachen § 619, in Entmündigungssachen §§ 654, 671
Bedienstete der Diplomaten III § 10
Bedingte Ansprüche § 916
Beeidigung von Aussagen, Gutachten usw. s. Vereidigung von Zeugen, Sachverständigen usw.
Befähigung zum Richteramt III §§ 2, 4, 5, zum Richter am Bundesgerichtshof III § 125, zum Staatsanwalt III §§ 148, 149, zum Handelsrichter III §§ 109, 110

Befangenheit, Ablehnung des Richters §§ 42ff., 551, 579, des Urkundsbeamten § 49, des Sachverständigen § 406, des Dolmetschers III § 191

Beförderung von Reisenden, vorl. Vollstreckbarkeit von Urteilen § 709 Nr. 3, Zuständigkeit für die Streitigkeiten III § 23 Nr. 2b

Befriedigung des Gläubigers, Einstellung der Zwangsvollstreckung § 775, Klage auf bevorzugte aus Pfanderlös § 805

Befugnisse des gesetzlichen Vertreters § 56, des Gerichtsvollziehers § 755

Beginn der Fristen § 221, der Zwangsvollstreckung §§ 750ff., 756

Beglaubigte Abschrift s. Abschrift

Beglaubigung der Vollmacht § 80, der Abschrift des zuzustellenden Schriftstücks § 170, durch Urkundsbeamten §§ 196, 210, der Übertragung aus Kurzschrift § 163a, der Abschrift der Klagschrift § 317, des Handzeichens §§ 416, 440

Begründungszwang bei Armenrechtsentscheidungen § 126, bei Terminsaufhebung § 227, für Berufung § 518, für Revision § 554

Begutachtung zwecks Streitwertbemessung § 3, durch Sachverständige Anordnung § 144, im vorbereitenden Verfahren § 272b, schriftliche § 411, wiederholte § 412, eines Schadens § 287

Behältnisse, Durchsuchung durch Gerichtsvollzieher § 758

Behörde, Gerichtsstand § 17, Zustellung §§ 171, 184, 185, Ersuchen um Zustellung §§ 199, 202, 207, 210, Auskunft und Urkundenvorlegung im vorbereitenden Verfahren § 272b, Urkunden über Anordnungen usw. § 417, Ersuchen um Urkundenvorlegung § 432, Zwangsvollstreckung durch Ersuchen §§ 791, 798

Beihilfen, Unpfändbarkeit XII Ba § 3

Beiordnung eines Anwalts, Justizbeamten, Gerichtsvollziehers in Armensachen §§ 115, 116, eines Anwalts in Entmündigungssachen §§ 668, 679, 686

Beischlaf, außerehelicher, Streitigkeiten III § 23 Nr. 2f

Beistand, Gerichtsstand für Gebührenklagen § 34, Ausschluß als Richter § 42 Nr. 4, als Urkundsbeamter § 49, allgemein § 90, Zurückweisung §§ 157, 158, 610, Aufnahme in Sitzungsniederschrift § 159, im Ehesühnetermin § 610

Beitrag zur Krankenversicherung, Berücksichtigung bei der Pfändungsgrenze XII B b

Beitreibung der Vollstreckungskosten § 788, gepfändeter Geldforderungen §§ 841, 842

Beitritt des Streithelfers (Nebenintervenienten) §§ 66f., 70, nach Streitverkündung §§ 74,75

Bekanntmachung, öffentliche, bei Zustellungen §§ 203, 204, 207, 339, bei Entmündigungen § 687, der Versteigerung § 816, im Aufgebotsverfahren §§ 948, 949, 955f., 1006, 1009, 1017, 1024

Belegene Sache, Gerichtsstand §§ 24ff., einstweilige Verfügung § 942

Belehrung über Zeugnisweigerungsrecht § 383

Beleuchtungsmittel, Unpfändbarkeit § 811 Nr. 2

Benachrichtigung der Parteien von vorbereitenden Anordnungen § 272b, von Änderung des Beweisbeschlusses § 360, von Beweisverhandlungen vor ersuchtem Richter § 362, von Weitergabe des Beweisersuchens § 365, von Zeugnisweigerung § 386, des Gegners von Beweisaufnahme im Ausland § 364, des Gläubigers von Zustellung des Zahlungsbefehls § 693, von Erhebung des Widerspruchs § 694, von Erteilung weiterer Urteilsausfertigung § 733, von Nachpfändung § 826, der Behörde durch Gerichtsvollzieher bei Verhaftung eines Beamten § 910

Benennung des Urhebers § 76, des mittelbaren Besitzers §§ 76, 77, des Zustellungsbevollmächtigten § 175, der Zeugen, Sachverständigen und zu vernehmenden Partei im Beweisbeschluß § 359

Beratung des Gerichts III §§ 192ff.
Berechnung des Streitwerts §§ 4ff., der Fristen § 222
Bergung aus Seenot, Zuständigkeit für Streitigkeiten III § 95 Nr. 4 f
Berichterstatter bei Zwischenstreit über eine Zeugnisweigerung §§ 388, 389, Stimmabgabe III §§ 138, 197
Berichtigung von Erklärungen der Parteivertreter durch Partei §§ 85, 90, von Schreibfehlern usw. im Urteil § 319, des Tatbestandes § 320, des Beweisbeschlusses § 360, des mündlichen Vortrags durch Vorsitzer im Berufungsrechtsgang § 526
Berufung, Rechtsmittel §§ 511ff. (s. auch die folgenden Stichwörter), auf den geleisteten Zeugeneid § 398, auf den ordentlichen Rechtsweg III § 14, Einstellung der Vollstreckung nach Berufung § 719, Revision wegen Unzulässigkeit der Berufung § 547, Vorabverhandlung über vorl. Vollstreckbarkeit § 718
Berufungsanträge §§ 519 Abs. 3 Nr. 1, 536
Berufungsbegründung §§ 519ff.
Berufungsfrist §§ 516, 517, 519b, Wiedereinsetzung § 233
Berufungsgericht III 72, 119, bei Wiederaufnahme § 584, als Gericht der Hauptsache bei einstweiliger Verfügung § 943
Berufungsrechtsgang, Kosten § 97, Armenrecht §§ 119, 120, Niederschrift der Aussagen § 161, Einlegung der Berufung § 518, Verfahren §§ 523ff., Versäumnisverfahren § 542, Verzicht auf die Berufung § 514, Zurücknahme der Berufung § 515
Berufungsschrift § 518, Zustellung § 519a
Berufungssumme § 511a
Berufungswertgrenze s. Berufungssumme
Beschädigung von Grundstücken, Gerichtsstand § 26
Beschäftigung, Gerichtsstand § 20
Bescheinigung der Empfangszeit durch Zustellungsbeamten § 169, des Anwalts bei Zustellung §§ 198, 212a, über Erhebung des Widerspruchs im Mahnverfahren § 694
Beschlagnahme im Liegenschaftsversteigerungsverfahren macht Pfändung von Früchten unzulässig § 810, des Arbeitseinkommens XII Ba
Beschluß, Verkündung §§ 136, 329, Niederschrift § 160, über Verweisung wegen Unzuständigkeit §§ 276, 505, 506, 697, Kosten nach Klagerücknahme § 271, nach Berufungsrücknahme § 515, nach Revisionsrücknahme §§ 566, 515, nach Erledigung der Hauptsache § 91a
Beschränkte Haftung, Vorbehalt gegen Erben und Ehegatten § 305, Zwangsvollstreckung §§ 780ff.
Beschränkung der Vollmacht § 83, der Verhandlung auf einzelne Angriffs- oder Verteidigungsmittel § 146, auf Wiedereinsetzungsfrage § 238, auf Wiederaufnahmefrage § 590, des Klagantrags § 268, der Erbenhaftung §§ 780, 781, der Zwangsvollstreckung §§ 775, 782, 783
Beschwerde §§ 567ff., III §§ 72, 119, sofortige § 577, gegen Kostenentscheidung §§ 91a Abs. 2, 99 Abs. 2, im Zwangsvollstreckungsverfahren § 793, weitere § 567 Abs. 2, wegen Schweigegebots III § 174, gegen Ordnungsstrafen III § 181, gegen Versagung der Rechtshilfe III § 159, Zuständigkeit des Bundesgerichtshofes bei Verwerfung der Berufung durch Oberlandesgericht §§ 519b Abs. 2, 567 Abs. 3, III § 133
Beschwerdegegenstand, Wert, Berufungsverfahren § 511a, Revisionsverfahren § 546, Beschwerdeverfahren § 567 Abs. 2, Wertangabe in Berufungsbegründung § 519 Abs. 4, in Revisionsbegründung § 554 Abs. 4
Beschwerdegrund § 568
Beschwerdeschrift § 569
Beschwerdesumme § 567 Abs. 2
Beschwerdeverfahren, Einlegung der Beschwerde §§ 569ff.
Beseitigung einer Urkunde § 444

Besetzung, Nichtigkeitsklage wegen vorschriftswidriger § 579, Revision wegen vorschriftswidriger § 551, Zivilkammern III § 59, Kammern für Handelssachen III § 105, Senate der Oberlandesgerichte III §§ 115, 122, Senate des Bundesgerichtshofes III § 139, Kompetenzkonfliktsgerichtshöfe III § 17

Besitz, Wert bei Streit § 6, Gerichtsstand § 24

Besitzeinweisung in unbewegliche Sachen § 885

Besitzentsetzung aus unbeweglichen Sachen § 885

Besitzklage § 24

Besitznahme durch den Gerichtsvollzieher §§ 808, 831

Besondere Gerichte II § 3, III §§ 13, 14

Besorgnis der Befangenheit s. d., nicht rechtzeitiger Leistung § 259, der Vollstreckungsvereitelung § 917

Bestätigung des Arrestes §§ 925, 927

Bestehen eines Rechtsverhältnisses, Feststellungsklage § 256, Zwischenfeststellungsklage § 280

Bestellen eines Anwalts §§ 215, 244, 250, 520, eines besonderen Vertreters §§ 57, 58, 494

Bestimmung des zuständigen Gerichts §§ 36, 37, II § 9, einer Frist im Urteil § 255, einer Räumungsfrist § 721, s. auch Terminsbestimmung

Betagte Ansprüche, Arrest § 916

Beteiligung Dritter an Rechtsstreit §§ 64ff.

Beteuerungsformeln § 484

Betragsverfahren §§ 304, 347

Betreiben der Partei bei Zustellungen §§ 166ff., 317, 496, 508, 699, 829, 922

Betriebsgeheimnis, Ausschluß der Öffentlichkeit III §§ 172, 174

Betroffene s. Kriegsbetroffene

Betten, Unpfändbarkeit § 811 Nr. 1

Bevollmächtigter s. Streitbevollmächtigter

Bewegliche Sachen, Veräußerung streitbefangener § 265, Vollstreckung in Herausgabeansprüche §§ 847, 854, 886, Vollstreckung von Herausgabeansprüchen §§ 883, 884

Bewegliches Vermögen, Zwangsvollstreckung §§ 803ff., Arrestvollziehung § 930

Beweis durch Niederschrift § 164, durch Urteilstatbestand § 314, durch Augenschein §§ 371ff., durch Zeugen §§ 373ff., durch Sachverständige §§ 402ff., durch Urkunden §§ 415ff., durch Parteivernehmung §§ 445ff., Beweissicherung §§ 485ff.

Beweisantritt §§ 130, 282, bei Augenscheinsbeweis § 371, bei Zeugenbeweis § 373, bei Sachverständigenbeweis §§ 403, 404, bei Urkundenbeweis §§ 420ff., bei Parteivernehmung §§ 445f.

Beweisaufnahme §§ 355ff., über Streitwert § 3, vorbereitende Anordnungen § 272b, Anordnung § 284, sofortige §§ 294, 375a, Verhandlung über das Ergebnis § 285, durch Einzelrichter §§ 349, 523a, durch Streitgericht §§ 355, 372, durch Mitglied des Streitgerichts §§ 355, 372, 375, 400, 405, 434, 479, durch beauftragten oder ersuchten Richter §§ 361, 362, 365, 366, 400, im Ausland §§ 363, 364, 369, Termin §§ 361, 370, Fortsetzung § 368, Vervollständigung § 367, bei Augenscheinsbeweis §§ 372, bei Zeugenbeweis §§ 375, 376, bei Sachverständigenbeweis § 405, bei Urkundenbeweis §§ 434, 435, bei Parteivernehmung § 451

Beweisbeschluß §§ 284, 358ff., 370, bei Parteivernehmung §§ 450, 595

Beweiseinreden §§ 283, 534, Zurückweisung § 529

Beweiskraft, Personenstandsurkunden II § 16, Schuldschein, Quittung II § 17, Übersetzungen X A § 2

Beweislast §§ 282, 447, 448

Beweismittel, Angabe §§ 118, 130, 139, 272, 487, 518, 653, Mitteilung §§ 253, 498, Erklärung über die des Gegners § 282, nachträgliches Vorbringen §§ 283, 534, Bezeichnung im Beweisbeschluß §§ 359, 490, im Beweissicherungsgesuch § 487, drohender

Verlust §§ 485, 487, neue im Berufungsverfahren § 529, Zurückweisung neuer im Berufungsverfahren § 529, im Urkundenrechtsstreit §§ 592, 595
Beweisregeln, Aufhebung § 286
Beweissicherung §§ 485ff.
Beweisverhandlungen, mündl. Vortrag § 285, Benutzung § 493
Beweiswürdigung, freie §§ 286, 287, 419, 435, 442, 446, 452, 454
Bezüge § 850, XII B a
Bezugnahme auf Schriftstücke in der mündlichen Verhandlung §§ 137, 297, 507, auf Schriftsätze und Sitzungsniederschriften im Urteilstatbestand § 313, in der Sitzungsniederschrift auf Schriftsätze § 510a, auf Ersturteil im Berufungsurteil § 543
Bindung bei Verweisungsbeschlüssen § 276, des Richters an eigene Urteile § 318, des Revisionsgerichts an tatsächliche Feststellungen des Berufungsgerichts § 561, des Berufungsgerichts an Rechtsauffassung des Revisionsgerichts § 565
Binnenschiffahrt, Streitigkeiten III § 14 Nr. 1, VIII
Bodmerei III § 95 Nr. 4 f
Börse, Bekanntmachungen im Aufgebotsverfahren § 1009
Börsen- oder Marktpreis § 821
Brief, Bekanntgabe des Verkündungstermins bei Aktenlageentscheidungen § 251a, Mitteilung im Amtsgerichtsverfahren § 496, für gerichtliche Mitteilungen § 261b Abs. 2
Brille, Unpfändbarkeit § 811 Nr. 12
Bücher, Unpfändbarkeit gewisser Bücher § 811 Nr. 10, 11
Bundesanzeiger, §§ 204, 948, 950, 956, 1009, 1014, 1017, 1020, 1022
Bundesgericht, Oberstes s. unter O
Bundesgerichtshof III §§ 12, 123ff., 181, IV § 17, V Art. 8 Nr. 88, VI A Art. 96, Geschäftsstelle III § 154, Gerichtsvollzieher III § 154, Zuständigkeit § 576, III § 133, IV § 11
Bundeskanzler, Zustellungsersuchen § 200
Bundeskasse § 97 Abs. 3
Bundesminister s. Minister
Bundespräsident VI A Art. 60, als Zeuge § 376 Abs. 4
Bundesrat, Mitglied als Zeuge § 382
Bundesregierung s. Minister
Bundestag s. Abgeordnete
Bundesverfassungsgericht VI A Art. 93f., 100, VI B
Bürgerliche Ehrenrechte, Ehrverlust bewirkt Zutrittsverbot bei Gerichtssitzungen III § 175
Bürgerliche Rechtsstreitigkeiten, Zuständigkeit, Amtsgericht III § 23, Landgericht III §§ 71, 72, Oberlandesgericht III § 119, Bundesgerichtshof III § 133, Gerichtsbarkeit III § 13, IV § 3

C

siehe Z

D

Deckung des Gläubigers durch Besitz an Vermögensstücken des Schuldners § 777
Deutsches Obergericht für das Vereinigte Wirtschaftsgebiet s. Obergericht
Dienstalter, Reihenfolge bei Abstimmung III § 197
Dienstaufsicht, Amtsgericht III § 22, Landgerichtspräsident III § 66 Abs. 2, Zutritt bei nicht öffentlichen Verhandlungen III § 175 Abs. 3
Dienstbehörde §§ 376, 408, 910
Dienstbekleidung, Unpfändbarkeit § 811 Nr. 7
Dienstbezüge, Pfändbarkeit § 850, XII B a
Diensteid bei Zeugnisweigerung § 386
Diensteinkommen, Pfändbarkeit §§ 811 Nr. 8, 833, 850, XII B a
Dienstenthebung des Richters in Dienststrafverfahren III § 8, VI A Art. 97 Abs. 2
Dienstliche Äußerung des abgelehnten Richters § 44
Dienstlohn, Pfändbarkeit § 850, XII B a
Dienstverhältnis, Streitigkeiten § 709 Nr. 2, Zuständigkeit für Beamtenklagen III § 71
Dienstvertrag, Verurteilung zur Erfüllung § 888

Dinglicher Arrest § 917
Dinglicher Gerichtsstand §§ 24ff., 36, 689, 1005, III § 20
Diplomaten, Gerichtsbarkeit III § 18
Direktoren der Landgerichte s. Landgerichtsdirektor
Dolmetscher, Zuziehung §§ 159, 483, allgemein III' §§ 185ff., fremdsprachige Urkunden X A, s. auch Übersetzer
Dritte, Beteiligung am Rechtsstreit §§ 64ff., Akteneinsicht § 299, Vorlegung von Urkunden §§ 428ff., Rechtskraftwirkung § 643, Zwangsvollstreckung §§ 727, 750, Pfand- oder Vorzugsrecht an Pfandstück § 805, Besitz bei Vollstreckung § 809
Drittschuldner, Zahlungsverbot § 829, Erklärung über gepfändete Forderung § 840, Anzeige bei Mehrpfändung §§ 853ff.
Dünger, Unpfändbarkeit § 811 Nr. 4
Duldung der Zwangsvollstreckung §§ 737, 739, 743, 745, 748, 794, 890, Vollstreckung auf Duldung einer Handlung §§ 890ff.
Durcherkennen § 540
Durchsuchung der Wohnung durch Gerichtsvollzieher § 758
Durchstreichungen als Mangel einer Urkunde § 419

E

Echtheit der Urkunde §§ 437ff., Erklärung dazu §§ 439, 617, 670, 679, 684, 686, Vermutung § 440
Echtheitsbestätigung von Urkunden § 438
Ehe, Erzwingbarkeit § 888, Verurteilung zur Eingehung § 894
Eheaufhebungsklage §§ 606, 612, 615, 616, 622
Ehebruch, Ehescheidungsklage § 624
Ehefeststellungsklage §§ 606, 638
Ehefrau, Prozeßfähigkeit §§ 52, 612, Zwangsvollstreckung §§ 739ff., Entmündigung § 646
Ehegatten, Ausschluß des Richters § 41, des Urkundsbeamten § 49, des Gerichtsvollziehers III § 155 I Nr. 2, Vorbehaltsurteil § 305, Zeugnisweigerungsrecht §§ 383, 385, einstweilige Anordnungen in Ehesachen §§ 627ff., XI B § 19, Entmündigungsantrag § 646, Anfechtung der Entmündigung § 664
Eheherstellungsklage §§ 606, 608, 612, 615, 620, 622
Ehemann, Zwangsvollstreckung §§ 739ff., Widerspruch § 774
Ehenichtigkeitsklage §§ 606, 631ff.
Ehesachen §§ 606ff., III § 170, Gerichtsstand § 606, Staatsanwalt §§ 607, 632, 634, 636, 637, 638, Sühneversuch §§ 608ff., Häufung der Klaggründe §§ 614ff., Verfahren §§ 617ff., Urteilszustellung § 625, Vollstreckung §§ 704, 888, 894, vor Bundesgerichtshof III § 138 Abs. 2
Ehescheidungsklage §§ 606, 608, 612, 615, 616, 620, 622, 623, 624
Ehewohnung, einstw. Anordnung XI B § 19
Ehrenamt, Handelsrichter III § 107
Ehrenrechte, Zutrittsverbot zu Gerichtssitzungen bei Verlust III § 175
Ehrensold, Unpfändbarkeit XII B a § 3 Nr. 7
Ehrenzeichen, Unpfändbarkeit § 811 Nr. 11
Eid des Zeugen § 392, des Sachverständigen § 410, bei Parteivernehmung § 452, des Dolmetschers III § 189, Hinweis auf die Bedeutung § 480, nichtreligiöse Form § 481 Abs. 2, Stumme § 483, Offenbarungseid §§ 807, 889
Eidesabnahme §§ 478ff.
Eidesbelehrung § 480
Eidesformel § 481
Eidesleistung, Zeuge § 392, Weigerung §§ 453, 533, mehrere Personen § 481, Stumme § 483, Fremdsprachiger III § 188
Eidesmündigkeit §§ 393, 455
Eidesnorm §§ 392, 410, 452, 481
Eidespflichtverletzung, Wiederaufnahmegrund § 580 Nr. 1 und 3
Eidesstattliche Versicherung s. Versicherung an Eides Statt
Eidesweigerung, Zeuge § 390, Partei §§ 453, 533

Eidliche Schätzung des Schadens § 287
Eigentümer, Aufgebot, Grundstück § 977, Schiff § 981a
Eigentumsklage, Gerichtsstand § 24
Einfordern der Streitakten §§ 544, 566
Eingebrachtes Gut, Zwangsvollstreckung §§ 739, 741, 742, 771, 861, Unpfändbarkeit der ehemännlichen Rechte § 861, Aufgebot der Nachlaßgläubiger § 999
Einlassung des Beklagten §§ 76, 267, 269, 271, 274
Einlassungsfrist §§ 226, 261, 262, 337, 499, 520, 555, 604
Einlegen des Einspruchs § 340, der Berufung §§ 516, 518, der Revision §§ 552, 553, der Beschwerde §§ 569, 577
Einmischungsklage §§ 64, 65, Vollmacht § 82, Rechtsnachfolger § 265, Handelssache III § 103
Einrede aus der Person der armen Partei § 124, der mangelnden Sachbefugnis § 265, der Rechtshängigkeit § 274, prozeßhindernde §§ 274ff., 504, 528, 538, 566, nachträgliches Vorbringen §§ 278, 279, Einzelrichter § 349 s. auch Einwendung
Einreichung der Klagschrift usw. § 253 Abs. 5, Klagrücknahme § 271 Abs. 2, Antrag auf Tatbestandsberichtigung § 320 Abs. 1, Antrag auf Urteilsergänzung § 321 Abs. 2, Berufungsrücknahme § 515 Abs. 2, Berufung § 518, Anschlußberufung § 522a, Revision § 553
Einrichtung der Gerichte, Veränderung III § 8, IV B, VI A Art. 97 Abs. 2
Einrücken in die öffentlichen Blätter §§ 204, 206, 948, 956, 1009, 1014ff.
Einschränkung eines gerichtlichen Geständnisses § 289
Einschreiben §§ 175, 251a
Einsichtnahme in Urkunden §§ 131, 134, in Streitakten § 299, in Akten des Gerichtsvollziehers § 760, in Teilungsplan § 875, in Schuldnerverzeichnis § 915
Einspruch gegen Versäumnisurteile §§ 338ff., Zustellung nach Einspruch § 178, Unzulässigkeit §§ 238, 345, Entscheidung über die Zulässigkeit §§ 341, 508, 700, Verzicht § 346, Rücknahme § 346, im amtsgerichtlichen Verfahren § 508, aufschiebende Wirkung § 705, gegen Vollstreckungsbefehle § 700
Einspruchsfrist §§ 233, 339, 508, 700
Einspruchsschrift §§ 340, 340a
Einstellung der Zwangsvollstreckung §§ 707, 719, 732, 769, 771, 775, 868, der Versteigerung bei ausreichendem Erlös § 818, bei Kompetenzkonflikt II § 15
Einstweilige Anordnung bei Einlegung der Beschwerde § 572, in Ehesachen §§ 627ff., XI B § 19, bei Einwendungen gegen die Zulässigkeit der Vollstreckungsklausel §§ 732, 769, bei Einwendungen gegen den Urteilsanspruch selbst § 769, bei Widerspruch Dritter gegen Zwangsvollstreckung § 771
Einstweilige Verfügung §§ 935ff., 940, II § 16, Vollmacht § 82, Aufhebung §§ 939, 942, in Entmündigungssachen § 672
Einstweiliger Zustand, Regelung § 940
Eintragung der Pfändung einer Hypothekenforderung § 830, Schiffshypothekenforderung § 830a, einer Sicherungshypothek §§ 866ff., einer Schiffshypothek § 870a
Einverständnis beider Parteien über Entscheidung durch Einzelrichter § 349, Entscheidung ohne mündliche Verhandlung § 128 Abs. 2
Einwendung, Aufforderung zur Mitteilung §§ 261a, 498, Zurückweisung im Urkundenrechtsstreit unstatthafter § 598, gegen Zulässigkeit der Vollstreckungsklausel §§ 732, 797, 797a, gegen Art und Weise der Zwangsvollstreckung § 766, gegen vollstreckbaren Anspruch §§ 767, 796, 797, der beschränkt haftenden Erben gegen Zwangsvollstreckung §§ 781ff.

Einwilligung in Rücknahme der Klage § 271, in Klagänderung §§ 264, 269, in Rücknahme der Berufung § 515 Abs. 1, in Rücknahme der Revision § 566
Einzelrichter bei Amtsgericht III §§ 22, 22d, bei Landgericht §§ 348ff., bei Oberlandesgericht § 523a, nicht beim Bundesgerichtshof § 557a
Einziehung der Streitkosten beim Gegner §§ 123, 124, Überweisung von Geldforderungen § 835
Eisenbahnbetrieb, Zwangsvollstreckung § 871
Elterliche Nutznießung, Zwangsvollstreckung in Kindesvermögen § 746, Unpfändbarkeit § 862
Elternverhältnis, Verfahrensaussetzung bis zur Feststellung § 154, Feststellungsklage §§ 640ff., keine vorläufige Vollstreckbarkeit § 704
Empfangnahme der Kosten § 81, der Schuld durch Gerichtsvollzieher §§ 754, 757
Empfangsbescheinigung des Anwalts bei Mitteilung von Urkunden § 135, Zustellung §§ 198, 212a
Enden der Streitvollmacht § 87
Endurteil §§ 300ff., Aussetzung bei Mangel der Ermächtigung zur Streitführung usw. § 56, desgl. der Vollmacht § 89, bezüglich Rechtsmittel und Vollstreckung §§ 275, 302, 304, 599, bindende Kraft § 318, Berufung § 511, Zwangsvollstreckung §§ 704ff.
Enteignung, Gerichtsstand für Entschädigungsklagen § 26, Landesrecht II § 15
Entfernen aus dem Sitzungssaal § 158, III §§ 177, 182
Entfernung, weite, des Zeugen vom Streitgericht § 375
Entgelt für selbstgestellte Arbeitsstoffe, Unpfändbarkeit XII B a § 3 Nr. 3
Enthebung vom Amt, Richter III § 8, VI A Art. 97 Abs. 2, der Handelsrichter III § 113
Entlassung aus dem Rechtsstreit des Schuldners bei Streitverkündung § 75, des Beklagten bei Eintritt des Benannten in den Rechtsstreit §§ 76, 77, aus der Haft §§ 911, 913, 933
Entlastung des Richters durch Rechtspfleger VII
Entmündigung der Geisteskranken u. -schwachen §§ 645ff., der Verschwender oder Trunksüchtigen §§ 680ff., Anfechtung §§ 664ff., 684, Aufhebung §§ 675ff., 685ff.
Entmündigungssachen, Verfahren §§ 645ff., Öffentlichkeit III § 171, vor Bundesgerichtshof III § 138 Abs. 2
Entschädigung des Siegers für Zeitversäumnis § 91, des Zeugen § 401, des Sachverständigen § 413, Verurteilung zur Zahlung §§ 510b, 888a, s. auch Enteignung
Entscheidung, Sitzungsniederschrift § 160, nach Lage der Akten §§ 251a, 331a, des Einzelrichters § 349, des Vollstreckungsgerichts § 764, im schriftlichen Verfahren § 128 Abs. 2
Entscheidungsgründe als Teil des Urteils § 313, Verkündung § 311, III § 173, Weglassen §§ 313, 317, 496, Fehlen als Revisionsgrund § 551, als Grund für Aufhebung des Schiedsspruchs § 1041
Entschuldigung, nachträgliche, des Zeugenausbleibens § 381
Entwürfe zu Urteilen usw., Geheimhalten § 299
Entziehung des Armenrechts §§ 121, 126, 127, des Worts §§ 136, 157
Erbbiologische Untersuchungen s. Abstammungsuntersuchungen
Erbe, Aufnahme des Rechtsstreits § 239, Vorbehaltsurteil § 305, Wirksamkeit des Urteils §§ 326, 327, Vollstreckungsklausel § 728, Unzulässigkeit der Zwangsvollstreckung §§ 778, 779, Geltendmachen der Haftungsbeschränkung §§ 780ff., Unpfändbarkeit bei Erwerbsgeschäft minderjähriger § 811 Nr. 6, Pfändbarkeit der Nutzungsrechte § 863, Aufgebot der Nachlaßgläubiger § 991
Erbschaft, Gerichtsstand §§ 27, 28, Zwangsvollstreckung §§ 778, 779,

Aufgebot der Nachlaßgläubiger bei verkaufter § 1000
Erbschein § 792
Erfüllungsort, Gerichtsstand § 29
Ergänzung der Anführungen § 268, der Schriftsätze § 272b, des Urteils §§ 302, 321, 517, 599, 716, des Beweisbeschlusses § 360
Ergänzungsrichter III § 192
Erhebung der Klage s. Klageerhebung, des Anspruchs in der mündlichen Verhandlung § 281, des Widerspruchs gegen Zahlungsbefehl § 694, gegen Arrestbefehl § 924
Erinnerung gegen Kostenfestsetzungsbeschluß §§ 104, 107, gegen Art und Weise der Zwangsvollstreckung § 766
Erklärung des Streitbevollmächtigten § 85, des Beistands § 90, durch vorbereitende Schriftsätze §§ 130, 272, über Tatsachen § 138, Vollständigkeit § 139, Sitzungsniederschrift §§ 160, 298, 510a, nachträgliche § 272a, Abweichung von früherer § 298, Beweiskraft der Urkunden §§ 415, 416, über Urkunden § 439, Nachholen im Berufungsrechtsgang § 531, des Drittschuldners § 840
Erlaubnis zur Sonntagszustellung § 188, zur Sonntagsvollstreckung § 761
Erläuterung der Schriftsätze § 272b
Erledigung des Rechtsstreits in der Hauptsache § 91a, im Berufungsrechtsgang § 537, in Ehesachen durch Tod einer Partei § 628
Erlös der Zwangsvollstreckung §§ 720, 805, 818, 827, 885, 930
Erlöschen der Vollmacht § 87, des Armenrechts §§ 122, 125
Ermächtigung zur Streitführung §§ 51, 54, 56, zur Vornahme einer Handlung § 887
Ermittlung fremden und Gewohnheitsrechts § 293
Ernennung der Richter III § 6, der Sachverständigen §§ 404, 405, der Schiedsrichter §§ 1028ff.
Errungenschaftsgemeinschaft, Zwangsvollstreckung §§ 739, 740, 742ff., Unpfändbarkeit des Anteils am Gesamtgut § 860
Ersatz des Schadens wegen Nichterfüllung einer Verpflichtung § 255, wegen Vollstreckung aus einem Vorbehaltsurteil §§ 302, 600, einem vorl. vollstreckbaren Urteil § 717, aus Arrest oder einstw. Verfügung § 945
Ersatzkassenbeitrag, Berücksichtigung bei der Pfändungsgrenze XII B b
Ersatzzustellung §§ 181ff.
Ersetzung zerstörter oder abhandengekommener ger. oder notar. Urkunden X B
Erscheinen der Partei §§ 141, 296, 272b, 500, 619
Erstattung der Streitkosten §§ 91, 100, 103ff., 117, der Zustellungsmehrkosten § 197, der Kosten des vorangegangenen Rechtsstreits §§ 271, 274, der Vollstreckungskosten § 788, in Ehe- u. Entmündigungssachen §§ 637, 658, 673, 677, nicht bei Rechtshilfe III § 164
Ersuchen um Zustellung Post §§ 195, 196, Behörde §§ 199ff., 207, um Vorlegung einer Urkunde Behörde §§ 272b, 432, um Zwangsvollstreckung Behörde §§ 789, 791, um Rechtshilfe III §§ 157ff.
Ersuchter Richter, Stellung §§ 41, 188, 229, 300, 400, kein Anwaltszwang § 78, im Armenrechtsprüfungsverfahren § 118a, Niederschrift §§ 165, 389, Geständnis § 288, Sühneversuch § 296, Verkündung der Verfügungen § 329, Beweisaufnahme §§ 362, 365, 366, Wiederholung der Zeugenvernehmung § 398, Beschwerde §§ 576, 577, Parteivernehmung in Ehesachen § 619, in Entmündigungssachen §§ 654, 671
Ersuchungsschreiben um Auslandszustellung § 202, um Beweisaufnahme §§ 362ff.
Erweiterung des Klageantrags §§ 268, 280, 323, 506
Erwerb streitbefangener Sachen §§ 265, 266
Erwerbsgeschäft der Ehefrau, Zwangsvollstreckung §§ 741, 774, Unpfändbarkeit bei Witwen und minderjährigen Erben § 811 Nr. 6

Erwirkung der Herausgabe von Sachen §§ 883ff, von Handlungen §§ 887ff, von Unterlassungen § 890
Erzeugnisse, landwirtschaftliche, Unpfändbarkeit § 811 Nr 4, XII A b
Erziehungsgelder, Unpfändbarkeit XII B a § 3 Nr 8
Erzwingung vertretbarer Handlungen § 887, unvertretbarer Handlungen § 888, des Offenbarungseides §§ 889, 901, von Duldung oder Unterlassung § 890
Evakuierte s Umquartierte
Exterritoriale, deutscher Gerichtsstand § 15, Zustellung § 200, Gerichtsbarkeit III §§ 18ff

F

Fabrik, Gerichtsstand § 21
Fahrkosten, Ersatz für Handelsrichter III § 107
Fahrnisgemeinschaft, Zwangsvollstreckung §§ 739, 740, 742ff, Unpfändbarkeit des Gesamtgutanteils § 860
Fälschung der Niederschrift § 164, einer Urkunde § 580
Familienangelegenheiten, Zeugnisweigerung § 385
Familienmitglieder der Diplomaten, Gerichtsbarkeit III § 19
Faustpfandrecht § 804
Feiertage, Zustellung § 188, Termine § 216, Fristen § 222, Zwangsvollstreckung § 761
Festnahme, vorläufige, in Sitzungen III § 183
Festsetzung des Streitwerts § 3, der Kostenerstattung §§ 103ff, der Höhe einer Sicherheit § 112
Feststellung durch die Sitzungsniederschrift §§ 160, 297, 298, 389, 510a, 607, des (Nicht-)bestehens einer Ehe §§ 154, 606, 617, 622, 633, 638, 704, eines Elternverhältnisses §§ 154, 640ff, 704, eines Rechtsverhältnisses §§ 256, 280, 506, eines Sachzustands zur Beweissicherung § 485
Feststellungsklage § 256, Zwischenfeststellungsklage §§ 280, 506
Feuerungsmittel, Unpfändbarkeit § 811 Nr 2
Fiskus, Gerichtsstand § 18, als verurteilter gesetzlicher Erbe § 780, Zwangsvollstreckung II § 15, Rechtsweg II § 4
Flößer, Streitigkeiten mit Reisenden § 709 Nr 3, III § 23 Nr 2 b, Binnenschiffahrtssachen aus Flößerei VIII
Flüchtlinge, Fußnote vor § 606
Förmlichkeiten, Beweis der Beobachtung § 164, s auch Formvorschriften
Folge der Versäumung § 230
Forderungen, Streitwertberechnung § 6, Gerichtsstand § 23, Pfändung §§ 829, 847, 848, Anschlußpfändung § 853, unpfändbare § 850, XII B a
Formvorschriften, Verzicht auf Rüge der Verletzung §§ 295, 530, 558, s auch Förmlichkeiten
Fortsetzung der mündlichen Verhandlung §§ 136, 370, des Rechtsstreits § 239, der Beweisaufnahme § 368
Fragen, Beanstandung §§ 140, 397, 398
Fragerecht des Vorsitzers §§ 139, 396, der Gerichtsmitglieder §§ 139, 396, der Parteien § 397
Fragestellung des Vorsitzers bei Beratung III § 194
Freigebigkeiten, Unpfändbarkeit XII Ba § 4 Abs. 1 Nr. 3
Freiheitsstrafen, Vollstreckung, Rechtshilfe III § 162
Fremdes Recht, Ermittlung § 293
Fristen §§ 221ff, Beginn § 221, Berechnung § 222, Hemmung § 223, Fußn zu § 261b, XI A § 31, Unterbrechung §§ 207, 223, 249, Abkürzung §§ 224ff, Verlängerung §§ 224f, Wiedereinsetzung §§ 233ff, Versäumung durch Streitgenossen § 62, Kostenpflicht § 95, für Kostenrechnung § 106, Wahrung durch Zustellung §§ 207, 261b, im Urteil für Befriedigung des Anspruchs § 255, durch Zustellung des Zahlungsbefehls § 693, s auch Gesetzliche Fristen, Notfristen, Richterliche Fristen
Früchte als Nebenforderungen, Streitwert § 4, Antrag für Urteil § 308,

Pfändung §§ 810, 813, 861, 862, Versteigerung § 824
Fuhrleute, Streit mit Reisenden § 709 Nr. 3, III § 23 Nr. 2b
Futter für Haustiere, Unpfändbarkeit § 811 Nr. 3, XII Ab

G

Gartenhäuser, Pfändbarkeit XII Ac § 19 c
Gebühren, Gerichtsstand § 34, Erstattung § 91, Zeugen § 401, Sachverständige § 413, Beschwerde § 567 Abs. 2
Gebührenbefreiung durch Armenrecht §§ 115, 124
Geburtsbeihilfe, Unpfändbarkeit XII Ba § 3 Nr. 4
Gefahrenzulage, Unpfändbarkeit XII Ba § 3 Nr. 3
Gegenanspruch §§ 33, 145
Gegenbeweis gegen Sitzungsniederschrift § 164, gegen Urteilstatbestand § 314, gegen öffentliche Urkunden §§ 415, 418
Gegenerklärung, Frist für Zustellung §§ 132, 272a
Gegenforderung, Trennung der Verhandlung §§ 145, 150, Vorbehaltsurteil bei Aufrechnung § 302, Rechtskraft der Entscheidung § 322, Geltendmachung erstmals im Berufungsrechtsgang § 529
Gegenleistung, Abhängigkeit der Forderung §§ 257, 688, 844, Zwangsvollstreckung §§ 756, 765, Verurteilung zu Willenserklärung § 894
Gegenseitigkeit mit Ausland §§ 110, 114, 328, 723
Gegenüberstellung der Zeugen § 394
Gehalt, Pfändung §§ 823, 833, 850, XII Ba, Richter III §§ 7, 9
Geheimhaltung anvertrauter Tatsachen, Zeugnisweigerung §§ 383, 385, VI A Art. 47
Geisteskranke, Entmündigung §§ 645ff.
Geisteskrankheit, Entmündigung § 661
Geistesschwache, Entmündigung §§ 645ff.
Geistliche, Zeugnisweigerung §§ 383, 385, Pfändung § 811 Nr. 7, Gehaltspfändung § 850, XII Ba, Verhaftung § 910
Geld, Sicherheitsleistung § 108, Hinterlegung §§ 720, 815, 930, Pfändung §§ 808, 815
Geldforderungen, Zwangsvollstreckung §§ 803ff., Pfändung §§ 829ff., 853, Überweisung §§ 835ff., Beitreibung überwiesener §§ 841f., Verwertung § 844, Verzicht auf Pfandrecht § 843
Geldrente, Änderungsklage § 323, Sicherheitsleistung § 324, vorl. Vollstreckbarkeit § 708, Pfändbarkeit XII Ba
Geldstrafe gegen ausgebliebenen Zeugen § 380, wegen Zeugnisweigerung § 390, gegen Sachverständigen § 409, zur Erwirkung einer Handlung § 888, zur Duldung oder Unterlassung § 890, wegen Ungebühr III § 178
Geldsumme, Anspruch auf Zahlung §§ 592, 688, 794
Gemeinde, Gerichtsstand §§ 17, 22, Zustellung §§ 171, 184, Rechtsweg II § 4, Zwangsvollstreckung II § 15
Gemeindebeamte, Zuziehung bei Zwangsvollstreckung § 759
Gemeindegerichte III § 14 Nr. 2
Gemeindeverbände, Zwangsvollstreckung II § 15
Gemeindevorsteher, Niederlegung des zuzustellenden Schriftstücks § 182
Gemeinschaftliche Urkunden § 422
Genehmigung der Streitführung ohne Auftrag §§ 89, 551, 579, 1041, der Niederschrift § 162, zur Vernehmung von Beamten § 376
Generalbevollmächtigte, Zustellung § 173
Genossenschaft, Gerichtsstand §§ 17, 22
Gerichte, ordentliche III § 12, II § 3, besondere III § 14, II § 3, sachliche Zuständigkeit § 1, örtliche Zuständigkeit §§ 12, 16ff., 27ff., 34f., Übertragung anderer Geschäfte IV §§ 3, 4, s. auch Streitgericht, Vollstreckungsgericht
Gerichtsakten, Vollmacht § 80, Einsicht § 299

Gerichtsbarkeit III §§ 12ff, ordentliche streitige IV § 2, Übertragung IV §§ 3, 4, über Exterritoriale III §§ 18ff., im Verhältnis zur Besatzungsmacht XIII
Gerichtsbezirk, Änderung IV B
Gerichtsferien § 223, III §§ 199—202
Gerichtskosten, Befreiung bei Armenrecht §§ 115, 120, 123, Auslagen des beigeordneten Justizbeamten § 116, s. auch Streitkosten
Gerichtspersonen, Ausschluß und Ablehnung §§ 41ff
Gerichtssiegel §§ 313, 317, 329, 725
Gerichtssprache III §§ 184ff
Gerichtsstand §§ 12ff, Mehrheit § 35, Bestimmung § 36, Vereinbarung §§ 39, 40, allgemeiner: §§ 12—19, Aufenthaltsort § 16, besonderer: §§ 20—34, Erbschaft §§ 27, 28, Vermögensverwaltung § 31, gewerbliche Niederlassung § 21, unerlaubte Handlung § 32, Widerklage § 33, Erfüllungsort § 29, Hauptrechtsstreit § 34, Meß- und Marktort § 30, Beschäftigungsort § 20, Vermögen §§ 23, 722, ausschließlicher: dinglicher §§ 24ff, 36, III § 20, Geltendmachung im Berufungsrechtsgang § 528, Wiederaufnahme § 584, Ehesachen § 606, Kindschaftssachen § 642, Entmündigungssachen §§ 648, 665, 676, 679f, 684ff, Zwangsvollstreckung § 802, Aufgebot von Urkunde über grundbuchliches Recht § 1005, für besondere Verfahrensarten: Wechselverfahren § 603, Mahnverfahren § 689, Verteilungsverfahren § 879, Arrest §§ 919, 927, einstw Verfügung § 937, Aufgebotsverfahren §§ 946, 1005, schiedsrichterliches Verfahren § 1045
Gerichtsstelle, Abhaltung der Termine § 219, s auch Amtsstelle
Gerichtstag § 500
Gerichtstafel, Anheftung §§ 204, 206, 948, 949, 1006, 1009, 1020
Gerichtsverfassungsgesetz § 1, III, Anwendungsbereich IV §§ 2, 5
Gerichtsvollzieher, allgemeine Stellung III §§ 154f, Zustellung §§ 166ff, 196, Vollstreckungshandlungen §§ 753ff, 790, 808ff, 831, 847, 854, 883ff, 892, 909, Rechtshilfe III § 161, Auftrag §§ 753, 754, III § 161, Beglaubigung §§ 170, 190, Beiordnung im Armenrecht § 115, Beschwerden § 766, Einsicht in Akten § 760, Gebühreneinziehung beim Gegner der armen Partei § 124, Gerichtsstand § 34, Ermächtigung § 755, Quittung § 757, Verurteilung in die Kosten § 102
Gerichtswachtmeister, Zustellungen § 211
Gesamtgut, Zwangsvollstreckung §§ 740ff, 774, 860, Unpfändbarkeit des Anteils § 860, Aufgebot der Nachlaßgläubiger §§ 999, 1001
Gesamtschuldner, mehrere Beklagte, Haftung für Kosten § 100
Gesandte, Zustellungsersuchen § 199, Echtheitsbestätigung (Legalisation) § 438, Exterritorialität III § 18
Geschäftsführung ohne Auftrag §§ 89, 130
Geschäftsgeheimnis, Ausschluß der Öffentlichkeit III §§ 172, 174
Geschäftsjahr der Gerichte III §§ 22b, 61ff, 65f
Geschäftsordnung des Bundesgerichtshofs III § 140
Geschäftspersonal der Diplomaten III § 19
Geschäftsraum, Zustellungen §§ 183, 184
Geschäftsstelle, Einrichtung III § 153, Niederlegung von Schriftsätzen, Urkunden, Gutachten usw §§ 133, 134, 142, 271, 364, 411, 515, 875, 1039, 1044a, Verwahrung von Urkunden § 443, Niederschrift (Protokoll) § 627, s auch Urkundsbeamter
Geschäftsverteilung, Amtsgericht III §§ 22b, 22c, Landgericht III §§ 60ff, Oberlandesgericht III § 117, Bundesgerichtshof III § 131
Gesellschaftsanteil, Pfändung § 859
Gesellschaftsvermögen, Zwangsvollstreckung § 736, in Anteil § 859
Gesetze II § 12, Verletzung als Revisionsgrund §§ 549ff, 562, 565
Gesetzliche Fristen, Begriff § 221, außer Notfristen (s diese): §§ 132,

134, 206, 207, 216, 217, 234, 235, 262, 315, 320f., 499, 519, 520, 554, 555, 571, 593, 604, 664, 684, 692, 701, 798, 816, 840, 873, 878, 929, 950, 954, 987, 994, 1002, 1010f., 1013, 1015, 1029, 1031

Gesetzlicher Vertreter, Ausschluß als Richter § 41, als Urkundsbeamter § 49, als Gerichtsvollzieher III § 155 I Nr. 1, im Rechtsstreit §§ 51, 56, Verurteilung in Kosten § 102, Zustellung §§ 171, 184, 185, Einrede mangelnder gesetzlicher Vertretung § 274, Ehesachen § 612, Kindschaftssachen § 641, Entmündigungssachen §§ 646, 653, 660f., 664, 666, 675, 679, 685, 686

Geständnis des Streitbevollmächtigten § 85, durch Stillschweigen §§ 138, 439, 532, 542, 617, 670, gerichtliches §§ 288ff., Feststellung in Niederschrift §§ 298, 510a, im Säumnisfall § 331, in Ehesachen § 617, in Entmündigungssachen §§ 670, 679, 684, 686, eingeschränktes (qualifiziertes) § 289

Gesuch um Kostenfestsetzung §§ 103, 105, Armenrecht §§ 118, 126, öffentliche Zustellung § 204, Verlängerung oder Abkürzung von Fristen § 225, Aussetzung des Verfahrens § 248, Beweissicherung §§ 486, 487, Zahlungsbefehl §§ 690, 702f., 703a, Vollstreckungsbefehl § 702, Arrest § 920, einstw. Verfügung § 936

Getrennte Verhandlung s. Abgesonderte Verhandlung

Getrenntleben der Ehegatten § 627

Gewährleistung, Streitverkündungsgrund § 72, nicht bei Pfandversteigerung § 806

Gewahrsam, Belassung der Pfandstücke beim Schuldner § 808, Pfändung beim Gläubiger oder Dritten § 809

Gewaltanwendung, Gerichtsvollzieher § 758

Gewerbegeheimnis, Zeugnisweigerung § 384, s. auch Geschäftsgeheimnis

Gewerbegehilfen, Gerichtsstand § 20, Zustellung § 183

Gewerbetreibende, Zustellung § 183

Gewerbliche Niederlassung, Gerichtsstand § 21

Gewerkschaft, Gerichtsstand § 17

Gewinnanteilscheine, Aufgebot §§ 1010ff.

Gewohnheitsrecht, Ermittlung § 293

Glaubhaftmachung, Fälle: §§ 44, 71, 104, 224, 236, 274, 299, 367, 386, 406, 424, 430, 435, 441, 487, 494, 511a, 528, 546, 589, 605, 707, 710, 712, 719, 769, 805, 807, 815, 903, 914, 920, 986, Mittel: § 294, eidesstattliche Versicherung ausgeschlossen §§ 44, 406, 511a, 546

Glaubwürdigkeitsfragen beim Zeugen § 359

Gleichzeitige Vereidigung mehrerer Zeugen § 392 S. 2

Gliedmaßen, künstliche, Unpfändbarkeit § 811 Nr. 12

Gnadenbezüge, Unpfändbarkeit XII Ba § 3 Nr. 9

Goldsachen, Versteigerung §§ 814, 820

Grenzscheidungsklage, Gerichtsstand § 24

Große Senate des Bundesgerichtshofes III §§ 132, 136—138

Grund, Angabe in Klagschrift § 253 Abs. 2 Nr. 2, getrennte Verhandlung und Zwischenurteil §§ 304, 538, Zurückverweisung § 538, im Zahlungsbefehl § 690

Grundbuch, Klagen von Ausländern aus grundbuchlichen Rechten § 110 Abs. 2 Nr. 5, Veräußerung des grundbuchlichen Rechts § 266, Eintragung §§ 799, 800, 830, 837, 867, 895, 941, 942, 1005, Aufgebot § 1005, Urkunden II § 17

Grunddienstbarkeit, Streitwert § 7, Gerichtsstand § 24

Grundschuld, Gerichtsstand § 24, Rechtskraftwirkung § 325, Urkundenrechtsstreit § 592, Mahnverfahren § 688, vollstreckbare Urkunde §§ 794, 799, 800, Zwangsvollstreckung § 857, Verurteilung zur Bestellung § 897, Aufgebot §§ 982ff.

Grundschuldgläubiger, Aufgebot §§ 982ff.

Grundstück, Gerichtsstand § 26, Vertreter für herrenloses § 58, Veräußerung streitbefangenes §§ 265, 266, 325, Recht auf Befriedigung § 810, Zwangs-

vollstreckung §§ 864, 866, Arrestvollziehung § 932, Verbot der Veräußerung oder Belastung durch einstw. Verfügung § 938
Gütergemeinschaft, allgemeine §§ 740, 742ff., 750, 860, fortgesetzte §§ 305, 745, 750, 860, 1001
Güterrechtsregister § 741
Gütestelle §§ 794 Abs. 1 Nr. 1, 797a, Kosten § 91 Abs. 3
Gutachten, Verweigerung §§ 407, 408, schriftliches § 411
Guter Glaube, Erwerb eines grundbuchlichen Rechts § 266
Gute Sitten, Verstoß § 328

H

Häufung, Klaghäufung §§ 59, 60, 260, in Ehesachen §§ 614ff., Einwendungen gegen vollstreckbaren Anspruch § 767
Haft gegen Zeugen und Sachverständige wegen Ausbleibens §§ 380, 402, gegen Zeugen wegen Aussageweigerung § 390, gegen Zeugen und Sachverständige wegen Eidesweigerung §§ 390, 402, 653, 676, zur Erzwingung von Handlungen oder Unterlassungen §§ 888, 890, des Offenbarungseides §§ 901ff., zur Vollziehung des persönlichen Arrestes § 933, wegen Ungebühr III §§ 177f., 182, Abgeordnete VI A Art. 46, Bundespräsident VI A Art. 60 Abs. 4
Haftbefehl §§ 908, 933
Haftung der Streitgenossen für Kosten § 100, Vorbehaltsurteil § 305, Zwangsvollstreckung bei beschränkter §§ 780ff.
Handelsbücher § 422, s. auch Geschäftsbücher
Handelsfirma, Streit als Handelssache III § 95 Nr. 4b
Handelsgebräuche III § 114
Handelsgeschäft, Vollstreckungsklausel gegen Übernehmer § 729, Streit als Handelssache III § 95 Nr. 1 und 4 d
Handelsrichter III §§ 11, 105, 107ff.
Handelssachen III §§ 94, 95, 103
Handlungen, Gerichtsstand bei Klagen aus unerlaubter § 32, Verurteilung zur Vornahme § 510b, Zwangsvollstreckung zur Erwirkung §§ 887ff., 892
Handlungsbevollmächtigter, Streit als Handelssache III § 95 Nr. 4e
Handwerker, Streit mit Reisenden, Zuständigkeit III § 23 Nr. 2b, Vollstreckbarkeit der Urteile § 709 Nr. 3, Pfändung § 811 Nr. 5
Handwerkszeug, Unpfändbarkeit § 811 Nr. 5
Handzeichen, beglaubigte §§ 416, 440
Hauptintervention s. Einmischungsklage
Hauptpartei §§ 67, 68, 69, 265, 266, 440, 666
Hauptrechtsstreit §§ 65, 69, Gerichtsstand § 34, Vollmacht § 82
Hauptsache, Verhandlung §§ 39, 76, 214, 239, 244, 271, 274, 340, 340a, 465, 467, 506, 590, Verweigerung der Verhandlung §§ 275, 504, Anfechtung der Entscheidung § 99, Kosten nach Erledigung § 91a, Arrest und einstweilige Verfügung §§ 919, 927, 937, 942, 943
Hausgehilfen, Gerichtsstand § 20, Zustellung §§ 181, 185
Hausgenosse, Zustellung §§ 181, 185
Hausgerät, Pfändung §§ 811 Nr. 1, 812
Haushaltungsbücher, Unpfändbarkeit § 811 Nr. 11
Hausrat, Pfändbarkeit § 812, einstweilige Anordnung XI B § 19
Hauswirt, Zustellung §§ 181, 185
Haverei, Streit III § 95 Nr. 4 f
Hebamme, Pfändung § 811 Nr. 7
Heilanstalt, Unterbringung des zu Entmündigenden § 656
Heiratsbeihilfe, Unpfändbarkeit XII Ba § 3 Nr. 5
Hemmung von Fristen zur Beschreitung des Rechtswegs Fußn. zu § 261b
Herausgabe, Klage § 254, Urkunden § 422, Urkunden über überwiesene Forderungen § 836, Zwangsvollstreckung in Ansprüche §§ 846ff., 854, 855, zur Erwirkung §§ 883ff., unbewegliche Sachen und bewohnte Schiffe § 885
Herstellung des ehelichen Lebens, Klage §§ 606, 608, 612, 615, keine Erzwingung § 888

Hilfeleistung in Seenot, Streit III § 95 Nr. 4 f
Hilfsrichter III §§ 10, 118
Hindernis der Fristwahrung §§ 233ff., der Beweisaufnahme § 356
Hinterlegung, Schuldsumme beim Streit der Gläubiger § 75, Sicherheit § 108, der Sendung als Zustellung § 195a, Vorschuß für Zeugengebühren § 379, gepfändetes Geld §§ 720, 815, 930, Vollstreckungserlös §§ 720, 805, 827, 854, Schuldbetrag überwiesener Forderung §§ 839, 853, Erlös im Verteilungsverfahren §§ 872, 930, Erlös verkaufter beweglicher Sachen §§ 885, 930, zur Arrestaufhebung §§ 923, 934, Aufgebot zur Ausschließung des unbekannten Hypothekengläubigers § 987, Schiffshypothekengläubigers § 987a
Hinweis auf die Bedeutung des Eides § 480
Hypothek, Gerichtsstand §§ 24ff., Ansprüche §§ 325, 592, 688, 794, 799, 800, Pfändung §§ 830, 837, Verurteilung zur Bestellung § 897
Hypothekengläubiger, Aufgebot zur Ausschließung §§ 982ff.

I

Indossable Papiere, Pfändung § 831, Aufgebot §§ 1004, 1019
Inhaberpapiere, Wiederinkurssetzen § 823, Aufgebot §§ 1004ff., 1015ff., Zahlungssperre §§ 1019ff., s. auch Schuldverschreibungen
Inland, Einlassungsfrist §§ 499, 604, kein Wohnsitz §§ 606, 642, 648, 676
Instanz s. Rechtszug
Interesse, rechtliches §§ 66, 70, 256, 299, 485, keine Klagänderung § 268, Schadenschätzung § 287, Nichterfüllung einer durch Urteil auferlegten Leistung § 893
Inventar, Pfändung, Landwirtschaft §§ 811 Nr. 4, 813, XII A b, c, d, f, s. auch Beschränkte Haftung und Erbe
Inzidentfeststellungsklage s. Zwischenfeststellungsklage
Irrtum, Widerruf des Geständnisses § 290

J

Jugendliche Personen, Vereidigung §§ 393, 455, Zutritt zu Sitzungen III § 175
Justitium s. Stillstand der Rechtspflege
Justizbeamter, Beiordnung bei Armenrecht § 116
Justizverwaltung, Gestatten des mündlichen Verhandelns vor Gericht § 157, Geschäfte IV § 4, Aufgabe bei Änderung der Gerichtseinteilung IV B, s. auch Dienstaufsicht

K

Kalendertag, Klagen § 257, Zwangsvollstreckung § 751
Kammern der Landgerichte III §§ 60ff., Besetzung III § 75, für Handelssachen III §§ 68, 71, 72, 93ff., Verweisung an sie III §§ 98, 101, 102, 104, Verweisung an die Zivilkammern III §§ 97, 99ff.
Kasse s. Bundeskasse, Staatskasse
Kaufmann, Streit III § 95 Nr. 1, Handelsrichter III § 109
Kindesverhältnis, Feststellung §§ 154, 640ff., 704, vor Bundesgerichtshof III § 138 Abs. 2
Klage, Arten: auf Rechnungslegung § 254, Stufenklage § 254, Anerkennung einer Urkunde § 256, Feststellung eines Rechtsverhältnisses § 256, künftige Leistung §§ 257ff., Änderung eines Urteils auf wiederkehrende Leistungen § 323, Vorlegung von Urkunden §§ 429, 430, Wiederaufnahme (Nichtigkeit, Restitution) §§ 578ff., Urkundenrechtsstreit § 593, Wechselrechtsstreit § 604, Anfechtung der Entmündigung §§ 664ff., 684, Wiederaufhebung der Entmündigung §§ 679, 680, Vollstreckungsurteil § 722, Erteilung der Vollstreckungsklausel §§ 731, 796, 797, Einwendungen gegen den vollstreckbaren Anspruch §§ 767, 796, 797, Unzulässigkeit der Vollstreckungsklausel §§ 768, 796, 797, Widerspruch Dritter gegen Zwangsvollstreckung § 771, Hinterlegung oder Herausgabe einer für mehrere Gläubiger gepfände-

ten Leistung § 856, Berichtigung des Teilungsplans §§ 878, 879, Interesse wegen Nichterfüllung § 893, Anfechtung des Ausschlußurteils im Aufgebotsverfahren §§ 957, 958
Klagabweisung als unbegründet §§ 302, 597, 600, wegen Verzichts § 306, bei Säumnis §§ 330, 331, in Ehesachen § 616
Klagänderung §§ 264, 268ff.
Klagantrag, Angabe § 253, Erweiterung §§ 280, 506
Klagantwort § 272
Klagerhebung vor Landgericht § 253, vor Amtsgericht §§ 496, 498, 500, Wirkung §§ 261b Abs. 3, 263, 267, 496, 498, 500, Wertberechnung § 4
Klagfrist, Hemmung Fußn. zu § 261b
Klaggrund §§ 146, 253, 313, Änderung §§ 268, 614, Häufung in Ehesachen §§ 614ff., 632
Klaghäufung, mehrere Personen als Streitgenossen § 59, Gleichartigkeit der Ansprüche § 60, Anspruchshäufung gegen einen Beklagten § 260, in Ehesachen §§ 615, 633, verboten §§ 615 Abs. 2, 633, 667
Klagrücknahme mangels Sicherheitsleistung für Streitkosten § 113, Erklärung § 271, Säumnis in Ehenichtigkeitssachen § 635
Klagschrift § 253, Zustellung §§ 261a ff., 498, Benutzung für abgekürztes Urteil §§ 313, 317
Klagzurücknahme s. Klagrücknahme
Klagzustellung s. Klagschrift
Kleidungsstücke, Pfändung § 811 Nr. 1, Uniformen § 811 Nr. 7
Körperliche Sachen, Pfändung §§ 808, 809, XII Aa, XII Ac § 18, unpfändbare §§ 811, 812, Versteigerung §§ 814ff., 824, Verwertung § 825, Anschlußpfändung § 826
Kommunalverbände s. Gemeindeverbände
Kompetenzkonflikt II § 15, III § 17, IV A § 17
Konkurs, Unterbrechung des Streitverfahrens § 240, Nachlaß §§ 243, 782
Konsul, Gerichtsstand § 15, Zustellungsersuchen § 199, Zustellung § 200, Ersuchen um Zeugenvernehmung § 363, deutsche Gerichtsbarkeit über fremde III § 21
Korporationen, Gerichtsstand §§ 17, 22, Zustellung §§ 171, 184, 185, Rechtsweg II § 4, Zwangsvollstreckung II § 15
Korrespondentreeder, Streit III § 95 Nr. 4 f
Kostbarkeiten, Pfändung § 808, Schätzung § 814, Zuschlag § 820
Kosten als Nebenforderungen § 4, der Hinterlegung § 75, Vollmacht § 81, des Rechtsstreits §§ 91ff., der Gütestelle § 91, bei Erledigung der Hauptsache § 91a, Ehesachen §§ 93a, 637, Säumnis §§ 95, 278, 283, 344, Anfechtung §§ 91a, 99, Streithilfe (Nebenintervention) § 101, außer Parteien § 102, Festsetzung §§ 103ff., Sicherheitsleistung §§ 110ff., bei Wiedereinsetzung § 238, bei Verweisung §§ 276, 506, bei Klagrücknahme § 271, Ausspruch ohne Antrag § 308, Ausbleiben des Zeugen oder Sachverständigen §§ 380, 409, grundlose Weigerung des Zeugnisses oder Gutachtens §§ 390, 409, Rücknahme der Berufung § 515, der Revision § 566, Entmündigungssachen §§ 658, 673, 677, 682, Mahnverfahren §§ 692, 698, 699, Ausfertigung und Zustellung des Urteils § 788, Zwangsvollstreckung §§ 788, 803, 818, Eintragung der Sicherungshypothek § 867, Verteilungsverfahren § 874, Vornahme einer Handlung § 887, Rechtshilfe III § 164
Kostenberechnung §§ 103ff.
Kostenbeschwerde §§ 91a Abs. 2, 99 Abs. 2, 567 Abs. 2
Kosteneinziehung vom Gegner der armen Partei §§ 123, 134
Kostenentscheidung ohne Antrag § 308 Abs. 2, Anfechtung § 99
Kostenerinnerung gegen Festsetzungsbeschluß § 104, gegen Gerichtsvollzieher § 766
Kostenerstattung §§ 91ff.
Kostenfestsetzung, Gesuch § 103, Beschluß § 104, Verbindung mit Urteil § 105, Zwangsvollstreckung §§ 794—795a, 798
Kostenhaftung § 100
Kostensicherheit §§ 108—113

Kraftloserklärung von Urkunden §§ 1003ff.
Krieg, Aussetzung des Verfahrens § 247, Unterbrechung § 245
Kriegsbetroffene XI A §§ 6, 30
Kriegsgefangener, deutscher, in fremder Gewalt Fußn. 1 zu XI A § 30
Küchengerät, Pfändung § 811 Nr. 1
Kündigung der Streitvollmacht § 87
Künftige Leistungen, Klagen §§ 257ff., Änderungsklage § 323
Kunstgeheimnis, Zeugnisweigerung § 384, s. auch Betriebs-, Geschäftsgeheimnis
Künstler, Pfändung § 811 Nr. 5
Kurzschrift in Sitzungsniederschriften § 163a

L

Ladeschein, Streit III § 95 Nr. 2
Ladung der Streitgenossen § 63, des Urhebers (mittelbaren Besitzers) § 76, der Partei neben Streitbevollmächtigten §§ 141, 296, durch Geschäftsstelle §§ 261a, 497, durch öffentliche Zustellung § 200, des Rechtsnachfolgers §§ 239, 246, zur Aufnahme des Verfahrens §§ 239, 244, 246, zur mündlichen Verhandlung §§ 214, 244, 320, 321, 335, 336, 337, 340, über Berichtigung des Tatbestandes § 320, über Ergänzung des Urteils § 321, der Zeugen und Sachverständigen §§ 377ff., zur Beweissicherung § 491, im amtsgerichtlichen Verfahren § 497, Verhandlung ohne § 500, zum Sühnetermin in Ehesachen § 610, des Beklagten in Ehesachen § 618, in Entmündigungssachen §§ 666, 670, 679, 684, 686, der pfändenden Gläubiger durch Drittschuldner § 856, zur Verhandlung über Teilungsplan § 875, zum Offenbarungseid § 900, über Arrestaufhebung § 924
Ladungsfrist §§ 217, 289, 696, Abkürzung §§ 226, 337, im Wechselrechtsstreit § 604
Landesjustizverwaltung III §§ 8 Abs. 3, 22, 70, 93, 116, 153, 154, V Art. 8 Nr. 90—92
Landeskasse s. Staatskasse
Landesminister s. Minister
Landesregierung s. Minister
Landgericht, Verfahren §§ 253ff., Verweisung § 276, durch Amtsgericht §§ 506, 697, Kostenfestsetzung § 106, Zuständigkeit §§ 606, 665, 684, 686, 1045, 1046, III §§ 71ff., Einrichtung III §§ 12, 59ff., Geschäftsverteilung III §§ 60ff.
Landgerichtsdirektor III §§ 59, 62, 64, 66
Landgerichtspräsident III §§ 22, 59ff.
Landtag s. Abgeordnete
Landwirtschaft, Pfändung von Geräten und Erzeugnissen §§ 811, 813
Legalisation von Urkunden s. Echtheitsbestätigung
Legitimation s. Befugnisse
Lehrer, Pfändung §§ 811, 850, Verhaftung § 910
Lehrling, Gerichtsstand § 20
Leibgedinge s. Altenteil
Leistung, Wert bei wiederkehrenden § 9, Klage auf wiederkehrende oder künftige §§ 257ff., Änderung der Verurteilung zu wiederkehrenden § 323, Zwangsvollstreckung §§ 883ff., körperlicher Sachen § 886, Dienste § 888
Leitung der mündlichen Verhandlung § 136
Letztwillige Verfügung, Gerichtsstand § 27, Schiedsgericht § 1048
Liegenschaften s. Unbewegliche Sachen
Lichtbilder, Beglaubigung X A § 1
Lohnpfändung § 850, XII B
Lohnschiebung XII Ba § 10
Löschung einer Hypothek, Klage, Gerichtsstand § 25

M

Mahnverfahren §§ 688ff.
Mangel der Parteifähigkeit, Prozeßfähigkeit, gesetzl. Vertretung, Ermächtigung zur Streitführung §§ 56, 274, der Streitvollmacht §§ 88, 613, der Sicherheitsleistung § 113, der Fähigkeit zum Vortrag § 157, des Verfahrens §§ 295, 539, 564
Marktsachen s. Meßsachen
Mehrarbeitszeitvergütung, Pfändbarkeit XII B a § 3 Nr. 1

Mehrere Gerichtsstände § 35, Streitbevollmächtigte § 84, Rechtsanwälte § 91, Ansprüche § 260
Mehrheit, Zustellung an Vertreter §§ 171, 189
Mehrkosten der unmittelbaren Zustellung § 197, vor unzuständigem Gericht §§ 276, 506
Meineid, Wiederaufnahmegrund § 580 Nr. 1 und 3
Menge vertretbarer Sachen §§ 592, 688, 794, 883, 884
Meß- und Marktort, Gerichtsstand § 30
Meß- und Marktsachen §§ 30, 217, 262, 499
Mietsstreit § 709 Nr. 1, III § 23 Nr. 2a
Mietsverhältnis, Streitwert § 8
Milchkuh, Pfändung § 811 Nr. 3
Minderjährige, Wiedereinsetzung § 232, Zeugen § 393, Parteivernehmung § 455
Minister als Zeugen §§ 376, 382, als Sachverständige § 408 Abs. 2
Mitberechtigung von Gerichtspersonen als Ausschlußgrund §§ 41, 49, III § 155 I Nr. 1
Miterben, Pfändung des Anteils § 859
Mitglieder des Gerichts, Fragerecht §§ 139, 396, der Kammer als Einzelrichter § 350, der Bundesregierung, einer Landesregierung oder einer gesetzgebenden Körperschaft als Zeugen § 382, einer gesetzgebenden Körperschaft Haft §§ 904, 905, des Landgerichts als Amtsrichter III §§ 22 Abs. 2, 59, einer Handelsgesellschaft Streit III § 95 Nr. 4a
Mitteilung an den Gegner §§ 73, 103, 105, 134, 188, 226, 253, 261a, 267, 272, 272b, 281, 496, 497, 498, 556, des Betrages bei Verbindung des Kostenfestsetzungsbeschlusses mit Urteil § 105, Urkunden von Anwalt zu Anwalt § 135, in Entmündigungssachen an Vormundschaftsbehörde §§ 657, 660, 674, 678, 683, an Gläubiger vom Widerspruch § 694, des Gerichtsvollziehers bei Zwangsvollstrekkung § 763, von Akten III § 168
Mittelbarer Besitzer, Streitverkündung § 76
Mitverpflichtung von Gerichtspersonen als Ausschlußgrund §§ 41, 49, III § 155 I Nr. 1
Mündliche Verhandlung §§ 128ff., vor Landgericht §§ 273ff., 310f., 347, vor Amtsgericht: im Streitverfahren §§ 504, 507, 510, 510a, 510c, im Mahnverfahren § 696, im Berufungsrechtsgang §§ 520, 525, 526, 537, 718, 770, im Revisionsrechtsgang § 566, in Entmündigungssachen §§ 669, 679, 684, 686, ausdrücklich angeordnet: §§ 71, 135, 148ff., 238, 320, 321, 709ff., 716, Entscheidung zulässig ohne: §§ 36, 37, 102, 104, 109, 126, 128 Abs. 2, 174, 177, 204, 225, 248, 319, 339, 356, 360, 406, 490, 519b, 554a, 573, 697, 707, 715, 719, 732, 766, 769, 771ff., 891, 921, 926, 934, 937, 942, 947, 1045, Ladung §§ 214ff., 244, 261a, 320, 321, 336, 337, 340, Leitung § 136, Niederschrift §§ 159ff., Termin §§ 216, 261, 262, 340a, 520, 555, 696, Termin zur Fortsetzung §§ 136, 370, Vertagung im Berufungsrechtsgang §§ 524, 718, 770, Vorbereitung durch Schriftsätze §§ 129ff., vorbereitende Maßnahmen § 272b, Ausbleiben beider Parteien § 251a
Mutwille, kein Armenrecht § 114

N

Nacherbe, Unterbrechung und Aussetzung §§ 242, 246, Wirksamkeit eines den Vorerben betr. Urteils §§ 326, 773, vollstr. Ausfertigung § 728, Beschränkung der Zwangsvollstreckung § 863
Nachholung versäumter Verfahrenshandlungen §§ 231, 236, 354, 466ff., 531
Nachlaß, Gerichtsstand §§ 27, 28, Konkurs §§ 243, 782, 784, 993, Zwangsvollstreckung §§ 747ff., 778ff., Unpfändbarkeit des Miterbenanteils § 859
Nachlaßgläubiger, Gerichtsstand §§ 27, 28, Aufgebot zur Ausschließung §§ 989ff.
Nachlaßpfleger §§ 243, 779, 991
Nachlaßverwalter §§ 241, 246, 784

Nachpfändung s. Anschlußpfändung
Nachteil, nicht (oder: schwer) zu ersetzender §§ 707, 710, 712, 719, Abwendung wesentlicher § 940
Nachträgliches Vorbringen §§ 278, 279, 283, 529, 534, Zeugenvernehmung § 398
Nachtzeit, Zustellung § 188, Zwangsvollstreckung § 761
Nachweis der Vollmacht § 80
Nachzahlung der Streitkosten durch Armen §§ 125ff.
Nahrungsmittel, Pfändung § 811 Nr. 2
Name des Richters in der Sitzungsniederschrift § 159, im Urteil § 313
Namenspapiere, Umschreibung bei Zwangsvollstreckung § 822
Namensunterschrift, Erklärung über Echtheit § 439
Naturalien s. Sachbezüge
Naturereignisse, Wiedereinsetzungsgrund § 233, Vertagungsgrund § 337
Nebenforderungen, Streitwert § 4, keine Klageänderung § 268, nur auf Antrag § 308, übergangen § 321, im Wechselrechtsstreit § 605
Nebenintervenient, Nebenintervention s. Streithelfer, Streithilfe
Nebenprotokoll in fremder Sprache III § 185
Nennwert, Überweisung von Geldforderungen § 835
Neuvorbringen in Schriftsatz § 132, ausgeschlossen in Verhandlung über Zeugnisweigerung § 389, im Berufungsrechtsgang §§ 529, 534, im Beschwerderechtsgang § 570, in Ehesachen § 614, s. auch Nachträgliches Vorbringen
Nichterscheinen der Partei: zur Sachverhaltsaufklärung § 141, beider Parteien § 251a, im Verhandlungstermin §§ 330ff., 345, 542, bei Beweisaufnahme §§ 367f., im Urkundenrechtsstreit § 600, in Ehesachen §§ 610, 618f., in Entmündigungssachen §§ 670, 679, 684, 686, bei Verhandlung über Teilungsplan § 877, im Aufgebotstermin § 954, des Zeugen §§ 380, 381, des Sachverständigen § 409
Nichtigkeit einer Ehe, Klage §§ 606, 631ff., Aussetzung eines Verfahrens bis zur Eheentscheidung § 151
Nichtigkeitsklage als Form der Wiederaufnahme §§ 578f., Verfahren §§585ff., Zulässigkeit §§ 579, 583, 584, im übrigen s. auch Nichtigkeit (einer Ehe)
Nichtverhandeln einer Partei §§ 251a, 331a, 333
Nichtwissen,Erklärung §§ 138, 439
Niederlassung, Gerichtsstand § 21
Niederlegung von Gutachten, Schriftsätzen, Urkunden usw. auf Geschäftsstelle §§ 133, 134, 142, 271, 364, 411, 515, 875, 1039, 1044a, von Schriftstücken bei Zustellung §§ 182, 195a
Niederschrift, Beweiskraft §§ 164, 314, des beauftragten oder ersuchten Richters §§ 165, 389, über Beweissicherung § 492, Aufnahme der Klage §§ 496, 500, Antrag auf einstweilige Anordnung in Ehesachen § 627, über Zwangsvollstreckung §§ 762, 763, 765, 826, bei Ungebühr III § 182, bei strafbarer Handlung in Sitzung III § 183, s. auch Sitzungsniederschrift, Urkundsbeamter, Schriftführer, Geschäftsstelle
Nießbrauch, Zwangsvollstreckung §§ 737, 738, 750
Notare, Zustellung §§ 183, 185, 212a, vollstreckbare Urkunden §§ 794, 797, Pfändung § 811 Nr. 7
Notarische Urkunden, Vollstreckbarkeit §§ 794, 797, Ersetzung zerstörter X B
Notfrist, Begriff § 223, Besonderheiten: Wahrung durch Zustellung §§ 166, 207, keine Änderung durch Vereinbarung § 224, Ruhen des Verfahrens ohne Einfluß auf Lauf § 251, Wiedereinsetzung §§ 233ff., Fälle: Erinnerung gegen Kostenfestsetzungsbeschluß § 104, Antrag auf Änderung des Kostenfestsetzungsbeschlusses wegen Änderung der Streitwertfestsetzung § 107, Einspruch gegen Versäumnisurteil § 339, Berufung § 516, Revision § 552, sofortige Beschwerde § 577, Nichtigkeits- und Restitutionsklage im Wiederaufnahmeverfahren

§§ 586, 588, Anfechtung des Ausschlußurteils im Aufgebotsverfahren § 958, Widerspruch gegen Beschluß über Vollstreckbarkeit des Schiedsspruchs § 1042d, Klage auf Aufhebung des Schiedsspruchs §§ 1043, 1044
Notorische Tatsachen s. Offenkundige Tatsachen
Notwendige Streitgenossenschaft § 62
Nutznießer eines Wirtschaftsguts, Gerichtsstand § 21
Nutzungen als Nebenforderungen § 4, Streitwert wiederkehrender § 9
Nutzungsrechte, Zwangsvollstreckung §§ 857, 871

O

Oberbundesanwalt III § 138 Abs. 2
Obere Bundesgerichte VI A Art. 16, III §§ 12, 123ff. (Bundesgerichtshof)
Obergericht für das Vereinigte Wirtschaftsgebiet VI A Fußnote 1 zu Art. 100
Oberlandesgerichte, Zuständigkeit § 676, III §§ 119ff., 159, 181, Revision gegen Urteile §§ 545ff., keine Beschwerde gegen Entscheidungen § 567, vorl. Vollstreckbarkeit §§ 708, 712, 713, 713a, Einrichtung III §§ 12, 73, 115ff., Geschäftsverteilung III §§ 116ff., V C Art. IV, Präsident III §§ 83, 115
Oberlandesgerichtspräsident III § 115, VII
Oberstes Bundesgericht VI A Art. 95
Oberster Gerichtshof für die brit. Zone V Art. 8 Nr. 88
Oberste Landesgerichte II §§ 7, 8, IV A § 8
Öfen, Pfändung § 811
Öffentlich bestellte Sachverständige §§ 404, 407, 410
Öffentliche Aufforderung, gerichtliche §§ 110, 946, 1008
Öffentliche Beamte s. Beamte
Öffentliche Urkunden § 415, Beweiskraft §§ 415, 417, 418, 435, 437, 438, begl. Abschrift §§ 415, 418, Gegenbeweis §§ 415, 418, Echtheit §§ 437, 438, Beweis in Zwangsvollstreckung §§ 726, 727, 731, 750, 751, 756, 765, 775, 779, 797ff., X A
Öffentliche Zustellung §§ 203ff., 339, 618, ausgeschlossen §§ 688, 763, 829, 841, 875
Öffentlichkeit III §§ 169ff., Sitzungsniederschrift § 159, Verletzung Revisionsgrund § 551
Offenbarungseid §§ 889ff., Klage § 254, bei fruchtloser Pfändung § 807, bei Nichtvorfinden der herauszugebenden Sache § 883, nach bürgerlichem Recht § 889, ferner XII A c § 19d, XII A e
Offenkundige Tatsachen §§ 291, 727
Öffnen von Türen und Behältnissen durch Gerichtsvollzieher § 758
Orden, Pfändung § 811 Nr. 11
Ordentliche Gerichte II § 3, III § 13, IV § 4
Ordentliche streitige Gerichtsbarkeit III § 12, IV § 2
Ordnung in der Sitzung § 158, III §§ 176, 177
Ordnungsstrafe gegen Partei §§ 141, 619, Zeugen §§ 380, 390, Sachverständige §§ 409, 411, wegen Ungebühr und Ungehorsam III §§ 177, 178
Ort der Verhandlung, Angabe in Sitzungsniederschrift § 159, Termine § 219, Zustellung §§ 180, 191, Beweisaufnahme § 375

P

Pachtverhältnis, Streitwert § 8
Pächter eines Wirtschaftgutes, Gerichtsstand § 21
Parteien, Widerruf von Erklärungen der Vertreter §§ 85, 90, Einverständnis mit schriftlichem Verfahren § 128 Abs. 2, Erklärungen trotz Anwaltszwang § 137, Anordnung pers. Erscheinens §§ 141, 272b, 296, 610, 619, 654, Strafe § 141, Untersagung des Vortrags §§ 157f., Zustellung § 210a, Tod § 239, 243, 246, Konkurs § 240, Anwesenheit bei Beweisaufnahme § 357, Fragen an Zeugen § 397, Einigung über Sachverständige § 404, Sitzungsgewalt III §§ 177, 178
Parteifähigkeit § 50, Mangel § 56, Einrede § 274
Parteiprozeß § 79

Parteivernehmung §§ 445ff., zur Schätzung § 287, zur Widerlegung von Vermutungen § 292, zur Glaubhaftmachung § 294, zur Urkundenvorlegung §§ 426, 427, in Ehesachen § 619, in Kindschaftssachen § 640
Parteivorbringen, mündliches § 314
Patentanwalt IX A § 51, B, C
Patentstreitsachen IX
Pension s. Ruhegehalt
Persönlicher Sicherheitsarrest § 918
Persönliches Erscheinen der Partei, Anordnung §§ 141, 272b, 296, 610, 619, 654
Personensorgerecht, Kinder in Ehesachen §§ 627, 627a
Personenstand, Beweiskraft der Beurkundung II § 16
Pfändung, allg. Vorschriften §§ 803ff., körperlicher Sachen §§ 808, 809, von Früchten §§ 810, 813, Geld § 814, Anschluß §§ 826, 827, Forderung §§ 829ff., 847, 848, 930, Wechsel u. indossable Papiere § 831, Arbeitseinkommen § 850, XII B, für mehrere Gläubiger §§ 853ff., Vermögensrechte § 857, Schiffspart § 858, Arrestvollziehung § 930, ferner XII A
Pfandkammer § 885
Pfandlokal s. Pfandkammer
Pfandrecht, Streitwert § 6, Pfändungspfandrecht §§ 804, 930, Dritter am Pfandstück §§ 805, 858, an Gehaltsforderung § 832, durch Arrest erlangtes §§ 930, 931
Pfleger als Vertreter prozeßfähiger Partei § 53
Pflichtteilsanspruch, Gerichtsstand § 27, Zwangsvollstreckung § 748, Pfändung § 852
Pläne, Vorlegung von §§ 142, 272b
Polizei, Hilfe bei Zwangsvollstreckung §§ 758f.
Polizeivorsteher, Zustellung durch Niederlegung § 182
Post, Zustellung durch Aufgabe zur Post §§ 175, 188, 192, 210a, 213, 244, 829, 994, Zustellung durch die Post §§ 193ff., 211ff., 763, 829, Einschreiben § 175, Übersendung durch die Post §§ 496, 763, Niederlegung als Zustellungsform §§ 182, 195a, Postschein über Geldeinzahlung, Einstellung der Zwangsvollstreckung § 775
Präsentation des Wechsels, Beweis § 605
Präsident, Amtsgericht: III §§ 22a, 22c, Landgericht III §§ 22, 59ff., Oberlandesgericht III § 115, Bundesgerichtshof III § 124
Präsidium III §§ 22a, 22c, 62, 64, 117, 131
Privatgeheimnis, Zeugnisweigerung §§ 383, 385
Privaturkunden, Beweiskraft § 416, Echtheit §§ 439, 440
Prokurist, Zustellung § 173
Protokoll s. Niederschrift
Protokollführer s. Schriftführer
Prozeßakten s. Akten
Prozeßbevollmächtigte s. Streitbevollmächtigte
Prozeßfähigkeit §§ 51ff., 79, 86, 90, 612, 641, Wirkung des Verlustes §§ 86, 241, 246, Zustellung § 171, Einrede § 274, Parteivernehmung § 455
Prozeßgericht s. Streitgericht
Prozeßhindernde Einreden §§ 274ff., 504, 528, 538, 566
Prozeßkosten s. Streitkosten, Kosten
Prozeßleitung s. Verfahrensleitung
Prozeßrechtliche Vorschriften der Landesgesetze s. Verfahrensrechtliche Vorschriften
Prozeßvollmacht s. Streitvollmacht
Prozeßvorschrift s. Verfahrensvorschrift
Prüfung zum Richteramt III §§ 2, 3

Q

Qualifiziertes Geständnis s. Geständnis, eingeschränktes
Quantität s. Menge
Quittung des Gerichtsvollziehers §§ 754, 757, des Gläubigers § 757, Beweiskraft II § 17

R

Radierungen (Rasur) in Urkunde § 419
Räumung, Klage § 259, Frist § 721, Zwangsvollstreckung § 885

Räumungsgebiet, Schutzvorschrift XI A §§ 6, 30, 31
Reallasten, Gerichtsstand §§ 24, 25, Urteile § 325, Zwangsvollstreckung § 857, Aufgebot § 988
Rechnungsfehler im Urteil, Berichtigung § 319
Rechnungslegung, Klage § 254
Recht, fremdes Ermittlung § 293
Rechtliches Gehör § 579 Abs. 3, VI A Art. 103 Abs. 1, vor Schiedsgericht §§ 1034, 1041
Rechtsanwalt, Anwaltszwang § 78, Gebührenerstattung § 91, Kostentragung wegen Verschuldens § 102, Versicherung über Auslagen § 104, Beiordnung §§ 115, 668, 679, 686, Beitreibung der Kosten vom Gegner des Armen § 124, Unterschrift unter Schriftsatz § 130, Mitteilung von Urkunden § 135, Beglaubigung von Abschriften §§ 170, 317, Zustellung §§ 183, 212a, untereinander § 198, Aufforderung zur Bestellung §§ 215, 520, Tod § 244, Fragerecht § 397, Pfändung § 811 Nr. 7, im Schiedsgerichtsverfahren § 1034
Rechtsgemeinschaft, Streitgenossenschaft § 59
Rechtshängigkeit §§ 263ff., 271, 274, 281, 696, Veräußerung des Streitgegenstandes §§ 265, 266, s. auch Anhängigkeit
Rechtshilfe III §§ 156ff., deutsche § 328, ausländische § 791
Rechtskonsulenten § 157
Rechtskraft, innere § 302, äußere §§ 704, 705, von Schiedssprüchen § 1040, Wirkungen §§ 322ff., 629, Rechtskraftbescheinigung § 706
Rechtslehrer, ordentliche, an deutscher Universität III § 4
Rechtsmittel, nicht gegen Zurückweisung des Antrags auf Beglaubigung der Streitvollmacht § 80, Kosten erfolgloser § 97, Verwerfung mangels Sicherheitsleistung § 113, Zustellung einer Rechtsmittelschrift §§ 210a, 519a, 553a, Endurteil §§ 275, 302, 304, 599, im Wiederaufnahmeverfahren § 591, Staatsanwalt in gewissen Ehesachen § 634, Bescheinigung über Nichteinlegung § 706, s. auch Beschwerde, Berufung, Revision
Rechtsnachfolger, Aufnahme des Verfahrens §§ 239, 265, 266, Vollstreckbarkeit gegen § 265, Rechtskraftwirkung § 325, vollstr. Ausfertigung §§ 727ff., 795, 796, 799, 800, Zustellung der Vollstreckungsklausel § 750
Rechtsnachteile wegen Nichtanmeldung im Aufgebotstermin §§ 946, 947, 1008
Rechtsnorm II § 12, revisible § 549, Verletzung § 550, Bezeichnung § 554
Rechtspfleger III § 10 Abs. 3, VII
Rechtsverhältnis, Feststellungsklage §§ 256, 280, 506
Rechtsvorgänger, Zeugnisweigerungsrecht § 385, Parteivernehmung § 445
Rechtsweg, Zulässigkeit II § 4, III §§ 9, 13, IV § 11, VI A Art. 19 Abs. 4, 34, Entscheidung darüber III § 17, IV § 17, Gemeindegerichte III § 14, Einrede der Unzulässigkeit §§ 274, 275, Berufung wegen Unzulässigkeit § 511a, Revision wegen Unzulässigkeit § 547, Hemmung der Frist für Beschreitung Fußn. zu § 261b
Rechtswissenschaft, Studium III § 2
Rechtszug §§ 119, 176, 178, 210a, 538f.
Reederei, Streit III § 95 Nr. 4f
Referendar, Beiordnung für Arme § 116, als Hilfsrichter III § 10
Register, Eintragung auf Urteil § 896
Regreßpflicht s. Rückgriff
Reichsgericht V Art. 8 Nr. 88
Reihenfolge der Abstimmung III § 197
Reisekosten der Partei § 91, des Anwalts § 91, des Zeugen § 401
Reisende, Streit mit Wirten, Fuhrleuten, Handwerkern § 709 Nr. 3, III § 23 Nr. 2b
Religionsdiener s. Geistliche
Rentenschein, Urkundenaufgebot §§ 1010ff., 1019
Rentenschuld, Gerichtsstand §§ 24, 25, Ansprüche §§ 325, 592, 688, 794, 799, 800, Verurteilung zur Bestellung § 897, Zwangsvollstreckung § 857
Rentenschuldgläubiger, Aufgebot zwecks Ausschluß §§ 982ff.
Restitutionsklage §§ 577, 578, 957, 1041, Verfahren §§ 585ff., Zulässig-

keit §§ 580ff., Notfrist zur Erhebung § 586
Revision §§ 545ff., III § 133, Gründe § 549, Einlegung §§ 552ff., Begründung § 554, Verfahren §§ 557ff., Säumnis § 566, Verwerfung als unzulässig § 554a, Verzicht § 566, Rücknahme § 566, Einstellung der Vollstreckung § 719
Revisionsanträge §§ 554, 559
Revisionsbegründung § 554, Wiedereinsetzung geg. Fristversäumung § 233
Revisionsfrist § 552, Wiedereinsetzung gegen Versäumung § 233
Revisionsgründe §§ 549ff.
Revisionsrechtsgang, Armenrecht §§ 119, 120, 554, Kosten § 97, Wiederaufnahme § 584
Revisionsschrift §§ 553a, 554, 555
Revisionssumme § 546
Rheinschiffahrtsgerichte III § 14 Nr. 1, VIII A
Richter, Amt III § 1, VI A Art. 97f., 132, Fähigkeit III §§ 2ff., Ausschluß und Ablehnung §§ 41f-f, 551, 579, Name in Sitzungsniederschrift § 159, im Urteil § 313, Verletzung der Amtspflicht §§ 580, 581, Ernennung III § 6, Versetzung und Amtsenthebung III § 8, vermögensrechtliche Ansprüche aus Dienstverhältnis III § 9, als Zeuge § 376 Abs. 1, als Sachverständiger § 408 Abs. 2, s. auch beauftragter Richter, ersuchter Richter
Richteramt III §§ 1ff., VI A Art. 97, 98, Befähigung III §§ 2, 4, 5, zeitweilige Ausübung s. Hilfsrichter
Richterliche Fristen, Begriff § 221; Vorkommen: §§ 56, 89, 109, 113, 151, 206, 239, 244, 262, 272a, 279a, 339, 356, 364, 379, 411, 428, 431, 721, 769, 771, 805, 926, 942
Richterliche Geschäfte, Übertragung an Rechtspfleger s. d., s. auch Hilfsrichter
Richterwahlausschuß III § 125, VI A Art. 96, 95 Abs. 3
Risse, Vorlegung §§ 142, 272b
Rückgabe einer Sicherheit §§ 109, 715
Rückgriff, ausgesetzt, Ausschlußgrund für Gerichtspersonen §§ 41, 49, III § 155 Nr. 1
Rücknahme s. Zurücknahme
Rücksendung d. Streitakten §§ 544, 566
Rüge der Verletzung einer Verfahrensvorschrift §§ 295, 530, 558
Ruhegehalt, Pfändbarkeit § 850, XII B a, der Richter III § 9
Ruhen des Verfahrens §§ 251, 251a
Ruhestand, unfreiwillige Versetzung Richter III § 8, VI A Art. 97

S

Sachbefugnis, Einrede der mangelnden § 265
Sachbezüge landwirtschaftlicher Arbeitskräfte, Pfändbarkeit XII A b
Sachen s. Körperliche Sachen
Sachliche Zuständigkeit der Gerichte § 1
Sachverhältnis, Erörterung mit Parteien § 139, Feststellung im Tatbestand §§ 313, 314, 542, 544, Gesetzesverletzung bei Feststellung § 554
Sachverständige, Begutachtung §§ 3, 144, 272b, 287, nicht Mitwirkung als Gerichtsperson §§ 41, 49, Armenrecht der Partei §§ 115, 120, Niederschrift des Gutachtens §§ 160, 161, Ladung im vorbereitenden Verfahren § 272b, sofortige Vernehmung § 357a, Benennung im Beweisbeschluß § 359, Zuziehung beim Augenschein § 372, Ernennung §§ 404, 405, 412, Ablehnung § 406, öffentlich bestellte §§ 404, 407, Weigerung §§ 407, 408, Vereidigung § 410, Ordnungsstrafe § 411, Gebühren § 413, III § 165, Beweissicherungsverfahren § 485, Beschwerde § 569, Entmündigungssachen §§ 653, 655, 671, 680, schiedsrichterliches Verfahren §§ 1035, 1036
Sachverständige Zeugen § 414
Satzung, Ermittlung § 293
Säumnis s. Versäumnis
Schaden, Ermittlung § 287
Schadenersatz s. Ersatz
Schadloshaltung, Streitverkündung § 72
Schätzung der Höhe einer Forderung § 287, des Pfandstücks § 814, XII A a
Schafe, Pfändung § 811 Nr. 3, 4
Scheckgesetz § 605a, Zuständigkeit, Streit III § 95 Nr. 3

Schiedsgericht, Verfahren §§ 1025ff., prozeßhindernde Einrede §§ 274, 504
Schiedsgerichtlicher Vergleich § 1044a
Schiedsrichter, Ausschluß als Gerichtsperson §§ 41, 49, Ernennung §§ 1028ff., 1045, Tod §§ 1031, 1033, Ablehnung §§ 1032, 1045, ungebührliches Zögern §§ 1032, 1033, Stimmengleichheit § 1033
Schiedsspruch §§ 1034ff., Aufhebung §§ 1041ff.
Schiedsurteil in Kleinstsachen § 510c
Schiedsvertrag §§ 1025ff., prozeßhindernde Einrede §§ 274, 504
Schiffahrtskundige als Handelsrichter III § 110
Schiffe, Vertreterbestellung § 58, vollstr. Urkunde § 800a, Herausgabe § 855a, Zwangsvollstreckung §§ 787, 864, 865, 870a, 885, 895, Arrest § 931, einstw. Verfügung §§ 941, 942, Aufgebot §§ 981a, 987a, 988
Schiffer, Streit § 709 Nr. 2 u. 3, III §§ 23 Nr. 2b, 95 Nr. 4f, Haft § 904
Schiffsbauwerk s. Schiffe
Schiffseigner, Streit III § 95 Nr. 4f
Schiffsgläubiger, Streit III § 95 Nr. 4f, Aufgebot § 1002
Schiffshypothek, Zwangsvollstreckung §§ 830a, 837a, Aufgebot § 987a
Schiffsmannschaft, Streit III §§ 95 Nr. 4f, 105, Haft § 904
Schiffspart, Zwangsvollstreckung § 858
Schiffsregister, Eintragung §§ 858, 870a, 895, 931, 941, 942, 1002
Schluß der Verhandlung §§ 135, 156
Schreiber der Rechtsanwälte, Notare oder Gerichtsvollzieher, Zustellung § 183
Schreibfehler im Urteil, Berichtigung § 319
Schriftform beim Schiedsvertrag § 1027
Schriftführer, Zuziehung §§ 163, 165, s. auch Urkundsbeamter
Schriftliche Anhörung § 128 Abs. 2, Zeugen § 377
Schriftliche Begutachtung, Sachverständige § 411
Schriftliches Verfahren § 128 Abs. 2
Schriftsatz, Erklärungen §§ 70, 73, 239, 246, 271, 272a, 522, vorbereitende §§ 70, 129ff., 253, 272, 335, 423, 519, 554, 588, Wahrung einer Notfrist § 207, Ladung § 214, Klagerhebung § 253, Nachbringen § 272a, nachträgl. erhobener Anspruch § 281, Verlesung und Bezugnahme § 297, Antrag auf Urteilsberichtigung oder -ergänzung §§ 320, 321, Rücknahme des Einspruchs § 346, der Berufung § 515, der Revision § 566, der Klage § 271, Einlegung der Berufung § 518, der Revision § 553, der Beschwerde § 569
Schriftstücke, Vorlesung § 137, Behändigung bei Zustellung §§ 169, 170
Schriftvergleichung, Echtheitsbeweis §§ 441, 442
Schüler, Gerichtsstand § 20
Schuldklage bei Hypotheken usw. im dinglichen Gerichtsstand § 25
Schuldnerverzeichnis § 915, XII A c § 19d, XII Ae
Schuldschein, Beweiskraft II § 17
Schuldtitel, vollstreckbare §§ 704, 794, 798, 801
Schuldverschreibung, Aufgebot §§ 1006, 1009
Schutzvorschriften bei Kriegseinsatz Fußn. 1 zu XI A § 30
Schwägerschaft, Ausschlußgrund für Gerichtspersonen §§ 41, 49, III § 155 I Nr. 3, Zeugnisweigerung §§ 383, 385
Schweigepflicht bei Ausschluß der Öffentlichkeit III § 174
Schweine, Pfändung § 811 Nr. 4, XII A b und f
Seelsorger s. Geistliche
Seenot, Streit III § 95 Nr. 4f
Seeplatz III § 110
Seerecht, Streit III § 95 Nr. 4f
Selbständige Angriffs- oder Verteidigungsmittel § 146
Selbstablehnung, Richter § 45 Abs. 2
Senate der Oberlandesgerichte III §§ 116, 122, des Bundesgerichtshofes III §§ 130, 139
Sequester, Herausgabe unbeweglicher Sachen §§ 848, 855, im Verfahren der einstw. Verfügung § 938 Abs. 2

Sicherheitsarrest, persönlicher §§ 918, 933
Sicherheitsleistung §§ 108ff., Bevollmächtigter § 89, für Streitkosten bei Ausländern §§ 110ff., Befreiung durch Armenrecht § 115, zur Verhütung der Anordnung einer Verwaltung § 255, Einrede der mangelnden § 274, bei Verurteilung zu Geldrente § 324, Vollstreckung gegen §§ 707, 710, 713, 713a, 719, 732, 751, 769, Einstellung der Vollstreckung gegen §§ 707, 719, 732, 769, 771, Aufhebung der Vollstreckung gegen §§ 707, 719, 769, 771, 775, Abwendung der Vollstreckung §§ 713, 713a, 720, 732, 775, 817, 819, 839, 868, Anordnung des Arrestes gegen §§ 921, 922, Änderung des Arrestes gegen § 925, Aufhebung des Arrestes gegen §§ 923, 925, 927, 934, der einstw. Verfügung § 939
Sicherstellung einer Forderung, Streitwert § 6
Sicherung des Beweises s. Beweissicherung, des Rechtsfriedens s. Einstweil. Verfügung
Sicherungshypothek, Pfändung einer gesicherten Forderung §§ 830, 837, Erwerb durch Gläubiger § 848, Zwangsvollstreckung durch Eintragung §§ 866, 867, Arrestvollziehung durch Eintragung § 932
Siegel, Anlegung bei Pfändung § 898
Silbersachen, Versteigerung §§ 814, 820
Sittlichkeit, Gefährdung als Grund für Ausschluß der Öffentlichkeit III §§ 172ff.
Sitzungsniederschrift §§ 159ff., 297, 298, 313, 314, 350, 389, 500, 510a, 510c, 607, III §§ 174, 182
Sitzungspolizei III §§ 176ff.
Sofortige Beschwerde § 577
Sonntag, Zustellung § 188, Termin § 216, Fristende § 222, Zwangsvollstreckung § 761
Sprungrevision § 566a
Staat, Streit über Ansprüche gegen III § 71
Staatenlose, Sicherheit für Streitkosten §§ 110f., Armenrecht § 114, Ehesachen § 606 Abs. 3 Nr. 1, Fußn. vor § 606
Staatsangehörigkeit, deutsche erheblich für Gerichtsstand §§ 606, 642
Staatsanwaltschaft in Ehesachen §§ 607, 632, 634ff., in Entmündigungssachen §§ 646, 652, 659, 663, 666, 673, 675, 677ff., 684, 686, Einrichtung III §§ 141ff.
Staatsbeamte, Ansprüche gegen den Staat III § 71
Staatskasse, Kostentragung §§ 97 Abs. 3, 116, 637, 658, 673, 677
Stammbäume, Vorlegung §§ 142, 272b, 501
Statuten s. Satzung
Stellvertreter des Gerichtspräsidenten III § 66 Abs. 2 (LG.), des Vorsitzers III § 66 Abs. 1
Stenographie s. Kurzschrift
Sterbebezüge, Unpfändbarkeit XII B a § 3 Nr. 9, Bezüge aus Sterbekassen XII B a § 4 Nr. 4
Stiftungen, Gerichtsstand § 17, Einkünfte daraus, Pfändbarkeit XII Ba § 4 Nr. 3
Stillstand der Rechtspflege § 245
Stimmengleichheit § 320, Schiedsrichter § 1033
Stimmenmehrheit, absolute III § 196, Schiedsgericht § 1038
Strafandrohung §§ 141, 377, 890
Strafbare Handlung, Aussetzung § 149, als Wiederaufnahmegrund §§ 580, 581, in Sitzung III § 183
Strafe s. Geldstrafe, Haftstrafe
Strafgerichtliche Verfolgung, Gefahr, Zeugnisweigerungsgrund § 385
Strafurteil, Aufhebung, Wiederaufnahmegrund § 580, Wirkung II § 14
Strafverfahren, Aussetzung § 149, Voraussetzung der Restitutionsklage § 581
Strafvollstreckung, Rechtshilfe III §§ 162—164
Streitbevollmächtigte §§ 78ff., Gerichtsstand § 34, Ausschluß als Gerichtsperson §§ 41, 49, ohne Vollmacht § 89, Kosten wegen Verschuldens § 102, Unterschrift unter Schriftsatz § 130, Zurückweisung §§ 157, 158, Name in Sitzungsniederschrift § 159, Zustellung §§ 176ff., 210a, Aussetzungsantrag § 246

Streitgegenstand, Wert §§ 2ff., 97, 130, 253
Streitgenossen §§ 59ff., 666, 771, 805, 856, Streitgehilfe §§ 69, 449, notwendige § 62, Gerichtsstand § 36, Haftung für Kostenerstattung § 100
Streitgericht, Vorsitzer §§ 57, 58, 188, 202, 668, 679, 684, 686, zugelassener Anwalt §§ 78, 215, 520, Tätigkeit §§ 102, 118, 204ff., 246ff., 348, 372, 376, 387, 393, 398, 404, 405, 434, 479, 620, 627, 731, 767ff., 791, 887ff., 893, Beweisaufnahme §§ 161, 355, 370, Geschäftsstelle §§ 166, 209ff., 261, 362, Zuständigkeit §§ 238, 260, 263, Beweisaufnahme vor Mitglied §§ 285, 355, 370, 372, 375, 405, 434, 479, Streit über Beweisaufnahme § 366, Änderung von Entscheidungen des beauftragten oder ersuchten Richters § 576
Streithelfer §§ 66ff., Rechtsnachfolger § 265, Kosten § 101
Streitige Punkte, Aufforderung zur Erklärung § 279a
Streitkosten §§ 91ff., Haftung mehrerer für Erstattung § 100, Festsetzung §§ 103ff., Sicherheit §§ 110—113, Einziehung vom Gegner des Armen §§ 123, 124, Entscheidung ohne Antrag § 308
Streitverhältnis, Darlegung § 118, mündlicher Vortrag §§ 137, 285, Erörterung §§ 139, durch Einzelrichter § 349
Streitverkündung §§ 72ff., 841, Kosten § 101
Streitvollmacht §§ 80ff., Beglaubigung § 80, in Ehesachen § 613, Aufhebung §§ 86, 87, Mangel §§ 88, 613, Vertretung ohne § 89
Streuvorräte, Pfändung § 811 Nr. 3
Stroh, Pfändung § 811 Nr. 3, 4
Studienbeihilfe, Pfändung XII Ba § 3 Nr. 8
Studierende, Gerichtsstand § 20
Studium der Rechtswissenschaften III § 2
Stufenklage § 254
Stumme, Eid § 483, Ablehnung als Schiedsrichter § 1032, Verhandlung III § 186
Stundung durch Gläubiger § 775, s. auch Zahlungsfrist
Sühneversuch § 296, in Ehesachen §§ 609ff., s. auch Vergleich
Summen, Abstimmung III § 196
Suspensiveffekt s. Aufschubwirkung

T

Tag der Verhandlung § 159, der Zustellung §§ 191, 206
Tagegelder der Handelsrichter III § 107
Tatbestand des Urteils §§ 313, 314, 543, Weglassung §§ 313, 317, Berichtigung § 320
Tatfragen bei Revision §§ 561, 565
Tatort, Gerichtsstand § 32
Tatsachen, Erklärung §§ 138, 139, des Streitbevollmächtigten § 85, nachträgliches Vorbringen §§ 278, 279, 529, Vermutung § 292, Zeugenbeweis § 373, Parteivernehmung § 445, Nachholen im Berufungsrechtsgang § 529, 531, Revisionsrechtsgang § 561, Wiederaufnahme § 581, Ehesachen § 616
Tatsächliche Feststellung, Bindung des Revisionsgerichts § 561
Taube, Ablehnung als Schiedsrichter § 1032, Verhandlung III §§ 186, 187
Teil, Armenrecht § 115 Abs. 2
Teilung der Streitkosten §§ 92, 106
Teilungsklagen, Gerichtsstand § 24
Teilungsplan §§ 874ff.
Teilurteil § 301
Termin §§ 219, 220, zur Fortsetzung der mündlichen Verhandlung §§ 136, 228, 370, zur mündlichen Verhandlung §§ 137, 251a, 261, 262, 330ff., 350a, 520, 555, 696, Ladung §§ 214ff., 497, Versäumung § 220, vor beauftragtem oder ersuchtem Richter § 229, Aufhebung und Verlegung § 227, Verkündung §§ 272a, 310, Beweisaufnahme §§ 361, 367, 368, 370, 377, 381, 386, Bestimmung einer Frist zur Urkundenbeschaffung § 431, Sühneversuch in Ehesachen § 610, Verhandlung über Teilungsplan §§ 875ff., Offenbarungseid §§ 900, 901, Aufgebotsverfahren § 954

Terminsbestimmung §§ 216, 261, 497, Schriftsätze § 133, Ladung § 261a, Fristabkürzung § 226, von Amts wegen §§ 216, 340a, 366, 368, 370, 497, 520, 555, 924, Klagschrift § 261, amtsgerichtlich § 497, zur Verkündung §§ 251a, 272a, 310, 331a, zur Tatbestandsberichtigung § 320 Abs. 3, zur Urteilsergänzung § 321 Abs. 3, vor beauftragtem Richter §§ 229, 361, vor Einzelrichter § 349, im Berufungsrechtsgang §§ 520, 523a, im Revisionsrechtsgang § 555, in Ehesachen § 618 Abs. 1, Mahnverfahren nach Widerspruch § 696, Offenbarungseid § 900, Aufgebotsverfahren §§ 947, 955

Testamentsvollstrecker, Aufnahme nach Unterbrechung § 243, Wirkung des Urteils §§ 327, 728, Zwangsvollstreckung in Nachlaß §§ 748, 749, 779, 780, 863, Aufgebot zum Ausschluß von Nachlaßgläubigern § 991

Tod der Partei §§ 86, 122, 239, 243, 246, 628, des gesetzl. Vertreters §§ 241, 246, des Anwalts § 244, des Schuldners nach Beginn der Vollstreckung § 779, des Schiedsrichters §§ 1031, 1033

Trauring, Pfändung § 811 Nr. 11

Trennung der Verhandlung §§ 145, 150, 302, bei prozeßhindernden Einreden § 275, von Grund und Betrag § 304, s. auch Getrenntleben

Treugeld, Pfändbarkeit XII Ba § 3 Nr. 2

Trunksüchtige, Parteivernehmung § 455, Entmündigung §§ 680ff.

U

Überfahrtsgeld, Streit III § 23 Nr. 2b, Vollstreckbarkeit § 709 Nr. 3

Übergabe bei Zustellung §§ 169, 170, 189, 190, 194, des Urteils an Geschäftsstelle § 315

Übergang von Geschäften auf Bundesgerichtshof V Art. 8 Nr. 88, bei Änderung der Gerichtseinteilung IV B

Übergehung von Ansprüchen § 321, des Antrags auf vorläufige Vollstreckbarkeit § 716

Übernachtungsgelder der Handelsrichter III § 107

Übernahme des Rechtsstreits durch Dritten nach Streitverkündung §§ 76, 77, durch Rechtsnachfolger §§ 265, 266, des Entmündigungsverfahrens §§ 650, 651, eines Vermögens §§ 729f., 750

Überschreitung der Amtsbefugnisse III § 71, IV § 11, VI A Art. 34, der Grenzen des Amtsbezirks III §§ 166, 167

Übersendung durch die Post §§ 261b, 357 Abs. 2, 496 Abs. 4

Übersetzer § 142 Abs. 3, X A § 2

Übersetzung § 142 Abs. 2, X A § 2

Übertragbarkeit der zu pfändenden Forderung § 851

Übertragung richterlicher Geschäfte auf Rechtspfleger III § 10 Abs. 3, VII, der Weiterbehandlung bei begründet befundenen Beschwerden auf Untergericht § 577, von Eigentum §§ 848, 897

Überweisung des Entmündigungsverfahrens §§ 650ff., 676, des Anspruchs auf Herausgabe körperlicher Sachen §§ 772f., 849, 886, von Geldforderungen §§ 835ff., 853, Verzicht auf Rechte § 843

Überweisungsbeschluß §§ 836, 837

Überzeugung, richterliche §§ 278, 279, 283, 286, 287, 419, 435, 442, 446, 448, 452, 454

Umfang der Streitvollmacht §§ 81ff.

Umquartierte XI A §§ 6, 30, 31

Umschreibung gepfändeter Namenspapiere § 822

Unabhängigkeit der Richter III § 1, VI A Art. 97 Abs. 1

Unabsetzbarkeit der Richter III § 8, VI A Art. 97 Abs. 2

Unbestellbarkeit einer Postsendung § 195a

Unbewegliche Sache, Gerichtsstand § 24, Zwangsvollstreckung in Ansprüche auf Herausgabe §§ 848, 855, Zwangsvollstreckung auf Herausgabe § 885, Arrest § 932

Unbewegliches Vermögen § 864, Zwangsvollstreckung §§ 810, 864ff., Arrest § 932

Unechtheit von Urkunden, Feststellungsklage § 256

Unehre, Zeugnisweigerung §§ 384, 393
Uneidliche Aussage, Zeugen § 393, unwahre Wiederaufnahmegrund § 580 Nr. 3
Unerlaubte Handlung, Gerichtsstand § 32
Unfähigkeit zur Vereidigung § 393, zum Amt des Handelsrichters III § 109
Unfallrenten, Pfändbarkeit XII Ba § 4 Nr. 1
Ungebühr in der Sitzung III § 178
Ungewißheit über das örtlich zuständige Gericht §§ 36, 756
Universität, Rechtsstudium III § 2, Rechtslehrer III §§ 4
Unpfändbarkeit, bewegliche Sachen § 811, XII A c, Forderungen § 850, XII B
Unrichtigkeit der Sitzungsniederschrift §§ 163, 164, im Urteil §§ 319, 320
Unterbrechung des Fristenlaufs §§ 207, 223, 249, der Verjährung §§ 207, 496, 693, des Verfahrens §§ 239ff., 249, 250
Unterbringung in Heilanstalt § 656
Unterdrückung einer Urkunde § 444
Unterhaltspflicht der Ehegatten während Rechtsstreits §§ 627ff., des Schuldners zu beachten bei Zwangsvollstreckung §§ 861, 863, XII Ba, Zuständigkeit für gesetzliche Ansprüche III § 23 Nr. 2e
Unterhaltsrenten, Ehesachen §§ 627ff., Vollstreckbarkeit § 708 Nr. 6, Pfändbarkeit XII Ba § 4 Nr. 2
Unterlassung, Zwangsvollstreckung § 890
Untermieter, Streit III § 23 Nr. 2a, Vollstreckbarkeit § 709 Nr. 1
Untersagung des Vortrags § 157
Unterstützungsgeld, Pfändbarkeit XII Ba § 4 Nr. 4
Untersuchungen, Blut, Ähnlichkeit usw. s. Abstammungsuntersuchungen
Unterwerfung unter Zwangsvollstreckung §§ 794, 799, 800
Unterzeichnung, Schriftsatz § 130, Sitzungsniederschrift §§ 163, 163a, der Zustellungsurkunde § 191, des Urteils § 315, der Urteilsausfertigung §§ 317, 725, der Vollstreckungsniederschrift § 762, der Erklärung des Drittschuldners § 840, des Schiedsspruchs § 1039
Unveräußerliche Rechte, Zwangsvollstreckung § 857
Unwahre uneidliche Aussage s. Uneidliche Aussage
Unzulässigkeit des Rechtswegs §§ 274, 511a, 547, 565, des Einspruchs §§ 341, 538, der Berufung §§ 519b, 547, der Revision §§ 545, 554a, der Beschwerde §§ 567, 568, 574, der Wiederaufnahme § 589, eines Rechtsmittels gegen Ausschlußurteil im Aufgebotsverfahren § 957, des schiedsrichterlichen Verfahrens § 1041
Unzuständigkeit des Gerichts, Einrede §§ 39, 274, 504, Verweisung §§ 276, 506, im Berufungsrechtsgang § 528, Revision §§ 551, 565, Mahnverfahren §§ 697, 700
Unzuständigkeitserklärung, sachliche §§ 10, 11, 276, 506, 697, mehrerer Gerichte § 36
Urheberbenennung § 76
Urkunde, Mitteilung an Gegner §§ 131, 135, 510, Niederlegung auf Geschäftsstelle §§ 134, 364, 411, 875, 1039, Vorlegungsanordnung §§ 142, 272b, Verwahrung auf Geschäftsstelle §§ 142, 443, Feststellungsklage § 256, vollstreckbare §§ 323, 794, 797, 798, Beibringung über Beweisaufnahme § 364, Beweis §§ 415ff., Beweiskraft § 415, II § 17, öffentliche §§ 415, 417, 418, 435, 437, 438, 726, 727, 751, private §§ 417, 439, 440, Beweisantritt §§ 420ff., 595, gemeinschaftliche § 422, Beweisaufnahme §§ 434, 435, Echtheit §§ 437ff., Erklärung §§ 510, 531, 539, Unterdrückung § 444, Auffindung neuer § 580, der Restitutionsklage beizufügen § 588, Beifügung im Urkundenrechtsstreit zur Klage § 593, über überwiesene Forderungen, Herausgabe § 836, Aufgebot §§ 1003ff., Schiedsvertrag § 1027, Vereinfachung (drahtliche Übermittlung usw.) X A, Ersetzung X B
Urkundenrechtsstreit §§ 592ff., Sicherheitsleistung der Ausländer § 110, Zurückverweisung § 538, Beweismittel §§ 592, 595, Verfahren §§ 593ff., Zu-

lässigkeit § 592, Abstandnahme § 596, Vorbehaltsurteil § 599, Schadenersatz bei Aufhebung § 600, Vollstreckbarkeit § 708
Urkundenzahlungsbefehl § 703a
Urkundsbeamter der Geschäftsstelle, Ausschluß und Ablehnung § 49, kein Anwaltszwang § 78, Änderung der Entscheidung §§ 576f., als Dolmetscher III § 190, Aufgaben: Kostenfestsetzung §§ 103ff., Vermittlung der Zustellung §§ 166ff., 196, 508, 699, 829, bei der Zwangsvollstreckung § 753, III § 161, Name in der Sitzungsniederschrift § 159, Unterzeichnung der Niederschrift §§ 163, 165, Beglaubigung der Abschrift §§ 196, 210, 317, Zustellungen von Amts wegen §§ 204, 208ff., 261a, 377, 497, Ausfertigungen und Auszüge von Urteilen §§ 299, 317, 329, Vermerk der Verkündung § 315, Benachrichtigung §§ 362, 364, 386, 693, 733, Ladung §§ 214, 377, 497, Einforderung der Akten im Rechtsmittelverfahren §§ 544, 566, Vollstreckungsbefehl § 699, Rechtskraftzeugnis § 706, Vollstreckungsklausel §§ 724, 725, 797, Auskunft aus Schuldnerverzeichnis § 915, Niederschrift §§ 44, 78, 103, 118, 248, 381, 386, 388f., 406, 486, 496, 569, 573, 647, 676, 680, 685, 920, 924, 936, 947, 952, Übertragung richterlicher Geschäfte VII, Kosten wegen Verschulden § 102, Geschäftsverhältnisse III § 153
Urkundsperson §§ 415, 418
Urlaubsbezüge, Pfändbarkeit XII Ba § 3
Urschrift öffentlicher Urkunden, Vorlage § 435
Urteil §§ 300ff., Kostenfestsetzung § 103, Verbindung mit Kostenfestsetzungsbeschluß § 105, Aufnahme in Niederschrift § 160, Aktenlage §§ 251a, 331a, 349, Vorbehalt §§ 302, 305, 599, Fällung § 309, Verkündung §§ 310ff., Inhalt §§ 313, 314, abgekürzt §§ 313, 317, 696, Unterzeichnung § 315, Übergabe an Geschäftsstelle § 315, Zustellung §§ 317, 496, 508, 625, im schriftlichen Verfahren § 310 Abs. 2, Berichtigung § 319, Ergänzung § 321, Rechtskraft §§ 322, 325ff., 643, Wirkung §§ 325ff., 643, ausländische §§ 328, 606 Abs. 2, 722, Auffindung früheren § 580, Kosten der Ausfertigung und Zustellung § 788
Urteilsformel §§ 311, 313, Verlesung § 311, Bezugnahme auf Klagschrift § 313
Urteilsfrist II § 14

V

Vaterschaft, uneheliche, Feststellung § 644
Veranlassung, Klagerhebung ohne § 93
Veräußerung der streitbefangenen Sache §§ 265, 266, 727, des Grundstücks während Rechtsstreits § 266, des Pfandstücks § 806
Veräußerungsverbot §§ 772, 938
Verbindung mehrerer Ansprüche in einem Rechtsstreit §§ 60, 260, des Kostenfestsetzungsbeschlusses mit Urteil § 105, getrennter Verfahren §§ 147, 150, 300, Wiedereinsetzungsverhandlung und Verhandlung zur Sache § 238, mehrerer Berufungen § 517, in Ehesachen §§ 615, 633, mehrerer Aufgebote § 959
Vereidigung der Zeugen §§ 391ff., gleichzeitig mehrerer §§ 391, 481, Verzicht § 391, der Sachverständigen § 410, in Ehesachen § 617, in Entmündigungssachen §§ 653, 663, 670, 676, 680, im schiedsrichterlichen Verfahren §§ 1035, 1036, des Dolmetschers III § 189, der Handelsrichter III § 111, s. auch Eidesleistung
Verein, Gerichtsstand §§ 17, 22, Parteifähigkeit § 50, Zustellung §§ 171, 184, Zwangsvollstreckung § 735
Vereinbarung, Gerichtsstand §§ 38ff., Fristabkürzung § 224, Person des Sachverständigen § 404
Verfahren, Unterbrechung §§ 239, 249, 250, Aussetzung §§ 246ff., Aufnahme § 250, Ruhen §§ 251, 251a, bis zum Urteil LG. §§ 253ff., Einzelrichter §§ 348ff., Verletzung von Vorschriften §§ 295, 530, 554, 563, 564, Eidesabnahme §§ 478ff., Berufungsrechts-

gang §§ 523ff., Revisionsrechtsgang §§ 557ff., Beschwerderechtsgang §§ 573ff., Wiederaufnahme §§ 578ff., Urkundenrechtsstreit §§ 592ff., Ehesachen §§ 606ff., Kindschaftssachen §§ 640ff., Entmündigungssachen §§ 645ff., Mahnverfahren §§ 688ff., Aufgebotsverfahren §§ 946ff., schiedsrichterliches §§ 1034ff. schriftliches § 128 Abs. 2, amtsgerichtliches nach freiem Ermessen § 510c
Verfahrensleitung durch Gericht §§ 141ff.
Verfahrensvorschriften, Rüge der Verletzung §§ 295, 530, 558
Verfassungswidrigkeit eines Gesetzes VI A Art. 100
Verfolgung s. Strafgerichtliche Verfolgung
Verfügungen, Niederschrift § 160, Verkündung § 329, s. auch Einstweilige Verfügungen
Vergleich, Vollmacht §§ 81, 83, Kosten § 98, im Armenrechtsverfahren § 118a, Niederschrift § 160, Vollstreckbarkeit §§ 794, 797a, Einzelrichter § 349, Gütestellen §§ 794 Nr. 1, § 797a, Schiedsgericht § 1044a
Vergleichsverhandlungen, Grund für Ruhensanordnung § 251
Vergütungen, Pfändbarkeit § 850, XII Ba
Verhaftung s. Haft
Verhandlung s. Mündliche Verhandlung
Verhinderung des zuständigen Gerichts § 36, des Vorsitzers an Unterzeichnung der Niederschrift § 160, am Erscheinen vor Gericht §§ 219, 375, 619
Verjährung, Unterbrechung §§ 207, 261b, 496, 693
Verkauf, freihändiger, in Zwangsvollstreckung §§ 820, 821
Verkehrsstörung, Aussetzungsgrund § 247
Verkündung des Urteils §§ 136, 251a, 310f., 516, 552, von Entscheidungen §§ 136, 160, 249, 310ff., 329, 361, von Terminen § 218, von Fristen § 221, Vermerk auf Urteil § 315
Verlängerung der Fristen §§ 224ff., 229, Kosten § 95, Revisionsbegründungsfrist § 554
Verlegung der Termine § 227, Kosten § 95
Verlesung s. Vorlesung
Verletzung einer Verfahrensvorschrift §§ 295, 530, 554, 558, 564, der Eidespflicht §§ 452, 580 Nr. 1, der Wahrheitspflicht § 580 Nr. 3, der Amtspflicht durch Richter § 580
Verlobte, Zeugen §§ 383, 385
Verlust der Prozeßfähigkeit §§ 241, 246, der Beweismittel §§ 485, 487, der deutschen Staatsangehörigkeit §§ 606, 642
Vermächtnisse, Gerichtsstand § 27
Vermieter, Zustellung §§ 181, 184, 185, Vollstreckbarkeit § 709, Streit. III § 23 Nr. 2a
Vermittlung der Zustellung §§ 133, 166ff., 508, 699, eines Auftrags an Gerichtsvollzieher durch Geschäftsstelle III § 161
Vermögen, Gerichtsstand § 23, Übernahme § 729
Vermögensmasse, Gerichtsstand § 17
Vermögensrechte, Zwangsvollstreckung §§ 857ff.
Vermögensrechtliche Ansprüche, Gerichtsstand §§ 20, 23, 40, Revision § 546, Vollstreckbarkeit §§ 708, 709, Zuständigkeit III §§ 23, 71
Vermögensverwaltung, Gerichtsstand § 31
Vermögensverzeichnis, Klage § 254, Offenbarungseid § 807, XII Ac und e
Vermutung, rechtliche §§ 167, 440, der Urkundenechtheit §§ 437, 440, gesetzliche § 292
Vernehmung von Sachverständigen §§ 3, 161, 402, 407ff., 653, 676, 1035, Zeugen §§ 161, 357a, 373, 375ff., 382, 391ff., 653, 676, 1035, von Ministern, Abg. usw. § 382, wiederholte § 398, von Parteien §§ 445, 619, des zu Entmündigenden §§ 654, 676, 679, 685, im Schiedsgericht § 1035
Verpflegungskosten, Vorschuß vor Haft § 911
Verpflichtung zur Streitverkündung § 841
Verpflichtungsscheine, Aufgebot §§ 1003ff.

Versäumnisurteil §§ 330ff., 600, Verkündung § 311, abgekürzt § 313, gegen Kläger § 330, gegen Beklagten § 331, Zurückweisung § 335, Einspruch §§ 338ff., Aufrechterhaltung oder Aufhebung § 343, zweites § 345, Zwischenstreit § 347, amtsgerichtlich § 508, Berufung §§ 513, 521, 538, im Berufungsrechtsgang § 542, im Revisionsrechtsgang § 557, Revision § 566, nach Mahnverfahren § 600, in Ehesachen §§ 618, 635, in Entmündigungssachen §§ 670, 679, 684, 686, Vollstreckbarkeit § 708, Verteilungsverfahren § 881

Versäumnisverfahren §§ 330ff., 542, 557, 566

Versäumniszwischenurteil § 347

Versäumung des Termins §§ 95, 220, 333, einer Verfahrenshandlung §§ 230ff.

Verschleppte Personen Fußnote zu §§ 110, 114, vor § 606

Verschulden von Urkundsbeamten, gesetzl. Vertretern, Anwälten, Bevollmächtigten, Gerichtsvollziehern Kostenauferlegung § 102, Säumnis § 232

Verschwender, Parteivernehmung § 455, Entmündigung §§ 680ff.

Versetzung, unfreiwillige, Richter III § 8, VI A Art. 97 Abs. 2

Versicherung auf geleisteten Eid §§ 386, 398, an Eides Statt Mittel der Glaubhaftmachung §§ 44, 294, 406, 546, unzulässig § 511a, bei schriftl. Zeugenaussage § 377, im Aufgebotsverfahren §§ 952, 986, 1007

Versicherungsrenten, Pfändbarkeit XII Ba § 2

Versorgungsgebührnisse, Pfändbarkeit § 850, XII Ba

Verspätung der Erklärung, Folgen § 279a

Versteigerung §§ 814ff., XII Aa, anderweite § 817, Einstellung § 818, Gold- und Silbersachen § 820, Wertpapiere §§ 821ff., Früchte auf dem Halm § 824, arrestbelegter Sachen § 930

Verstümmelungszulage, Pfändbarkeit XII Ba § 3 Nr. 7

Vertagung der Verhandlung §§ 95, 227, 335, 337, 500, 566, 718, 770

Verteidigungsmittel §§ 33, 67, 68, 278, Kosten erfolgloser §§ 96, 100, selbständige §§ 146, 289, 461, nachträgliches Vorbringen § 278, Zurückweisung verspäteter §§ 279, 529, 626, Kennzeichnung im Tatbestand § 313, Vorbringen im Berufungsrechtsgang §§ 529, 534

Verteilung des Erlöses § 827

Verteilungsstreit in Zwangsvollstreckung §§ 879, 882

Verteilungsverfahren, Zwangsvollstreckung §§ 872ff., Hinterlegung im Arrestverfahren § 930

Vertragshilfe XI A

Vertretbare Sachen, Anspruch §§ 592, 688, 794, 884

Vertreter, Ausschluß als Gerichtsperson §§ 41, 49, III § 155 I Nr. 1, gesetzlicher §§ 51, 130, 171, 184, 185, Mangel § 56, Bestellung eines besonderen §§ 57, 58, 494, 779, 787, XII Ac § 11, in Entmündigungssachen §§ 668, 679, 686, Vollmacht § 81, Kostenauferlegung bei Verschulden § 102, Säumnis § 232, Tod §§ 241, 246, strafbare Handlung Wiederaufnahmegrund § 580, des Richters III §§ 22d, 66, 67, 70, 117, 131

Vertretung, Einrede mangelnder § 274, Revisionsgrund § 551, Wiederaufnahmegrund §§ 579, 586, Grund für Aufhebung des Schiedsspruchs § 1041

Verurteilung zur Rückgabe von Urkunden § 135, zur Leistung oder Duldung der Zwangsvollstreckung §§ 510b, 737, 739, 743, 745, 748, wegen strafbarer Handlungen Wiederaufnahmegrund § 581

Vervollständigung der Beweisaufnahme § 367, der Zeugenaussage § 396, des mündl. Vortrags §§ 526, 669, 679, 684, 686

Verwahrung von Urkunden auf Geschäftsstelle § 443

Verwaltung, Gerichtsstand §§ 17, 31, Anordnung § 255, Zwangsvollstreckung in Nutzungsrechte § 857, s. auch Justizverwaltung

Verwaltungsbehörden, Aussetzung bis zur Entscheidung § 148, Kompetenzkonflikt II § 15, III § 17

Verwandte, Ausschluß als Gerichtsperson §§ 41, 49, III § 155 I Nr. 3, als Zeugen §§ 383, 384, Entmündigungsantrag §§ 646, 680

Verweigerung der Verhandlung zur Hauptsache §§ 76, 77, der Annahme der Zustellung §§ 186, 188, 191, der Klageinlassung mangels Kostenerstattung § 274, der Zeugenaussage §§ 383ff., des Gutachtens §§ 407ff., der Urkundenvorlegung durch Behörden § 432, der Parteiaussage oder des -eides §§ 453, 533, der Herausgabe des Pfandes § 838, des Offenbarungseides § 901

Verweisung wegen Unzuständigkeit des Amtsgerichts §§ 276, 499d, 506, 508, 697, 700, vom Landgericht vor Amtsgericht § 276, von Zivilkammer vor Kammer für Handelssachen III §§ 98, 101, 102, 104, von Kammer für Handelssachen vor Zivilkammer III §§ 97, 99ff., 104, vor die Großen Senate des Bundesgerichtshofes III §§ 136ff.

Verwerfung des Rechtsmittels mangels Sicherheitsleistung § 113, des Einspruchs § 341, Berufungsgericht § 538 Abs. 1 Nr. 1, der Berufung als unzulässig § 519b, der Revision als unzulässig § 554a, der Beschwerde § 574

Verwertung gepfändeter Sachen §§ 825, 847, XII Ac § 18, von Forderungen § 844

Verwundetenbezüge, Pfändbarkeit XII Ba § 3 Nr. 7

Verzeichnis der Schuldner, die Offenbarungseid geleistet haben oder gegen die Haft angeordnet ist § 915, XII Ac § 19d, XII Ae

Verzicht, Vollmacht §§ 81, 83, Niederschrift § 160, auf Formvorschriften § 295, auf Anspruch § 306, Urteilsverkündung § 311, auf Einspruch § 346, auf Vereidigung §§ 391, 410, 452, auf Zeugenvernehmung § 399, auf Urkunden § 436, auf Berufung § 514, auf Revision § 566, auf Recht aus Pfändung einer Geldforderung § 843

Verzögerung des Rechtsstreits §§ 239 278, 279, 283, 356, 364, 367, 431, 529, 626

Vieh, Pfändbarkeit § 811, XII Ab und f, Mängel Streit III § 23 Nr. 2c

Volk, Urteile im Namen § 311 Abs. 1

Volljährige (eidliche) Parteivernehmung entmündigter § 455

Vollmacht §§ 80ff., in Ehesachen § 613, für Mahnverfahren § 703, s. auch Streitvollmacht

Vollstreckbare Ausfertigung §§ 724ff., 733, 734, 742, 744, 749, 894, für und gegen Rechtsnachfolger §§ 727, 929, weitere §§ 733, 797, Vermerk auf Urteil § 734, Auslieferung an Gerichtsvollzieher §§ 754, 755, an Schuldner nach Leistung §§ 756, 757, gerichtl. oder notarischer Urkunden § 797

Vollstreckbare Urkunden §§ 794, 797, 807

Vollstreckbarkeit der Endurteile § 704, gegen Sicherheitsleistung §§ 707, 769, s. auch Vorläufige Vollstreckbarkeit

Vollstreckung III §§ 154, 160, Aussetzung § 572, Ordnungsstrafen III § 179, s. auch Zwangsvollstreckung

Vollstreckungsbeamte § 753, III §§ 154, 155

Vollstreckungsbefehl §§ 699ff., Wiederaufnahme § 584, Einspruch § 700, Zwangsvollstreckung §§ 794, 796, Einwendungen dagegen § 796

Vollstreckungsgericht § 764, Tätigkeit §§ 758, 765f., 769, 771, 779, 787, 790, Zustellung § 178, Zwangsvollstreckung in bewegliches Vermögen §§ 805, 822, 823, 825, 827, 828, 853ff., 858, 873, XII Ac §§ 18ff., XII Ba, auf Herausgabe von Sachen § 885, beim Offenbarungseid §§ 899, 915, Arrestverfahren §§ 930, 934

Vollstreckungsklausel §§ 724ff., 750, 795ff., Klage auf Erteilung §§ 731, 796, 797, 797a, Einwendungen §§ 732, 795, 797, 797a, Klage wegen Unzulässigkeit §§ 768, 795, 796ff.

Vollstreckungskosten § 788

Vollstreckungsschutz § 704, XII Aa, c, e

Vollstreckungsurteil §§ 722, 723, 727, beim Schiedsspruch §§ 1042f.
Vollziehung des Arrestes §§ 928ff.
Vorabentscheidung über prozeßhindernde Einrede §§ 275, 538, über Grund §§ 304, 538, über Verweisung III §§ 101
Vorauszahlung der Kosten der Vornahme der Handlung § 887, der Haft § 911
Vorbehalt des Nachverfahrens §§ 302, 599, Urkunden- und Wechsel-Vollstreckungsbefehl § 703a, der Haftungsbeschränkung §§ 305, 780, des angemeldeten Rechts im Ausschlußurteil § 953
Vorbereitende Schriftsätze §§ 70, 129ff., 253, 272, 335, 423, 519, 554, 588
Vorbereitung der mündl. Verhandlung §§ 129ff., 272b, durch Einzelrichter §§ 348, 523a, der Beweisaufnahme im amtsgerichtlichen Verfahren § 501
Vorbereitungsdienst zum Richteramt III §§ 2,3
Vorbringen, nachträgliches §§ 278, 279, 279a, 283, neues im Berufungsverfahren §§ 524, 529, in Ehesachen §§ 614, 626
Vorentscheidung bei Verfolgung öffentlicher Beamter IV § 11
Vorerbe s. Nacherbe
Vorführung ausgebliebener Zeugen § 380, der Parteien in Ehesachen § 619, des zu Entmündigenden § 654
Vorläufige Vollstreckbarkeit §§ 704, 708ff., Verhandlung im Berufungsrechtsgang §§ 534, 718, im Revisionsrechtsgang § 560, gegen Sicherheit §§ 710, 713, 720, Zurückweisung § 712, Antrag §§ 714, 716, Außerkraftsetzung § 717
Vorlegung von Urkunden, Anordnung §§ 142, 272b, 425, durch Behörde §§ 272b, 432ff., durch Beweisführer § 420, durch Gegner §§ 421ff., Pflicht §§ 422, 423, 429, 432, durch Dritten §§ 428ff., zur Schriftvergleichung § 441, von Akten § 143, eines Vermögensverzeichnisses § 807
Vorlesung von Schriftstücken § 137, der Niederschrift §§ 162, 163a, der Anträge §§ 297, 507, des Urteilsausspruchs § 311
Vormerkung, Eintragung im Grundbuch §§ 895, 942, 984, 988
Vormund, Antrag auf Entmündigung § 646, Anfechtung der Entmündigung §§ 664, 675, 679, 686, Mitteilung der Entmündigung § 660
Vormundschaft, vorläufige, über Volljährige § 473
Vormundschaftsbehörde §§ 118, 657, 660, 674, 678, 683
Vormundschaftsgericht in Ehesachen §§ 612, 627a, in Kindschaftssachen § 641
Vorpfändung § 845
Vorschuß, Zeugengebühren § 379, III § 165, Haftkosten § 911, Arrest § 934
Vorsitzer des Streitgerichts §§ 57, 58, 188, 202, 668, 679, 684, 686, der Kammern und Senate III §§ 62ff., 68, 117, 131, der Kammer für Handelssachen III §§ 68, 106, als Einzelrichter § 350, Beschwerde gegen Verfügungen §§ 569, 571, 572, 575, Aufgaben: Bestellung eines Vertreters §§ 57, 58, 668, 679, 686, Bestimmung der beauftragten Richter §§ 118a, 361, Fristbestimmung zur Urkundenvorlegung § 134, Vorbereitung und Leitung der Verhandlung §§ 136, 139, 140, 272b, 526, 669, Aufklärungs- und Fragepflicht § 139, Niederschrift § 163, Zustellungsbewilligung §§ 188, 202, Terminsbestimmung §§ 216, 608, Bestimmung der Ladungs- und Einlassungsfristen §§ 226, 239, 244, 262, Unterzeichnung des Urteils § 315, Verkündung und Zustellung seiner Verfügungen § 329, Bestimmung der Einzelrichter §§ 348, 350, Ersuchen um Beweisaufnahme §§ 362f., Gestattung von Fragen an Zeugen §§ 396f., in Ehesachen § 609, in Entmündigungssachen §§ 668f., 679, 686, 689, Anordnung von Arrest oder einstw. Verfügung § 944
Vorzugsrecht in Zwangsvollstreckung §§ 804, 805

W

Wahrheitspflicht § 138, Verletzung bei Parteiaussagen § 580 Nr. 1, bei Zeugenaussagen § 580 Nr. 3
Waisen, Pfändbarkeit der Bezüge XII B a
Wartegeld, Anspruch der Richter III § 9, Pfändbarkeit § 850, XII B a
Wechsel, Pfändung § 831, Aufgebot §§ 1003 ff., s. auch Wechselrechtsstreit
Wechselforderung, Streitwert § 4
Wechselklagen § 603, Zuständigkeit III § 95 Nr. 2
Wechselrechtsstreit §§ 602 ff., Befreiung von Sicherheitsleistung § 110, Zurückverweisung § 538, Vollstreckbarkeit § 708
Wechselsachen III § 95 Nr. 2
Wechselzahlungsbefehl § 703 a
Wegfall der Armenrechtsvoraussetzungen § 121, des gesetzl. Vertreters § 246, der Schiedsrichter §§ 1031, 1033
Weigerung des Gerichtsvollziehers § 766, s. auch Verweigerung
Weihnachtsvergütung, Pfändbarkeit XII B a § 3 Nr. 4
Wert des Streitgegenstandes §§ 2 ff., 97, 253, III §§ 23, 71, des Beschwerdegegenstandes §§ 511 a, 519, 546, 554, 567, 568, des Gegenstandes der Verurteilung § 709, Berechnung §§ 4 ff., Festsetzung § 3
Wertpapiere, Sicherheitsleistung § 108, Anspruch auf Leistung §§ 592, 688, 794, 884, Verkauf § 821, Umschreibung § 822, Wiederinkurssetzung § 823, Aufgebot §§ 1004 ff., Versteigerung XII A a
Wertverringerung, Gefahr als Versteigerungsgrund §§ 816, 930
Wettbewerbsbeschränkung, Ausgleichsvergütung, Pfändbarkeit XII B a § 2
Wettbewerbsrechtsstreit, Zuständigkeit III § 95 Nr. 5
Widerklage § 278, Streitwert § 5, Gerichtsstand § 33, Vollmacht § 81, Sicherheitsleistung §§ 110 ff., Trennung § 145, nachträgl. Vorbringen §§ 278, 279, auf Feststellung §§ 280, 506, Rechtshängigkeit § 281, Teilurteil § 301, Rechtskraft § 322, Säumnis § 347, Überschreitung der amtsgerichtlichen Zuständigkeit § 506, im Berufungsrechtsgang § 529 Urkundenrechtsstreit § 595 in Ehesachen §§ 614 ff., 633, in Kindschaftssachen § 640, in Entmündigungssachen §§ 667, 679, 684, 686, vor Kammer für Handelssachen III §§ 97, 99
Widerruf der Erklärungen des Streitbevollmächtigten oder Beistans §§ 85, 90, der Vollmacht § 87, des Geständnisses § 290, der Einwilligung des Ehemannes zum Geschäftsbetrieb der Frau § 741
Widersprechende Anträge als Voraussetzung der Vorbereitung der Beweisaufnahme § 272 b
Widerspruch im Tatbestand, Berichtigung § 320, in Zeugenaussagen § 394, gegen Zahlungsbefehl §§ 692, 694 ff., gegen Zwangsvollstreckung §§ 771, 777, 861, 862, der Pfandgläubiger gegen Pfändung §§ 805, 810, gegen Teilungsplan §§ 876 f., Eintragung ins Grundbuch §§ 895 (Zwangsvollstreckung), 942 (einstweilige Verfügung), gegen Abnahme des Offenbarungseids § 900, gegen Arrestbeschluß § 924, gegen Vollstreckbarerklärung des Schiedsspruchs § 1042 c
Widerstand gegen Gerichtsvollzieher § 758, Beseitigung §§ 759, 892
Wiederaufhebung der Entmündigung §§ 675 ff., 685 ff.
Wiederaufnahme des Verfahrens §§ 578 ff., Vollmacht § 81, Zustellung § 178, Zulässigkeit §§ 579 ff., Zuständigkeit § 584, Einstellung der Vollstreckung § 707
Wiedereinsetzung in den vorigen Stand §§ 233 ff., Einstellung der Vollstreckung § 707
Wiedereröffnung der Verhandlung §§ 156, 526, 669
Wiederinkurssetzung gepfändeter Wertpapiere § 823
Wiederkehrende Leistungen, Streitwert § 9, Klage auf künftige § 258, Änderungsklage § 323
Wildschaden, Streit III § 23 Nr. 2d
Willenserklärung, Verurteilung §§ 894 ff.

Wirte, Streit mit Reisenden III § 23 Nr 2b, Vollstreckbarkeit § 709 Nr 3
Witwen, Bezüge, Pfändbarkeit XII Ba
Wohnlauben, Pfändung XII Ac § 19c
Wohnsitz, Gerichtsstand §§ 13ff, 899, der im Ausland lebenden Beamten § 15, der exterritorialen Deutschen § 15, letzter im Inland § 16, in Ehesachen §§ 606, in Kindschaftssachen § 642, in Entmündigungssachen §§ 648, 680
Wohnung, Vernehmung § 375, Durchsuchung § 758
Wort, Erteilung und Entziehung § 136, Partei selbst § 137 Abs 4

Z

Zahlung, Verurteilung zur Entschädigung §§ 510b, 888a, Anspruch auf Geldsumme §§ 592, 688, 794, an Gerichtsvollzieher §§ 754, 757, 815, 819
Zahlungsbefehl §§ 688ff, Zustellung § 693, Rechtshängigkeit §§ 696, 700, Benutzung zur Herstellung abgekürzten Urteils § 696, Widerspruch §§ 694ff, Kraftloswerden § 701
Zahlungsfrist XI A § 24 Abs. 2, XII A c § 18
Zahlungsort des Wechsels, Gerichtsstand § 603
Zahlungssperre verlorener Wertpapiere §§ 1019ff
Zahlungs Statt, Überweisung von Geldforderungen § 835
Zeichnungen, Vorlegung §§ 142, 272b
Zeit der Zustellung §§ 188, 191, 206, 207
Zeitpunkt fur die Wertberechnung § 4
Zeitversäumnis, Entschädigung des obsiegenden Gegners § 91, des Zeugen § 401, des Sachverständigen § 413
Zeitweilige Wahrnehmung richterl Geschäfte s Hilfsrichter
Zeuge §§ 373ff, Ausschluß als Gerichtsperson §§ 41, 49, Armenrecht befreit von Vorschuß §§ 115, 120, Niederschrift §§ 160, 161, Benennung im Beweisbeschluß § 359, Ladung §§ 272b, 377ff, schriftl Aussage § 377, Ausbleiben §§ 380ff, Weigerungsrecht §§ 383ff, Vereidigung §§ 391ff, 1035, Verzicht auf Eid §§ 391, 617, Gebühren § 401, III § 165, sachverständige § 414, Beschwerde § 569, Zuziehung bei Zwangsvollstreckung § 759
Zeugnis, Armut § 118, ärztliches in Entmündigungssachen § 649, Rechtskraft § 706, s auch Zeuge
Ziegen, Pfändung § 811 Nr 3
Zinsen als Nebenforderungen, Streitwert § 4, Zubilligung nur auf Antrag § 308
Zinsschein, Aufgebot von Wertpapieren §§ 1003ff
Zivilkammern III §§ 60, 71, 72, 75
Zivilprozesse s Bürgerliche Rechtsstreitigkeiten
Zivilprozeßordnung, Anwendungsbereich II §§ 3, 11
Zivilsenat des Oberlandesgerichts III §§ 116, 122, des Bundesgerichtshofes III §§ 130, 139, Großer III §§ 132ff
Zivilstand s Personenstand
Zubehör bei Grundstücken, Pfändung § 865
Zufall, unabwendbarer, als Wiedereinsetzungsgrund § 223, als Vertagungsgrund § 337
Zugeständnis s Geständnis
Zug um Zug, Vollstreckungsklausel § 756
Zuhörer in Sitzungen III §§ 177, 178
Zulagen, soziale, Pfändbarkeit XII B a § 3 Nr 3
Zulässigkeit der Wiedereinsetzung §§ 233ff, des Rechtswegs §§ 274, 511a, 547, 565, II § 4, III § 9, VI A Art 19 Abs 4, 34, des Einspruchs §§ 338, 339, 341, 508, 538, 700, der Berufung §§ 511ff, 535, der Revision §§ 545ff, 566, der Beschwerde §§ 567, 574, der Wiederaufnahme §§ 579, 583, 589, des Urkundenrechtsstreits § 592, von Einwendungen gegen vollstreckbaren Anspruch § 767, des Arrestes §§ 916ff, der einstw Verfügung §§ 935, 940, II § 16, des Aufgebotsverfahrens §§ 946ff, des Schiedsvertrags § 1025
Zulassung, vorläufige zur Prozeßführung §§ 56, 89, der Revision § 546
Zurückbehaltungsrecht, vorläufige

Vollstreckbarkeit der Urteile § 709, Widerspruch des Vollstreckungsschuldners § 777
Zurückhaltung der in Mieträume eingebrachten Sachen, Streit III § 23 Nr 2a
Zurücknahme der Klage §§ 113, 271, 311, 635, 638, des Einspruchs § 346, der Berufung §§ 515, 522, der Revision § 566
Zurückverweisung in vorangegangenen Rechtsgang §§ 538, 539, 565
Zurückweisung von Streitbevollmächtigten und Beiständen §§ 157, 158, 610, verspäteter Verteidigungsmittel §§ 279, 529, 626, verspäteter Parteierklärungen § 279a, verspäteten Beweisantritts §§ 283, 367, 529, des Antrags auf Versäumnis- oder Aktenlageurteil §§ 335, 336, der Aufrechnung mit Gegenforderung im Berufungsrechtsgang § 529, der Revision § 563, des Gesuchs um Zahlungsbefehl § 691, um Vollstreckungsbefehl §§ 699, 701, des Antrags auf Vollstreckbarkeitserklärung § 712, des Arrestgesuchs § 922, des Aufgebotsantrags § 952
Zusammenhang des Anspruchs mit Gegenanspruch §§ 33, 302, rechtlicher §§ 145, 147
Zusammenrechnung des Werts mehrerer Ansprüche § 5
Zusammenstoß von Schiffen, Streit III § 95 Nr 4f
Zuschlag bei Versteigerungen §§ 817, 820, XII A a § 3
Zuständigerklärung mehrerer Gerichte § 36, II § 9
Zuständiges Gericht, Bestimmung § 36, II § 9
Zuständigkeit, sachliche §§ 1, 528, keine Anfechtung landgerichtl Entscheidungen wegen amtsgerichtl § 10, örtliche §§ 12ff, keine Berufung § 512a, keine Revision § 529, ausschließliche §§ 24, 485, 584, 606, 648, 665, 676, 679, 680, 684ff, 689, 802, 1005, III § 71, vereinbarte §§ 38ff, Revision wegen mangelnder § 551, s auch Amtsgericht, Landgericht, Zivilkammer, Kammer für Handelssachen, Oberlandesgericht, Zivilsenat, Bundesgerichtshof, Streitgericht, Vollstreckungsgericht, Geschäftsstelle, Gerichtsvollzieher, s. ferner die einzelnen Verfahrensarten: Mahnverfahren, Arrest, Aufgebot usw
Zustellung §§ 166ff., auf Betreiben der Partei §§ 166ff, 317, 491, 829, 922, von Amts wegen §§ 208ff, 261b, 329, 340a, 377, 402, 496, 519a, 520, 553a, 554, 625, 640, 641, 659ff, 678, 683, 685, 693, Auftrag § 167, Ausführung § 170, Annahmeweigerung § 186, Wirkungszeitpunkt §§ 187, 261b, Mängel § 187, Beurkundung § 190, Fristbeginn § 221, Kosten für Urteil § 788, Voraussetzung der Zwangsvollstrekkung § 798, statt Verkündung § 310 Abs 2, Vermittlung der Geschäftsstelle §§ 133, 166ff, 190, 196, 508, 699, 829, III § 161, Gerichtsvollzieher §§ 166ff, 197, III § 154, Aufgabe zur Post §§ 175, 192, 202, 210a, 213, 244, Niederlegung §§ 182, 195a, durch Post §§ 193ff, 211, durch Ersuchen an Behörde §§ 199ff, 207, im Ausland §§ 199ff, 262, 339, 499, öffentliche §§ 203ff, 339, 618 (ausgeschlossen §§ 688, 763, 829, 841, 875), Gerichtswachtmeister § 211, Aushändigung § 212b, Übersendung mit der Post §§ 261b, 496, an Behörden § 171, von Anwalt zu Anwalt § 198, an Prokuristen § 173, an Generalbevollmächtigte § 173, an Zustellungsbevollmächtigte §§ 174, 175, 177, 210a, an Streitbevollmächtigte §§ 176ff, 210a, an Hausgenossen § 181, an Hauswirte § 181, an Hausgehilfen § 181, an Gewerbetreibende § 183, an Anwälte §§ 183, 198, 212a, an Exterritoriale §§ 200, 202, an Sonntagen § 188, von Ladungen s d, des Beitritts des Streithelfers § 70, der Streitverkündung § 73, des Kostenfestsetzungsbeschlusses § 105, der Rechtsmittelschriften (allgem) § 210a, der Klagschrift §§ 261a, 498, der Aufnahme des Rechtsstreits § 250, des Urteils §§ 317, 320, 508, 516, 517, 625, 750, des Berichtigungsantrags § 320, des Ergänzungsantrags § 321, des Versäumnisurteils §§ 339, 508, der Ein-

spruchsschrift § 340a, des Beweissicherungsbeschlusses § 491, des Ergänzungsurteils § 517, der Berufungsschrift § 519a, der Revisionsschrift § 553a, in Ehesachen § 625, des Verweisungsbeschlusses im Mahnverfahren § 697, des Vollstreckungsbefehls § 699, der Vollstreckungsklausel § 750, des Nachweises der Sicherheitsleistung § 751, der Vollstreckungsniederschrift § 763, der Niederschrift über Anschlußpfändung § 826, des Beschlusses über Pfändung einer Geldforderung §§ 829, 840, des Arrestbefehls § 922, des Schiedsspruchs § 1039

Zustellungsbeamte §§ 166, 195, 211, III §§ 154, 155

Zustellungsbevollmächtigte §§ 174, 175, 177, 189, 210a, XII A c § 11, Klagen, Gerichtsstand § 34

Zustellungsurkunde §§ 190ff., 195, 202, 212, 840

Zustellungsvertreter XII A c § 11

Zuvielforderung, Kostenteilung § 92

Zwangsenteignung, Streit § 25, II § 15

Zwangshaft s. Haft

Zwangsversteigerung, Ersteher als Rechtsnachfolger § 325, Form der Zwangsvollstreckung in Grundstücke §§ 866, 869, 870, s. auch Versteigerung

Zwangsverwaltung, Form der Zwangsvollstreckung in Grundstücke §§ 866, 869, 870

Zwangsvollstreckung §§ 704ff., Vollmacht § 81, Armenrecht § 119, Aussetzung bei Beschwerde § 572, Aufhebung §§ 707, 719, 769, 771, 776, Einstellung §§ 707, 719, 732, 769, 771, 775, 776ff., bei Sicherheitsleistung §§ 707, 710, 713, 713a, 732, 751, Abwendung durch Sicherheitsleistung §§ 713, 713a, 720, 732, 819, 868, Beginn §§ 750ff., Auftrag §§ 753ff., Widerstand §§ 758, 759, Nachtzeit § 761, Feiertag § 761, Niederschrift §§ 762, 763, Einwendungen §§ 766, 768, 771, 774, 777, 786, Widerspruch Dritter §§ 771ff., Beschränkung §§ 775, 776ff., Kosten §§ 788, 803, 818, Ersuchen §§ 789—791, Ausland § 791, Verteilungsverfahren §§ 872ff., Organe: Gerichtsvollzieher s. d., Vermittlung der Geschäftsstelle III § 161, Vollstreckungsgericht s. d., Titel: Endurteil § 704, ausländische Urteile §§ 722, 723, Vergleiche §§ 794, 1044a, vollstreckbare Urkunden §§ 794, 797, 801, Vollstreckungsbefehle §§ 794, 796, gegen Erben §§ 780ff., gegen Fiskus, Gemeinden, Korporationen II § 15, wegen Geldforderungen §§ 803ff., zur Herausgabe oder Leistung von Sachen §§ 883ff., zur Erwirkung von Handlungen §§ 887ff., zur Erzwingung von Duldungen oder Unterlassungen §§ 890ff., zur Abgabe von Willenserklärungen §§ 894ff., in bewegliches Vermögen §§ 803ff., XII A c §§ 18ff., XII A d § 3, in körperliche Sachen §§ 808ff., in Forderungen und andere Vermögensrechte §§ 821ff., XII B, in Nutzungsrechte §§ 857ff., in unbewegliches Vermögen §§ 864ff., in den Nachlaß §§ 747ff., 778, 779

Zwischenfeststellungsklage § 280

Zwischenstreit, Vorbereitung § 132, Ladung § 214, Entscheidung §§ 303, 387, Versäumnisurteil § 347, bei Beweisaufnahme § 366

Zwischenurteil §§ 71, 135, 303, 304, 387, Versäumnis § 347, Berufung § 512.

FSC
www.fsc.org
MIX
Papier | Fördert gute Waldnutzung
FSC® C083411

Kolibri 360 GmbH
Ferdinand-Jühlke-Straße 7
99095 Erfurt, Deutschland
produktsicherheit@kolibri360.de